수정판

사회과학
연구방법론

노성호 · 구정화 · 김상원

박영사

　　본서의 저자들은 각자 근무하는 대학의 학부와 대학원에서 오랜 시간 동안 사회과학 연구
방법론을 가르치고, 석·박사 학위 논문을 지도하면서 나름의 어려움과 아쉬움을 가지고 있었
다. 먼저 학생들을 가르치면서 활용할 수 있는 마땅한 교재를 찾기 어렵다는 점이 가장 큰 어
려움이었다. 국내외 다양한 연구방법론 책이 있지만, 어떤 것은 내용이 너무 방대하고 어려워
서 교재로 사용하기 어렵고, 어떤 것은 학생들에게 가르치고자 하는 내용과 일치하지 않는 부
분들이 있는 등 적합한 교재를 찾기가 어려웠다. 또한 연구방법론을 배워서 실제로 연구에서
활용하기 위해서는 책으로 배울 수 있는 원리와 기법을 학습하는 것과 더불어 연구방법에 사
용할 수 있는 다양한 경험을 습득해야 하는데 강의나 논문지도를 통해서 이런 것들을 일일이
설명하기가 쉽지 않다는 것을 경험하였다.

　　이러한 어려움을 겪으면서 학생들이 읽으면서 쉽게 이해하고 배울 수 있는 교재, 그리고
실제 연구수행에 필요한 다양한 경험들까지 배울 수 있도록 하는 교재가 있으면 좋겠다고 생
각하는 중에, 우연히 이를 함께 논의할 기회가 생겼고, 이에 저자들이 함께 사회과학 연구방
법론을 집필하기로 의견을 모았다.

　　우리는 다음과 같은 점에 초점을 두고 이 책을 집필하였다.

　　첫째, 가급적 쉽게 내용을 풀어서 쓰고자 했다. 시중에는 많은 사회과학 연구방법론 책이
있지만 대부분 그 내용이 어려워서 연구방법론을 아는 사람들이 그 책을 읽으면 이해할 수 있
지만, 방법론을 잘 모르는 학생들은 책을 읽어도 그 내용을 이해하기 매우 어려운 경우가 많
은 것이 현실이다. 이에 연구방법론을 잘 모르는 학생들도 읽으면서 이해할 수 있는 책이 필
요하다는 점에 공감하고, 그런 책을 쓰고자 했다.

　　둘째, 책의 구성을 연구의 흐름에 따라서 작성하고자 했다. 기존의 방법론 서적은 하나의
책에 너무 많은 내용, 즉 양적 연구방법과 질적 연구방법의 다양한 내용을 모두 포괄하고 있
다 보니 그 책을 읽으면서 연구의 흐름을 파악하는 것이 쉽지 않았다. 이에 이 책에서는 연구에

대한 기초를 습득한 후에 하나의 연구를 진행한다고 가정하고 그 흐름에 맞추어 각 장을 집필함으로 자연스럽게 연구의 과정을 이해할 수 있도록 하였다.

셋째, 양적 연구방법, 특히 서베이 방법을 중심으로 집필하였다. 모든 연구방법을 다 소개하고자 하면 연구방법의 특성의 차이로 인해서 일관성이 있는 구성이 어려워서 상대적으로 사회과학 연구에서 많이 사용되는 양적 연구방법을 중심으로 구성하였다. 특히 서베이 방법에 초점을 맞추어서 연구의 흐름에 맞게 기술하되, 실험법은 마지막에 2개의 장을 활용하여 원리와 유형을 중심으로 소개하였다.

넷째, 이 책은 학생들에게 전반적인 연구방법의 내용과 과정을 이해시키는 데 초점을 맞추었다. 즉 사회과학 연구방법론의 입문서의 성격을 가지도록 하는 데 중점을 두었다. 따라서 지나치게 세부적이라고 판단되는 내용은 배제하고 전체적인 연구 조사의 흐름을 이해하고 파악할 수 있도록 하는 데 초점을 맞추었다. 또한 이해를 돕기 위해서 가상의 대표 사례를 구성하고 가상으로 연구를 수행하는 것처럼 각 연구 단계의 설명에 맞추어 대표 사례에 적용함으로써 책에서 설명한 내용들을 좀 더 잘 이해할 수 있도록 하였다.

다섯째, 저자들이 실제 연구하면서 경험한 내용을 책에 담고자 노력하였다. 연구방법을 학습하여 실제로 사용하기 위해서는 책이나 강의로만 학습하는 것이 아니라 다양한 연구 경험을 가진 사람들에게 직접 배우는 것이 필요하다. 이 책에서는 이러한 내용이 가능한 한 많이 담길 수 있도록 노력하였다.

이러한 목표를 가지고 저자들은 수차례 만나서 책의 골격을 구성하고, 각 장에 들어갈 내용을 함께 정한 후에 각자 집필할 부분을 정하여 집필하였으며, 작성한 원고를 돌려보면서 수정하는 과정을 거쳐서 이 책이 탄생하였다. 특히 세 명이 나누어 집필함으로써 나타나는 한계를 극복하고 원고의 통일성을 기하기 위해서 많이 신경 쓰고 노력을 기울였다. 아무쪼록 이 책이 사회과학 연구방법론을 배우는 학생들과 가르치는 사람들에게 사회과학 연구방법론의 입문서로 많은 도움이 되길 기대한다.

저자 일동

차 례

제1부 사회과학 연구방법의 개요

제2부 사회과학 연구의 실제

제3부 사회과학 연구 논문(보고서)의 작성

제4부 실험법

제1부

사회과학 연구방법의 개요

제1부에서는 사회과학 연구방법론을 학습하기에 앞서 알아야 할
기본적인 내용을 살펴본다.
제1장에서는 사회현상을 대상으로 하는 사회과학 연구방법론이
가지고 있는 다양한 특성들에 대해서 살펴본다.
제2장에서는 사회과학 연구방법론을 공부하기에 앞서 미리 알고
있어야 하는 기본 개념과 지식에 대해서 살펴본다.
제3장에서는 최근 그 중요성이 강조되고 있는 사회과학 연구에서
지켜야 할 다양한 연구윤리에 대해서 살펴본다.

제1장
사회현상의 과학적 연구

제1장에서는 사회현상 연구가 무엇인지에 대한 기본적인 설명을 하려고 한다. 그 의미와 특징을 주로 설명할 것이며, 이에 비추어 사회현상을 연구하는 사회과학 연구방법의 특징도 살펴볼 것이다. 이를 바탕으로 연구자로서 연구방법론이 왜 필요한지에 대하여 생각해볼 수 있을 것이다.

❶ 사회현상과 과학적 연구

가. 사회현상 연구의 의미

1) 사회현상이란?

사전을 찾아보면 사회현상이란 '인간의 사회생활·사회관계에 의하여 생기는 도덕·법률·예술·종교·경제 등의 모든 현상'이라고 규정되어 있다. 즉 사회현상이란 기본적으로 인간과 관련되는 모든 현상을 지칭하는 것이라고 볼 수 있으며, 인간 그 자체와 인간의 다양한 행위와 관계, 다양한 삶의 모습들을 포괄하는 것으로 볼 수 있다. 인간과 관련된다는 측면에서 자연법칙에 의해서 존재하는 자연현상과 구분되는 것이라고 볼 수 있다.

사회과학은 기본적으로 사회현상을 그 연구의 대상으로 하는데, 이는 사람들이 살아가는 모습을 과학적으로 연구한다는 것을 의미한다. 이러한 사회현상은 인간이 부여하는 의미를 바탕으로 하기 때문에 사회현상의 모든 측면은 질적인 특성을 지니고 있다고 볼 수 있다. 질적인 특성을 가진다고 하는 것은 겉으로 동일하게 보이는 관계나 행위일지라도 상황과 환경에 따라서 그 내용적 측면이 서로 다를 수 있다는, 즉 모든 현상은 나름대로의 독특성을 지니고 있다는 것을 함축한다. 이런 측면에서 사회현상에 대한 연구는 자연현상을 연구하는 자연 과학과 차이가 존재한다고 볼 수 있다.

2) 사회현상을 과학적으로 연구한다는 것은?

일반적으로 연구는 어떤 현상이나 사건, 사물 등에 대한 지식을 파악하는 것을 목적으로 이루어지는 활동이다. 다양한 형태의 연구가 있는데, 현상과 관련한 명제 등을 바탕으로 논리 적으로 사유하여 결론을 이끌어 내는 연구가 있는가 하면, 구체적이고 논리적이면서 체계적 인 방법을 적용하여 관련한 경험적 증거를 얻어내는 과정을 강조하는 과학적 연구도 있다. 여 기서 말하는 과학이란 일반적으로 우리가 살고 있는 세계에서 일어나고 있는 현상을 이해하 고 그 원인을 알고자 하는 목적에서 출발한다.

따라서 과학적 연구는 보편적 진리나 법칙의 발견을 위해 깊이 있는 조사와 사고를 하는 일을 지칭한다고 볼 수 있다. 깊이 있게 조사하는 과정에 관찰이나 조사, 실험 등을 주로 사용 하며 이를 통해 경험적인 증거 자료를 얻게 된다. 그리고 경험적 증거 자료를 바탕으로 어떤 현상이나 사물에 대한 진리를 따져 보는 일을 한다. 그래서 과학적 연구는 대부분 경험적 자 료를 기반으로 한다.

이에 따르면 사회현상의 연구는 사회현상과 관련된 어떤 일이나 사물에 대하여 깊이 있게 조사하고 생각하여 진리를 따져 보는 일이다. 그런데 사회현상 연구는 대부분 경험적 자료를 바탕으로 사회현상을 과학적으로 연구하는 것에 초점을 둔다. 따라서 경험적 자료를 바탕으 로 사회현상을 연구하는 것에 초점을 맞춘 것을 사회현상의 과학적 연구라고 한다. 그리고 사 회현상에 대하여 이러한 과학적 연구를 수행하여 얻어낸 지식을 일반적으로 사회과학이라고 부르며, 이와 연관하여 사회현상의 과학적 연구를 사회과학 연구라고 부르기도 한다.

3) 사회현상에 대한 과학적 연구의 목적

과학적 연구가 보편적 진리나 법칙의 발견을 위한 조사라고 한다면 이러한 과학적 연구가 궁극적인 목적으로 하는 보편적 진리나 법칙은 어떤 방법으로 제시될까? 사회현상의 과학적 연구에서는 크게 다음의 3가지를 그 목적으로 고려할 수 있다.

가) 탐색

우선 향후에 연구할 특정한 문제를 탐색하기 위한 목적으로 이루어지는 연구가 있다. 연 구하고자 하는 사회현상에 대해 사전에 특별한 지식이 없거나 선행 연구가 없을 때 주로 행해 지는 연구이다. 이러한 연구는 앞으로 수행할 연구의 주제가 무엇인지 확인하는 데 유용하다.

탐색적 연구는 사회현상 연구에서 상당히 유용하게 활용되고 있다. 특히 새로운 연구 분 야를 개척하고자 할 때 반드시 필요하며, 본격적으로 조사하고자 하는 연구주제에 대한 많은 사전 정보를 얻을 수 있다. 그러나 탐색적 연구는 그 자체만으로 연구하고자 하는 사회현상에 대해 만족할만한 대답을 주지는 못한다. 오히려 명확한 대답을 얻기 위해 사용해야 할 자료 조사 방법을 제시해 주는 것이 주요 목적이라고 봐야 할 것이다.

나) 기술

과학적 연구의 목적 중 하나는 사회현상의 기술(description)이다. 이것은 연구자가 관심을 가지는 사회현상에 대해 관찰한 바를 기술하는 것을 말한다. 여기서 말하는 기술이란 과학적 기술을 의미하기에 일상생활에서 이루어지는 기술보다는 훨씬 정확하고 정밀한 기술을 요구한다.

예를 들면 인구센서스 조사 결과는 기술적 연구의 대표적인 예라고 할 수 있다. 우리나라의 인구센서스는 우리나라 전체 인구의 특징은 물론 작은 규모의 지역사회의 인구동태학적 특징을 정확하고 정밀하게 기술한다. 뿐만 아니라 통계청에서 연도별로 조사하는 여러 사회통계 조사를 통해 얻는 성별·연령별 특징에 대한 조사들, 지역의 범죄율 조사와 기업에서 소비자들의 구매욕구나 제품에 대한 기호 등을 기술하는 시장 조사 등이 여기에 포함된다.

다) 설명

과학적 연구의 상당 부분은 단순히 현상의 기술에 그치지 않는다. 연구 조사의 궁극적 목적은 현상을 발생하게 만든 원인이 무엇인지를 밝히는 것이다. 과학적 연구의 또 다른 목적 중의 하나인 설명(explanation)은 특정 현상이 왜(why) 일어났는지를 알아내는 것이다.

예를 들어 지역별 범죄율을 단순히 제시하는 것이 기술이라면 지역마다 범죄율이 왜 다른지 그 이유를 알아내서 밝히는 것이 설명이다. 계층에 따라 생활만족도가 다르다는 사실을 아는 것(기술)도 중요하지만, 왜 계층에 따라 생활만족도가 다른가를 밝히는 것(설명)이 과학적 연구의 궁극적 목적이다. 기술 그 자체도 연구의 중요한 한 축이 될 수 있지만 일반적으로 과학적 연구의 최종 종착지는 현상의 원인을 밝혀서 그 현상이 왜 일어나게 되었는지를 설명하는 것이다.

나. 사회현상의 과학적 연구에서 인과적 설명

앞에서 말한 것처럼 과학적 연구의 목적은 여러 가지로 나눌 수 있지만, 과학적 연구의 궁극적 목적은 연구대상이 되는 현상이 일어나게 된 원인을 규명하는 것이다. 즉 인과적 관계를 밝히는 것이 연구의 최종적인 목적인 것이다. 두 사건 사이의 인과적 관계란 한 사건이 다른 사건을 발생시킨 원인이라는 것을 의미한다.

자연현상을 주로 연구하는 자연과학에서는 인과관계가 명확하고 완전한 법칙성을 가지는 경우가 많다. 예를 들면 사과나무를 흔들면 사과는 예외 없이 모두 나무 아래로 떨어진다. 나무를 흔든 게 직접적 원인이며, 또한 중력의 힘이 발휘되는 또 다른 원인이 작동하여 이런 현상은 예외 없이 나타난다. 따라서 이처럼 나무열매가 아래로 떨어지는 현상에 대해서는 물리적 법칙으로 쉽게 이해할 수 있다.

자연과학과 마찬가지로 사회현상을 과학적으로 연구하는 사회과학에서도 모든 현상은 그
것의 원인이 존재한다는 전제에서 출발한다. 따라서 많은 사회과학의 이론이나 연구는 인과적
설명을 기반으로 하고 있다. 하지만 사회과학에서의 인과적 설명은 자연과학처럼 완전한 법칙성
을 가지는 경우는 거의 없다. 사실 이것이 사회현상이 자연현상과 다른 근본적 차이이기도 하다.

사회현상에서의 인과적 법칙성은 '개연성', 혹은 '가능성'이라는 측면을 중시한다. 즉 사
회현상에서 찾고자 하는 인과적 법칙성은 자연현상과는 달리, 특정 조건 하에서 특정 현상이
발생할 개연성, 또는 발생할 확률이 높다는 것이지, 반드시 그 현상이 일어난다는 것을 의미
하는 것은 아니다. 그렇기 때문에 사회과학에서 사회현상을 인과적으로 설명할 때에는 확률
의 원리에 따라 예측을 한다고 보면 된다. 따라서 사회과학에서 인과적 설명을 통해 밝히고자
하는 사회현상의 법칙성은 경향적 법칙성인 것이다.

물론 자연현상에서도 모든 자연현상이 완전한 법칙성을 가지는 것은 아니다. 일반적으로
자연현상은 사회현상에 비해 상대적으로 예측가능성이 높은 인과적 법칙성을 가지는 것은 사
실이지만 이런 자연현상조차도 인과적 법칙성에서 예외가 되는 사례가 발생하기 때문에 확률
에 입각해 예측하는 경우가 많아지고 있다. 기상학에서 날씨를 예측할 때 비 올 확률이 어느
정도인지를 알려주면서 기상예보를 하는 것이 그 예라고 할 수 있을 것이다.

이와 같이 사회현상의 원인을 찾으려는 노력은 기본적으로 사회현상을 설명하는 데 일차
적 목적이 있지만 더 나아가 사회 문제의 대책 수립에도 기여할 수 있다. 원인을 알게 됨으로
써 부정적인 현상이라면 그것을 억제할 수 있는 조처를, 긍정적인 현상이라면 그것을 권장할
수 있는 조처를 취하는 것이 가능해지기 때문이다.

다. 과학적 지식과 상식적 지식

우리 주변에서 일어나는 현상을 알아내고 그것을 설명하고자 하는 데 있어서 필요한 것
중에 대표적인 것이 과학적 지식과 상식적 지식이다. 그렇다면 과학적 지식과 상식적 지식의
차이는 무엇일까? 언뜻 보기에 이 둘 사이에 큰 차이는 없다고 생각할 수 있다. 일반적으로
과학적 지식은 상식적으로 알고 있는 내용과 일치할 것이라는 막연한 믿음이 있지만 과학적
지식이 상식 그 자체는 아니다. 앞에서 설명했던 것처럼 과학적 지식은 경험적 자료를 바탕으
로 논리적으로 증명된 지식을 말한다.

상식적 지식은 기존의 '알고 있는' 것을 그대로 받아들이는 대다수 사람들의 동의에 기초
하고 있다. 상식은 보통 사람들이 통상 알고 있거나 알아야 하는 지식을 의미한다. 우리가 알
고 있는 지식 체계의 상당 부분은 이러한 상식에 기초해 있다. 그리고 사회 구성원의 합의에

기초한 지식을 통해 현상을 이해하는, 즉 한 사회의 상식에 기초하여 지식을 습득하는 방식은 우리 사회에서 지식을 전수하는 데 있어서 중요한 방식이다.

만약 모든 개인이 직접적인 경험적 자료의 검증을 통해서 지식을 얻어야 한다면, 일상생활을 하는 우리가 얻는 지식 체계의 전수는 매우 피곤하고 과다한 작업이 될 것이다. 다행히 인류가 가지고 있는 지식의 상당 부분은 이미 오랜 시간에 걸쳐서 진리를 추구하고 이를 경험적으로 검증해 온 선조들의 노력으로 대부분의 사회구성원들에게 합의된 '진실'로 존재하면서 상식으로 여겨지는 경우가 많다. 그리고 이를 통해 우리는 세계를 이해한다. 예를 들면 "해는 동쪽에서 뜨고 서쪽으로 진다."라던가 "지구는 둥글다.", "지구가 자전하면서 태양 주위를 돌고 있다."라는 주장은 이미 우리가 상식으로 받아들이고 있다.

하지만 현재 상식으로 받아들여지는 지식도 알고 보면 그 전에는 다른 상식이 진실로 받아들여진 적이 있다는 사실을 우리는 잘 알고 있다. 지구가 둥글다는 것이 상식이 되기 전에는 지구는 사각형이라고 믿었고 그것이 상식이었다. 지동설이 상식이 되기 전에는 천동설을 진실이라고 믿고 그것이 모든 사람이 받아들인 상식이었다. 이런 사례를 보면 상식적 지식은 과학적 지식에 의해서 뒤집히고 반증이 되어 새로운 진실로 대체되는 경우도 많다.

이러한 사실은 상식이 인간의 지식 체계를 형성하고 전승하는 데 매우 유용하지만 '진짜 진실'이 아닌 '거짓 믿음'일 수도 있어서 문제가 된다. 인간은 자신이 살아가는 사회에서 통용되는 상식적 지식을 수용하는 경우가 많지만, 그것이 경험적으로 증명된 것이 아니라면 그것이 거짓일 수 있다는 생각을 하고 이를 증명하려는 노력을 할 필요가 있다. 또한 상식적 지식은 통상적으로 사람들이 가지고 있는 지식이기에 사고의 깊이나 심오함에 있어서 그 수준이 낮은 경우가 많다. 사회현상을 연구하는 연구자라면 상식적 지식이 가지는 이러한 한계를 염두에 두고 이를 극복하고자 노력하는 것이 중요하다. 이와 관련하여 사회학자 찰스 라이트 밀즈(Charles Wright Mills)는 기존의 상식에 대해 항상 비판적 사고하기를 권고하면서 '사회학적 상상력'을 발휘하는 것이 중요하다고 주장하였다.

사회학적 상상력

미국의 사회학자인 밀즈(Mills, 1970)는 사람들의 일상적인 삶의 모습들이 역사적 변동과 사회구조적, 제도적 모순에 의해 규정된다는 것을 강조하였다. 특히 밀즈는 '생활환경에 대한 개인 문제'와 '사회구조에 관한 공적 문제'를 구별하는 것이 사회학적 상상력의 기본도구라고 보았다. 일상적으로 개인 문제라고 생각되는 것들이 사회구조적 변동과 연관되어 있다는 점을 인식하고 다양한 환경과 조건 속에서 이러한 연관성을 찾아가는 것이 바로 사회학적 상상력이라는 것이다(Mills, 1970).

즉 인간과 사회, 개인의 일생과 역사, 자아와 세계 사이의 상호작용을 파악하는 정신적 자질이 바로 '사회학적 상상력'인 것이다. 사회학이란 자신이 친숙한 개인적인 상황을 넘어서서 더 큰 맥락에서 자신의 삶과 연관된 거시적인 역사적 관점을 관계적·총체적으로 사고할 수 있게 해주는 길로 인도한다.

그러기 위해서 사회학적 상상력은 익숙해진 일상생활의 기존관념으로부터 벗어나 모든 것을 새롭게 바라볼 것을 필요로 한다. 상식을 그대로 받아들일 것이 아니라 비판적으로 바라볼 것을 주문한다. 예를 들면, 커피 한 잔을 마시는 행위에 대하여 사회학적 상상력을 발휘해보자. 기본적으로 우리의 일상에서 단순히 커피 한 잔을 마시는 행위는 개인적 취향이 아니라 사회적 행위이다. 커피를 마시는 사람들은 전 세계로 뻗어 있는 복잡한 사회경제적 관계망에 연결되어 있다. 커피는 지구상에서 가장 가난한 나라와 가장 부유한 나라 사람들을 서로 연결하는 상품이다. 커피는 주로 부유한 나라에서 대량 소비되지만 커피의 경작지는 대부분 가난한 나라이다. 커피를 생산하고 운송·배분하기 위해서 커피 소비자와 수천 마일 떨어진 생산지 사람들 간의 지속적인 거래가 필요하다.

사회학적 상상력은 커피를 마시는 개인의 행위 너머에 있는, 커피를 둘러싼 부유한 나라와 가난한 나라 사람들 사이의 지구적 거래에 대한 관심과 연구로 우리를 인도한다. 그렇게 하다 보면, 커피를 마시는 행위가 개인의 일상적 삶의 조그만 생활양식으로 그치는 것이 아니라, 커피를 둘러싼 세계화, 국제 공정 무역, 인권과 환경오염이라는 보다 거시적이고 역사적인 통찰을 할 수 있는 사고를 할 수 있게 된다.

경험적 자료를 바탕으로 하는 과학적 발견에 의한 지식은 상식적 지식과 일치할 가능성과 다를 가능성이 함께 존재한다. 예를 들어 "하층의 사람들이 범죄를 더 많이 저지를 것이다."라거나 "가난한 사람들의 지능이 상류층보다 낮을 것이다.", "지능이 낮을수록 범죄를 더 많이 저지를 것이다."라는 등의 주장을 생각해보자. 상당수 사람들이 이를 상식으로 받아들이고 대화를 나누면서 당연한 듯이 사용하는 경우를 우리는 자주 목격할 수 있다. 그리고 우리 스스로도 그렇게 사용하기도 한다. 하지만 범죄를 연구하는 학자들이 실제로 과학적 조사를 하여 얻어낸 경험적 자료는 이 주장들을 지지하고 있지 않다. 따라서 "하층의 사람들이 범죄를 더 많이 저지를 것이다.", "가난한 사람들의 지능이 상류층보다 낮을 것이다.", "지능이 낮을수록 범죄를 더 많이 저지를 것이다."라는 주장은 진실이라고 단언하기 어렵다.

이처럼 상식은 과학적 조사에 의해 끊임없이 검증받고 있으며, 그 진실 여부는 유동적인 것이다. 그래서 우리는 그 사회에서 유통되는 상식에 기초한 지식 체계를 유용하게 이용해야 하지만 동시에 상식에 대해 끊임없이 의심하면서 그 진실 여부에 대해 비판적으로 사고하는 습관이 필요하다. 그리고 그 비판적 사고의 중심에는 과학적 태도가 깔려있어야 한다.

위에서 언급했듯이 상식은 기존의 지식체계에 대한 동의와 믿음이 토대가 된다. 하지만 과학은 이러한 상식에 기초한 합의를 통한 지식과는 다른 방식을 취한다. 과학적 지식은 논리적(logical)이어야 하고, 경험적(empirical)인 것을 바탕으로 얻어진 것이어야 한다. 이 두 요소가 과학의 핵심이라고 할 수 있다. 현상에 대한 과학적 연구는 논리적으로 납득할 만해야 하고, 관찰에 의해 경험적인 검증이 가능해야 한다. 과학적 이론은 과학의 논리적 부분과 관련이 있으며 자료수집은 경험적으로 관찰한 것의 유형을 찾고, 논리적으로 기대되는 바를 실제 측정한 것과 비교하는 것이다.

사례보기

상식과 과학적 지식의 차이

상식과 과학적 연구 결과에 따른 지식의 차이를 보여주는 사례로는 어떤 것들이 있는가? 자녀가 외동인 경우에 사회성이 부족할 것이라는 주장을 살펴보자. 우리는 일상적으로 대화하면서 "자녀가 혼자인 외동아이는 사회성이 떨어질 것이니 자녀가 2명 이상인 것이 좋겠다."는 표현을 사용한다.

상식적으로도 이러한 주장은 그럴듯해 보여서 누군가가 그렇게 말하면 틀렸다고 반박하지 못하고 수용하는 경향이 있다. 하지만 과학적 연구 결과를 보면 실제로 외동으로 형제 없이 자랐느냐의 문제가 아니라 부모의 양육 방식이 사회성에 영향을 주는 것으로 나타났다. 즉 외동인 경우에 사회성이 부족할 것이라는 상식과 다르게, 과학적 연구 결과에서는 외동이든 아니든 상관없이 사회성에서 차이가 없었으며, 단지 부모의 양육 방식이 아이의 사회성에 영향을 준다고 밝히고 있다.

이처럼 우리 주위에는 상식적으로 생각하는 바와 실제 과학적 연구 사이에는 차이가 나는 경우가 상당히 많이 존재한다. 그 때문에라도 과학적 연구를 통한 과학적 지식은 우리 주위의 진리를 상식의 수준이 아닌 과학의 수준에서 밝히기 위해서라도 꼭 필요한 것이라고 할 수 있다.

---

② 사회과학 연구방법의 특징

사회과학 연구방법에서 사용하는 과학적 연구가 자연현상을 연구하는 방법과 같은지 다른지에 대한 논쟁이 있다. 이는 사회현상도 자연현상과 마찬가지로 동일한 방법을 사용하여 연구할 수 있는가에 대한 논의와 관련되어 있으며, 더불어 사회현상이 자연현상과 동일하다고 볼 수 있는지와 관련이 있다.

가. 방법론적 일원론과 이원론

1) 사회과학과 자연과학 연구방법의 비교

과학적 연구는 일반적으로 자연현상을 연구하는 자연과학과 사회현상을 연구하는 사회과학으로 나뉜다. 자연과학과 사회과학은 연구의 대상이 다르기 때문에 연구 수행 과정에서도 차이가 있을 수 있다. 자연현상은 사회현상과 달리 같은 조건에는 예외가 없이 항상 같은 현상이 발생할 수 있어서 예측가능성이 상대적으로 높은 편이기 때문에 사회과학과 자연과학에서는 현상에 대한 구체적인 자료수집을 위한 방법에 있어서 차이가 존재한다.

예를 들면 사회현상에 관한 자료수집 방법의 대표적인 예는 서베이 방법이나 심층 면접과 같은 언어적 상호작용이 매우 중요한 방법이다. 하지만 자연현상은 주로 관찰이나 실험(이때의 실험은 사회과학에서 실행되는 실험과는 다른 의미의 실험이다. 실험실에서 실험도구를 이용하여 이루어지는 생물, 물리, 화학적 실험을 의미한다)과 같은 방법이 사용된다.

2) 방법론적 일원론과 이원론

사회과학과 자연과학은 이러한 기본적인 자료수집 방법의 차이와 더불어 연구대상이 되는 현상을 연구함에 있어서 수량화가 가능한가에 대해서 서로 다른 주장이 존재하고 있다. 자연과학에서 사용하는 양적인 연구방법을 사회현상의 연구에도 사용할 수 있다고 보는 것이 방법론적 일원론이며, 자연현상과 달리 사회현상은 인간을 대상으로 하는 독특성으로 인해서 수량화를 기본으로 하는 양적 연구방법을 사용할 수 없으며, 사회현상의 질적 특성을 살릴 수 있는 고유한 연구방법을 사용해야 한다고 보는 것이 방법론적 이원론이다.

먼저 방법론적 일원론은 자연과학에서 사용하는 양적 연구방법을 인간을 대상으로 하는 사회과학의 연구방법에서도 사용할 수 있다고 보는 입장을 말한다. 이러한 입장을 지지하는 사람들은 자연과학에서 사용하는 연구방법을 사용해서 연구했을 경우에만 인간과 사회에 대한 지식이 과학적일 수 있다고 주장한다. 따라서 방법론적 일원론에서는 자연과학 연구와 마찬가지로 주로 실험이나 조사를 통해 자료를 구하여 현상을 인과적으로 설명하는 데 초점을 두게 된다. 이에 따라 실증적인 자료를 구하여 증명하는 연구 과정을 강조한다.

반면 자연과학 연구방법과 달리 사회과학 연구에서는 고유한 연구방법을 사용해야 한다고 주장하는 것이 방법론적 이원론이다. 자연과학의 연구방법을 가치 함축적인 사회현상의 연구에 적용할 수 없다고 보는 입장이다. 이러한 입장을 지지하는 사람들은 사회현상의 의미를 파악하려면 자연과학을 위한 연구방법이 아닌 사회현상을 연구하기 위한 고유의 방법을 개발해야 한다고 주장한다.

즉 사회현상의 인과성을 설명하는 데 초점을 두는 것이 아니라 사회현상에 담긴 의미를 파악하는 것이 중요하며, 이를 위해서는 사회현상의 표면적인 행위나 사건 등의 단순한 관찰이나 조사 등에 의존할 것이 아니라 그것을 바탕으로 심층적인 해석을 해야 함을 강조한다.

3) 이 책의 방향

방법론적 이원론의 주장이 의미가 있기는 하지만, 이 책은 방법론적 일원론을 바탕으로 하여 양적인 연구방법을 사용하여 인과성을 설명하는 데 초점을 두는 연구방법을 다룬다. 일반적으로 자연과학이든 사회과학이든 '과학'이라는 점에서 논리적이고 경험적이어야 한다는 측면에서 동일한 요소를 갖는다. 이 두 가지 요소는 과학의 본질이라고 볼 수 있으며, 따라서 사회과학적 연구활동도 이론, 자료수집, 자료 분석이라는 핵심적 세 가지 측면을 담고 있다. 즉 이론은 과학의 논리적 측면을 다루고 있으며, 자료수집은 관찰의 측면을 다루고, 자료 분석은 관찰된 자료의 유형이나 법칙성을 찾고, 논리적으로 기대되는 것(가설)을 실제 측정된 것과 비교하는 것이다.

본서는 과학의 본질은 다루는 연구대상에 있는 것이 아니라 연구방법에 있는 것이기 때문에 논리적 관계에 기반을 두어 이론을 구성하고 경험적 관찰과 측정을 통해 관계의 규칙성을 발견하거나 검증한다는 점에서 사회과학은 자연과학과 동일한 과학적 방법을 사용한다고 보는 입장을 취하고 있다. 사회과학자들도 사회현상에 대한 경험적 자료를 분석하고 이를 통해 인과적 법칙을 발견함으로써 사회현상에 대해 예측할 수 있다. 물론 자연현상을 연구하는 자연과학에서처럼 엄밀한 법칙성을 발견할 수 있는 것은 아니지만 사회현상에서도 경험적 관찰과 자료수집, 그리고 이를 분석함으로써 일정한 경향적 법칙성을 발견할 수 있다.

나. 사회과학 연구의 핵심요소

1) 이론

이론(theory)은 보통 체계적으로 상호 연관된 진술들을 말하는 것이다. 이러한 진술들은 우리가 살고 있는 세상의 여러 가지 부분들을 설명하려고 시도한다. 즉 생활의 특정한 측면과 연관된 관찰을 체계적으로 설명한 것이다. 예를 들면 범죄 이론, 계층 이론, 정치혁명 이론 등이 있다. 그리고 일반적으로 이론은 개념(concept)이라는 방법을 통해 관찰을 설명한다. 이러한 개념들은 이론을 구성하는 기초적인 벽돌(Turner, 1989)이라고 볼 수 있다.

사례보기

개념이라는 이름의 벽돌로 구성된 이론

이론은 개념 간의 관계에 의해서 설명되는 것이다. 예를 들어 청소년 비행 이론에서 기본적인 개념은 '청소년'과 '비행'이 될 것이다. 여기서 더 나아가 '동년배집단'은 관련된 또 다른 개념이 될 것이다. 만약 청소년들의 거주지의 특징에 따라 비행 정도가 다르다는 점을 이론에서 다루려고 한다면, '사회 해체'도 중요한 개념이 될 수 있다. 또한 청소년 비행에서 개인적인 측면이나 가족 관련성을 다루려고 하면 '학습능력', '가족관계' 등의 개념도 사용할 수 있다. 이처럼 청소년 비행 이론의 설명의 범위가 넓어질수록 그 속에 포함되는 개념들도 많아질 것이다.

다른 예로서 범죄학 이론에서 존 헤이건(Hagan, 1989)의 권력-통제 이론을 보자. 이 이론은 범죄에서 나타나는 젠더(성별) 차이를 설명하려고 시도한 것이다. 이 이론은 부모가 아들보다 딸을 더 많이 통제함으로써 소년은 소녀보다 더 위험한 행동에 많이 개입하는 경향이 있다고 주장한다. 그런데 이러한 행동에 대한 불균형한 통제는 평등주의적인 가정보다 가부장적인 가정에서 더 강하다. 대부분 가부장적 가정에서는 일터에서 일을 하고 경제력을 가진 아버지가 생계부양자라는 전통적인 역할을 수행하기 때문에 어머니보다 더 많은 권력을 가진다. 그리고 가부장적 가정에서는 자녀 중에서 아들과 딸에게 다른 역할 기대를 가지는 어머니가 딸의 행동을 엄격하게 통제하는 반면에 아들에게는 상당한 자유를 준다.

이를 고려하면 자녀 양육에서 젠더별 불균형한 통제는 평등주의적인 가정에서 제일 작게 나타날 것이다. 부모가 같이 일을 하면서 동등한 지위를 가진 집의 경우에는 부부가 가정에서 동등한 권력을 가지면서 가부장적이지 않은 분위기를 갖는다. 이런 가정의 딸들은 가부장적 자녀 양육을 하는 가정과 비교하여 더 많은 자유를 누리게 되며, 상대적으로 부모의 통제를 덜 받는다.

이러한 결과로 가부장적 가정의 경우 자녀의 범죄율에서는 아들과 딸에 따른 성별 차이가 많이 나지만, 성평등한 가정의 자녀의 범죄율에서는 아들과 딸에 따른 성별 차이가 적게 난다. 따라서 이 이론에서는 범죄율에서 나타나는 이 젠더 차이는 두 가지 차원의 권력 분포, 즉 사회(일터)의 권력관계와 가족 내 권력관계의 산물이라고 본다.

그렇다면 이 이론의 뼈대를 이루는 개념은 무엇인가? 젠더, 범죄율, 가부장적 가정, 평등 가정, 권력관계, 사회(일터)에서의 권력과 통제, 가정에서의 권력과 통제 등 많은 개념들이 등장하게 되고 이런 개념들이 이 범죄 이론의 근간을 이루고 있는 것이다. 이처럼 이론은 그것을 구성하고 있는 개념과 개념 간의 관계에 의해 제시되고, 이해되며, 검증될 수 있다고 보아야 한다.

위에서 살펴본 것처럼 사회과학적 연구를 통해 얻어지는 지식인 과학은 철학이나 신념이 아니라 이론에 뿌리를 두고 있다. 이는 우리가 과학적 연구를 통해 만들어 내는 사회 이론은 '무엇이다(what is)'와 관련이 있는 것이지, '무엇이 되어야 한다(what should be)'와는 아무 관련이 없다는 것이다. 당위성을 주장하는 '무엇이 되어야 한다(what should be)'는 것과 관련한 지식은 철학에서 고민할 문제이며 신념과 관련이 있는 것이다. 따라서 사회과학 연구를 통해 얻게 되거나 사회과학 연구의 기반이 되는 이론은 철학이나 신념과는 상관없이, 현상이나 사물과 관련해서 '무엇이다(what is)'라는 것에만 관심을 가진다고 볼 수 있다.

물론 과연 이렇게 과학을 철학이나 신념의 문제와 완전히 분리시킬 수 있는 것인가에 대해서는 논쟁의 여지가 있다. 실제로 이 문제를 가지고 '가치중립성'과 '가치당파성'이라는 주제를 가지고 오래된 학문적 논쟁이 있어왔다. 하지만 이와 관련된 논쟁은 이 책의 목적과는 조금 떨어진 것이므로 여기서는 자세히 다루지 않겠다. 하지만 방법론의 측면에서 볼 때 왜 이렇게 과학을 철학이나 신념의 문제와 분리하려고 하는지에 대한 논의는 조금 더 할 필요가 있어서 이 부분의 설명을 추가적으로 하겠다.

오늘날 사실 학문공동체 내에서 사회과학 연구방법론의 주류를 이루는 핵심적 요소는 이 책이 기반으로 하고 있는 경험주의(empiricism)나 실증주의(positivism)적 사고이다. 이것은 위에서 언급한 대로 학자 간 혹은 학파 간에 많은 논쟁점이 있음에도 불구하고 연구방법론에서는 경험주의나 실증주의를 바탕으로 할 때 과학적 지식을 얻을 수 있다고 보기 때문이다. 즉 이론에 근거하고, 그 이론에 근거한 변수 간의 관계인 논리적 가설을 설정하고, 관찰을 통한 자료수집과 그 자료의 분석을 바탕으로 한 가설의 검증이라는 연구 과정을 사회과학 연구의 핵심적 요소로 보는데, 이는 대체로 이러한 연구 과정이 전형적인 과학적 방법의 절차로 받아들여지고 있기 때문이다. 앞에서도 말했듯이 이 책도 서베이 조사와 실험을 중심으로 연구방법을 단계적으로 설명하고자 하는 목적을 가지고 있기 때문에 경험주의적 방법론의 핵심요소를 받아들이고 있다.

이런 관점에서 볼 때 과학적 이론, 좀 더 넓게는 과학 그 자체는 가치에 대한 문제를 해결하여 '무엇이 되어야 한다(what should be)'라고 답할 수가 없다. 이를 위해서는 가치에 대한 개입이나 결정이 선행되어야 하는데, 현실적으로 사람들은 가치의 문제를 판단하는 정확한 기준을 과학적으로 합의해내는 경우가 드물다. 따라서 과학은 이러한 논쟁을 해결하는 데 거의 도움이 되지 않는다. 그래서 사회과학은 오직 우리가 '무엇(what)'과 '왜(why)'를 알도록 하는 데만 도움이 된다고 생각하기 때문에 이 부분에만 초점을 맞추는 것이다.

2) 관찰(자료수집)

과학에서 경험적(empirical)이라는 용어의 핵심은 관찰을 통한 자료수집이다. 위에서도 이론을 중심으로 철학과 과학의 차이점을 설명했지만, 관찰이 필수적인가라는 측면에서도 철학과 과학 간에는 근본적인 차이가 있다.

철학은 사유의 학문이고 과학은 관찰의 학문이라고 해도 과언이 아닐 것이다. 철학은 카페에서 커피를 마시면서도 얼마든지 가능하다. 하지만 과학은 카페에서 커피를 마시는 사람들을 참여관찰할 의도가 아니라면 카페에서 커피를 마시면서만 할 수는 없는 것이다. 발로 뛰어다니면서 이론에 근거한 구체적이고 실제적인 자료를 수집해야 한다. 그 자료의 수집 방법이나 수집된 자료의 성격은 연구목적이나 연구방법에 따라 다를 수 있지만 기본적으로 자료를 수집해야 한다는 것은 어느 과학적 연구에나 공통된 것이다. 즉 과학은 자료가 말하는 것이라고 해도 무방하기에 사회과학 연구에서 관찰은 매우 중요하다.

3) 분석(자료 분석 및 해석)

관찰을 통한 자료수집이 이루어졌더라도 이 자료를 분석하고 해석하지 않으면 아무런 소용이 없다. 자료 분석은 관찰된 자료에서 유형이나 법칙성을 찾고, 논리적으로 기대되는 변수 간의 관계(가설)를 실제 자료에서 측정된 것과 비교하면서 검증하는 것이다.

사회과학 연구에서 자료의 유형이나 법칙성을 찾는다는 것은 자연과학에서처럼 거의 예외가 없는 규칙성이 존재한다는 것을 의미하지는 않는다. 이것이 사회현상이 자연현상과 다른 근본적인 차이 중의 하나이다. 따라서 사회현상을 연구대상으로 하는 사회과학에서의 규칙성은 자연현상을 연구대상으로 하는 자연과학에서의 규칙성과 달리 가능성이나 개연성이라는 점을 인정해야 한다. 자연현상에서 무거운 물체는 예외 없이 매번 위에서 떨어뜨릴 때마다 땅으로 떨어지지만, 사회현상에서는 늘 정직하던 사람도 간혹 물건을 훔칠 수도 있다.

그렇지만 이렇게 예외가 존재함에도 불구하고, 사회현상에서도 관찰 과정과 조사를 통해 드러나고 이것을 이론에 의해 설명할 수 있는 높은 수준의 규칙성은 존재한다. 사회과학 연구에서는 이러한 자료의 유형과 패턴, 법칙성을 자료의 분석과 해석을 통해 찾아내는 것이다. 그리고 이 과정에서 찾아낸 사회현상의 규칙성은 예외가 있다는 것을 인정하기 때문에 일반적으로 경향적 법칙성이라고 할 수 있다. 따라서 사회과학에서 자료의 분석 및 해석 과정은 사회현상의 유형과 경향적 법칙성을 발견하고, 이 유형과 법칙성이 애초에 변수 간의 관계에 대한 논리적인 기대에 근거한 예상과의 비교를 통해 맞는지 틀리는지를 검증하는 과정인 것이다.

❸ 사회과학 연구방법의 다양한 구분

가. 사례기술적 및 법칙정립적 방법

사례기술적 방법과 법칙정립적 방법은 사회현상을 설명함에 있어서 어느 부분에 초점을 맞출 것인가에 따라서 구분된다고 할 수 있다. 특정한 사례에 초점을 맞추고 그 사례에 대해서 자세하게 설명하는 것이 사례기술적 방법이라면 개별 사례보다는 유사한 사례 간의 공통점을 중심으로 설명이 적용될 수 있는 외연을 넓혀서 설명하는 방식이 법칙정립적 설명이다.

사례기술적 방법은 특정한 사례 또는 현상이 나타나게 하는 특정한 조건이나 원인을 찾아내서 구체적으로 설명하는 접근법이다. 이러한 방법의 특징은 특정한 현상의 원인에 대해 모두 망라해서 열거하여 알아본다는 점이다. 따라서 특정 현상에 대해 매우 구체적이고 상세하게 알 수 있다는 장점을 가진다. 자연현상과 구분되는 사회현상의 독특성과 고유성을 연구하고자 할 때 유용한 방법이며, 설명을 적용할 수 있는 범위인 외연은 매우 좁지만 내용, 즉 내포는 큰 특징을 가진다.

반면에 법칙정립적 방법은 특정 사례 하나에 대해서 상세하게 설명하기보다는 복수의 사례들이나 현상에 공통적으로 영향을 미친 결정적인 몇 개의 인과요인을 찾아내어 설명하는 방법이다. 이 방법은 사회현상에 영향을 미친 몇 개의 인과요인을 통해 그 현상을 '효율적으로' 설명할 수 있다는 장점을 가진다. 인과적 설명을 추구하는 연구에 적합한 방법이며, 개별 사례에 대한 설명의 구체성과 다양성을 포기하는 대신에 적용할 수 있는 외연을 넓힘으로써 설명의 적용범위를 높이는 특성을 지닌다.

사례보기

야구 시합에 패배하는 이유: 사례기술적 연구와 법칙정립적 연구

어떤 야구팀이 경기에서 패배했다고 가정해 보자. 이 현상을 과학적으로 연구한다면 어떻게 접근할 수 있을까? 그 팀이 패배한 한 경기에 대해서 완벽하게 설명하려고 시도할 수 있다. 예를 들면, 시합 전에 선수들이 회식하느라 컨디션 조절이 되지 않아서, 핵심선수가 부상으로 경기에 출전하지 못해서, 경기에서 감독의 사인이 제대로 전달되지 못해서, 너무 중요한 경기이기 때문에 선수들이 긴장해서 제 실력을 발휘하지 못해서, 몇몇 선수들이 감기에 걸려서 제 컨디션이 아니어서 등과 같이 그 시합에서 패배한 이유에 대한 다양한 설명이 가능하다. 이와 같이 다양한 원인을 하나도 빠짐없이 망라해서 열거하는 것이다. 이러한 방법을 사례기술적 방법이라고 볼 수 있다.

반면에 하나의 게임에서의 패배나 승리와 관계없이 야구시합에서의 승리와 패배에 영향을 미칠 수 있는 요인에 대한 설명이 가능하다. 예를 들면, 선수들의 훈련시간과 강도가 높을수록 승리할 가능성이 높다, 원정경기보다 홈경기에서 승리할 가능성이 높다, 감독과 선수의 관계가 좋을수록 승리할 가능성이 높다 등과 같은 유형의 설명은 현상에 대한 좀 더 일반적이고 추상적인 성격을 가진다. 이처럼 하나의 사례가 아니라 복수의 상황이나 사례들에 대해서 일반적인 설명을 추구하는 것을 법칙정립적 방법이라고 부른다. 법칙정립적인 방법을 사용하는 경우에는 수많은 원인을 모두 파악하고자 하기보다는 중요한 몇 개의 설명요인으로 관계를 설명하는 것을 추구한다.

나. 양적 연구방법과 질적 연구방법

수집한 자료의 종류에 따라 연구방법을 나눌 수 있다. 사회현상에 대하여 크게 양적 자료와 질적 자료를 구분할 수 있다. 남녀가 만나는 현상에 대하여 1달에 몇 번 만나는지를 관찰하여 1달 평균 만남 횟수로 표현하면 양적 자료가 된다. 남녀가 만나서 나누는 대화의 내용 그 자체를 기술하게 하면 질적 자료가 된다. 이처럼 수치화된 자료를 양적 자료라고 하고 비수치화 자료를 질적 자료라고 한다. 그리고 양적 자료를 이용하는 연구방법을 양적 연구방법이라고 하고, 질적 자료를 이용하는 연구방법을 질적 연구방법이라고 부른다.

여기서 우리가 명심해야 할 문제는 연구대상이 되는 모든 것은 개념(concept)으로부터 출발하는데, 이 개념과 관련한 사회현상의 관찰은 처음에는 질적일 수밖에 없다. 즉 사회현상 중에 그 어느 것도 본질적으로 수치화되어 있는 것은 없다는 의미이다. 따라서 양적 연구방법에서는 가설을 검증하기 위해서 애초에 질적인 성격을 가진 연구대상을 수치화하여 관찰을 통해서 측정이 가능하도록 만들어주게 된다. 이러한 작업을 양화(quantification)라고 한다. 그리고 이렇게 양화된 자료, 즉 양적 자료를 사용하는 양적 연구방법을 사회과학 연구에서 주된 연구방법론으로 사용한다.

다. 연역적 및 귀납적 방법

과학적 연구 과정은 일반적으로 이론과 경험적 관찰(조사)의 연결이라는 과정으로 이루어진다고 볼 수 있는데, 월리스(Wallace, 1971)가 이에 대해서 잘 설명하고 있다. 그에 따르면 이론과 경험적 관찰(조사) 중에 어디에서든 시작할 수 있다. 어디에서 시작하느냐에 따라 추론의 방식은 연역적 방법과 귀납적 방법으로 구분할 수 있는데, 이 두 방법은 어느 것이 다른 것보다 더 우월하다는 평가를 할 수 있는 것이 아니라 연구자의 연구목적에 따라 선택해야 하는 것이다. 실제로 과학적 연구는 전형적으로 연역적 방법과 귀납적 방법을 교대로 사용하고 있다.

그림 1-1 연역법과 귀납법의 과정

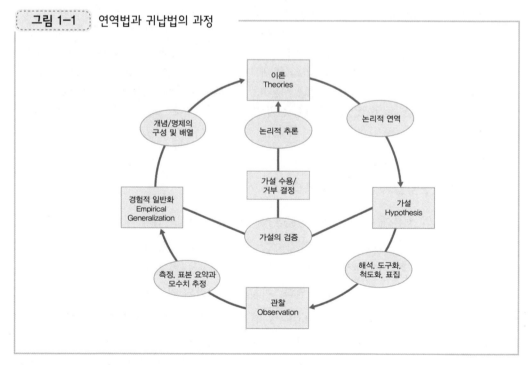

자료: Wallace, W., 1971, The Logic of Science in Sociology, p. 18.

위의 [그림 1-1]에서 가장 위에 있는 이론에서 출발하여 오른쪽 반원으로 움직이는 방식을 보자. 이론에 기반을 두어 가설을 세우고 그 가설을 검증하기 위해 경험적 관찰을 통한 자료를 수집하고, 그 자료의 분석 결과를 통해 가설의 채택과 기각을 결정하는 과정이다. 이처럼 이론으로부터 출발하여 가설을 세우고 관찰을 통해 가설을 검증하는 순서로 가는 연구 과정을 연역적(deductive) 방법이라고 한다. 이는 일반 원리로부터 출발하여 특정한 가설, 즉 논리적 기대가 실제로 일어나는지를 검증하는 관찰로 이어지는 과정이다.

이에 비해 경험적 관찰에서 출발하여 왼쪽 반원으로 움직이는 진행 과정을 보자. 관찰에서 얻은 자료의 분석 결과에서 나온 여러 법칙성들을 경험적 일반화의 과정을 통해 이론으로 발전시키는 과정이 진행된다. 이처럼 관찰로부터 시작하여 경험적 일반화를 거쳐 이론으로 나아가는 연구 과정을 귀납적(inductive) 방법이라고 한다. 이 방법은 특정한 관찰로부터 시작하여 주어진 현상에 대해 일정한 규칙을 발견하는 경험적 일반화를 통해 일반적 원리인 이론에 이르는 과정이다.

사례보기

공부시간과 학점의 관계에 대한 연역적 방법과 귀납적 방법

공부시간과 학점의 관계를 연역적으로 연구한 과정과 귀납적으로 연구한 과정을 그래프로 제시해보면 다음과 같다.

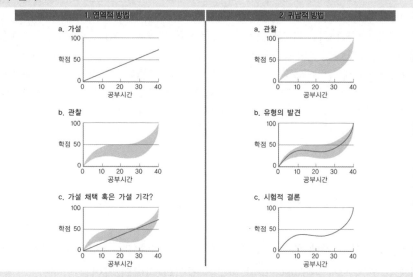

[그림 1-2] 연역법과 귀납법에 따른 연구 과정 비교
자료: Babbie, E., 2013, 사회조사 방법론 13판, p. 117.

[그림 1-2]의 두 사례 모두 시험을 잘 보기 위해 사용된 공부시간과 그 시험에서 얻은 학점 사이의 관계를 연구하는 과정을 보여준다. 두 가지 방법의 설명과정을 비교해보자.

〈연역적 방법의 설명〉

연역적 방법인 경우에는 문제를 논리적으로 검토해 보는 것으로부터 시작한다. 시험을 잘 보기 위해서는 시험 전에 관련 지식과 정보를 많이 보는 것이 중요하다. 따라서 우리는 공부하는 데 사용된 시간과 그 시험에서 얻은 점수 사이의 정(+)적 관계를 제시하는 하나의 가설을 설정할 수 있다([그림 1-2]의 1(a)부분).

이 가설을 검증하기 위해서 다음 단계에 해야 할 것은 관찰하는 것이다. [그림 1-2]의 1(b)부분에 나타난 검은색 음영 부분은 학생들이 얼마나 공부를 위해 시간을 투자했으며 그에 따라 어느 정도의 학점을 받았는지에 대한 수많은 관찰의 결과이다.

[그림 1-2]의 1(c)부분은 가설과 관찰(자료)을 비교한 것이다. 이 과정을 통해 실제의 관찰 결과가 우리가 주장하고자 한 가설과 얼마나 근접하는가를 결정하게 된다. 여기서 현실 세계와의 차이가 어느 정도 있을 수밖에 없지만, 가설이 어느 정도 현실 세계를 반영하여 보편화된 유형과 패턴을 묘사한다고 결론 내리게 되면 가설은 채택될 수 있게 된다. 물론 이 과정에서 통계학적 분석 방법에 의해 그 결론에 이르게 된다.

〈귀납적 방법의 설명〉

귀납적 방법을 사용한다면, [그림 1-2]의 2(a)에서처럼 일련의 관찰로부터 시작할 것이다. 공부하는 데 사용한 시간과 학점 사이의 관계에 대해 관심을 가지고 이에 관한 적절한 자료를 수집하는 단순한 행동으로부터 시작한다. 그런 후에 우리의 관찰을 가장 잘 대표하거나 요약하는 유형을 찾을 것이다. [그림 1-2]의 2(b)에서 그 유형은 곡선 모양의 굵은 음영으로 표현되는 관찰의 중앙을 통과하는 곡선으로 나타나고 있다.

이 경우에 [그림 1-2]의 2(c)에 있는 곡선으로 얻은 유형은 1~15시간 사이의 공부에 있어서는 공부시간을 늘릴 때마다 학점이 높아진다는 것을 의미한다. 그러나 15~25시간 사이에서는 공부에 시간을 할애할수록 실제로는 학점이 약간씩 떨어지는 경향을 보였다. 그러다가 25시간 이상을 공부할 경우에는 처음의 유형으로 되돌아가, 공부시간이 늘어날수록 학점이 높아졌다. 여기서 우리는 귀납적 방법을 사용하여 이 두 변수 간의 관계에 대해 실험적 결론을 내리게 된다.

④ 사회과학 연구방법과 학문적 글쓰기

대학생들이 학기 말에 쓰는 기말 리포트 혹은 졸업 논문, 나아가 대학원생들이 학위 취득을 목적으로 쓰는 석사 논문이나 박사 논문은 깊이와 길이의 차이는 있지만, 기본적으로 본인의 주장을 설득력 있게 작성하는 글쓰기 작업이다. 이러한 글쓰기가 다른 에세이나 소설 등의 글쓰기와 다른 이유는 학문적인 글쓰기가 갖는 특성 때문이다.

학문적인 글쓰기는 기본적으로 과학적 연구의 기본적 틀을 갖추어야 한다. 물론 리포트나 학부 졸업 논문이 반드시 과학적 연구이어야 하는 것은 아니지만, 그래도 기본적으로 연구 설계(research design)의 전부 혹은 일부에서 과학적 접근이 이루어져야 한다. 특히 석사 논문이나 박사 논문은 과학적 연구의 엄밀한 단계를 밟으면서 연구자가 관심을 가지는 연구주제에 대한 과학적 탐구에 있어서 과학적 방법을 사용하여 연구자의 주장을 입증해야 한다. 그리고 이러한 학위 논문이 사회과학의 영역에 속한 학문일 경우에는 대부분은 자료수집과 분석을 통한 경험적 연구일 가능성이 높다. 그렇기 때문에 논문을 제대로 쓰기 위해서는 과학적 연구 방법론에 대한 학습과 훈련이 반드시 필요한 것이다.

이러한 과학적 방법론에 대해 익숙해진다는 것은 단기적으로는 과학적으로 엄밀한 방법을 통한 실증적 학위 논문의 작성을 가능하게 하지만, 장기적으로는 이후에 사회과학적 연구의 '생산자'가 되기 위해서도 매우 중요한 과정이다. 그런 의미에서 박사 논문을 쓰고 전문 연구자가 된다는 것은 독자적으로 과학적 연구를 수행할 수 있는 능력을 갖추었다는 일종의 '자격소지자'임을 의미한다고 볼 수 있다.

물론 과학적 연구방법에 대한 훈련이 이러한 박사학위 소지자들을 위한 좁은 길에만 한정된 것은 아니다. 오늘날 대학에서 다양한 학문을 배우는 학생들이 학교를 졸업한 후에 대학에서 배운 전문지식을 바탕으로 직업을 가지게 되었을 때도 그 직종의 전문가로서 능력을 인정받기 위해서는 그 분야의 전문서적이나 보고서를 읽어야 할 경우가 생길 것이다.

그런데 전문서적이나 보고서가 대부분 경험적 연구를 수행한 연구 논문이나 연구 보고서가 많을 것이기 때문에 과학적 연구들을 이해하고 제대로 소화할 수 있는 전문적 소양을 갖춘 '소비자'가 되기 위해서도 사회과학적 방법에 대한 훈련은 필수적이라 할 수 있다. 결국 전문 연구자가 되기 위해서도, 나아가 일상적 생활에서 전문적 소양을 갖춘 직업인이 되기 위해서도 과학적 방법론에 대한 정확한 이해와 최소한의 실제적 수행 연습은 본인이 대학의 무슨 학과에 속했느냐와 상관없이 필요한 교육 과정이라고 할 수 있다.

제2장
사회과학 연구를 하기 전에 알아야 할 것

제2장에서는 사회과학 연구방법을 학습하기 전에 기본적으로 이해해야 할 관련 지식을 설명하려고 한다. 중요하게 논의될 내용은 사회과학에서 강조하는 인과성의 개념, 그리고 양적 연구방법과 질적 연구방법의 비교, 양적 연구방법의 진행 과정과 연구 설계, 다양한 자료 수집 방법 등 이론적인 부분이다. 이러한 이론적인 기초 지식의 이해는 제2부에서 학습하게 될 사회과학 연구의 실제를 이해하는 데 도움을 줄 것이다.

1 사회과학과 인과성

가. 사회과학에서 인과론적 설명의 특징

① 사회과학에서 인과론적 설명은 사회현상에 관한 일반 법칙의 발견을 목적으로 하는 경우가 많다.

사회현상을 대상으로 하는 사회과학의 연구가 자연과학의 연구와 같이 일반 법칙을 추구하는 것이 가능한가에 대해서 논란의 여지가 남아 있다. 그럼에도 사회과학에서 인과론적 설명을 강조하는 이유는 기본적으로 일반 법칙적 설명의 발견을 중요시하기 때문이다. 이때의 일반 법칙적 설명이란 특정 사회현상의 원인을 탐구함에 있어서 개별적인 현상 간의 구체적인 인과관계를 설명하는 것이 아니라, 특정 사회현상들에 대해 일반적으로 적용할 수 있는 추상적인 차원의 법칙적 설명을 의미한다.

　　인과론적 설명을 기반으로 하게 되면, 사회과학 연구자는 탐구대상인 사회현상에 대해 연역적인 방법이나 귀납적인 방법을 적용하여 궁극적으로 일반 법칙이라 부를 수 있는 이론을 수립할 수 있고, 더 나아가 그 이론적인 틀을 통해 사회현상을 설명할 수 있다. 물론 사회현상은 자연현상과 달리 시간과 공간을 초월한 일반 법칙을 수립하기가 쉽지 않다는 측면이 있다. 그럼에도 사회과학 연구를 통해 추상화와 일반화의 수준이 높은 이론들이 형성되기도 한다. 이와 같은 이론은 사회현상을 설명함에 있어서 적용의 외연, 즉 적용의 범위가 넓은 이론이라고 할 수 있으며, 이론으로서 가치가 더 높은 것으로 인정받는다.

사례보기
일반화된 이론의 사례: 피아제의 인지발달 이론

　　교육학계나 심리학계에서 많이 인용되는 피아제(J. Piaget)의 인지발달 이론은 추상화의 수준이 높고 이론의 적용 범위가 넓은 이론의 대표적인 사례로 볼 수 있다. 피아제는 사람이 태어난 이후에 인지발달이 이루어지는 양상을 연구했는데, 그가 주장한 이론의 큰 특징을 정리하면 다음과 같다.

　　기본적으로 인지발달은 4단계를 거쳐서 진행되는데, 각 단계마다 인지기능의 수준이 다르고 개인별로 늦거나 빠른 차이가 있기는 해도 모든 사람이 동일한 순서로 발달한다. 또한, 누구라도 각 단계를 건너뛸 수 없고 이전 단계로 역행할 수도 없다.

　　단계별 인지발달의 특징은 다음과 같다. 첫 번째 단계인 감각운동기는 주로 0세~2세의 시기이며, 반사활동을 통하여 외부세계와 접촉하면서 감각운동적 지능을 발달시키게 된다. 두 번째 단계인 전조작기는 주로 2세~7세의 시기이다. 이 시기에는 단어의 내면화, 즉 사고가 나타나지만, 그 사고는 논리적이지 못하다. 사물의 겉모습, 즉 지각적 속성에 의존할 뿐 규칙이나 조작을 이해하지 못한다. 아동의 판단은 언어화되지 않는 모호한 인상이나 지각적인 판단에만 의존한다. 세 번째 단계인 구체적 조작기는 주로 7세~11, 12세의 시기이다. 이 시기의 아동은 추상적이지 않은 구체적인 문제에 대해서는 상당히 복잡한 조작을 수행할 수 있다. 구체적인 문제에 대한 논리적 사고가 가능하기 때문에 특정 사실에 따라 사물을 분류할 수 있게 된다. 네 번째 단계인 형식적 조작기는 대략 11, 12세~14, 15세의 시기이다. 이 시기는 논리적 사고의 시기로 추상적인 사고가 가능하다. 또한 도덕적, 정치적, 철학적 생각과 가치 문제 등을 이해하기 시작한다. 타인의 사고 과정을 이해하고, 다른 사람들이 문제를 보는 시각과 생각에 관심을 가지게 된다.

　　인지발달 단계는 다음과 같은 특징을 지닌다. 첫째, 나타나는 순서가 일정하다. 둘째, 통합적 성격을 지닌다. 즉 일정한 단계에서 만들어진 정신구조는 다음 단계의 일부가 된다. 셋째, 전체 구조를 가진다. 넷째, 하나의 단계에는 반드시 준비기와 동시에 완성기가 있다. 마지막으로 각 단계에는 발전의 과정과 완성된 안정상태가 존재한다.

　　피아제의 인지발달 이론은 개인들의 학습과 훈련의 효과를 무시했다는 비판을 받기도 한다. 그러나 모든 사람이 태어나서 예외 없이 동일한 인지발달 과정을 거쳐 갈 것이라고 주장하였다는 점에서 이론의 적용 범위, 즉 외연이 넓은 이론의 대표적 사례라고 할 수 있다.

자료: 김청송, 2009, 청소년 심리학의 이론과 쟁점.

② 사회과학에서 인과적 설명은 개연성을 기반으로 한다.

개연성은 특정 사회현상이 다른 사회현상의 원인이라고 이야기할 때 원인과 결과가 되는 사회현상의 발생을 확률적으로 설명한다는 것을 의미한다. 일반적으로 자연과학의 이론에서 원인과 결과의 관계는 필요충분조건을 충족하게 된다. 이는 결과가 발생하기 위해서는 동일한 원인이 존재해야 하고, 그 원인이 존재하면 항상 그 결과가 발생하게 됨을 의미한다. 그럴 경우에 원인과 결과가 되는 현상 간에 인과관계가 있다고 지칭한다.

그렇지만 사회과학에서 인과적 설명은 그렇게 엄격하지 않아서 현상 간의 인과관계가 필요충분조건의 충족을 기반으로 하는 것이 아니라 확률적인 가능성을 고려하는 개연성을 기반으로 한다. 즉 어떤 원인이 존재한다고 해도 반드시 같은 결과가 발생하는 것은 아니며, 두 사회현상 간에 인과관계가 존재한다는 것은 단지 원인이 되는 현상이 있을 때 결과가 되는 현상이 발생할 확률이 높아진다는 것을 의미할 뿐이다.

사회과학에서 인과적 설명을 강조하면서도 개연성을 인정하는 이유는 무엇일까? 이는 만약에 사회과학이 자연과학과 같은 결정론적 입장을 취하게 된다면 인간의 모든 행동은 특정 원인에 의해서 결정되는 것으로 볼 수밖에 없기 때문이다. 그렇게 되면 인간이 가진 자유의지와 개인적 자유의 문제를 고려할 여지가 없어지게 되며, 이러한 태도는 인간을 대상으로 하는 사회현상 연구에 적절하지 않다. 그래서 사회과학의 인과적 설명에서는 원인에 의해서 영향을 받는 것 자체는 인정하지만, 특정 원인에 의해서 모든 것이 결정된다고 보지는 않는다. 이러한 맥락에서 사회과학은 본질적으로 확률적인 인과관계를 기초로 한다.

따라서 사회현상에 대한 인과론적 설명에서는 일반적으로 양적 연구방법이 유용한 근거가 된다. 이 책의 이후 부분에서 자세하게 설명하겠지만, 양적 연구방법을 사용하여 사회현상을 양적으로 측정하여 자료를 수집하고 통계 분석 방법을 적용함으로써 개연적 인과관계에서 정확한 확률의 계산이 용이해지기 때문이다.

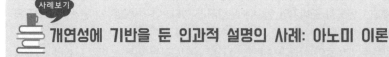

개연성에 기반을 둔 인과적 설명의 사례: 아노미 이론

범죄학의 아노미 이론을 예로 들어서 설명해보자. 하층의 범죄에 관심을 가졌던 머튼(Merton,

1968)이 만들어 낸 아노미 이론은 다음과 같은 점을 강조한다. 미국이라는 사회의 구성원들은 사회가 문화적으로 강조하는 경제적 성공이라는 목표를 공유하고 있다. 하지만 하층 구성원들은 자신들의 사회구조적인 위치(계급 혹은 계층) 때문에 경제적으로 성공할 수 있는 제도적인 수단을 가지지 못하게 된다. 이에 따라 아노미를 경험하며, 목표에 도달하기 위해 제도적인 수단 대신 비합법적인 수단을 사용하게 되면서 범죄를 저지르게 된다.

   그런데 머튼이 주장하는 아노미 이론은 타당성을 인정받음에도 불구하고, 이 이론에 따라서 하층에 속한 사람들이 모두 아노미를 경험하게 되며, 모두 범죄를 저지른다고 주장하지는 않는다. 단지 하층은 중상층 사람들보다 아노미를 경험할 가능성이 높고, 따라서 범죄를 저지를 가능성, 즉 확률적으로 범죄를 저지를 개연성이 더 높다고 설명한다.

나. 사회과학에서 인과성의 기준

   인과론적 설명을 추구하는 사회과학 연구를 할 때, 던질 수 있는 또 다른 질문이 있다. 바로 어떤 경우에 두 현상 간에 인과적 관계가 있다고 할 수 있는가의 기준에 대한 것이다. 사회현상에 대한 법칙정립적인 설명에서 인과관계가 있다고 주장하기 위해서는 적어도 다음의 세 가지의 기준을 충족해야 한다.

   ① 원인과 결과가 되는 두 현상은 경험적으로 상호 관련되어 있어야 한다.

   이것은 상관성이 있어야 함을 말하는 것이다. 상관성이란 어떤 하나의 현상이 발생하면 다른 현상도 발생하고, 하나의 현상이 변화했을 때 다른 현상도 함께 변화하는 관계에 있는 것을 말한다. 그러나 앞에서 설명한 것처럼 이러한 관계는 자연과학처럼 한 현상의 발생이나 변화가 다른 현상의 발생이나 변화에 필요충분하게 관련되는 것뿐만 아니라 확률적인 관계성도 포함한다. 두 현상 간에 상관성이 존재하기 위해서는 어떤 현상이 먼저 발생하거나 먼저 변화하는지는 문제가 되지 않는다. 단지 두 현상 간에 필요충분적인 법칙 혹은 개연성에 입각한 법칙성이 발견되는 관계이면 된다.

   ② 원인과 결과 간에는 시간적인 선후관계가 명확하게 존재해야 한다.

   이것은 원인이 되는 현상이 결과가 되는 현상보다 먼저 발생해야 한다는 것을 의미한다. 너무 당연하고 단순한 것처럼 보이지만, 실제 사회과학 연구에서 이러한 관계를 파악하기가 그렇게 간단하지 않은 경우가 많다.

   예를 들어 청소년 비행 이론과 관련하여 살펴보자. 청소년 비행 이론에서 많이 언급되는 것 중의 하나가 나쁜 친구들과 어울리게 되면 비행을 저지르게 된다는 주장이다. 이 주장에서 상관성이 있는 두 현상은 '나쁜 친구와 어울리는 것'과 '비행을 하는 것'이다. 그렇다면 어떤 현상이 먼저 발생한다고 볼 수 있을까? 나쁜 친구와 어울리기 때문에 비행을 하게 되는가? 아니면 다른 이유로 인해서 비행을 저지르고 비슷한 처지에 있는 나쁜 청소년들과 어울리게 되는 것일까? 전자의 경우에는 나쁜 친구와 어울리는 현상이 선행하지만, 후자의 경우는 비행을 저지르는 현상이 선행한다.

이처럼 시간적 선후관계를 명확하게 구분하기 어려운 경우에도 사회과학의 인과성을 파악하기 위해서, 연구자는 연구하고자 하는 현상 간의 시간의 선후관계를 설정해야 한다. 이 경우에 연구자는 자신의 관심에 따라서 둘 중 하나가 시간적으로 선행하는 것으로 결정해야 한다. 그러나 이 경우에 연구자 마음대로 선후관계를 정하는 것이 아니라, 그러한 결정을 논리적으로 뒷받침할 수 있는 이론적 배경을 충실하게 소개해야 한다.[1]

③ 두 현상 간의 관계가 제3의 요인에 의해서 설명될 수 없어야 한다.

이것은 두 현상 간의 관계가 '허위관계(spurious relationship)'가 아니어야 한다는 것을 의미한다. 만약에 원인과 결과가 되는 두 현상의 관계가 다른 요인, 즉 제3의 공통요인에 의해서 설명될 수 있다면 두 현상 간에 인과성이 있다고 볼 수 없다. 따라서 허위관계에 있는 현상을 인과성이 있다고 설명하면 이는 과학적 연구 결과라고 보기 어렵다.

이를 보여주는 간단한 사례를 보자. 예를 들어 "초등학교 아동의 키가 클수록 학습능력이 높다."라는 주장에서 '초등학교 아동의 학습능력'을 설명하는 원인은 '아동의 키'이다. 즉 키가 큰 초등학생이 학습능력이 뛰어나다는 의미가 된다. 그렇지만 이 두 요인의 관계는 제3의 요인, 즉 공통요인에 의해서 설명될 수 있다. 공통요인은 바로 '나이'이다. 아동의 나이가 많을수록 키도 크고, 아동의 나이가 많을수록 학습능력도 높다. 그래서 '초등학교 아동의 키'와 '학습능력'은 허위관계이며, 따라서 인과성을 갖는다고 볼 수 없다.

이 세 번째 기준을 이해하는 것 자체는 그리 어렵지 않다. 그러나 실제 연구에서 연구자가 원인이 되는 현상과 결과가 되는 현상이 제3의 공통요인에 의해서 나타나는, 즉 허위관계가 나타나는 것이 아님을 밝히는 것은 그리 쉬운 일이 아니다. 앞서 소개한 사례의 경우와 달리 사회현상에서는 허위관계가 명백하게 드러나지 않는 경우가 많기 때문이다. 이러한 이유로 연구 설계 단계에서 이 기준을 별로 신경을 쓰지 않고 연구하는 경우도 많고, 분석 단계에서도 특별히 허위관계에 관심을 두지 않는 경우가 많다. 그렇지만 제대로 연구하기 위해서는 항상 자신이 고려하고 있는 원인과 결과가 되는 사회현상 간의 관계가 제3의 특정 요인에 의해서 설명될 수 있는지를 면밀하게 검토하는 작업이 필요하다.

---

1) 뒤에서 자세히 살펴보겠지만 실험법의 경우는 시간적 선후관계를 연구방법 자체에서 명확하게 구분할 수 있지만 서베이 방법은 그렇지 못하다. 따라서 서베이 방법을 사용할 때는 시간적 선후관계를 설명하는 이론적 논의가 더 충실해야 한다.

생각해보기

인과성의 기준에 관한 검토 사례

인과성의 세 가지 기준과 관련하여 학문적인 사례를 가지고 세밀하게 살펴보자. 예를 들어 청소년의 컴퓨터 게임 시간과 학교성적의 관계에 관심을 가지고 연구한다고 가정해보자. 일반적으로 가장 쉽게 생각할 수 있는 인과관계는 게임 시간을 원인으로, 학교성적을 결과로 생각하는 것이다. 즉 '게임하는 시간이 많은 아이들이 학교성적이 낮다.'는 진술을 검증하는 것이다.

그렇지만 조금 더 생각해보면 이러한 진술에서 앞서 언급한 두 번째 기준인 시간적 선후관계가 그렇게 명확한 것이 아님을 알 수 있다. 공부를 열심히 했지만 성적이 기대만큼 나오지 않은 청소년이 그 스트레스로 인해서 게임에 빠질 가능성을 배제할 수 없기 때문이다. 이 경우 학교성적은 게임 시간에 의한 결과가 아니라 원인으로 작용할 수 있다.

세 번째 기준, 즉 허위관계가 아니어야 한다는 기준에 대해서도 다양한 검토가 가능하다. 만일 부모가 맞벌이기 때문에 집에서 아이의 일상생활을 감독할 어른이 없는 경우, 게임을 많이 하는 것과 성적이 낮은 것 각각은 부모 감독의 부재라는 제3의 공통요인에 의해서 영향을 받은 결과일 수 있다. 또 다른 경우로 가정 내에서 부모 간의 갈등이 심한 경우에 집에 있는 아이는 그 갈등상황에서 도피하고 싶은 마음으로 게임에 빠져들고 공부를 멀리해서 그런 결과가 나올 수도 있다. 이 같은 경우에 부모의 감독 부재나 부모의 갈등은 게임 시간과 학교성적에 동시에 영향을 미치는 제3의 공통요인이 된다. 이렇게 되면 연구자가 진술한 '게임 시간'과 '학교성적'이라는 두 요인의 관계는 허위관계이기 때문에 인과관계라고 단정 짓고 그에 따라 연구의 결론을 내리기가 어렵다.

이러한 관계를 도식으로 묘사하면 다음과 같다.

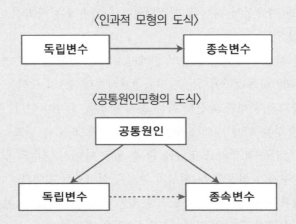

〈인과적 모형의 도식〉

독립변수 → 종속변수

〈공통원인모형의 도식〉

공통원인

독립변수 ┈┈▶ 종속변수

위에서 제시한 사례를 통해 다음과 같은 점을 생각해 볼 수 있다. 우리가 사회과학 연구를 하면서 일반적으로 변수 간의 인과관계를 검증하고자 할 때는 연구자가 설정한 인과관계를 갖는 현상 이외에 다른 요인도 고려해야 한다. 즉 연구자가 설정한 인과관계에 중요한 영향을 미칠 수 있는 다양한 요인들을 찾아서 허위관계가 아님을 밝히기 위한 노력을 기울일 필요가 있다. 결국, 사회과학 연구에서

> 연구자는 단지 자신이 보고자 하는 원인과 결과 요인만을 측정해서는 온전한 인과관계를 밝히는데 한
> 계가 있음을 염두에 두어야 한다.

허위관계와 관련하여 우리가 알아야 할 개념이 바로 '통제'라는 것이다. 앞에서 허위관계
가 아님을 밝히고자 할 때 제3의 공통요인에 의해 설명할 수 있는 것이 아님을 밝혀야 한다고
했는데, 이때 사용하는 것이 통제이다. 이를 전문적으로 표현하면 제3의 공통요인을 통제하지
않고는 단순히 두 현상 사이의 상관성을 기반으로 인과관계라고 설명하기 어렵다는 뜻이다.
그렇다면 제3의 요인(공통원인)을 통제한다는 말이 무엇을 의미하는지 살펴보자.

다. 통제의 중요성

통제(control)란 원인과 결과의 관계에 제3의 요인이 영향을 미치지 못하도록 막는 것을
의미한다. 즉 원인이 결과에 미치는 순수한 영향을 알기 위해서 혹시 존재할지 모르는 제3의
요인의 영향력을 배제하는 것을 의미한다. 자연현상의 연구에서는 제3의 요인의 영향을 물리
적으로 배제하여 통제하는 것이 가능하지만, 인간을 연구대상으로 하는 사회과학에서는 통제
가 그리 간단하지 않다. 앞서 사용한 사례의 게임 시간과 학교성적의 관계에서 부모의 감독이
공통원인으로 작용한다고 가정해보자. 이 경우에 부모의 감독이라는 영향력을 통제할 수만
있다면 게임 시간과 학교성적 사이에 발견되었던 상관관계는 사라질 것이며, 따라서 허위관
계로 밝혀질 것이다.

그렇다면 게임 시간과 학교성적 간의 관계에 미치는 부모감독의 영향을 현실적으로 어떻
게 통제할 수 있을까? 사회과학에서는 자연과학에서처럼 제3의 요인을 물리적으로 배제할 수
는 없다. 그래서 물리적 통제를 대신할 다른 통제 방법을 찾아야 한다. 기본적으로 할 수 있는
방법은 연구하고자 하는 관계 이외에서는 모두 '동일한 조건'을 만드는 것이다. 즉 인과관계
를 설명하는 두 현상만을 제외하고 영향을 줄 수 있는 나머지 변수의 영향력을 동일하도록 조
건을 만든 후에, 연구자가 설정한 두 현상의 관계를 살펴보는 것이다.

실제로 사회과학 연구에서 구체적으로 통제를 수행하는 방법은 사용하는 자료수집 방법
에 따라서 다르다. 실험법의 경우 원인이 되는 요인을 제외한 다른 조건들이 동일하도록 실험
집단과 통제집단을 구성함으로써 통제를 수행할 수 있다. 서베이의 경우 질문지에 통제할 변
수를 측정하는 문항을 포함하여 측정하고 자료수집이 끝난 후에 분석 단계에서 통계적 기법을

사용하여 사후에 통제하는 방법을 사용한다.[2] 이에 따라 서베이 방법을 사용하여 연구할 때에는 연구자가 살펴보고자 하는 원인과 결과에 해당하는 변수만 문항으로 구성하여 측정하는 것이 아니라 두 변수의 관계에 영향을 미칠 수 있는 요인들을 포함해서 자료를 수집해야 한다는 것을 염두에 두어야 한다.

❷ 양적 연구방법과 질적 연구방법

가. 연구방법론의 일반적 구분

일반적으로 사회과학 연구방법론에서 연구방법은 양적 연구방법과 질적 연구방법으로 구분한다. 대표적인 양적 연구방법으로 서베이와 실험을 들고, 대표적인 질적 연구방법으로 참여관찰, 심층 면접과 같은 방법을 들고 있다. 이처럼 구분하는 기준은 무엇일까? 여기에는 기본적으로 탐구대상인 사회현상, 즉 사회적 실재 혹은 사회적 행동이 그 본질에 있어서 양화 가능한 양적인 현상으로 보는가 아니면 본질적으로 숫자로 환원할 수 없는 질적인 현상으로 보는가의 인식이 깔려 있다. 사회현상이 인간을 대상으로 하는 연구이기는 하지만 자연현상과 마찬가지로 현상의 특성을 숫자로 전환하는 양화가 가능한 현상이라고 보는 입장에 기반을 둔 것이 양적 연구방법이다. 반면 사회현상은 인간의 행동을 연구하는 것이기에 양화를 통해서는 사회현상 고유의 측면을 파악할 수 없기 때문에 그 나름대로 고유한 연구방법으로 연구해야 한다고 보는 입장에 기반을 둔 것이 질적 연구방법이다.

나. 사회현상의 특성과 연구방법

사회과학이 연구대상으로 하는 사회현상은 기본적으로 인간과 관련되어 있기 때문에 인간의 행위, 태도, 가치 등이 중요한 연구대상이 될 수밖에 없다. 이러한 연구대상은 기본적으로 개인이 의미를 부여한 행위들이기 때문에 독특성을 가지게 된다. 즉 사람들의 모든 행동은 비슷하게 보일지라도 나름대로 독특성을 지니고 있다. 따라서 기본적으로 고유한 특성을 지니는 사회현상이란 수량화할 수 없는 질적인 성격을 지니는 것으로 볼 수 있다. 이는 사회현상은 그 어느 것도 본질적으로 수치화되어 있는 것은 없다는 것을 의미한다.

이러한 사회현상을 설명하고자 할 때 연구자는 두 가지 중에서 선택이 가능하다. 하나는 행위가 가지는 고유성과 독특성을 강조하여 그 부분을 포기하지 않고, 사회현상이 가지는 함

---

2) 일반적으로 통계 기법 중에서 다변량 분석 방법을 사용하여, 복수의 독립변수를 분석에 포함하여 분석하면 모형에 포함된 다른 독립변수의 효과가 통제된 후의 개별 독립변수와 종속변수의 관계를 알 수 있다.

의를 설명하고자 하는 것이다. 이를 위해서는 질적 연구방법을 사용할 수 있다. 사회현상이
가지는 고유한 의미를 강조하며 이를 그대로 살려서 연구하는 것이다. 예를 들어 사람들이 하
는 행위나 말이 겉으로는 동일하다 해도 맥락에 따라서 그 의미가 달라질 수 있는데, 이 점에
초점을 맞추어 사회현상을 설명하고자 하는 것이다.

다른 하나는 사회현상에 들어있는 고유성과 독특성을 어느 정도 포기하더라도 사회현상
을 양적인 속성으로 변화시켜서 현상 간의 인과적 분석을 시도하는 것이다. 즉 사회현상에 대
한 법칙적인 또는 일반적인 설명을 추구하는 것인데, 이를 위해서 양적 연구방법을 사용할 수
있다. 이는 개별적인 사회현상의 행위자들이 가지고 있는 독특성을 일정 부분 포기하는 대신
에 사회현상의 추상화를 통해서 공통적인 부분을 중심으로 현상들의 인과적인 관계에 대한
설명을 추구한다. 예를 들어 부모와 자녀 간의 관계, 즉 애착과 같은 것은 숫자로 단순하게 표
현하기가 불가능한 미묘한 현상이다. 따라서 이런 관계는 기본적으로 질적인 현상이라고 할
수 있다. 그렇지만 자료수집을 위해서 개별적인 애착관계에서의 미묘함을 포기하고 연구자가
일정한 기준을 정해서(조작적 정의) 애착관계의 정도에 일정한 숫자를 부여할 수 있으며(양화),
이를 분석하여 결과를 이끌어낼 수 있다.

앞서 언급한 바와 같이 사회과학의 연구에서 추구하는 일반법칙 혹은 인과관계가 본질적
으로 개연적인 성격을 가진다는 점을 고려할 때, "어떤 원인이 결과에 대해서 영향을 미친다."
라는 다소 막연한 진술보다는 두 요인 간의 관계를 양적으로 분석하여 영향을 주는 정도를 구
체적인 숫자로 보여주는 것이 분명한 장점을 지닌다. 변수를 양화했을 때는 그 변수의 값과
변수 간의 관계를 정확하게 수치로 나타낼 수 있다. 단지 낮다 또는 높다 등으로 표현하는 것
보다 정확한 값을 부여하는 것이 더 정확하고 과학적이라고 볼 수 있다. 예를 들어 머리가 좋
다 또는 나쁘다고 표현하는 것보다는 지능지수를 숫자로 제시할 때 더 정확하게 의미가 전달
된다. 더불어 자료를 양화했을 때 측정 자료들을 전산처리나 통계처리하기 쉬워지기 때문에
가설 검증에서 분명한 이점을 지닌다.

팁: 생각더하기

두 연구방법에 관한 이 책의 기본적인 입장

이 책에서는 사회과학 연구와 관련하여 양적 연구방법을 기본으로 하여 서술하고 있다. 그렇다고 사회현상이
본질적으로 질적인 현상이라는 점을 부인하지는 않는다. 다만 사회현상에 대해서도 구체적인 자료수집 방법
을 적용하여 양적인 자료를 수집할 수 있다고 보며, 양적인 자료를 사용할 때 연구 결과의 일반화를 도출하
여 인과적 설명을 하는데 더 유리하다는 입장을 갖고 있다.

그러나 사회과학을 연구하는 사람들이 연구를 실시할 때 기본적으로 하나의 연구방법론만 주장할 필요는 없

다고 본다. 즉 양적 또는 질적 연구방법 간에 근본적인 차이가 존재한다고 보고, 두 방법 중에 어느 한 연구방법만 가능하고 다른 연구방법은 문제라고 인식하는 등 두 연구방법의 우열을 따질 필요는 없다. 다만 연구자가 연구의 틀을 결정한 후에 연구의 목적에 따라서 양적 또는 질적 연구방법 중에서 가장 적합한 연구방법을 선택하여 사용하면 된다고 보는 것이 적절하다.

③ 사회과학 연구의 진행

연구방법, 특히 질적 연구방법을 선택하는가 아니면 양적 연구방법을 선택하는가에 따라 연구가 진행되는 단계는 다소 차이가 있다. 여기에서는 이 모두를 고려하여 일반적으로 사회과학 연구를 진행하는 절차를 중심으로 간단하게 소개하도록 한다.

① 모든 연구의 출발은 연구주제를 정하는 것이다.

연구주제를 정할 때 출발점이 되는 것은 연구자의 '문제의식'이다. 문제의식이란 연구자가 연구하고 싶은 마음 또는 연구자의 관심이라고 할 수 있다. 연구자가 호기심을 가지거나 궁금해서 알고 싶어 하는 것이 연구의 출발점이라는 의미이다. 연구자가 자신의 분야에 대하여 공부를 하다 보면 스스로 궁금한 것이 생기는데 이를 구체적인 질문의 형태로 던질 수 있다. 이처럼 질문을 던지고서 그에 대하여 자신이 자료를 수집하여 답을 찾으려고 시도해보는 것이 바로 연구의 시작이다. 예컨대 행복이라는 분야에 관심을 가진 경우를 보자. 이때 "사람들은 얼마나 행복하다고 느낄까?", "사람들을 행복하게 만들거나 불행하게 만드는 것은 무엇일까?" 등에 관심을 가지는 것이 문제의식이라 볼 수 있을 것이다. 그런데 문제의식이 여기서 그쳐서는 안 되며, 자신이 가진 다소 막연한 문제의식에서 출발한 연구의 관심은 다양한 문헌에 대한 탐색적인 독서와 끊임없는 질문과 생각을 통해서 구체화되어야 한다.

② 문제의식을 가지게 되었다면 그다음 단계는 선행 연구를 살펴보는 것이다.

연구자가 제기한 문제에 대해 다른 사람들이 수행한 선행 연구 결과나 해당 현상을 설명할 수 있는 이론을 찾아본다. 대부분의 경우 학문적으로 연구할 가치가 있는 문제의식이라면 선행 연구들이 존재할 것이다. 선행 연구에 대한 독서를 통해서 기존에 연구되지 않았던 새로운 주장들을 찾아가게 된다. 선행 연구에서 미처 충분히 연구되지 못한 부분이 있다든지, 일부 동의하지 않는 내용이 있다든지, 아니면 좀 더 발전시킬 수 있는 부분이 있다든지, 연구대상이나 연구방법을 달리해서 연구해볼 가능성이 있다든지 하는 것이 그 예에 해당한다.

③ 선행 연구에서 부족한 점을 보완하여 기존에 없는 새로운 주장을 담아서 연구모형과 가설을 만든다.

연구모형이란 연구자가 관심을 가지는 사회현상인 종속변수와 그것을 설명하는 요인인 독립변수의 관계를 구체적으로 그리고 총체적으로 구성한 것을 의미한다. 연구모형은 연구주제를 검증할 수 있는 가설을 구성하고, 복수의 가설 간의 관계들을 종합해서 만든 것으로서, 연구에 포함되는 변수 간의 인과관계를 설정한 설명 틀이라고 할 수 있다. 이러한 연구모형에는 선행 연구에서 다루어지지 않은 새로운 내용이나 방법 등이 포함되어야 한다. 물론 선행 연구를 그대로 재현해서 결과를 비교하는 것을 목적으로 하는 연구의 경우에는 예외가 될 수 있다. 이 단계에서는 다양한 선행 연구를 연역적으로 조합하여 보다 합리적인 설명이라고 볼 수 있는 대안을 제시할 수 있으며, 미흡한 점은 귀납적인 방법으로 알아볼 수도 있다.[3] 양적 연구방법에서는 연구모형과 더불어 연구모형을 구체적으로 검증하도록 변수 간의 관계를 설정한 가설을 제시하게 된다.

연구를 수행함에 있어서 연구모형의 구성은 기본적으로 두 가지의 의미가 있다고 할 수 있다. 첫 번째는 설정한 연구모형이 타당한지 검증하기 위함이다. 타당성을 검증하기 위해서는 그에 적합한 경험적 자료를 수집해야 하는데, 연구 설계를 통해서 어떤 경험적 자료를 어떤 방법으로 수집해야 할지 결정한다. 이와 같이 수집한 자료를 통해서 가설을 검증하는 것이 첫 번째 목적에 해당한다. 두 번째는 연구모형의 타당성을 확인한 후 연구모형을 사용하여 연구 대상이 되는 사회현상을 인과적인 맥락에서 설명하는 것이다. 이 목적은 중요한 부분이기는 하지만 현실적으로 많은 논문에서 소홀하게 여겨지고 있는 부분이다. 수집한 자료에 대한 분석을 통해서 결과를 일반화하고, 해석과 연구의 함의를 기록하는 단계에서 이 작업이 이루어진다.

④ 연구자가 새롭게 제시한 연구모형 혹은 가설의 타당성을 관찰, 즉 경험적 자료를 통해서 검증하는 단계이다.

사회과학은 경험과학이기 때문에 새롭게 제시한 연구모형이 논리적으로 잘 구성되어 있다는 것만으로는 충분하지 않다. 연구자의 연구모형이 이론으로 인정을 받기 위해서는 경험적 자료에 의해서 타당성을 검증받는 단계를 거쳐야 한다. 이 단계에서는 구체적인 자료수집 방법을 선택하고 그 방법에 따라서 연구모형을 검증할 수 있는 경험적 자료를 수집하게 된다. 서베이 방법을 사용한다면 조작적 정의, 질문지 만들기, 표집과 질문지 조사를 통한 자료수집이 이 단계에 해당한다.

---

3) 연역적으로 조합한다는 것은 기존의 이론이나 선행 연구에서 밝혀진 결과들을 논리적으로 연결하여 적절한 설명을 이끌어낸다는 것을 의미하며, 귀납적 방법으로 알아본다는 것은 개별적인 사례들을 모아서 살펴봄으로써 그 안에서 법칙적 관계를 발견하여 부족한 설명을 보완한다는 것을 의미한다.

⑤ **수집한 경험적 자료를 분석하는 단계이다.**

수집한 경험적 자료가 양적인 자료, 즉 숫자로 바꿀 수 있는 자료라면 이 단계에서 통계분석 방법을 사용할 것이며, 질적인 자료가 수집되었다면 그에 합당한 분석 방법을 사용해야할 것이다. 일반적으로 서베이 방법에서는 양적 자료를 바탕으로 통계 분석을 하게 된다.

⑥ **마지막으로 분석을 통해 결론, 즉 경험적인 일반화를 도출한다.**

만일 양적 자료라면 주된 일반화는 통계적 분석절차를 따랐을 때 연구모형의 검증 여부가될 것이다. 더불어 이러한 일반화가 어떤 의미가 있는지 기술하게 되는데, 관련 분야의 선행연구에 비해 이 연구의 결과가 어떤 의미가 있는지, 선행 연구 결과와 어떻게 결합될 수 있는지 등을 설명하는 것이 연구의 마지막 단계이다.

이때 연구모형의 검증만으로 연구를 끝내는 것은 적절하지 않다. 검증한 연구모형을 사용하여 연구대상이 되는 사회현상에 대한 다양한 설명이 필요하다. 아울러 이러한 연구를 통해 발견한 다양한 결과가 기존의 선행 연구 결과와 어떤 차이가 있는지, 새로운 발견은 기존의 선행연구에 어떻게 통합될 수 있는지, 더 나아가 이번 연구의 문제점과 앞으로 연구가 필요한 연구문제를 제안할 수도 있을 것이다. 흔히 학술 논문에서 연구의 함의가 이에 해당한다. 만일 이러한 연구 결과가 기존의 선행 연구를 상당한 수준에서 보완한다면, 연구자와 비슷한 문제의식을 가지고 있는 후속 연구자에게 중요한 선행 연구가 될 수 있을 것이다. 이렇듯 어떤 분야에 대한연구 성과는 비슷한 문제의식에서 출발한 다양한 연구 결과의 축적으로 볼 수 있을 것이다.

이러한 연구 절차를 정리하면 다음의 <표 2-1>과 같다. 이러한 연구 절차는 향후 연구계획서나 연구 결과물인 논문이나 보고서 등의 목차 구성과 유사하다. 왜냐하면 논문이나 보고서 등이 바로 연구의 절차를 진행한 과정을 정리한 문서라고 볼 수 있기 때문이다.

표 2-1 개괄적인 연구 절차

연구 절차	내용
1. 연구주제 정하기	- 문제의식이 가장 중요함 - 궁금한 것 또는 관심의 대상 - 탐색적인 독서
2. 선행 연구 고찰	• 관심의 구체화 　- 궁금한 것의 일부 해소, 새로운 것 발견 　- 이론과 경험적 연구 • 선행 연구의 연역적 조합으로 합리적 설명 　- 이론적: 외연확장(원인변수의 확장), 세분화 　- 방법론적: 새로운 연구대상(예, 성별, 연령별 적용), 새로운 자료수집 또는 분석 방법 　- 재검증

연구 절차	내용
3. 연구모형, 가설	• 검증이 필요한 대상 　– 요인(변수)과 요인 간의 인과관계를 볼 수 있는 틀 　– 명제의 세분화
4. 관찰	• 경험적 자료의 수집 　– 조작적 정의 　– 질문지 만들기 　– 표집 방법 선택 　– 연구목적에 합당한 자료의 수집: 서베이, 실험, 심층면접, 참여관찰, 문헌 연구
5. 분석	– 통계 분석 방법 사용 – 질적 분석 방법 사용
6. 결론 및 일반화	– 연구모형의 검증 여부 확인 – 연구에 대한 설명: 연구의 의미, 선행 연구와의 차별성, 새로운 발견 등 – 비교의 논리 사용, 인과적 설명

④ 연구 설계

양적 연구에서 연구자는 연구 설계를 통해 자신의 연구를 구체적으로 진행할 수 있다. 특히 선행 연구 결과를 기초로 연구모형과 가설을 설정하고 다양한 방법으로 합당한 자료를 수집한 후 연구모형과 가설의 타당성을 알아보는, 즉 가설검증을 목표로 하는 연구나 논문에서 연구 설계는 매우 중요하다. 여기서는 이와 관련하여 연구 설계의 세부 내용을 간략하게 소개할 것이다.

가. 연구 설계의 의미와 내용

연구 설계(research design)는 연구자가 새로운 연구주제에 대해서 연구할 수 있도록 최적의 경험적 자료를 수집하는 방법들에 대해서 결정하는 계획이라고 할 수 있다. 즉 연구 설계란 연구모형을 구성하고, 다양한 자료수집 방법 중에서 연구모형을 검증하기에 적합한 방법을 선택하여 자료를 수집할 수 있도록 계획하는 것을 의미한다. 경험적 연구에서 연구 설계에는 연구전략, 표본, 자료수집 및 분석절차 등의 내용이 포함된다.

연구 설계에는 일반적으로 다음과 같은 내용이 포함된다.
　① 연구에 대한 전반적인 계획

　② 연구에 포함되어야 할 변수
　③ 변수 간 예상되는 관계(가설)
　④ 자료수집 방법
　⑤ 자료 분석 방법

　위의 ①~③ 세 가지는 연구모형과 관련되는 것이다. 연구모형의 구성에서 최초에 문제제기된 상태의 연구주제는 가설 설정 단계를 거치면서 더욱 구체적이고 명확한 개념들의 관계에 관한 진술로 구성된다. 여기에서 변수를 설정하게 되고, 이러한 변수를 측정하는 연구 과정에서 조작화 단계를 거치면서 양화 작업이 이루어지게 된다. 결국 질적 개념의 상태에서 출발한 연구자의 문제의식이 보다 구체적이고 명확한 개념으로 다듬어지면서 가설 설정의 단계에 이르게 되고, 이러한 개념이 변수 측정의 단계에서 양화가 이루어지면서 가설 검증을 위한 구체적 측정이 가능하도록 변화된다.

　나머지 ④, ⑤ 두 가지는 자료의 수집과 분석에 해당한다. 이 단계에서는 구체적인 자료수집 방법을 선택하고, 해당 자료수집 방법에서 필요한 다양한 결정이 이루어진다. 이를 위해서는 연구대상을 관찰하여 자료를 수집할 때 고려해야 할 기준이 무엇인지 그리고 각 연구방법이 가지는 장단점이 무엇인지 알고 있어야 연구모형에 적합한 방법을 선택할 수 있다.

나. 연구 설계에서 자료수집 방법 선택의 기준

　연구 설계의 단계에서 연구목적에 부합하도록 연구가 올바로 이루어지기 위해서는 앞서 언급한 대로 적절한 자료수집 방법을 선택하여 자료를 수집하는 것이 필요하다. 그렇다면 이러한 선택에 있어서 기준이 되는 것이 무엇인지 살펴야 한다.

① 연구에서 대표성의 문제가 얼마나 강조되는가를 살펴야 한다.

　대표성이란 연구를 위해 연구자가 연구대상에게서 수집한 자료가 그 대상이 속한 연구대상집단의 나머지 구성원의 자료까지 대표할 수 있는 정도를 의미한다. 사회과학 연구에서 가능한 모든 자료를 다 수집하여 연구할 수 있다면 바람직하겠지만, 현실적으로 이러한 연구는 불가능하다. 그래서 전체 연구대상 중에서 일부를 선정하고 그 일부의 자료만 수집하여 연구하게 되는 것이 일반적이다. 이때 이 일부 자료가 전체 자료를 대표할 수 있어야 한다. 대표성이 없다면 수집한 자료만으로 연구모형을 검증하고 그 결과를 일반화하는 데 한계가 있다. 따라서 자료수집 방법을 선택함에 있어서 자신의 연구에서 일반화가 어느 정도 중요한지, 즉 대표성이 어느 정도 중요한지 고려해야 한다. 일반적으로 질적 연구방법에서는 대표성의 문제를 상대적으로 덜 강조하며, 양적 연구방법에서는 대표성의 문제를 더 많이 강조하는 경향이 있다.

② 연구에서 양화의 과정을 거칠 것인지 선택해야 한다.

앞서 논의에서 사회현상은 기본적으로 질적인 특성을 가지고 있으며, 현상 간의 인과적 관계는 기본적으로 확률적인 특성을 가진다는 것을 살펴보았다. 물론 일부 연구는 질적인 현상을 있는 그대로 연구하는 것이 중요함을 강조하여 질적 연구방법을 사용하기도 한다. 그렇지만 인과적 관계의 설명이라는 연구목적을 더 잘 수행하기 위해서는 질적인 현상을 양적으로 변환해서 자료를 수집하는 것이 유리하다. 이러한 과정을 양화라고 하며, 양화의 과정은 양적인 연구방법에서 중요한 부분이다.

팁: 생각더하기

연구가 진행되는 과정에 연구자는 다양한 선택을 해야 한다. 그런데 연구 과정의 전반부에 이루어지는 선택은 필연적으로 후반부의 연구 과정과 유기적인 연관성을 지닐 수밖에 없다. 따라서 연구자는 연구를 진행하면서 이러한 연관성에 유의해야 한다. 예를 들어 질문지의 문항을 만들 때 문항의 측정 수준을 결정하게 되면 이는 분석 단계에서 어떤 통계 분석 방법을 사용할 수 있는지에 영향을 미치게 된다. 명목측정으로 문항을 구성하였다면, 분석 과정에서 통계방법을 선택하는데 많은 제약을 받게 된다. 이러한 이유로 연구자는 연구 절차 전반에 대한 이해와 연구 절차 간의 유기적 연관성에 대하여 지속적으로 관심을 가져야 한다. 이와 관련하여 조금 과장하여 예를 들어 살펴보자. 연구자가 질문지를 만드는 단계에서 질문 문항을 만드는 형식을 정하게 되면, 이미 그 자체로 논문이나 보고서에서 연구 결과가 제시되는 틀이나 형식이 결정되는 셈이다. 왜냐하면 그 문항의 형식이 분석 방법과 분석 결과의 양식을 정하게 되고, 결국 그에 비추어 보고서나 논문의 내용이 기술되기 때문이다.

다. 대표성을 기준으로 한 자료수집 방법의 비교

인과적 관계의 검증이라는 연구목적을 고려하여 연구모형을 검증하기 위해서는 대표성을 갖는 자료를 수집하는 것이 중요하다. 자료의 대표성은 매우 중요하지만, 현실적으로 대표성을 잘 확보한 자료를 수집하는 것은 쉽지 않다. 특히 참여관찰, 심층면접과 같은 질적 연구방법은 그 특성상 대표성을 확보하기 쉽지 않다. 참여관찰을 할 때 연구자 개인이 수많은 연구대상을 관찰하기 어려우며, 심층면접 역시 면접의 특성상 소수의 연구대상에게만 사용되는 경우가 많다. 또한 일부 연구에는 연구자가 원하는 질적 연구의 대상을 쉽게 구할 수 없는 경우가 많기 때문에, 전체 연구대상을 적절하게 대표하는 사례를 수집하기 어렵다. 예를 들어 범죄나 동성애 등 특정 사회적 행위를 보이는 사람들을 대상으로 참여관찰하거나 심층면접을 하는 연구는 그 연구의 대상을 찾는 것 자체가 용이하지 않기 때문에 대표성까지 고려한 대상을 선정하는 것은 현실적으로 지극히 어려운 일이다.

서베이와 실험법과 같은 양적 연구방법에서는 대표성의 문제가 더 중요한 기준이다. 특히 서베이 방법에서는 대표성을 확보하지 않은 자료는 의미가 없다고 할 수 있을 정도로 대표성이 중요한 기준이 된다. 이 책의 후반부에 집중적으로 설명하겠지만 서베이의 경우에는 모집단에서 표본을 추출하는 과정도 체계적으로 정립되어 있고, 표본을 대상으로 한 조사 결과를 통해서 모집단의 특성을 추리하는 통계적 분석 기법도 사용이 가능하기 때문에 서베이는 대표성을 통한 일반화에서 강점을 가지는 연구방법이다. 실험법은 대표성의 기준에 있어서는 서베이와 심층면접의 중간 정도에 위치한다고 볼 수 있다. 심층면접보다는 대표성을 확보하기 쉬우나 서베이보다는 어려운 경우가 많다. 실험법은 많은 표본을 확보하기 어렵고, 적지 않은 실험이 지원자를 모집하여 실시하는 경우가 많기 때문이다.

라. 연구 설계에서 양화(측정 수준)의 의미와 중요성

양적 연구방법을 사용하면, 연구자가 자료를 수집하고 분석할 때 사회현상에 일정한 숫자를 부여하게 된다. 이때 부여하는 숫자는 측정의 수준에 따라서 숫자의 의미가 달라진다는 점에 주목해야 한다. 발생 여부에 숫자를 부여할 수 있고, 때로는 속성의 정도에 따라 부여할 수도 있다. 이를 명목측정, 서열측정, 등간측정, 비율측정이라고 한다.[4] 이들 측정의 의미와 차이를 이해하는 것은 조작적 정의와 질문지의 문항을 만드는 과정, 즉 양화하는 과정에서도 중요할 뿐만 아니라, 자료를 수집한 후에 통계 분석을 통해서 그것들을 분석할 때도 중요한 의미를 지닌다. 실질적으로 어떤 통계 분석 방법을 사용할 수 있는가를 결정할 때에도 측정의 수준이 중요한 기준이 된다.

측정의 수준을 구분할 때에는 측정 수준 간에 양적인 속성이 많을수록 좋은 측정이라는 것이 전제되어 있다. 즉 비율측정 > 등간측정 > 서열측정 > 명목측정의 순서로 양적인 속성을 더 많이 가지고 있다. 양적인 속성을 더 많이 가지고 있다는 것은 그만큼 더 많은 정보를 가지고 있다는 것을 의미한다. 자료를 수집한 후에 통계 분석을 적용할 때 얼마나 다양한 통계 분석을 사용할 수 있는지가 측정의 수준에 따라서 결정적으로 영향을 받는다는 점에서 이러한 특성은 중요하다.

사회과학 연구의 목적이 현상 간에 개연적인 특성을 지니는 인과관계를 검증하는 것이라

---

4) 본서에서는 명목측정, 서열측정, 등간측정, 비율측정으로 명명하지만, 다른 방법론 서적에서는 측정 대신에 척도라는 용어를 사용하기도 한다. 그렇지만 원래 영어 표시상 측정의 의미가 정확하기 때문에 측정이라는 용어를 사용하기로 한다. 측정수준에 대한 좀 더 자세한 설명은 제4장에서 하기로 한다.

는 점을 고려할 때, 통계 분석은 이러한 목적으로 달성하는데 적합한 수단이 된다. 따라서 자료를 수집할 때 분석하고자 하는 통계 분석 기법을 사용할 수 있는 형태의 자료가 수집되어야 한다. 다양하고 수준 높은 통계 분석 방법을 사용하는 데는 양적인 수준이 높은 측정일수록 유리하다. 측정의 수준이 낮을수록 사용할 수 있는 통계 기법이 제한되며, 그 수준 또한 낮아진다. 따라서 가능하다면 연구 설계의 단계와 양화의 과정에서 측정의 수준이 높은 형태로 자료를 수집하는 것이 유리하다는 점을 기억할 필요가 있다.

팁: 생각더하기

이 책에서는 방법론을 처음 학습하는 연구자에게 실질적인 도움을 주기 위해서 연구 절차 순서로 목차를 구분하여 단계적으로 기술하고 있다. 그런데 연구자가 실제로 연구를 하는 과정에는 이 순서대로 되지 않는 경우도 있다. 즉 실제 연구에서 연구 설계의 과정은 여러 단계를 동시에 고려하면서 함께 이루어지는 경우가 많다. 즉 연구주제를 정하고 구체화함에 있어서 자료수집 방법, 표본추출의 과정, 조작적 정의 등에 대한 설계가 함께 고려되어야 한다. 이를 통해서 실제적인 연구 수행의 가능성을 파악함으로써 연구 진행 여부를 판단할 수 있으며, 필요한 경우에 연구 계획을 수정하는 과정을 거칠 수 있기 때문이다.

 생각해보기

다문화 청소년의 비행 연구에 대한 연구모형 구성 예

다문화 청소년에 관심을 가진 연구자가 다문화 청소년들의 비행에 관심을 가지고 연구한다고 가정해보자. 이 연구자는 다문화 청소년들로 하여금 비행이나 일탈에 빠지게 만드는 요인이 무엇인지 밝히는데 관심을 가지고 있다. 이 경우 다문화 청소년의 비행을 설명하는 연구모형을 어떻게 정하는가에 따라서 이후의 연구 과정은 크게 달라질 수 있다.

① 먼저 독립변수를 무엇으로 할 것인지 정해야 한다. 제5장에서 좀 더 자세하게 살펴보겠지만, 독립변수를 정하는 것은 연구자의 관심과 문제의식에 따라 결정된다. 여기에서 다문화 청소년의 학교적응이 비행에 미치는 영향에 관심을 가진다고 가정하면, 학교적응이 독립변수가 된다.

② 다음으로 결정할 것은 모집단을 어떻게 할 것인가이다. 즉 연구대상을 전체 청소년으로 할 것인지 아니면 다문화 청소년만을 대상으로 할 것인지 결정하는 것이다.

③ 연구자가 일반 청소년과 비교해서 다문화 청소년이 가지는 학교적응의 어려움을 설명하고자 한다면 모든 청소년이 연구대상이 되어야 한다. 다문화 청소년이 가지는 학교적응의 어려움을 일반 청소년들과 비교하여 설명하고자 하는 것이다. 그런데 이렇게 주제를 정할 경우 연구를 진행하는 과정에서 다음과 같은 어려움이 예상된다. 첫 번째는 표집의 문제이다. 아직까지 전체 청소년 중에서 다문화 청소년의 비율이 상당히 낮기 때문에 확률 표집의 방법을 사용하기 어렵다는 문제가

제2장 사회과학 연구를 하기 전에 알아야 할 것 | 37

있다.5) 둘째로 서베이 방법을 사용하는 경우 질문지를 만들 때 다문화 청소년들의 경우에는 그들만이 경험하는 학교적응의 문제점에 대한 변수나 문항을 만들 수 있지만, 일반 청소년들의 경우에는 그런 변수를 측정할 수 있는 항목을 만드는 것이 불가능하다. 이들은 그런 경험 자체가 없기 때문이다. 따라서 동일한 변수를 사용해서 두 집단을 비교하는 등의 통계 분석이 불가능한 상황이 발생할 수 있다. 이런 이유로 연구자가 관심을 가지는 것처럼 모든 청소년들을 연구대상으로 하는 연구는 실제로 진행되는데 많은 제약이 있다.

④ 다음으로 선택할 수 있는 것은 다문화 청소년들만 연구대상으로 하는 것이다. 이 경우 역시 연구에서 제약이 있을 수 있다. 다문화 청소년들을 대상으로 자료를 수집하는 경우에 표집 방법에 있어서 상당한 제약이 있을 수 있다는 점이다. 다문화 청소년을 쉽게 만날 수 있는 것이 아니기에 이들을 찾기 쉬운 방법을 선택해야 하고, 그렇게 하다 보면 확률 표집의 방법을 사용하기 어려워진다. 둘째로 이들을 대상으로 학교적응에 대한 요인들을 조사하여 분석한다 해도 그 분석 결과는 다문화 청소년에게만 적용되는 연구 결과이다. 즉 학교적응을 못 할수록 비행을 많이 한다는 분석 결과가 나온다 해도 그 결과는 다문화 청소년 중에서 학교적응을 더 잘하는가 아닌가에 따라 비행이 달라진다는 설명일 뿐이며, 원래 연구자가 의도한 바처럼 다문화 청소년들이 일반 청소년들과 비교했을 때 가지는 학교 적응의 어려움이 비행에 미치는 영향에 대한 설명이 될 수 없다는 것이다. 따라서 이런 결과를 도출하는 연구가 의미가 있는지 검토해야 한다.

⑤ 이 사례는 연구주제의 선정과 연구 진행 과정의 관계를 보여주는 독특한 사례일 수 있지만, 연구주제를 설정할 때 연구방법의 선택과 자료수집 및 분석에 대한 모든 과정을 고려해서 설정하는 것이 필요하다는 것을 잘 보여준다고 할 수 있다.

⑤ 다양한 자료수집 방법의 개관

여기에서는 연구 설계 중에 자료수집 방법의 선택에 도움을 주기 위해서 주로 사용되는 연구방법을 내용과 장단점을 중심으로 살펴보기로 한다. 살펴볼 자료수집 방법은 서베이, 실험법, 참여관찰, 심층면접이다. 이 중에서 서베이와 실험법은 양적인 자료를 수집하는 방법으로, 참여관찰과 심층면접은 질적인 자료를 수집하는 방법으로 간주한다.

---

5) 일반 청소년과 비교하여 다문화 청소년의 비율이 매우 낮기 때문에, 실제로 확률 표집을 사용하여 어느 정도 분석이 가능할 정도의 다문화 청소년 표본을 확보하기 위해서는 전체 표본의 규모가 매우 커야 하며, 이는 예산이나 시간 등의 측면에서 제약이 될 수 있다.

가. 서베이

서베이(survey)란 질문지라는 수단을 사용하여 양적으로 분석할 수 있는 자료를 직접 수집하는 자료수집 방법을 의미한다.

1) 서베이의 목적

① 일반적으로 서베이는 여론 조사 등과 같이 특정 사회현상의 특성이나 모습을 알아보거나 구체적인 예측을 위해서 사용된다.

특정 대상에 대한 인식이나 태도 또는 특정 정책에 대한 인식이나 태도 등에 대한 조사는 주로 여론 조사에 해당한다. 반면에 선거 전 예측을 위한 조사 또는 특정 상품에 대한 구매의사 등을 묻는 조사는 구체적인 예측을 위해 사용하는 경우가 많다. 이런 목적의 서베이는 그 자체로 인과성을 확보하려는 사회과학 연구방법으로서는 매력성이 떨어진다. 이는 사회현상을 기술하는 것에 초점을 두는 조사로서 인과적 설명으로까지 진행되지 못하는 경우가 많다.

② 학문적으로 서베이는 가설 검증을 위한 목적으로 사용되는 경우가 많다.

서베이는 연구방법이 가진 특성상 엄격한 가설검증에 적합한 자료수집 방법이다. 여러 가지 자료수집 방법 중에서 인과성을 설명하려는 사회과학의 연구에서 가장 많이 사용되는 방법이라고 할 수 있다.

2) 서베이의 장점

① 서베이는 자료의 대표성 확보가 용이하다.

대표성을 가지지 못한 표본은 그 자료를 통해서 모집단의 특성을 추론하는 것이 불가능하기 때문에 일반화에 있어서 치명적인 약점을 가지게 되며 연구모형의 검증을 취약하게 한다. 그런 의미에서 서베이에서는 모집단을 대표하는 표본을 선정하는 표집 과정이 매우 중요하다. 모집단을 엄격히 정의하고 그러한 모집단에서 어떠한 방법을 통해 모집단을 대표할 수 있는 표본을 선정하는가 여부가 서베이의 핵심이라 할 수 있다.

② 서베이는 수집된 자료에 대한 통계 분석이 용이하다.

구조화된 질문지를 통해서 자료를 수집하기 때문에 양적인 측정을 사용하게 되는데, 질문지에 포함되는 질문 문항은 가능한 한 양적인 수준이 높은 등간측정으로 구성하는 것이 바람직하다. 이렇게 하는 것이 연구모형을 검증하고 연구모형을 사용하여 설명할 때 개연성의 정도를 파악하는 데 더 유리하며, 측정 수준이 높을수록 다양한 방법으로 신뢰도와 타당도를 검증하는 데 유리하기 때문이다.

서베이 연구에서 좋은 질문지를 만드는 것이 중요한 이유

사회과학 연구에서 서베이를 사용하는 경우에 연구모형을 설정하고 조사를 시작한 후에는 연구모형을 수정하고 변경하는 것이 거의 불가능하다. 서베이는 앞에서도 언급한 바와 같이 연구모형을 토대로 구성한 구조화된 질문지를 사용하여 자료를 수집하기 때문에 조사 도중에 질문지의 문항을 바꾸거나 변경하는 것이 불가능하다. 일부를 조사하고 중간에 질문지를 수정하여 추가로 조사한 자료를 함께 분석에 사용해서는 안 된다. 만약 치명적인 잘못이 발견되었다면 질문지를 수정하여 전체 자료를 다시 수집해야 한다.

따라서 서베이 방법을 사용할 때는 연구모형을 설정하고 그것을 기반으로 조작적 정의와 질문지의 문항을 개발하는 과정이 엄격하고 적절하게 이루어져야 한다. 이런 의미에서 서베이 방법은 사회과학 연구에서 새로운 가설을 발견하고 수립하는 용도보다는 가설을 검증하기 위한 목적으로 주로 사용된다.

3) 서베이의 단점

서베이는 기본적으로 인과성이라는 측면에서 한계를 가지고 있다. 최근에는 종단적 조사가 이루어지기도 하지만 여전히 대부분의 서베이는 횡단적 조사로 이루어진다.[6] 이러한 특성은 서베이 방법으로 수집한 자료를 사용하여 분석했을 때 엄격한 의미에서 인과성을 보장하기 어렵게 만든다. 횡단적 연구란 특정 조사 시점에서 다양한 현상을 관찰하고 자료를 수집하는 방법이다. 따라서 자료수집 결과, 특정한 두 현상 간에 관계가 발견된다고 해도 그 관계를 인과관계라고 설명하는 데 한계가 있다. 횡단적 조사를 통해서 수집한 자료만으로 인과성의 기준에서 두 번째 조건, 즉 시간적 선후관계를 분명하게 밝히기 어렵기 때문이다. 또한 허위관계가 아님을 밝히기 위해서 서베이를 통해 수집한 자료를 분석하는 과정에서 통계적인 기법을 사용해서 제3의 변수를 어느 정도 통제하는 것이 가능하기는 하지만 이 역시 한계가 있다.

나. 실험법

실험법(experiment)은 서베이와 더불어 양적 연구방법으로 간주한다. 실험이란 연구자가 현상 간의 인과성을 밝히기 위해서 인위적으로 외적인 변수를 엄격하게 통제하는 상황을 설

---

6) 종단적 연구란 특정 연구대상을 시간의 흐름에 따라서 반복하여 추적하여 질문지를 통해서 자료를 수집하는 것을 의미한다. 따라서 현상 간의 시간의 선후관계에 대한 파악이 가능하다는 장점이 있지만, 종단적 조사를 수행하는 것은 시간적, 비용적 측면에서 어려움이 존재하며, 실질적으로 동일한 대상을 추적하여 조사하는 것은 조사 자체도 매우 어려운 것이라 할 수 있다.

정하여 원인(독립변수)이 결과(종속변수)에 미치는 영향을 파악하는 연구방법이다.

1) 실험의 장점

연구방법의 특성상 인과성을 분명하게 밝힐 수 있다는 것이 실험의 가장 큰 장점이다. 실험에도 다양한 유형이 존재하기는 하지만 기본적으로 실험은 연구 과정에서 연구자가 적극적인 역할을 수행하며, 연구자가 실험 연구에서 원인으로 설정한 요인을 발생하도록 만든다는 특징이 있다. 실험대상을 무작위로 실험집단과 통제집단에 배정하여 실험집단과 통제집단을 구분한 후에 실험집단에만 원인 요인을 처치한 후에 두 집단 간에 그 결과를 비교함으로써 인과관계를 파악한다.

실험에서는 통제집단을 설정함으로써 비교의 방법을 통해 실험 요인을 제외한 다른 모든 요인의 영향력을 배제, 즉 통제함으로써 실험 요인의 순수한 효과를 알아볼 수 있다. 실험 요인이 발생하도록 만든 집단을 실험집단이라 부르며 비교를 위해 선정한 집단을 통제집단이라 부른다. 대체로 통제집단은 실험 과정에서 특별하게 하는 역할이 없으며, 다만 다양한 요인을 통제하기 위한 목적으로 선정한 집단인 경우가 많다. 실험을 실시하기 전에 결과에 영향을 주는 모든 요인이 두 집단에서 동일하다고 가정할 수 있다면, 실험집단과 통제집단은 실험요인에서만 차이가 있을 뿐이며, 나머지 모든 요인은 동일하다고 볼 수 있다. 따라서 실험집단과 통제집단의 결과를 비교할 때 공통요인이 서로 상쇄가 되기 때문에 두 집단의 종속변수의 차이를 실험 요인의 순수한 효과라 생각할 수 있다. 이때 실험집단과 통제집단이 실험 요인을 제외한 나머지 모든 변수가 평균적으로 동일하다고 가정할 수 있도록 만들어주는 것이 연구대상을 실험집단과 통제집단에 무작위로 나누는 방법이다.

2) 실험의 단점

① 실험은 사회과학의 모든 연구에 적용하기 어렵다.

연구방법의 특성상 연구자가 실험적 상황을 인위적으로 만들어야 하기 때문에 윤리적인 이유로 인해서 연구방법을 적용하는 데 한계가 존재한다. 또한 변수의 특성상 실험을 통해 조작하기가 어려운 사회적 요인이 많아서 실험을 적용하기 어려운 경우가 많다. 예를 들어 일반적으로 많이 수집하는 배경적 변인, 즉 성별, 계층적 지위 등 사회적 요인은 실험 조작이 불가능한 요인이다.

② 서베이에 비해 수집된 자료의 대표성에 있어서 한계를 가진다.

실험을 위해서는 연구자가 실험 과정에 적극적으로 개입할 뿐만 아니라 실험에 참여한 연구대상자에 대해서도 적극적인 협조를 구해야 한다. 이러한 이유로 많은 실험의 경우 지원자를 모집하여 연구대상으로 하는 경우가 많은데 이는 엄격한 표집 논리를 적용한 연구대상이라고 보기 어렵다. 또한 실험은 서베이에 비해서 상대적으로 참여하는 연구대상자의 수, 즉 표본의 크기가 작다. 이러한 이유로 대표성이 있는 자료를 수집하는 데 한계가 존재할 수밖에 없다. 이는 분석 결과를 일반화하는 데 한계로 작용하게 된다.

다. 참여관찰과 심층면접

참여관찰과 심층면접은 질적인 연구방법에서 주로 사용하는 자료수집 방법이다. 두 자료수집 방법은 구체적인 자료수집 절차에서는 차이가 있지만 공통점을 많이 가지고 있기에 함께 여기서 논의한다.

참여관찰이란 관찰대상의 행위가 일어날 때 연구자가 그 행위를 직접 보거나 들어서 자료를 수집하는 방법이다. 연구대상자의 응답에 의존하지 않으며 자연적 상황에서 자료수집이 이루어지는데, 필요한 경우에 관찰대상자에게 면접을 실시하기도 한다. 연구자가 관찰이 이루어지는 현지에서 관찰을 하기 때문에 인위적 조작이 개입할 가능성이 낮다.

반면 심층면접은 연구하는 문제에 대한 답을 얻기 위해서 연구자가 연구대상자와 대면하여 언어적 상호작용을 통해서 자료를 수집하는 방법을 말한다. 일반적으로 심층면접은 비구조화된 면접으로서 질문형식, 순서, 내용을 미리 정하지 않고 자유로운 방식으로 연구대상자들이 특정 주제에 대해서 생각이나 느낌 등을 이야기할 수 있도록 함으로써 자료를 수집한다.

1) 두 연구방법의 공통적인 장점

① **연구모형 또는 가설을 엄밀하게 검증하는 것을 목적으로 하기보다는 구조화되지 않은 관찰이나 면접을 통해서 새로운 현상을 발견하는 데 초점을 맞추는 탐색적인 성격이 강하다고 할 수 있다.**

이미 밝혀지거나 기존의 이론이나 경험적 연구에 의해서 추론된 주장에 대해서 검증하는 것을 목적으로 하기보다는 아직 밝혀지지 않은 현상을 대상으로 새로운 것을 발견하고자 하는 목적으로 사용되는 경우가 많다. 따라서 양적 연구에서의 가설과 같이 연구의 주장을 견고하게 가지고 연구를 시작하기보다 개략적인 주제 등을 가지고 자료수집이 이루어지며, 자료수집 과정에서 연구자의 연구 문제가 바뀌는 경우도 나올 수 있다.

② **특정 사회현상에 대한 세밀하고 구체적인 정보를 수집할 수 있다.**

자료를 수집함에 있어 양화를 중요시하지 않는다. 이는 일반화를 목적으로 하는 개연적 설명을 위한 양화 과정에서 이루어지는 질적 정보의 손실이 거의 없다는 것을 의미한다. 따라서 생동감 있게 현상을 연구할 수 있다는 장점을 가진다.

2) 두 연구방법의 공통적인 단점

참여관찰이나 심층면접에서는 서베이와 같이 엄격한 표본추출 논리와 기법을 적용하여 자료의 대표성을 확보하는 것이 어렵다. 이러한 특성은 질적 연구방법의 연구 결과를 일반화하는데 제약이 되는 요인이라고 볼 수 있다. 그럼에도 연구자는 관찰 대상이나 심층면접 대상을 선정할 때 대표성을 어느 정도 확보할 수 있도록 가능한 한 노력해야 한다. 또한 앞서 언급한 바와 같이 두 방법이 엄격한 가설검증을 목표로 하는 것이 아니라 새로운 발견을 위한 탐색적인 성격이 강하다는 점을 고려할 때 자료의 대표성이라는 기준이 양적 연구방법과 같이 중요한 기준이라고 볼 필요도 없을 것이다.

제3장
연구에서 지켜야 할 윤리

연구윤리는 연구를 수행하는 연구자에게 정직성과 책무성을 요구하는 것이며, 더불어 연구자는 연구윤리를 지킴으로써 연구의 객관성도 담보할 수 있다는 측면에서 중요하게 고려해야 할 사항이다. 이런 점을 고려하여 제3장에서는 연구 과정에서 왜 윤리 문제가 중요한지를 생각해보고, 연구 과정에서 구체적으로 지켜야 할 연구윤리에는 어떤 것이 있는지 살펴보려고 한다.

❶ 연구와 윤리

가. 연구에서 윤리 문제의 중요성

최근 우리나라 학계나 연구 분야에서는 연구윤리의 중요성을 강조하고 있다. '연구윤리 지침'을 정부 수준에서 작성하여 안내하고 있으며, 대학이나 연구 기관에서도 개별적으로 연구윤리 지침을 만들고 연구윤리 교육을 실시하기에 이르렀다. 이에 따라 대학의 모든 구성원은 연구윤리 지침에서 강조하는 연구윤리를 지켜야 하는 대상이 된다. 즉 학생들이 제출하는 기말 리포트, 학사학위 논문, 석사 및 박사학위 논문, 그리고 교수나 연구소의 연구에 따른 논문과 보고서 등에서도 연구윤리를 지키는 것이 필요해진 것이다.

이처럼 연구윤리를 강조하는 이유는 무엇일까? 이는 다음과 같은 몇 가지 점에서 살펴볼 수 있다.

① **연구윤리를 지키는 것이 연구 내용에 대한 신뢰를 결정하는 중요한 요인이 되기 때문이다.**
사회과학 연구 결과는 논리성과 과학적 절차를 갖추었다는 점에서 상식과는 다르다. 그런

-43-

데 연구윤리를 제대로 지키지 않은 연구 결과인 경우에는 논리성이나 과학적 절차에서 문제가 나타날 수 있기 때문에 연구 내용에 대하여 전반적으로 신뢰를 주기가 어렵다. 이에 따라 연구윤리를 어긴 연구의 경우에는 연구 결과에 대하여 다양한 제재가 가해지는데, 심할 경우에는 해당 연구 결과가 존재하지 않는 것으로 처리되기까지 한다. 이 점을 고려하면 연구윤리를 제대로 지켰는가 하는 것은 연구 내용의 질적 수준을 좌우할 정도로 중요한 문제라고 볼 수 있다(Walliman, 2006: 147).

② **연구를 수행하는 행위 또한 사회적 행위의 일부이기에 연구할 때에도 사회 구성원으로서 사회적 규범을 지켜야 하기 때문이다.**

우리는 일상생활에서 윤리적으로 문제가 되는 상황을 경험한다. 예를 들어 어떤 사람이 중요한 이야기를 하면서 거짓말을 일부 섞어서 하는 경우를 볼 수 있다. 또는 남의 물건을 훔쳐서 자기 것이라고 하는 경우를 볼 수 있다. 그리고 남의 사생활을 본인의 허락 없이 인터넷에 유포하는 경우도 있다. 이 세 가지 경우에 당신이 피해자라면 당신은 해당 사안을 그냥 지나치기 어려울 것이다. 모든 경우에 대하여 문제가 되는 행동이라고 생각하고 당사자에게 문제제기를 하거나, 경우에 따라서 그 사건의 해결을 위해서 경찰에 신고할 것이다.

연구 과정에서 연구자는 일상생활에서 작은 거짓말을 하는 것과 같이 연구 결과의 내용을 왜곡하는 행위를 할 수 있고, 남의 물건을 훔치는 것과 같이 남의 저작물의 인용에 대해 정확하게 표현하지 않는 행위도 할 수 있으며, 타인의 사생활을 유포하는 것과 같이 연구 조사에서 나온 개인 정보를 유출하는 행위를 할 수도 있다. 연구 과정에서 일어난 일이더라도, 이는 일상생활에서와 마찬가지로 윤리적으로 문제가 된다. 어떤 경우에는 단순히 연구윤리 문제로 끝나는 것이 아니라 사회적 문제로 확대될 가능성도 있다. 이 점에서 연구 과정에서도 자신이 사회적 구성원임을 인식하고 사회적으로 문제가 되는 일은 하지 말아야 한다.

이와 관련하여 구체적인 안내를 위해서, 최근 대부분의 연구 기관이나 대학에서는 연구윤리 관련한 지침이나 규정을 정하여 제시한다. 그리고 연구자가 연구윤리를 위반했을 경우에는 그에 따른 사회적 제재를 받게 된다. 대표적으로 연구윤리를 제대로 지키지 못했을 경우에, 연구자는 연구자로서의 사회적 지위를 상실할 위기에 처할 수 있다. 대표적으로 연구 과정에서 연구윤리에 문제가 있다고 밝혀졌을 경우에, 연구자는 학계에서 신뢰를 잃게 되며, 징계 등의 처벌을 받게 된다. 또한 심한 경우에는 형사 고발의 대상이 되기도 한다.

③ **사회현상의 연구가 인간을 대상으로 하는 연구라는 측면에서 인간 사회에 문제를 일으키거나 인간을 위험에 빠뜨리지 않기 위해서도 연구윤리가 강조된다.**

자연현상을 연구대상으로 하는 경우에도 연구윤리가 동일하게 적용되지만, 특히 사회과학 연구에서는 연구대상이 사회현상이라는 점에서 연구윤리가 더 강조된다. 사회과학 연구는 기본적으로 인간인 연구자가 인간의 의지에 의해 작동하는 현상을 연구하는 과정이다. 이에 따라 연구대상이 인간인 경우가 대부분일 뿐만 아니라, 연구 결과가 연구자 자신의 일상생활과 관련되어 이익을 주거나 손해를 끼칠 수 있는 경우도 있다. 따라서 사회과학 연구자는 자신이 연구윤리를 지키지 않아서 발생할 수 있는 사회 문제를 심각하게 고려하고 연구 과정에서 연구윤리를 철저하게 지키려고 노력해야 한다.

나. 연구윤리의 의미

연구윤리란 연구를 수행하는 전 과정에서 연구자가 지켜야 할 윤리를 말한다. 이와 관련하여 우리는 두 가지를 고려해 볼 수 있다. 하나는 연구 과정에서 연구자 개인의 진실성 문제이고, 다른 하나는 연구 내용과 관련된 사회적 책무성 문제이다(Walliman, 2006: 148).

1) 연구자의 진실성과 관련한 문제

연구자의 진실성과 관련해서는 다시 두 가지 측면으로 나누어 볼 수 있다.

① 연구의 전 과정에서 연구자가 타인의 연구 내용과 자신의 연구 내용을 구분하여 진실하게 제시하는 것이다.

사회현상을 연구하는 것은 다른 누구도 연구하지 않은 분야를 새롭게 연구하는 독창적인 과정이 아니기에, 연구자는 기존의 연구물이나 다른 연구 결과를 참조하게 된다. 이 과정에서 연구자의 정직과 솔직함이 필요하다. 연구 과정에서 다른 연구를 많이 참고하여 관련 이론이나 변수 등에 기대는 것은 연구의 질을 높이는 필수적인 과정이다. 다만 이런 과정에서 실수로 혹은 의도적으로 다른 연구에서 참고한 사실을 정직하게 기록하지 않을 경우에는 연구자의 정직이나 솔직함에 위배되어 연구윤리의 문제가 발생한다.

② 자신의 연구 자료를 엄밀하게 관리하고 정확하게 처리하여 분석하면서 진실성을 유지하는 것이다.

연구를 수행하는 과정에서 자료를 왜곡하거나 자신의 이해관계를 고려하여 연구 자료를 조작하거나 결과를 왜곡하는 것도 연구자의 진실성을 위배하는 것이 된다. 이처럼 연구자의 진실성을 위배하는 문제는 연구의 전 절차에서 연구자가 가져야 할 연구 태도와 관련한 윤리라고 볼 수 있다.

연구자의 진실성과 관련된 연구윤리 문제에 대해서, 우리나라에서는 교육부에서 작성한 '연구윤리 확보를 위한 지침(교육부 훈령 제153호, 2015.11.3. 일부 개정)'에서 '연구부정 행위의 범위'라고 하여 해당 내용을 제시하고 있다. 여기에는 '위조', '변조', '표절', '부당한 저자 표시', '부당한 중복 게재' 등이 해당한다.

2) 연구 내용에 관련된 사회적 책무성 문제

자신이 연구하고자 하는 내용이 사회에 미칠 영향력의 고려와 관련된 연구윤리는 연구 내용과 관련한 사회적 책무성 문제로 볼 수 있다. 연구자의 사회적 책무성과 관련한 부분은 명확하게 판단하기 어려울 정도로 미묘한 부분들이 있어서 어떤 경우에는 연구윤리를 어겼다고 판정되는 경우도 있지만, 대부분은 연구 진행 시에 연구자가 조금 더 세심하게 고려할 부분으로 여겨지기도 한다. 그럼에도 연구주제의 설정과 결과의 발표 등에서 연구자가 어떤 점에서 사회적 책무성을 고려해야 할지를 파악해 볼 수 있을 것이다.

중요한 것은 사회과학을 비롯하여 과학적 연구에서 강조하는 사회적 책무성은 연구자 또한 사회적 구성원이라는 점을 강조하는 것이다. 이에 따라 자신의 연구가 사회에서 악용되거나 오용될 가능성을 고려하는 것이 연구에서 사회적 책무성을 갖는 것이라고 볼 수 있다. 따라서 연구자는 자신의 연구 결과가 사회에 미칠 가능성을 지속적으로 성찰하면서 사회적 의무를 고려하는 노력을 해야 한다.

❷ 연구대상과 관련한 윤리

사회과학 연구는 인간과 관련한 현상을 연구하기 때문에 연구대상을 인간으로 삼는 경우가 많다. 여기서는 연구대상을 연구에 참여시키는 과정에서의 동의 문제와 연구대상의 사생활 보호 등 인권 보장 문제, 그리고 자료수집 과정에서 연구자의 안전이나 복지 문제로 나누어 설명하려고 한다.

가. 연구대상자의 동의 문제

① 인간을 대상으로 하는 연구에서 연구자는 연구대상자의 동의를 구해야 한다.

연구자는 자료를 수집하기 전에 연구의 목적 및 절차, 연구에서 나타날 수 있는 문제점 등을 충분히 알려주고 연구대상자의 동의를 구해야 한다. 만약 연구자가 연구를 수행함에 있어서 사전에 연구목적이나 절차 등을 알려주는 것이 연구를 제대로 수행하는 것을 어렵게 한다고 판단될 경우에는 연구대상자의 안전을 확보한 후에 연구 자료를 수집하고 사후 동의를 구하는 방법도 고려할 수 있다. 이 경우에도 사후에 연구대상자가 동의하지 않는다면 수집한 자료는 폐기해야 한다.

생각해보기

밀그램의 인간 복종에 관한 실험 연구

독일 나치가 수많은 유대인을 학살한 것과 관련하여 상부에서 내려온 명령을 수행한 사람에게 죄가 있는가에 대한 사회적 논쟁이 있었다. 이런 논쟁을 지켜보던 예일대학교의 심리학 교수였던 밀그램(S. Milgram, 2004)은 독특한 실험을 실시하였다. 그는 연구대상을 구한다는 공고를 통하여 연구대상을 모집하고, 전기 자극이 학습 효과에 미치는 영향에 관한 실험을 한다고 연구목적을 설명한 후에 연구대상에게 연구 참여에 대한 동의를 받았다.

그의 실험실 공간은 반으로 나누어져 있고, 실험실의 안쪽 공간에는 한 명의 학습자 역할을 하는 사람이 들어가서 밖의 요구에 따라 학습한 내용을 기억하여 말하도록 하였다. 바깥쪽 공간에는 밀그램 교수와 다른 한 명의 교사 역할을 하는 사람이 앉아 있게 하였다. 두 공간은 유리창으로 연결되어 있으며, 밖에는 학습자가 앉아 있는 안쪽 공간에서 하는 행동이나 말 등을 관찰할 수 있지만, 안에서는 밖을 보지 못하게 되어 있었다. 그리고 안쪽의 학습자 역할을 하는 사람의 경우는 몸에 전기 자극기를 붙이고 있었고, 바깥쪽 공간에는 전기 자극 조정기가 있었다. 안쪽의 학습자 역할자의 응답이 틀린 경우에 바깥쪽의 교사 역할자가 전기 자극을 주게 한 것이다. 실험은 학습자가 일정 시간 공부를 한 후 바깥쪽에서 학습자가 단어를 이야기하면 안에 있는 응답자가 맞는 답을 할 경우에는 그냥 넘어가고, 틀린 답을 할 경우에는 전기 자극을 가하는 것이었다.

밀그램은 이 실험을 하면서 교사 역할자에게 몇 가지를 알려주었다. 첫째, 전기 자극이 어느 수준을 넘으면 안에 있는 학습자 역할자의 생명이 위험해 질 수 있다. 둘째, 전기 자극 조정기는 오로지 밀그램의 명령에 의해서만 작동할 수 있고 교사 역할자가 단독으로 작동하지 않아야 한다. 셋째, 안에 있는 학습자 역할자에게 문제가 생기는 경우에 모든 책임은 밀그램에게 있으며, 교사 역할자는 그에 대한 책임이 없다. 넷째, 밀그램이 전기 자극 조정기를 누르도록 명령을 했는데 이를 수행하지 않으면 연구 참여에 따른 보상을 받을 수 없다. 실제 실험은 시작되었다. 안쪽에서 학습자 역할을 하는 사람들이 죽을 수 있을 정도의 전기 자극을 주라고 명령을 받았을 때, 일부는 밀그램의 지시대로 했고, 일부는 하지 않았다.

그러나 위에서 설명한 실험 주제와 달리 실제 밀그램이 하고자 한 실험의 주제는 다른 것이었다. 이 실험에서 학생 역할자는 사실 밀그램의 연구보조자였고, 전기 자극은 가짜로 이루어져서 학생 역할자는 전기 자극을 받았을 때 고통스러운 시늉만 했다. 사실 이 실험의 진짜 연구목적은 사회 조직에서 일하는 사람의 경우 상관이 인간의 생명을 없애는 정도의 명령을 했을 때 그 명령에 복종하는지를 살펴보는 것이었다. 그러나 연구의 목적상 밀그램은 이러한 사실을 연구에 참여한 사람들에게 말하지 못했다. 이로 인해 연구에서 교사 역할자들은 밀그램의 명령에 따라 전기 자극 조정기를 작동하면서 매우 고통스러워하기도 했고, 자신의 행동을 그만하게 하는 명령을 내려 달라고도 요구하는 경우도 있었으며, 일부 참가자는 실험실에서 발작을 일으키기도 하였다.

이 실험에서 밀그램은 연구대상에게 사전 동의를 구하였다고 하였으나, 실제 연구목적은 속인 것이 된다. 이런 경우 사후에 연구대상의 동의를 구했다고 하더라도 연구윤리에 문제가 없는 것인지에 대해 다시 생각해보아야 한다. 인간 복종 실험을 통해 밀그램은 인간 행동에 대하여 중요한 결과를 내놓았지만, 그의 실험 과정으로 인해 그의 연구는 연구윤리 상 문제가 많은 연구라는 측면에서 세계적으로 더 유명하다.

또한 연구대상자가 사전에 동의했다고 할지라도, 자료수집 과정이나 자료 분석 과정에서 연구대상자가 자신의 자료가 사용되기를 원하지 않는다면 자료수집이 끝났다고 할지라도 해당 자료를 사용하지 않아야 한다. 또한 면접이나 조사 등을 할 때 조사 과정에서 연구대상자가 거부하면 자료수집을 더 이상 하지 않을 수 있다는 점도 충분히 설명해 주어야 한다.

② 자료를 수집할 때 연구대상자가 아니라 연구대상자가 속한 집단의 대표자에게만 동의를 구하는 경우에 윤리 문제가 될 수 있다.

자료수집 시에 한 학교의 학생을 대상으로 조사하는 경우와 같이 특정 기관의 구성원을 집단적으로 조사하는 경우에는 개개인에게 일일이 동의를 구하는 것보다는 해당 기관의 대표자에게 동의를 구하는 것이 더 쉽다. 그런데 연구윤리에서는 연구대상자에게 직접적으로 동의를 구하도록 한다는 점에서 기관의 대표에게만 동의를 구하는 것은 연구윤리에서 문제가 될 수 있다. 예를 들어 요양원에 있는 환자나, 소년원에 있는 수용자, 학교의 학생들을 대상으로 연구할 경우에 연구대상인 환자, 수용자, 학생들에게 직접 동의를 구하지 않고 기관장이나 간호사, 교사 등에게만 동의를 구하는 경우에는 문제가 될 수 있다.

일부 국가에서는 이렇게 단체장의 동의를 받아 자료수집하는 것을 허용하는 경우도 있다. 하지만 우리나라의 경우 연구대상자 본인의 동의를 구하도록 연구윤리 규정을 정하는 경우가 많기 때문에 기관의 구성원을 단체로 조사할 경우에 동의를 구하는 부분에 대해서는 명확하게 파악하여 연구윤리를 지키면서 연구할 필요가 있다.

③ 연구대상자가 미성년인 경우에는 그 미성년자의 보호자 동의를 구하도록 요구하는 경우도 있다.

예를 들어 초등학생을 대상으로 하는 연구에서는 초등학생과 함께 그 부모의 동의까지 요구하는 것이다. 그러나 이와 관련하여 몇 살부터 연구대상 아동과 부모의 동의를 함께 구해야 하는지에 대한 명확한 사회적 합의는 없다. 다만 관례적으로 초등학생의 경우는 부모와 학생 본인의 동의를 구하는 것을 강조한다.

④ 연구대상자에게 동의를 구하는 과정에서 연구자는 자신의 신분을 정확하게 밝혀야 한다.

이 과정에서 연구자는 자신의 소속이나 연락처 등을 정확하게 고지하여 연구자에게 신뢰를 갖게 해야 한다. 연구자가 자신의 신분을 미리 밝히게 되면, 연구대상자가 사전 동의를 했다고 하더라도 이후에 참여에 대한 철회 등을 할 수 있는 방안을 제공한다는 측면에서도 도움이 된다. 이렇게 자신의 소속이나 연락처 등을 정확하게 밝히는 것은 연구자 스스로도 연구 과정에서 명확한 책임성을 담보할 수 있다는 점에서 도움이 된다.

⑤ 연구대상자에게 동의를 구할 때, 연구의 내용과 목적, 절차, 그로 인해 미칠 영향 등을 상세하게 안내하고 대상자의 서명을 받아두는 것이 좋다.

연구대상자에게 동의를 구하는 방법에 관련해서 대학 등 자신이 소속된 기관에서 표준화된 양식을 가지고 있는 경우에는 그것을 활용하면 된다. 그러나 기관에서 제공하는 표준화된 양식이 없을 경우에는 연구자가 필요한 내용을 넣어서 만들어 사용해도 된다. 연구자가 동의서를 만들어 제시하는 경우에는 대략 다음과 같이 구성하면 된다.

작성예시

연구 참여 동의서[7]

1. 이 연구는 연구자 @@@가 대학의 석사학위 논문을 작성하기 위하여 교사들의 의견을 직접 파악하기 위해 조사하는 것입니다. 응답자가 표시한 개인적인 응답 내용은 모두 숫자로 코드화하여 개인의 응답 결과가 드러나지 않도록 하는 등 연구 자료를 철저히 관리할 것입니다.
2. 자료는 2년간 안전하게 보관하다가 폐기할 것입니다.
3. 이 조사에 위협적인 내용은 없습니다.
4. 이 연구에서 사용하는 질문지 조사 시간은 20분 정도 소요됩니다.
   (* 필요시 관련 사항 추가 설명 등)

위의 사항을 잘 이해하고, 나 (   )는 연구자 @@@가 연구하는 <교사의 행복감에 영향을 주는 요인에 관한 연구>에서 실시하는 질문지 조사에 응하기로 자발적으로 동의하였습니다.

_____년 ____월 _____일
_____(서명)

나. 연구대상자의 사생활 침해 등 인권 보장 문제

① 연구자가 연구대상자의 인권을 침해하는 방식으로 자료를 수집해서는 안 된다.

연구 과정에서 연구 참여에 대한 동의를 구할지라도 연구대상자의 인권을 침해하는 방식으로 연구가 진행되는 경우에는 윤리적으로 문제가 될 수 있다. 예를 들어 '아동 양육 방식이 사회화에 미치는 영향'을 파악하기 위해 실험하는 경우를 보자. 쌍둥이를 대상으로 연구하는 것으로 정하고 쌍둥이 10쌍을 구한 후 아동과 부모에게 사전 동의를 받은 후에 부모와 격리한

---

7) 이 동의서는 가상으로 제시한 것으로 연구자가 자신의 연구목적 등을 고려하여 작성하면 된다. 이 외에도 연구보고서나 학위 논문 등을 참조하면 다양한 연구 참여 동의서를 구할 수 있다. 또한 대학의 학위 논문인 경우에는 대학에서 지정한 동의서 양식이 있으면 그것을 활용해야 한다.

채로 한 아이는 다른 곳에서 또 다른 아이는 또 다른 곳에서 각기 다른 양육 방법을 적용하는 경우를 생각해보자.

이 경우에 연구대상자인 아동과 부모에게 연구의 목적과 절차, 그리고 이로 인해 나타날 수 있는 위험 등을 모두 설명하고 사전 동의를 구했다고 해서 이 연구가 윤리적으로 문제가 되지 않는다고 말하기는 어렵다. 왜냐하면 연구 과정에서 쌍둥이를 부모에게서 분리하고 따로 양육하는 것은 기본적으로 인권을 침해하는 것이기 때문이다. 이처럼 연구대상자에게서 사전 동의를 구했더라도 연구 과정에서 연구대상자의 인권을 침해하게 되는 경우에는 연구윤리의 측면에서 문제라는 지적을 받을 수 있다.

② 연구자는 연구대상자의 개인 정보를 유출해서는 안 된다.

자료수집 과정에서 연구자는 연구대상자의 개인 정보를 얻게 되는데, 이를 유출하는 경우에는 문제가 된다. 연구자가 연구 과정에 얻게 되는 개인의 정보 중에는 연구대상자들이 공개적으로 드러내고 싶어 하지 않는 사생활 정보가 많다. 아주 민감한 사생활 정보가 아니더라도 연구대상자가 제공한 정보는 잘 관리하여 외부로 유출되지 않도록 해야 한다.

또한 연구 결과를 발표하는 과정에서도 연구대상자의 개인 정보가 드러나지 않도록 익명성을 보장하여야 하며, 연구대상자를 드러내야 할 경우에는 가명을 사용해야 한다. 더구나 연구가 끝난 후에도 연구대상자의 개인 정보 등은 잘 관리하여 유출해서는 안 된다. 특히 연구자가 연구대상자의 정보를 필요로 하는 지인에게 넘겨주거나 판매하는 등 거래를 하는 경우에는 단순히 연구윤리 문제를 넘어서 법적인 처벌의 대상이 될 수도 있다.

험프리의 찻집 사건 연구

박사학위 논문을 준비하면서 '동성애' 연구에 관심을 가진 험프리(Humphreys)는 비동성애자가 일시적으로 우연히 동성애 행위를 하는 것에 초점을 두어 자료를 수집하고 있었다. 그는 공원의 공중 화장실을 찻집이라고 부르며 만나는 이들에 대해 참여관찰을 수행하였다. 그가 그곳에서 관찰한 사람들은 동성애자가 아니라, 결혼하여 가족을 이루며 공동체의 일원으로 일상적인 삶을 살고 있는 사람들이어서, 그가 관찰한 찻집에서의 일시적인 동성애 행위는 그들이 드러내기 싫어하는 매우 사적인 행동이었다. 그래서 이들이 찻집에서 만나서 일시적인 동성애 행위를 할 때 3인 1조가 되어, 한 사람은 두 사람의 행위를 보호하기 위해 망보는 역할을 한다는 것을 파악하였다. 그 후 험프리는 연구자로서 자신의 신분을 속이고 망보는 역할을 하면서 이들과 직접적으로 접촉하면서 자료를 모았다.

험프리는 이 연구를 더 심층적으로 파악하기 위해서 찻집에서 일시적인 동성애 행위를 하는 사람들의 개인 정보를 조사할 필요가 있었다. 이를 위해 그는 그곳에서 본 사람들의 차량번호를 적은 후

경찰을 통해 차량번호를 추적하는 방법을 사용하여 그들의 집주소를 알아냈다. 그런 후 변장을 하고 그 집에 찾아가서 그들에게 서베이를 하는 척하면서 개인 정보 등을 파악하였다.

험프리의 연구 결과는 1970년에 〈남자 화장실의 거래: 개인적인 공간의 무심한 섹스(Tearoom Trade: Impersonal Sex in Personal Places)〉로 발간되어 유명해졌다. 사실 그의 연구결과는 그가 사용한 자료수집 방법이 아니고는 발견하기 어려운 것이다. 그럼에도 그의 연구 절차에 대해 윤리적인 측면에서 몇 가지 문제가 제기되었다. 우선 연구목적 등을 속이고 동의도 구하지 않은 상태에서 개인의 성적 취향과 같은 사적인 생활을 관찰할 수 있는가 하는 문제이다. 이보다 더 큰 문제는 추적 조사를 통해 개인의 사적인 정보를 비합법적인 방법으로 얻어낼 수 있는가 하는 문제이다.

험프리의 연구와 관련하여 그의 연구 결과가 갖는 사회적 함의 등을 고려하여 이러한 연구방법을 용인하여야 한다는 주장도 있었다. 그러나 지금까지 우리가 살펴본 연구윤리에 따르면 그의 조사 방법은 연구윤리에 위배되는 것으로 볼 수 있다.

자료: Rubin, A. & Babbie, E. R., 2008, 사회복지조사 방법론.

다. 연구대상자의 안전과 복지 보장 문제

여기서 다루는 문제는 다른 연구윤리와 달리 직접적으로 연구윤리를 위배하는 것이라기보다는 연구자의 책무성과 관련한 부분이다. 즉 직접적으로 연구윤리를 어겨서 법적인 측면에서 문제가 되기보다는 인간적인 측면에서 최대한 연구대상자들을 세심하게 대우해주려는 마음 씀씀이와 관련된 것으로 볼 수 있다. 따라서 연구대상자의 안전과 복지 문제는 연구윤리 규정을 어기는 것이 아니라, 연구자가 연구를 하면서 세심하게 고려해야 하는 책무성의 문제인 경우가 대부분이다.

① **연구대상자의 안전을 보장하기 어려운 상태에서 자료수집을 하는 경우에는 연구윤리 문제가 될 수 있다.**

연구를 진행하며 연구대상자에게 특정한 상황에 처하도록 요구하는 경우에 연구자의 안전을 보장하기 어려운 경우가 발생할 수 있다. 이런 경우는 장시간 특정 동작을 취하게 하여 신체적 위협을 받게 하는 경우, 연구대상자가 수용하기 어려운 내용을 요구하면서 그것을 실행하게 하는 경우, 특정 상황에 있거나 특정 행동을 한 후 심리적으로 불안 등의 장애를 느끼게 하는 경우 등 다양하다.

예를 들어 '장시간의 인터넷 게임이 성격에 미치는 영향'을 연구하면서, 연구대상자에게 24시간 정도 쉬지 않고 지속적으로 인터넷 게임을 하게 하는 것은 아무리 연구대상자의 동의를 받았다고 할지라도 윤리적으로 문제가 된다. 또한 앞에서 밀그램의 실험에서 본 것처럼 연구대상자가 자료수집 과정에서 경험한 것으로 인해 정신적 문제를 갖게 하는 것도 윤리적으로 문제가 된다.

이 문제의 경우는 연구자가 연구를 계획하는 과정에서 이런 문제의 발생 가능성을 충분히 고려하지 않고 연구를 진행하는 경우에 나타날 수 있어서 자료수집 후에 윤리 문제가 제기되기도 한다. 이에 따라 자료수집 단계에서 연구대상자의 안전과 복지 문제가 나타날 가능성을 다양하게 검토하고 이를 막기 위해 어떻게 해야 하는지를 다각적으로 고려해야 할 것이다.

짐바르도의 감옥 실험

스탠퍼드 대학교의 사회심리학 교수인 짐바르도(Zimbardo)는 1971년에 루시퍼 효과(lucifer effect)라고도 불리는 스탠퍼드 감옥 실험을 실시하였다. 이를 통해 그는 사람이 상황에 지배받는지, 개인의 특성이 상황을 지배하는지를 파악하고 싶었다. 그는 대학 내의 지하실에 교도소와 동일한 조건의 상황을 만들어 실험 참가자를 공개적으로 모집하였다. 안정적인 중산층 가정 출신으로 육체적 혹은 정신적인 장애가 없으며 범죄와 약물 이력이 없는 대학생을 24명 선발하고, 이들에게 자신의 실험에 대하여 설명하고 동의를 구하였다. 24명의 실험대상자들에게 무작위로 죄수와 교도관의 역할을 나누어 주고, 실험 참가비도 각자에게 하루당 15달러를 지급하였다.

그가 행한 실험에서 죄수 역할을 맡은 학생들은 스타킹 모자, 가짜 죄수복과 죄수번호를 받았고, 교도관은 교도관 옷과 나무 곤봉, 그리고 선글라스를 받았다. 그리고 교도관에게는 '죄수들에게 육체적인 상처를 입혀서는 안 되지만, 공포감을 조성할 수 있으며 교도관들은 독단적인 행동이 가능함'을 알려주었다. 2주일 동안 진행할 예정인 실험은 계획대로 진행되었다. 실험 첫날부터 서로에게 부여된 역할에 따라 실험 참가자들은 변하기 시작했고, 이에 따라 교도관 역할자들이 죄수 역할자를 압박하면서 충돌이 일어나게 되었다. 실험이 시작된 다음 날부터 죄수 역할자 중 어떤 사람은 탈옥 시도를 하고, 시간이 지나면서 폭동도 일으키기도 하였다. 그리고 죄수 역할자는 실험 중단을 요구하기까지 이르게 되었다. 시간이 지나면서 실험에서 교도관 역할자들이 고문이나 성적 학대를 하는 양상도 나타났다. 실험 다섯째 날 실험 참가자 가족과 동료 연구진들이 짐바르도에게 실험을 중지할 것을 요청하면서 결국 여섯째 날 실험은 원래 계획했던 2주를 채우지 못하고 종료하게 된다.

이 실험은 기본적으로 연구대상자에게 연구의 목적을 설명하고 사전 동의 등을 충분히 했음에도, 실험 상황에서 일어날 수 있는 참여자의 안전과 복지 문제를 제대로 예측하지 못한 실험으로 볼 수 있다. 중간에 연구자들이 실험을 멈추기는 했지만, 실험설계 자체가 참여자의 안전을 위협할 수 있었다는 측면에서 연구 설계에서 실험 참가자의 안전을 위해 연구자가 무엇을 어디까지 고려해야 하는지에 대하여 많은 생각거리를 제공해 준다.

자료: 최준식, 2015, 무의식에서 나를 찾다.

② 연구대상자의 건강 등에서 문제가 나타날 수 있는 경우에는 자료수집 시간 등을 계획하고
비상 상황에 대처할 수 있게 준비해야 한다.

자신의 연구대상자가 건강 등으로 어려움에 처해 있을 경우에 자료수집에 응하는 과정에서 위험에 빠질 가능성을 고려해야 한다. 면접 조사 연구의 경우 조사 시간을 짧게 하거나, 많은 내용을 들을 경우에는 여러 번 방문하여 이야기를 듣는 등의 시간 조정도 필요하다. 또한 노약자를 대상으로 하는 경우에는 비상 상황에 충분히 대비해야 한다. 예를 들어 요양원에서 노인을 대상으로 자료수집을 하는 경우에는 해당 요양원의 직원을 동석하게 하는 등의 방법을 택하는 것이 좋다. 다만 이 경우에는 연구대상자의 응답 내용에서 사생활 보호가 안 된다는 측면에서 문제가 될 수 있기에 일정한 거리를 두고 동석하도록 해야 하며 연구대상자에게 동의도 구해야 한다.

❸ 연구 단계별 고려해야 할 연구윤리

여기서는 구체적으로 연구를 진행하는 과정에서 연구자가 고려해야 할 연구윤리를 상세하게 제시하려고 한다. 앞에서 살펴본 연구 설계 과정을 고려하여 연구 단계별로 고려해야 할 연구윤리를 제시할 것이다.

가. 연구주제 선정 단계에서 고려해야 할 연구윤리

① 연구주제를 선정할 때에 인간 사회에 해로운 결과를 가져오는 것은 아닌지를 고려해야 한다.

연구주제의 선정 시에 연구자는 자신의 관심을 고려할 수밖에 없다. 그럼에도 연구주제 선정에서 연구자는 자신이 설정한 연구주제가 반사회적이거나 사회적 문제를 가져올 가능성은 없는지를 숙고해보아야 한다.

반사회적인 연구주제를 연구한 대표적인 연구 영역이 우생학이었다. 1800년대 말 영국에서 시작된 이 연구는 기본적으로 인류를 유전적으로 개량하는 것을 목적으로 연구가 진행되었으며, 연구 결과에 따른 이론적 주장은 많은 나라에서 제도화하여 사회 문제가 되었다. 우생학 연구에서는 인류 사회에 우월한 유전자와 열등한 유전자가 있다고 보았으며, 인류 사회의 발전을 위해서 열등한 인류를 단종시켜야 한다고 주장하였다. 이들 주장은 향후에 유대인 대량 학살과 같은 정책의 근거로 작동하여 사회적 문제가 되었다.

우생학 연구와 연구윤리

19세기에 발생한 학문 중 하나가 우생학(eugenics)이다. 다윈(C. Darwin)의 사촌으로 생물계통학자였던 갈튼(F. Galton)이 만든 우생학은 우월하거나 좋은 형질의 유전 인자를 극대화하여 인간 사회를 더 낫게 만들기 위한 방안을 연구하는 학문을 말한다. 기본적으로 우생학은 좋은 유전자를 확보하기 위한 방법으로 거세나 결혼 제한과 같은 사회 정책적인 통제를 통해 인류의 유전자 질을 향상시키는 것을 강조하였기에 기본적으로 학문 자체에 공공 정책 요소가 들어가 있다.

영국에서는 갈튼의 우생학 주장을 받아들여 국립 우생학 연구소를 만들었다. 그리고 독일에서도 우생학회가 만들어지는데, 독일의 경우 우생학이 나치즘과 결합하면서 인종 청소를 위한 이론적 근거로 제시되기도 했다. 이후 우생학을 기반으로 정신박약자 등 정신질환자를 거세해야 한다는 주장이 서구 사회 여러 나라에서 나왔고 이에 따라 정신병자, 백치, 강간범 거세 법안이 통과되기도 하였다.

우생학의 경우, 사회적으로 문제가 되는 인간 행동을 유전의 문제로만 협소하게 본다는 점에서 잘못된 이론이다. 그럼에도 수많은 국가가 우생학에 기초하여 인간 청소 내지 인종 청소 등 부도덕하고 폭력적인 국가의 정책을 수행하여 도덕적으로 문제가 되었다. 이처럼 특정 학문이나 이론, 그리고 연구 결과가 종종 그 자체로 인간이나 인간 사회에 위협이 될 수 있다는 점을 연구자들은 항상 유념해야 한다.

자료: 홍성욱·이상욱·장대익·이중원, 2007, 과학으로 생각한다, pp. 274-283.

연구주제 선정에서 연구자의 자율성이 보장된다고 할지라도 이처럼 연구주제가 반사회적이거나 사회적으로 문제가 되는 것이라면, 사회 구성원으로서 책무성을 다했다고 보기도 어렵다. 그러나 어떤 주제가 반사회적이며 사회적으로 문제를 일으키는지에 대하여 명확한 가이드라인이 존재하는 것이 아니기에 연구자 스스로 끊임없이 성찰할 필요가 있다.

② **연구주제를 정하는 과정에서 타인의 아이디어를 그대로 가져온 것은 아닌지를 성찰해보아야 한다.**

기본적으로 대다수의 연구는 타인의 연구 결과물을 기반으로 하게 된다. 연구의 과정에서 끊임없이 타인의 연구 결과물을 읽고 참고하기 때문이다. 그래서 연구주제를 정할 때에도 타인의 연구 결과에 의존할 수밖에 없지만, 그에 더하여 자신만의 아이디어를 넣어서 연구주제를 선정해야 한다.

이때 자신만의 아이디어를 넣어 자신의 연구주제를 잡는 방법은 다양하다. 우선 할 수 있는 방법으로는 기존의 연구와 다른 연구대상을 구하여 연구하는 것이 있다. 예를 들어 청소년 범죄 현상에 관심을 가지고 있던 연구자는 '성인 범죄자의 범죄 원인'에 관한 연구를 읽었을 경우에, 관련된 변수들이 청소년 범죄자들의 범죄 원인으로 동일하게 작용하는지를 연구하고 싶다는 생각이 들 것이다. 이런 경우에는 기존 연구와 연구대상을 달리 하게 되면 자신만의 연구 아이디어를 통해 연구주제를 형성한 것이 된다. 또한 기존의 연구가 주목하지 않던 새로운 변수를 설정하거나 추가하여 연구를 진행하여 자신만의 아이디어를 넣은 연구로 구성할 수도 있다. 예를 들어 '범죄현상에서 범죄를 촉진하는 요인에 관한 연구' 결과를 읽었을 경우에, 범죄를 줄이는 요인을 새롭게 넣어서 연구를 진행하는 경우에는 자신만의 아이디어를 통해 연구주제를 형성한 것이 된다.

이런 점을 고려하면 연구주제를 설정하고 나서, 연구자는 자신이 계획하는 연구주제의 세부 연구 설계를 정밀하게 구성하여 연구대상과 연구 변수 등을 세밀하게 검토해야 한다. 그런 후에 기존의 관련 연구들과 비교하여 자신의 연구가 타인의 연구와 동일한 것이 아닌지를 충분히 검토해야 한다.

나. 자료수집 단계에서 고려해야 할 연구윤리

자료수집 단계에서 연구윤리는 정직하게 객관적으로 자료를 수집하는지와 관련되는 경우가 많다. 이를 세부적으로 보면 다음과 같다.

① 연구 자료를 수집할 때 정직한 방법으로 자료를 수집해야 한다.

여기서 말하는 정직한 방법이라는 것은 연구자의 이해관계나 이익을 위해 연구 자료를 편파적으로 수집하거나, 일부 집단의 자료를 누락하는 것 등을 의도적으로 해서는 안 된다는 것을 말한다. 또한 특정 회사나 특정 기관에서 연구를 의뢰받은 경우에 연구 의뢰자의 의도를 고려하여 자료수집을 편파적으로 하는 것도 문제가 된다.

예를 들어 몇 개 회사의 주식 장래 변화 추이를 분석하는 연구를 하면서 자신이 보유하고 있는 주식의 가치에 부정적인 영향을 주는 자료는 수집하지 않고 긍정적인 영향을 주는 자료만 수집하는 경우를 살펴보자. 전형적으로 자신의 이익을 위하여 자료의 일부분만 수집하는 것이 되어 문제가 된다.

따라서 이런 문제를 일으키지 않기 위해서는 연구대상자를 모집할 때에도 공개적으로 구하거나 정확한 표집을 구하는 등의 절차를 통해 연구대상이 편파적으로 구성되지 않도록 하여 대표성을 갖도록 해야 한다. 또한 관련 자료를 일부만 수집하는 것이 아니라 최대한 관련 자료를 모두 수집하기 위해서도 노력해야 한다.

그리고 연구 기록에서 자료수집 과정을 정확하게 기록하여 다른 사람들에게 해당 절차를 명확하게 알리려는 노력도 필요하다. 또한 자료수집 시 연구와 관련하여 중요한 자료임에도 수집하지 못한 경우에는 그것을 구하려는 노력을 하였음에도 자료를 수집하지 못한 사유 등을 기록해 두는 것이 좋다.

② **연구 자료를 수집하는 과정에서 수집한 자료는 정확하게 기록하고 정해진 기간 동안 보관해야 한다.**

연구 자료는 연구자의 연구 내용이 연구자의 창작물임을 증명하는 자료이면서 연구자가 편파적으로 자료수집을 하지 않았다는 것을 증명하는 근거가 된다. 수집된 자료가 질문지인 경우에는 질문지 코드와 표집대상 등을 명확하게 연결하여 관리하고, 면접이나 참여관찰인 경우에는 해당 자료를 수집한 장소와 시간 등을 기록하여 위조나 변조 등이 원천적으로 이루어지지 않도록 잘 관리해야 한다. 실험의 경우에도 실험 시간에 일어난 일에 대해 정확하게 기술하여 그 내용을 보관해 두어야 한다. 일부 대학이나 기관에서는 연구 결과의 확인을 위하여 연구 노트 등 연구 자료를 일정 기간 보관하도록 하는 경우도 있기에, 자신의 소속 기관에서 이를 요청하는지를 확인할 필요가 있다. 다만 이렇게 수집된 자료를 보관하는 과정에서 연구대상자의 사적인 정보가 노출되지 않도록 조심할 필요가 있다.

다. 자료 분석 단계에서 고려해야 할 연구윤리

자료 분석 단계에서는 연구자의 객관성 확보가 매우 중요하다. 이에 따라 자료 분석 단계에서의 연구윤리도 객관성과 중립성을 강조하는 측면에서 주로 논의된다.

① **자료 분석 과정에서 고의로 자료를 선별하여 누락하거나 일부만 분석해서는 안 된다.**

여기서 말하는 '고의로 자료를 선별한다는 것'은, 양적 연구의 경우에는 수집된 전체 자료 중에서 이해관계 등을 고려하여 일부분만 계량화하고 분석하여 자신이 세운 가설 검증에 유리하게 하는 것을 말한다. 또한 질적 연구의 경우에는 연구 노트에 기록된 자료 중에서 자신의 의도에 맞는 답변만을 고의로 분석대상으로 삼는 것을 말한다. 이 경우는 자료 분석 결과를 연구자 마음에 맞게 왜곡하는 것이기에 문제가 된다.

여기서 초점을 두어야 하는 경우는 '고의로'라는 것이다. 고의로 하는 것은 연구의 목적이나 연구 절차 등과 무관하게 특수한 이해관계나 이익을 추구하기 위해서 행하는 것을 말한다. 예를 들어 어떤 회사에서 연구 자금을 받아 연구를 수행하면서 그 회사에 이익이 되도록 자료를 선별하는 경우가 '고의로' 선별하는 것에 해당된다. 또한 그 연구와 관련하여 나온 결과가 연구자 자신의 이해관계에 도움이 되도록 자료를 선별하는 것도 '고의로 선별'하는 것이 된다.

연구목적을 위해 변수를 조정하기 위한 자료의 선별

연구자는 연구의 목적, 즉 연구의 주제에 맞추어 자료를 선별하는 경우가 있는데, 이런 경우에는 '고의로'하는 것이 아니라 연구 결과를 선명하게 드러내기 위해서 하는 것이라 점에서 연구윤리와 무관한 경우가 된다. 예를 들어 '청소년의 아르바이트 권리 이해 정도가 아르바이트에서 권리 피해 경험과 대처에 미치는 영향'을 연구할 때, 질문지 조사 자료를 분석하였더니 두 변수 간의 관계성이 성립하지 않는다는 것을 발견한 상황을 보자.

이때 연구자는 기존 논의나 이론 등에 비추어 자신의 독립변수가 인과적으로 설명하지 못하는 부분에 대해 검토한 후 새로운 변수를 고려할 수 있을 것이다. 즉 단순히 아르바이트 권리 이해 정도를 아는 그 자체만이 아니라 아르바이트 경험 정도와 결합하여 영향을 미칠 가능성을 고려할 수 있다. 이 경우에 연구자는 자신의 연구 변수를 세부적으로 조정하여 연구 내용을 수정할 수 있다.

연구를 시작하면서 연구자는 기존 이론 탐색 등을 통해 청소년의 아르바이트와 관련하여 '아르바이트 관련한 권리에 대한 지식의 이해'가 '아르바이트 권리를 실행하는 경험과 태도'에 영향을 줄 것이라고 가정을 하고 이 관계를 밝히는 것을 중요 연구목적으로 삼았다. 그런데 수집한 자료 전체를 활용하여 변수의 관계를 분석했을 때 자신이 가정한 결과가 나오지 않을 경우, 연구자는 연구대상자 중에서 아르바이트를 1년 이상 한 청소년만 대상으로 자료를 선별하여 결과 분석을 다시 시도해볼 수 있다. 이렇게 변수의 조정을 위하여 자료를 선별하여 연구 결과를 다시 분석하는 것은 연구윤리에서 말하는 고의로 자료를 선별하는 것과는 다른 경우이며, 오히려 연구를 통해 더 나은 발견을 위한 연구자의 노력으로 보아야 한다.

② 자신에게 유리한 결과를 만들기 위해 자료 분석 결과를 조작하는 경우에도 연구윤리에서 문제가 된다.

이는 자료를 분석한 후에 자신이 하지 않는 분석 결과를 자신의 분석 결과의 일부분인 것처럼 넣거나, 자신의 분석 결과를 완전히 다른 것으로 대체하여 넣는 것을 말한다. 이는 그 의도가 연구목적을 위한 것이라고 해도 다분히 '고의로' 이루어지는 것이기에 연구윤리 측면에서 매우 심각한 조작 행위가 될 수 있다.

이에 해당하는 대표적인 것이 바로 우리나라에서 크게 문제가 되었던 배아복제 연구에서 자료를 조작한 사건이다. 이 연구팀은 연구 결과를 제시하면서 자신들이 분석에서 얻은 것이 아닌 다른 분석에서 얻는 사진 자료를 분석 결과로 제시하여, 마치 자신들의 연구에서 분석한 것처럼 분석 결과를 조작하였다. 이는 명백하게 고의로 분석 결과를 조작한 것이어서 연구윤리에 치명적인 문제가 된다.

③ 양적인 연구에서 통계 분석을 한 경우에 유의미한 결과를 위해 일부 통계 자료를 수정하는 경우도 연구윤리에서 문제가 된다.

사실 통계적인 분석에서는 일반적으로 유의도를 표시하는 구간이 p<.05로 정해져 있는데, 연구자가 구한 통계에서 유의도가 .05이거나 .051 등일 경우에 이를 수정하고 싶은 욕구가 생길 수 있다. 그러나 이 경우에는 자료 분석의 과정에서 해당 통계의 유의도가 실제로 .05 수준에 가까움을 서술하면서 유의미 가능성에 대하여 안내하는 정도로 내용을 서술하는 것이 연구윤리를 지키는 일이 된다.

라. 결과 발표 단계에서 고려해야 할 연구윤리

연구자는 연구를 마친 후에 결과물을 보고서나 논문 등으로 발간하게 된다. 이 단계에서 나타날 수 있는 연구윤리는 발표 형식과 관련하여 윤리적인 측면에서 문제가 되는 경우가 많다.

① 만약에 외부 기관이나 연구지원금을 받고 연구를 수행하고 해당 지원 기관을 명시하지 않은 경우도 연구윤리에 문제가 생긴다.

외부 기관의 지원을 받은 경우에 일반적으로 해당 연구가 누구의 후원을 통해 이루어졌는지를 명확하게 기술해야 한다. 예를 들어 특정 사교육 기업의 후원을 받고 특정 학습지의 학습 효과를 밝힌 연구인 경우에 사교육 기업의 후원을 받았음을 명기하는 것과 그렇지 않은 것은 연구 결과를 읽는 다수의 독자들에게 다른 의미를 부여하게 된다. 이런 점을 고려할 때 후원자를 명시하는 것이 필요하다.

연구자가 연구비를 후원받아 연구하는 것은 나쁜 행위가 아니지만, 그 과정에서 연구자가 후원을 받음으로써 가질 수 있는 주관성을 철저하게 배제하지 못할 가능성 등을 고려하면 후원받은 기관 등을 명시해주는 것이 연구 결과를 읽는 독자들에게 더 친절한 것이 되기 때문이다. 또한 연구자도 후원받은 기관을 명시하는 것을 통해 자신의 연구 결과에 대한 사회적 책무성을 더 명확하게 가질 수 있기 때문이다.

② 연구 발표에서 부당한 저자 표시는 연구윤리에서 문제가 된다.

부당한 저자 표시는 다양하게 나타난다. 연구에 참여하지 않는 연구자를 넣는 경우도 문제가 되며, 연구에 기여한 연구자를 넣지 않는 것도 문제가 된다. 여기서 연구에 참여한다는 것은 실제적으로 진행된 연구 절차에서, 즉 연구계획서를 작성하고, 자료를 수집·분석하고 이를 논문이나 보고서로 작성하는 과정에서 직접 참여한 경우를 말한다.

석사학위나 박사학위 논문을
학술 논문으로 게재할 때 저자 표시 문제

최근 우리 사회에서 제자의 석사학위 또는 박사학위 논문을 지도교수가 저자로 하여 학술지 논문으로 발표하여 사회적으로 문제가 된 경우들이 있다. 이는 연구윤리를 어긴 것일까?

간단히 말하면 제자의 석사학위 논문이나 박사학위 논문을 지도교수가 단독저자로 연구 논문을 발표한 경우는 연구윤리를 어긴 것으로 본다. 그러나 해당 논문이 학위자의 석사학위나 박사학위 논문을 수정하여 낸 것임을 표기하고, 지도교수가 공동저자로 표기되는 것은 연구윤리 측면에서 문제가 없는 것으로 인정하는 추세이다. 박사학위자만이 제1저자가 되도록 규정을 정한 일부 학회지의 경우에 투고할 때에는 지도교수가 제1저자가 되고 학위자가 교신저자가 될 수 있다.

이렇게 지도교수를 공동저자 등으로 인정하는 것은 석사학위나 박사학위 논문이 개인적인 연구 결과물이 아니라 지도교수와 공동으로 만들어낸 것임을 인정하기 때문이다. 특히 지도교수가 논문의 아이디어, 연구주제 등의 형성에 큰 영향을 주고, 연구 과정에서 끊임없이 관여하는 경우가 많아서 그러한 지도교수의 노고를 인정하기 때문이다.

③ **연구 결과 발표에서 저작권을 지키지 않는 경우에도 문제가 된다.**

연구를 마치고 연구 내용을 논문이나 보고서로 작성하여 발표하게 되는데, 이때 내용을 서술하면서 타인의 연구 성과를 인용한 것을 제대로 표시하지 않아서 저작권을 지키지 않는 경우도 연구윤리를 위배하는 것이 된다. 저작권을 지키지 않는 문제는 타인의 연구를 표절하는 것 혹은 자기 표절과 관련되는 문제이다.

교육부령(교육부훈령 제153호, 2015년)에 따르면 '표절'은 다음의 네 가지가 해당된다. '타인의 연구 내용 전부 또는 일부를 출처 표시를 하지 않고 그대로 활용하는 경우, 타인의 저작물의 단어나 문장 구조를 일부 변형하여 사용하면서 출처 표시를 하지 않는 경우, 타인의 독창적인 생각 등을 활용하면서 출처를 표시하지 않는 경우, 타인의 저작물을 번역하여 활용하면서 출처를 표시하지 않는 경우'가 해당된다.

④ **연구 결과에서 관련 정책 등을 제안할 때 그 정책이 사회적으로 문제가 될 가능성을 고려해야 할 책무성이 존재한다.**

일반적으로 연구자는 자료 분석을 끝낸 후에 분석 결과에 비추어 관련한 정책을 제안하게 되거나 자신이 분석한 결과가 갖는 시사점 등을 기술하게 된다. 이때 자료 분석 결과는 객관적인 것이지만, 연구자가 제안하는 시사점이나 정책 제안은 연구자의 주관성이 많이 개입된다. 이 점에서 연구자가 제안하는 시사점이나 정책 제안이 특정 집단에게 유리하거나 불리하지 않도록 해야 하며, 사회적 해악을 끼치는 것이 되지 않도록 유의해야 한다.

④ IRB와 연구윤리 승인

가. IRB에 대한 이해

위에서 제시한 연구윤리의 세부 항목 중에서는 규범으로 꼭 지켜야 하는 것이 있고, 연구자가 자율적으로 지키면 좋은 경우도 있다. 이에 따라 최근에는 연구할 때 규범적으로 지켜야 할 사안을 연구진이 자율적으로 지키도록 하기보다는 공신력 있는 기관을 통해 이를 확인하려고 한다. 기본적으로 연구 기관이나 대학 등 연구를 수행하는 기관에서는 연구자를 대상으로 연구윤리 교육을 강조하고 있다. 이에 더하여 연구윤리 규정을 자체적으로 만들고, 그에 따라 연구를 윤리적으로 실시하는지를 심의하는 전문 기관을 설치하기도 한다.

이런 전문 기관으로 대표적인 것이 IRB(Institutional Review Board, 설치한 기관마다 위원회 명이 다를 수 있으나 대부분 생명윤리심의위원회라고 부르는 경우가 많음)이다. 이는 연구자들의 연구계획서를 바탕으로 연구진행 과정에서 연구윤리 문제가 나타날 가능성을 평가하기 위하여 대학, 연구 기관에서 만든 전문 위원회라고 볼 수 있다(Adler & Clark, 2011: 44). 따라서 IRB가 있는 기관의 구성원이 연구를 할 때는 연구계획서를 제출하고, 연구계획서에 나타난 연구 설계에서 연구윤리 부분에서 문제가 없는지를 심의받고 연구 진행에 대한 승인을 받은 후에 연구를 진행하는 것이 일반적이다. 대학이나 연구소 등에서 자체적으로 IRB를 구성하지 않는 기관의 경우에는 연구자들의 연구계획서를 심의하여 연구윤리 문제를 심의해주는 외부 기관을 활용해야 한다.

나. IRB에서의 연구윤리 심의 처리 절차

IRB에서 연구계획에 대한 연구윤리 심의는 해당 기관별로 다양하게 이루어진다. 그럼에도 기본적으로 연구계획서를 제출하고, 심의를 거쳐 보완하여 승인받는 절차를 거치는 것이 일반적이다.

다음에 제시하는 그림은 서울대학교 IRB의 심의 절차이다. 대부분의 IRB에서는 이와 비슷한 절차를 거치는 것이 일반적이다.

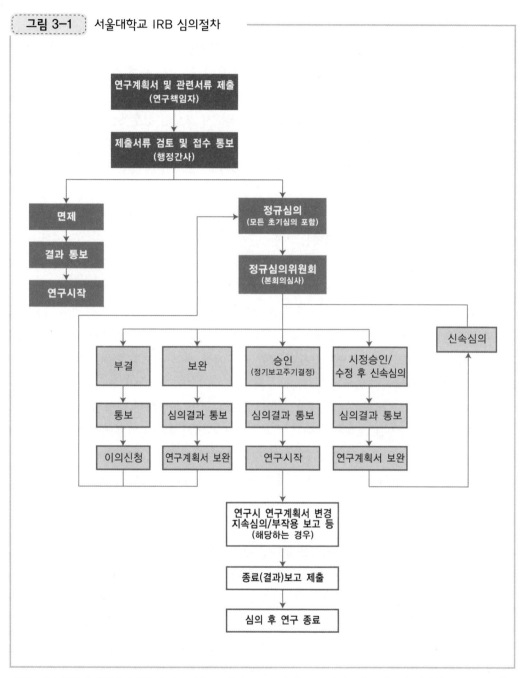

그림 3-1 서울대학교 IRB 심의절차

자료: 서울대학교 생명윤리위원회 사이트(http://irb.snu.ac.kr/03_guide/guide01.html, 검색일: 2017.12.26.).

1) 연구계획서의 제출

일반적으로 인간을 대상으로 하는 연구를 하는 경우에는, '연구대상인 개인의 정보 보호와 연구윤리 준수'를 위하여 IRB에서 심의를 요청하게 된다. 이를 위해서는 해당 기관의 IRB에서 요구하는 서류를 갖추어서 심의를 요청해야 한다. 보통 '심의용 연구계획서'가 주된 내용을 이루며, 연구대상이 인간인 경우에는 동의서, 질문지 조사인 경우에는 조사에 사용할 질문지(안)도 제출하는 것이 일반적이다. 또한 일부 기관에서는 해당 기관에서 실시하는 연구윤리 교육 이수를 증명하는 문서를 제출하도록 하는 경우도 있기에 사전에 연구윤리 교육을 이수하는 것도 고려해 보아야 한다.

심의용 연구계획서는 연구대상과 자료수집 방법에 대하여 자세하게 기술해야 한다. 특히 연구대상자의 모집 과정, 동의를 구하는 과정, 실제적인 연구 수행 과정 등을 기술해야 하며, 질문지 조사인 경우에는 조사 내용도 기술해야 하는 경우가 있다. 또한 연구대상자의 선정 기준과 제외 기준도 제시해야 한다. 또한 자료의 분석 방법과 원칙 등도 제시해야 하는데, 이는 분석 과정에서 연구대상자의 정보가 노출되는 문제를 고려하기 위함이다. 또한 연구대상자의 안전과 관련하여 연구 참여로 인해 발생할 수 있는 부작용과 이에 대한 연구자의 대처 방안도 요구하는 경우가 있다. 더불어 연구자가 수집한 자료에서 개인 정보의 범위, 자료의 관리 및 보관 방법 등에 대해서도 기술하게 한다.

이처럼 심의용 연구계획서는 앞에서 살펴본 연구윤리와 관련하여 다양한 방면에서 연구자가 제대로 연구대상자를 보호하고 연구윤리를 지킬 준비가 되었는지를 확인하는 과정이라고 볼 수 있다. 따라서 일반적인 연구계획서와 별도로 연구 설계 및 분석 등에서 나타날 수 있는 연구대상자 관련 연구윤리를 고려하여 매우 자세하게 서술하는 것이 좋다.

2) 심의, 심의 후 수정, 그리고 승인

연구자가 해당 심의용 연구계획서를 IRB에 제출하게 되면 심의가 시작된다. 연구자는 일반적으로 연구 개시 전, 특히 연구대상자를 모집하기 전까지 IRB 심의를 완료해야 한다. 또한 심의 과정에서 심의 결과가 한 번에 통과되기보다는 여러 차례에 걸쳐 수정 보완을 요구하는 경우가 있기에 자신의 연구 일정을 고려하여 심의 일정을 조정하는 것이 필요하다.

한 번의 심의에서 통과되어 승인을 받게 되면 그에 따라 연구를 수행하면 된다. 하지만 단 한 번 만에 통과되지 않을 경우에는 수정 보완을 요청받은 부분에 대하여 수정하거나 보완하여 다시 심의를 신청하여야 한다. 이런 과정을 거친 후에 최종 승인을 받아 연구를 실시하면 된다.

3) 승인 후 자료 조사 종료 보고서 제출하기

연구자가 IRB에서 연구계획서를 심의받아서 연구를 수행한 후에, 자신의 연구 진행 과정에서 있었던 상황을 보고해야 하는 절차가 있다. 이 경우에는 심의 과정에서 연구윤리를 지키기 위해서 하기로 했던 것과 자료수집 과정 전체에 대하여 리포트를 해야 하고, 그에 따른 증거물들을 제출해야 한다. 대표적으로 연구대상자들에게 사전 동의서를 받기로 했다면 사전 동의서를 받은 결과를 자료로 제출해야 한다. 또한 연구윤리와 관련하여 지키기로 한 사항에 대해서도 관련 자료를 제시해야 한다. 이를 위해서는 연구 진행 과정에서 자신이 연구윤리를 지켰음을 확인시켜주기 위해서 자료를 잘 기록하여야 하며, 모든 자료를 잘 보관하여야 한다.

4) 승인 사항에 대한 논문이나 보고서에서의 기록 문제

일반적으로 IRB에서 승인을 받은 논문의 경우에는 승인번호를 받게 된다. 학위 논문의 경우, 인간을 대상으로 하는 연구인 경우에는 연구윤리 면제대상인지, 아니면 승인번호를 받았는지를 기록하게 하는 경우가 있다. 따라서 학위 논문에서 자신의 연구윤리 승인과 관련한 사항을 논문의 연구 설계 부분에서 기술하면 된다. 또한 학술 논문을 작성하는 경우에도 일부 학회에서 연구윤리 승인을 요구할 경우에는 IRB의 승인을 받은 사항을 기술하면 된다.

제2부

사회과학 연구의 실제

본서의 제2부는 사회과학 연구방법론의 핵심적인 부분이라고 할 수 있다. 본서는 양적 연구방법, 특히 서베이 연구에 초점을 맞추고 있는데, 제2부는 서베이 연구의 진행 과정에 따라서 알아야 할 연구방법의 내용을 구체적으로 소개하고 있다. 제2부와 제3부에서는 독자들의 이해를 돕기 위해서 가상의 대표 사례를 구성한 후에 이를 중심으로 설명한 개념과 내용의 예시를 보여주는 방식을 사용한다. 따라서 가장 먼저 가상의 대표 사례를 구성하여 제시하였다.

제4장에서는 제2부의 내용을 이해하는 데 필요한 기초적인 개념을 소개하고, 제5장에서는 연구주제를 정하는 데 있어서 도움이 되는 내용을, 제6장에서는 연구주제를 정한 후에 선행 연구를 살펴보고, 연구모형과 가설을 정하는 내용에 대해서 살펴본다.

제7장에서는 설정한 연구모형과 가설을 검증하기 위해서 개념을 조작화하고, 지수 또는 척도를 구성하는 양화 과정에 대해서, 제8장에서는 질문지 작성에 대한 구체적인 내용을, 제9장에서는 서베이를 시행하기 위해서 표본을 추출하는 과정에 대해서, 제10장에서는 만들어진 질문지를 사용하여 본격적으로 자료를 수집하는 방법에 대해서 살펴본다. 마지막으로 제11장에서는 수집된 자료를 분석하고 해석하는 과정 및 그 중요성에 대해서 살펴본다.

〈대표 사례 구성〉

* 이 사례는 집필진이 책의 진행상 이해를 돕기 위해서 가상으로 구성한 것이며, 제2부에서 대표적인 예시로 사용할 것이다.

〈가상의 대표 사례 소개〉

교사들의 행복감에 영향을 주는 요인에 대한 연구

1. 연구목적

연구의 목적은 교사를 대상으로 하여 그들이 느끼는 행복감 인식 정도와 행복감에 영향을 주는 요인이 무엇인가를 파악하려는 것이다.

2. 연구 문제

이에 따른 연구 문제는 다음과 같다.
첫째, 교사들이 느끼는 행복감은 어느 정도인가?
둘째, 교사들이 느끼는 행복감에 영향을 주는 요인은 무엇인가?

3. 선행 연구 고찰

연구모형을 구성하기 위하여 행복감과 관련한 선행 연구를 고찰한다.

4. 연구모형에 포함되는 변수

선행 연구의 고찰 결과, 이 연구에 사용되는 변수는 다음과 같이 선정한다.

변수 유형	해당 변수 목록
종속변수	행복감
독립변수	가족관계 만족도, 건강상태, 종교 유무, 여가활동 만족도, 직장 내 인간관계 만족도, 직업에 대한 자부심
통제변수	재직 학교의 특성(공사립, 학교급), 성별, 연령, 결혼 유무, 가구의 월평균 소득

5. 연구모형: 회귀모형으로 구성

가족관계 만족도 건강상태 종교 유무 여가활동 만족도 직장 내 인간관계 만족도 직업에 대한 자부심	→	행복감

6. 가설 설정
- 가설 1. 가족관계 만족도가 높을수록 행복감이 높아질 것이다.
- 가설 2. 건강 수준이 좋을수록 행복감이 높아질 것이다.
- 가설 3. 종교가 있는 사람들이 없는 사람들보다 행복감이 높을 것이다.
- 가설 4. 여가활동 정도가 높을수록 행복감이 높아질 것이다.
  - 가설 4-1 여가활동 시간이 많을수록 행복감이 높아질 것이다.
  - 가설 4-2 여가활동에 대한 만족도가 높을수록 행복감이 높아질 것이다.
- 가설 5. 직장 내 인간관계 만족도가 높을수록 행복감이 높아질 것이다.
  - 가설 5-1 교장과의 관계에서 만족도가 높을수록 행복감이 높아질 것이다.
  - 가설 5-2 동료 교사와의 관계에서 만족도가 높을수록 행복감이 높아질 것이다.
  - 가설 5-3 학생과의 관계에서 만족도가 높을수록 행복감이 높아질 것이다.
- 가설 6. 직업에 대한 자부심이 높을수록 행복감이 높아질 것이다.
  - 가설 6-1 평판에 대한 주관적 인식이 높을수록 행복감이 높아질 것이다.
  - 가설 6-2 자신의 교수 능력에 대한 자신감이 높을수록 행복감이 높아질 것이다.

7. 변수의 조작적 정의

변수의 유형	변수명	조작적 정의
종속변수	행복감	주관적 행복감
독립변수	가족관계 만족도	가족들과의 관계의 만족도
	건강상태	자신의 건강상태에 대한 주관적 인식
	종교 유무	종교를 가지고 있는지 여부
	여가활동 정도	여가활동의 시간 여가활동 만족도
	직장 내 인간관계 만족도	학교장과의 관계 만족도, 동료 교사와의 관계 만족도, 학생과의 관계 만족도
	직업에 대한 자부심	교사라는 직업에 사회적 평판에 대한 주관적 인식 개인의 교수능력에 대한 자신감
통제변수	재직 학교의 특성	공사립 여부 초·중·고 학교급
	성별	남성과 여성
	연령	만 나이
	결혼 여부	현재의 결혼상태
	가구의 소득	가구의 월평균 소득

8. 자료수집 방법의 결정
서베이 방법을 사용하여 자료를 수집한다.

9. 질문지 구성
가설을 검증하기 위해 조사지를 구성한다. 조사지는 크게 다섯 가지로 구성한다.
① 연구대상자의 사회인구적 특성을 묻는 것이다. 성별, 가구 소득, 연령, 결혼 여부 등과 관련하여 4

문항이다.

② 행복감에 대해 묻는 것이다. 이는 10문항으로, 자신이 일상의 삶에서 행복하다고 느끼는 정도를 10점 척도로 답하게 한다.

③ 개인적 요인과 관련해서는 다음과 같이 문항을 구성한다. 가족관계에 대한 만족 정도, 종교가 있는지 여부, 건강에 대한 자신의 주관적인 인식(5문항), 여가활동 시간과 여가활동 만족도(2문항) 등 전체 9문항으로 구성한다.

④ 직업적 요인과 관련해서는 다음과 같이 문항을 구성한다. 학교장, 다른 동료 교사관계 만족도, 학생들과의 관계에 대한 만족도, 사회적으로 다른 직업과 비교하여 교사라는 직업의 평판에 대한 주관적 인식(4문항), 가르치는 자신의 교수 능력에 대한 자신감 정도(4문항) 등 전체 11문항으로 구성한다.

⑤ 재직 학교의 환경 특성으로서 학교급별(초등, 중등, 고등) 및 설립 유형(사립, 공립) 등 전체 2문항으로 구성한다.

* 예비 조사: 질문지를 구성한 후 서울 시내 한 개 학교의 교사 5명을 만나서 예비 조사를 실시한다. 질문의 목적 등을 설명하고, 질문에 응답하게 하면서 이해가 안 되거나 답하기 곤란한 질문 등을 파악하여 최종적으로 질문을 수정한다.

10. 표집 과정

- 모집단: A지역의 초 · 중 · 고 교사
- 표본: A지역의 초 · 중 · 고 교사 2,000명
- 표집과정:
  ① A지역의 교원 통계를 통해 초 · 중 · 고 교사의 비율을 구한다.
  ② 그 비율에 따라서 초 · 중 · 고등학교 학교 목록에서 초등학교 45개, 중학교 30개, 고등학교 25개를 무작위로 선정한다.
  ③ 선정된 학교에서 학교장과 해당 학교 교사에게 연구목적을 설명하고 동의를 구한 후 해당 학교의 교사 중 무작위로 20명을 선정하여 조사한다.
  ④ 선정된 학교가 조사에 동의하지 않은 경우는 학교 목록에서 해당 학교의 뒤에 있는 학교로 조정한다.

11. 자료의 수집

질문지 조사는 15일간 실시한다. 선정된 학교별로 20부씩 2,000부의 조사지를 면접 조사원을 활용하여 자기기입식으로 응답하게 한다.

12. 자료의 분석

- 분석은 통계 분석 패키지인 R을 이용한다.
- 분석 방법은 기본적으로 연구대상자의 사회인구학적 특징의 분포와 행복감 정도를 파악하기 위하여 기술적인 통계인 빈도 및 평균 등을 구한다.
- 가설 검증을 위해서는 회귀 분석을 사용하여 각 요인의 영향을 파악한다. 회귀 분석 과정에서 교사의 연령, 성별, 가구 월평균 수입, 결혼 여부는 통제변수로 고려한다.

제4장
사회과학 연구를 위한 기초 지식

　　제4장에서는 연구방법론을 이해하는데 있어서 필수적인 기본적 개념들에 대해서 설명하려고 한다. 개념과 가설이 어떻게 만들어지는지, 변수의 의미와 종류, 상관관계와 인과관계의 의미와 차이점, 측정의 종류와 수준, 신뢰도와 타당도의 의미와 측정 방법, 분석단위에 대해 설명할 것이다. 이러한 개념들은 앞으로 연구방법론을 공부하고 실제로 조사를 수행하기 위해 반드시 숙지해야 할 기초 지식에 해당하기 때문에 이후의 장에서 다루는 내용을 이해하기 위해서도 정확하게 이해할 필요가 있다.

❶ 개념과 가설

가. 개념화와 개념

　　사회현상을 연구하는 사회과학에서의 다양한 진술이나 가정들은 결국 다양한 개념 간의 관계를 진술하는 것이며, 사회과학 연구방법론이란 이러한 진술이나 가정들이 경험적으로 맞는 것인지 검증하는데 사용되는 도구라고 할 수 있다. 따라서 개념이라는 것은 사회과학 연구에 있어서 가장 기초적이며 기본적인 재료와 같은 것이라 할 수 있고 따라서 개념이 무엇인지 이해하는 것이 그 출발점이 될 수 있다.

　　일반적으로 개념이란 유사한 사회현상을 하나로 묶어서 그것에 대하여 이름 붙인 것을 지칭한다. 그런데 유사한 현상을 하나로 묶어서 하나의 이름 붙여서 개념으로 사용한다고 해도 그 개념을 사용하는 모든 사람이 동일한 현상을 떠올리거나 생각하는 것은 아니다. 예를 들어

'소외'라는 개념을 생각해보자. 소외라는 단어를 말하거나 들으면 사람들은 머릿속에서 각기 특정한 정신적 이미지를 떠올리게 된다. 그렇지만 사람들이 떠올린 이미지는 다양해서 서로 다를 가능성이 높다. 어떤 사람은 독거노인을 생각하는 사람도 있고, 우울증에 사로잡힌 사람을 생각하는 사람들도 있을 것이다. 이와 같이 소외를 생각할 때 사람들에게 떠오르는 이미지는 소외에 관해 사람들이 듣고 배운 내용과 그것의 예들로 여겨져서 관찰된 온갖 것들의 영향을 받으며, 각 개인의 머릿속에 각기 다양하게 담겨 있다.

한 개인이 생각하는 소외라는 이미지에는 그가 들은 내용이나 관찰한 독특한 경험과 연결되는 '소외'가 담겨 있고, 이는 다른 사람들이 생각하는 '소외'의 내용과 동일하지 않을 수 있다. 이처럼 사람들이 특정 현상에 대하여 각기 나름대로 생각하고 이미지화하는 것을 구상개념(conception)이라고 한다. 즉 나는 '소외'에 대한 내 나름대로의 구상개념을 가지고 있고, 다른 사람들은 '소외'에 대한 각자의 구상개념을 가지고 있는 것이다.

이처럼 구상개념은 각 사람마다 다를 수 있기 때문에 구상개념을 통해서는 서로 간에 소통하는 데에 한계가 있다. 만약 '소외'라는 용어를 가지고 우리가 문제없이 소통하기 위해서는, 이 용어가 의미하는 바가 무엇인지 하나로 통일되어야 하고 그것에 대해서 모든 사람들이 동의할 수 있어야 한다. 그래서 어떤 용어나 개념에 대하여 이야기를 나눌 때에는 '나는 그것까지는 생각하지 않았어'라거나 '나도 네가 생각하는 그것이라고 생각해' 등과 같은 대화를 통해서 서로 사용하는 개념의 구체적인 이미지를 조정하면서 동의에 이를 수 있다. 이러한 과정은 사회과학 연구에서도 동일하게 필요하다. 사회과학 연구에서 특정 용어가 가진 의미에 대해서 연구자들이 동의해가는 과정을 개념화(conceptualization)라고 하며, 개념화의 결과로 연구자들이 동의할 수 있게 된 용어를 개념(concept)이라고 부른다.

개념은 연구하고자 하는 유사한 사회현상들을 대표하는 추상적인 요소이며, 이러한 개념은 개념화의 결과인 것이다. 개념화가 일어나기 전에는 특정 용어는 구상개념에 머무르게 되며, 개념화를 통해 우리가 모두 동의하는 용어가 되면서 개념이 되고, 이를 통해 의사소통이 가능하게 된다. 즉 개념화는 애매하고 추상적이며, 구체화되지 않은 생각들이 구체화되고 정교해지는 정신적 과정을 의미한다. 그리고 개념화는 우리가 연구에서 특정한 용어를 사용할 때 그것이 무엇을 의미하는지 정확하게 구체화하는 과정이다.

예를 들어 청소년 비행 이론과 관련이 있는 개념 중에서 '청소년'이라는 개념이 만들어지는 과정을 살펴보자. '청소년'이라는 용어에 대한 개념화가 이루어지기 전에는 청소년이라는 용어에 대해서 누군가는 십대를, 다른 누군가는 중·고등학생을 가리키는 용어라고 생각할 수 있다. 각 개인은 자기만의 구상개념으로 '청소년'을 이해하고 있는 것이다. 그러나 이런 상태에서라면 청소년 비행에 대한 파악은 불가능해진다. 그런데 연구자가 개념화를 통해 '청소년'이라는 개념을 '현재 중·고등학교에 다니는 학생'이라고 특정화한 경우를 보자. 이를 따를 때 연구자와 일반인들은 '청소년'이라는 개념에 대해서 각기 다르게 이해하지 않고, '중·고등학생'을 지칭하는 개념으로 사용하고 이해하며, 우리 모두는 그 개념에 동의하게 된다.

이처럼 사회과학 연구에서 연구자는 자신이 연구하는 현상과 관련하여 개념화를 통해 개념을 명확히 한정하게 되면, 그 결과로 한정된 해당 개념은 그 연구에서 특정한 의미로 통용될 수 있다. 이러한 개념화는 사회과학 연구에서 꼭 필요한 과정이다. 사회과학 연구를 할 때는 다양한 용어를 사용하게 되는데, 연구 과정에서 의미 있는 결론을 유도하기 위해서는 이러한 용어가 갖는 의미가 무엇이며 이 개념을 다수의 사람이 어떻게 받아들이고 그 개념의 의미에 얼마나 동의할 것인가에 대해 고민하는 작업이 필요하며, 이러한 작업이 개념화라고 할 수 있다.

나. 개념의 물화: 실제로 있는 것의 측정

앞에서 개념은 서로 동의에 의해 정신적 이미지들(구상개념)로부터의 상호 간에 동의가 이루어진 결과물이라고 하였다. 우리가 '소외'나 '편견'과 같은 개념을 동의된 어떤 현상으로 정의하게 되면, 개념들은 실제로 사회현상으로 의미를 갖고 구체적으로 존재한다고 가정할 수 있다. 예를 들어 '청소년'이라는 개념은 매우 추상적 표현이지만, '현재 중·고등학교에 다니는 학생'으로 한정하여 개념을 정의하게 되면 연구자가 관찰할 수 있는 실제적인 존재가 된다.

이처럼 개념이라는 추상적 대상을 실제 존재하는 것으로 간주하는 것을 물화(reification)[8], 혹은 구체화라고 한다. 즉 추상적인 개념을 실재하는 존재(things)로 이해하는 과정이라고 할 수 있다. 이렇게 개념의 물화가 이루어지면 모든 개념들은 존재하는 대상이나 현상이 되는 것이다. 어떤 개념이 물화된다는 것은 곧 측정이 가능하다는 것을 의미한다. 실제로 존재하는 것으로 간주하는 물화가 나타나면 그 자체로 측정하는 것이 가능해지기 때문이다. 예를 들어 '청소년'을 '현재 중·고등학교에 다니는 학생'으로, 그리고 '비행'을 '학교 밖에서의 흡연, 음주, 폭력'으로 개념 정의를 하게 되면 구체적인 가해 정도를 측정하는 것이 가능해진다.

이처럼 개념화는 연구자의 연구목적과 관련이 있는 개념에 대하여 특정적이고 동의가 가능한 의미를 부여해서 특정화하여 정의하는 것이다. 이렇게 의미를 정확하게 특정화하는 과정은 개념을 측정하기 위해 필수적인 과정이라고 할 수 있다. 동의가 이루어진 개념이라면 실제로 존재하는 현상이 되고 그 개념을 측정하는 것이 비로소 가능해지며, 그 측정의 내용 또한 동의할 수 있을 것이다. 일반적으로 이렇게 동의가 이루어진 측정 가능한 내용이 개념에 대한 조작적 정의가 된다. 조작적 정의에 대해서는 제7장에서 좀 더 상세히 설명할 것이다.

---

8) 사전적인 의미에서 물화(reification)란 어떤 것을 실재하는 것으로 만들거나, 어떤 것을 존재하도록 하거나, 어떤 것을 구체화하는 것을 의미한다.

다. 가설

가설을 설명하기 위해서 우선 공리와 명제를 먼저 파악하고, 그다음에 가설을 파악해보자.

1) 공리와 명제

공리(axiom)는 이론이 기초를 두고 있으며 사실로 여겨지는 기본적인 주장이다. 특정한 이론은 이론의 기반이 되는 공리에서 출발한다. 이런 공리적 토대로부터 유래한 개념들 사이의 관계에 대한 특별한 결론을 도출할 수 있는데, 이것을 명제(proposition)라고 부른다.

예를 들면, "모든 사람은 물질적 안락을 추구한다."와 "합법적 수단을 통해 물질적 안락을 누릴 수 있는 능력은 하층의 사람보다 상층의 사람이 크다."라는 공리를 기반으로 청소년 비행 이론을 설정하는 경우를 보자. 이 경우에 청소년 비행 이론에서는 "물질적 안락을 추구하기 위해 가난한 계층에 속한 청소년들은 부유한 계층의 청소년보다 법을 어길 가능성이 높다."라는 명제가 나올 수 있다.

2) 가설

가설(hypothesis)은 기본적으로 연구자가 가진 연구 질문에 대한 잠정적인 답이다. 여기서 잠정적이라고 하는 것은 허무맹랑하게 그냥 나온 것이 아니라 명제나 공리 등을 바탕으로 하고 있어서이다. 또한 연구자가 문제의식을 가지고 연구주제를 정한 후 자신의 연구 문제를 구체화하면서 그에 대한 답을 찾아가기 위해 여러 문헌을 독서하면서 이론적으로 구상한 답이기도 하기 때문이다.

가설이란 한 마디로 아직 검증되지 않은 이론이며 검증을 필요로 하는 이론이라고 정의할 수 있다. 사회과학이 경험과학으로 간주되는 한 어떠한 현상에 대한 논리적인 설명만으로 끝나지 않는다. 아무리 논리적으로 옳은 명제라도 현실에서 그 타당성이 검증 혹은 입증되지 않으면 합당한 이론으로 간주하지 않고, 단지 가설, 즉 그럴듯한 설명으로 대접하는 것이 경험과학의 관례이다.

그런 점에서 가설은 이론이나 일반적 명제로부터 나온 것으로, 경험적 실재에 대하여 구체적이고 검증 가능한 논리적 기대이다. 또한 가설은 연구자가 탐구를 통해 확인하고자 하는 것이기 때문에 특정한 현상을 탐구하는 연구자가 실제 세계로부터 관찰될 수 있는 것에 대한 진술이기도 하다.

그래서 가설은 개념과 개념의 관계라는 형식으로 서술된다. 여기서 개념은 추상적인 표현이 아니라 연구자가 측정가능하게 개념화한 것 간의 관계를 진술한 것이다. 보통은 "~한다면, ~하다."와 같은 형태로 이루어진다. 예를 들어 청소년 비행과 관련하여 위에서 제시한 명제를 가설로 전환한다면, '물질적 안락을 추구하는 하층의 청소년은 그렇지 않은 하층의 청소년에 비해 비행을 더 많이 할 것이다.'라고 설정할 수 있다. 이 경우에 연구자는 이미 '물질적 안락', '하층', '청소년', '비행'의 관계를 설정한 것이며, 연구자는 동시에 이들 개념을 명확하게 측정할 수 있도록 개념화를 해놓아야 한다.

❷ 변수

가. 변수의 의미

변수(variable)는 말 그대로 변하는 수를 의미한다. 고정값을 가지는 것이 아니라 값이 변한다는 것이다. 이에 반해 상수는 항상 고정값을 가진다. 원주율과 같은 것이 대표적인 예이다. 변수는 일반적으로 함수관계에서 사용되는 개념이다. 조건이나 환경에 관계없이 언제나 일정한 크기를 가지는 상수(constant)와는 달리, 조건의 변화에 따라 반응하며 그 크기가 언제나 변할 수 있는 수가 바로 변수이다.

연구에서 변수는 특별한 형태의 개념이라고 볼 수 있다. 개념화가 이루어진 결과인 개념이 사회 조사에서 연구대상이 되면 변수가 되는 것이다. 모든 개념은 사회과학 연구에서 연구대상이 되는 동시에 변수로 다룰 수 있게 된다. 일반적으로 우리가 '청소년 비행'이라는 말하는 것과 이 개념이 가설 속에 존재하게 되면 그것은 다르게 이해된다. 연구에서 가설 안에 하나의 개념으로 '청소년 비행'이 들어 있는 경우에는 앞에서 살펴본 것처럼 구체적으로 측정할 수 있는 상태가 되어 그 값이 측정되어 나오기에 하나의 변수가 된다. 그런 점에서 가설 속에서 개념은 변수로 설정된 것이고, 이러한 변수를 연구 과정에서 구체적으로 측정하기 위해서 연구자는 조작화 단계를 거치면서 개념의 변하는 값을 측정할 수 있는 양화 작업을 거치게 된다.

조작적 정의에 따라 가설 설정에 포함된 개념이 관찰가능한 상태가 되면 측정이 되어 값을 얻을 수 있는 '변수'가 되는 것이다. 위에서 설명한 것처럼 '비행'이라는 개념이 관찰할 수 있게 실제로 존재한다면, 그 현상을 측정할 때 그 값은 고정된 값이 아니라 여러 가지 값으로 나타난다. 예를 들어 '청소년 비행'이라는 개념을 '중·고등학생의 지난 1학기 동안 5만 원 이하의 돈을 빼앗은 경험'이라고 정의하고 이를 측정한다고 하면 '없음', '1번' … 등 다양하게 그 값이 나타날 것이다. 이처럼 개념을 조작적으로 정의하고 그것을 측정하게 되면 그 결과는 고정된 값이 아니라 변화되는 다양한 값으로 나타나는데, 이런 상태의 개념을 변수라고 한다.

처음에 변수 설정 단계에서는 두 변수 간의 관계에 대해 아직까지 완전한 인과관계를 알 수는 없지만, 연구자가 기대하는 인과관계의 토대 위에서 독립변수와 종속변수를 설정할 수

있으며, 이렇게 설정된 독립변수와 종속변수 사이의 관계에 관한 진술 형태로 가설을 설정할
수 있다.

나. 변수의 종류

1) 독립변수와 종속변수

독립변수는 가설에서 원인이 되는 변수를 말한다. 원인변수라고 부르기도 한다. 종속변수
는 원인에 의해 발생하게 되는 결과에 해당하는 변수를 말한다. 결과변수라고 부르기도 한다.

예를 들어 '소득 수준에 따라 생활만족도에 차이가 있다.'라는 가설의 경우를 보자. 여기서
'소득 수준'은 생활만족도의 변화에 영향을 주는 변수이기 때문에 독립변수가 된다. 그리고
'생활만족도'는 소득 수준의 변화에 따라 영향을 받는 변수가 되기 때문에 종속변수가 된다.

이 경우에 두 변수 사이에 공분산(covariance)이 존재하고, 두 변수 사이에 시간적으로 한
변수(독립변수)가 다른 한 변수(종속변수)보다 앞서며, 두 변수 간의 관계가 제3의 요인에 의해
서 설명되지 않는다면 이 두 변수 사이에는 인과관계가 성립되며, 이 인과관계를 토대로 원인
이 되는 독립변수와 결과가 되는 종속변수로 구분할 수 있게 된다.

2) 검정요인 또는 검정변수

독립변수와 종속변수라고 생각하는 두 변수에 공통으로 영향을 줄 가능성이 있는 제3의
요인을 검정요인(test factor)이라고 하고, 이러한 독립변수와 종속변수 사이의 인과적 관계를
검증하는 과정에서 사용하는 검정요인에 해당하는 변수를 검정변수(test variable) 혹은 통제변
수라고 부른다. 일반적으로 사회현상의 분석은 2개의 변수만으로 이루어지는 것이 아니라 다
양한 변수 간의 관계를 설명함으로써 이루어진다. 이러한 다양한 여러 변수들의 관계에 따라
검정변수는 몇 가지 유형으로 구분된다. 다음은 그러한 검정변수의 유형에 대해서 살펴보기
로 한다.

가) 외생변수

두 변수 사이에 관계가 표면적으로 인과적 관계인 것처럼 보이지만 실제로는 두 변수 간
에 내재적인 연결은 없고 각 변수가 우연히 어떤 다른 변수와 연결됨으로써 관계가 있는 것처
럼 보이는 경우가 있다. 이런 경우에 검정요인을 통제하면 두 변수 간의 관계가 사라지게 되
는 데, 이때 통제되는 검정요인을 외생변수(extraneous variable)라고 한다.9) 이 경우에 표면적

---

9) 일반적으로 연구모형에서 고려하지 않는 변수라는 의미에서 외생변수라 부른다. 이는 연구모형의 독립변수 이
외의 변수로서 종속변수에 영향을 미치는 변수를 말한다.

으로 인과관계처럼 보였던 관계를 허위관계(spurious relationship)라고 부른다. 사회과학의 연구에서는 연구모형에서 고려하지 않는 제3의 변수가 외생변수로서 모형의 분석 결과에 영향을 미칠 수 있기 때문에 선행 연구 결과나 이론을 고려해서 그럴 가능성이 있는 변수를 인과모형의 가장 앞쪽에 포함하여 분석함으로써 그 영향을 통제하는 것이 바람직하다.

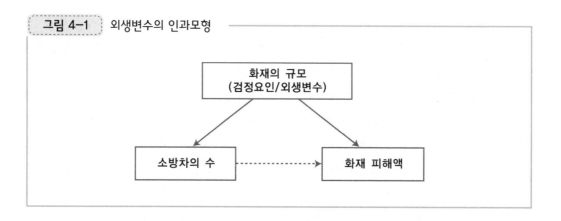

그림 4-1　외생변수의 인과모형

예를 들어 화재장소에 '소방차가 많을수록 화재피해액이 크다.'는 관찰의 결과가 있다. 위의 예에서 소방차의 수를 독립변수, 화재피해액을 종속변수로 설정한다면, 언뜻 보아서는 소방차의 수가 화재피해액의 원인으로 보일 수가 있다. 그러나 실제로는 화재의 규모가 소방차의 수, 화재피해액 모두의 원인이 되는 것이다. 이때 소방차의 수와 화재피해액의 관계는 화재의 규모라고 하는 변수에 의해 우연히 연결된 관계에 불과하다. 여기서 화재의 규모를 통제한다면 소방차의 수와 화재피해액 사이에는 아무런 관계가 나타나지 않게 될 것이다. 이럴 때 '화재의 규모'는 외생변수가 된다.

나) 매개변수

독립변수와 종속변수 사이에서 독립변수의 결과인 동시에 종속변수의 원인이 되는 변수를 매개변수(intervening variable)라고 한다. 즉 검정요인이 독립변수와 종속변수 사이에 놓인 변수를 말한다.

예를 들어 보자. 허쉬와 힌델랑(Hirschi and Hindelang, 1977)은 지능지수와 범죄와의 관계를 연구하면서 지능지수가 범죄행동에 영향을 준다고 보았다. 즉 '지능지수가 낮은 사람이 범죄를 저지를 가능성이 크다.'고 본 것이다. 이때 지능지수는 독립변수이고 범죄율은 종속변수가 된다. 그런데 이들이 연구하면서 이 두 변수 사이의 인과관계를 조금 더 추적해 들어가 보니, 지능지수는 학업 성적에 영향을 주고, 이러한 학업 성적이 범죄율에 영향을 준다는 것을 알게 되었다. 즉 그 관계는 다음과 같이 나타난다.

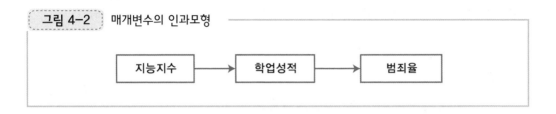

그림 4-2   매개변수의 인과모형

지능지수 → 학업성적 → 범죄율

이를 보면 낮은 지능지수를 가지고 있는 청소년들이 학교에서 성적이 좋지 않고, 그에 따른 학교생활의 실패와 학업 능력 부족을 경험하게 되며 이는 비행 및 성인이 되고 나서의 범죄성과 관련이 있다는 것이다. 이런 경우에 '학업 성적'은 매개변수가 된다.

다) 선행변수

선행변수(antecedent variable)는 인과관계에서 독립변수에 앞서면서 독립변수에 대해 유의미한 영향을 주는 변수를 말한다. 선행변수는 매개변수와 다르게 독립변수와 종속변수 간의 관계를 설명하는 것이 아니라 그 관계에 미치는 영향을 명확히 하고자 할 때 도입한다.

여기서 중요한 것은 첫째로 선행변수를 통제할 때에 독립변수와 종속변수의 관계가 사라져서는 안 되며, 둘째로 독립변수를 통제할 때 선행변수와 종속변수와의 관계는 사라져야 한다. 선행변수와 외생변수의 차이점은 검정요인이 외생변수일 경우에는 이를 통제할 때에 독립변수와 종속변수의 관계가 소멸되지만, 검정요인이 선행변수라면 그 관계가 유지된다는 것이다.

위의 매개변수의 경우에 사용한 지능지수와 범죄율 사이의 관계의 예에서 만약 우리가 학업 성적과 범죄율 사이에 인과관계가 있다는 것을 먼저 알고 있다면, 학업 성적에 영향을 주는 변수가 무엇이 있을까를 생각해 볼 수 있다. 이때 지능지수가 학업 성적에 영향을 준다는 것을 찾아낸다면, '지능지수'가 선행변수가 되는 것이다.

다. 변수 간의 관계: 상관관계 및 인과관계

1) 상관관계

두 변수 중에서 각 변수에 분산(variance)이 존재하고, 두 변수 사이의 변이가 함께 변하는 공분산(covariance)이 존재하면 이를 상관관계라고 한다. 즉 두 변수가 함께 변한다면 상관관계가 존재하게 되는 것이다.

상관관계에는 두 변수가 같은 방향으로 변하는 정(+)적 상관관계가 있고, 두 변수가 다른 방향으로 변하는 부(−)적 상관관계가 존재한다. 예를 들면 수입과 생활만족도라는 두 변수 사이에는 수입이 많아질수록 생활만족도가 커진다는 관계가 존재할 것이다. 이러한 관계를 정(+)적 상관관계라 한다. 반면에 여성의 사회적 지위가 높아질수록 출산율은 낮아질 것이라는 관계의 설정도 가능하다. 이러한 관계는 부(−)적 상관관계가 되는 것이다.

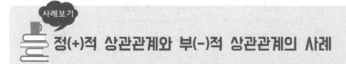

정(+)적 상관관계와 부(−)적 상관관계의 사례

　수입과 생활만족도라는 두 변수 사이에는 수입이 많아질수록 생활만족도가 커진다. 이러한 상관관계는 정(+)적 상관관계라고 한다.

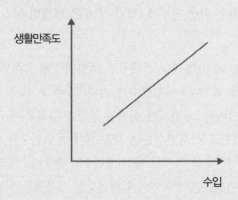

여성의 사회적 지위가 높아질수록 출산율은 낮아진다. 이러한 상관관계는 부(−)적 상관관계라고 한다.

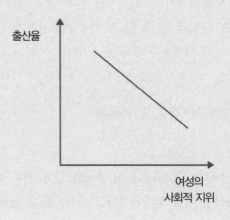

2) 인과관계

　독립변수와 종속변수 사이의 관계를 인과관계라고 한다. 두 변수 사이의 인과관계가 존재한다는 것은 독립변수의 변화가 종속변수의 변화를 생산해낸다는 의미이다. 즉 독립변수를 변화시키면 종속변수가 반드시 변화되어야 한다. 하지만 한 변수의 변화가 다른 변수의 변화를 가져온다고 해도, 두 변수 사이에 항상 인과관계가 존재하는 것은 아니다. 인과관계에 대해서는 제2장에서 자세히 살펴보았기에 이 정도로 간단히 설명하고 넘어간다.

3) 상관관계와 인과관계의 차이

여기에 두 가지 질문을 통해 상관관계와 인과관계의 차이를 알아보자. '모든 상관관계는 인과관계일까?' 여기에는 대한 옳은 대답은 '아니요'이다. 상관관계가 저절로 인과관계가 되지는 않는다는 의미이다. 그렇다면 '모든 인과관계는 상관관계인가?'라는 질문에 옳은 대답은 무엇일까? 여기에는 '예'가 맞는 답이다. 인과관계가 성립되기 위해서는 일단 상관관계는 존재해야 하기 때문이다.

그렇다면 연구자가 궁극적으로 찾고자 하는 변수들 사이의 관계는 무엇일까? 그것은 인과관계이다. 즉 두 변수 사이의 인과관계를 규명함으로써 연구하고자 하는 현상의 원인, 즉 독립변수가 무엇인지를 찾아내는 것이 연구의 목적이다. 이것이 연구자가 연구현상이 발생하는 원인, 바로 왜(why)라는 질문에 답을 찾음으로써 현상에 대한 단순한 기술(description)이 아니라 현상에 대해 설명(explanation)을 하는 것이다.

그런데 사실 우리가 연구 조사를 통해 찾아낸 변수 간의 관계가 인과관계인지 아니면 단순히 상관관계인지는 말처럼 그렇게 간단한 문제는 아니다. 전문연구자들도 연구 결과로 얻어낸 변수 간의 관계가 인과관계라고 생각하지만 사실은 상관관계를 착각하는 경우도 드물지 않게 발생한다. 그것은 바로 허위관계, 즉 인과관계가 아닌 단순 상관관계를 인과관계인 줄 착각했기 때문인데, 복잡한 사회현상의 인과적 법칙성은 생각하는 것보다 훨씬 복잡하기 때문이다.

이때 연구자가 연구를 통해 밝혀낸 변수 간의 관계가 허위관계가 아닌 진짜 인과관계인지를 검증하기 위해 분석 과정에서 독립변수와 종속변수라고 생각하는 두 변수에 공통으로 영향을 줄 가능성이 있는 여러 제3의 변수, 즉 검정변수 또는 통제변수를 잘 활용해야 한다. 앞에서 살펴본 바와 같이 통제변수에는 외생변수, 매개변수, 선행변수 등이 있다.

통계적 처리 과정에서 통제변수를 사용했을 때 원래의 두 변수 사이의 인과적 관계가 사라지면 그 원래의 두 변수는 허위관계라고 결론을 내릴 수 있다. 반면에 통제변수를 사용한 후에도 원래의 두 변수 사이에 인과적 관계가 여전히 남아 있으면, 원래의 두 변수는 진정한 의미에서 독립변수와 종속변수가 되는 것이고 이 두 변수는 인과관계를 가진다고 결론을 내리게 되는 것이다.

❸ 변수의 측정 수준과 통계 기법

가. 변수의 속성과 측정

변수는 특별한 형태의 개념이라고 볼 수 있다고 앞에서 설명하였다. 이러한 변수는 변수를 구성하는 하위 구성요소인 속성(attributes)들의 논리적 집합이다. 예를 들면 '젠더(gender)'라는 변수는 '남성'과 '여성'이라는 속성들로 구성되어 있다. '직업'이라는 변수도 배관공, 변호사, 교수, 의사, 교사, 경찰관 등으로 구성할 수도 있고, 전문직, 서비스직, 생산직 등으로 구성할 수도 있다. '계층'이라는 변수는 상층, 중층, 하층으로 구성할 수 있다. 모든 변수는 이처럼 다양한 속성을 갖는 내용으로 구성되어 있다.

개념을 구성하는 이러한 속성들을 구체적인 수치로 재는 것을 측정(measures)이라고 한다. 예를 들어 계층을 '상층, 중층, 하층'으로 재는 것을 측정이라고 볼 수 있다.[10] 그런데 측정하는 방법은 측정 수준에 따라 상이하다. 측정 수준에 따라 측정은 명목측정, 서열측정, 등간측정, 비율측정으로 구분할 수 있다. 수집한 자료의 수준과 자료 분석에 이용할 수 있는 통계적 방법의 수준에 따라 4가지 측정의 수준을 순위로 매길 수 있다. 이는 측정의 수준에 따라서 담고 있는 정보에 차이가 있기 때문이다. 즉 4가지의 측정 모두 특정 속성을 숫자로 표시하지만, 그 숫자가 가진 의미와 담고 있는 정보가 다르다는 것이다. 일반적으로 측정의 수준을 고려할 때, '비율측정 > 등간측정 > 서열측정 > 명목측정'의 순으로 더 많은 정보를 제공해 줄 수 있으며 그에 따른 통계적 기법의 활용성도 더 다양해질 수 있다.

나. 측정의 분류와 특징

1) 측정 수준에 따른 측정의 분류

가) 명목측정

명목측정(nominal measures)은 변수의 속성이 단지 포괄성과 상호배타적 특성만을 가지는 변수를 말한다. 예를 들면, 성별, 인종, 종교, 정당의 선호, 출생지 등이 여기에 해당한다. 각각의 변수를 구성하는 속성들은 서로 별개이고 포괄적이지만 다른 부가적인 특성은 추가되지 않는다. 명목측정은 특성들에 단순히 이름이나 명칭만을 부여하는 것이다.

변수의 속성들에 숫자로 점수를 부여할지라도 이 점수는 아무런 계량적 의미를 갖지 않는다. 운동선수의 등번호처럼 각 속성을 구별해주는 목적 이외의 것은 없다. 즉 숫자로 표시할

---

10) 일부에서는 측정을 척도(scale)로 표현하는 경우도 있다. 하지만 척도는 제7장에서 설명하는 바와 같이 측정 방법의 유형이기 때문에 측정이라고 표현하는 것이 정확할 것이다.

수 있으나 양적인 특성이 전혀 없고 구분만 가능한 측정이다. 예를 들어 '성별'을 남자와 여자로 구분하는 경우를 보자. 성별을 측정한 후 남자는 1, 여자는 2라는 값을 부여하였을 때 1과 2라는 숫자는 남자와 여자라는 질적인 속성을 구분하는 의미만 가질 뿐이다. 남자가 1이고 여자가 2라고 하여 남자의 속성과 여자의 속성을 비교하여 누가 더 크고 작음 또는 더 높고 낮음의 속성을 따질 수 없다.

나) 서열측정

서열측정(ordinal measures)은 속성들을 논리적으로 서열화할 수 있는 변수이다. 서열측정의 서로 다른 속성들은 그 변수의 정도가 상대적으로 많거나 적음을 나타낸다. 이런 형태의 변수들로는 계층, 소외의 정도, 편견, 범죄의 심각성, 범죄의 두려움 등이 있다. 예를 들어 계층이라는 변수에서 상층, 중층, 하층으로 나눈다면, 지위의 서열상 상층이 중층보다 위고, 중층이 하층보다 위라는 것을 가정하고 있다.

나아가서 서열측정은 양적인 속성을 가지는데, 많고 적음 또는 높고 낮음에 따라서 순서를 정할 수 있다. 예를 들어 사회계층을 '상', '중', '하'로 나누고 '상'에는 3, '중'에는 2, '하'에는 1의 숫자를 부여한다면, 사회계층에서 '상'은 '중'과 '하'에 비해 계층적 지위가 더 높다는 것을 양적으로, 즉 숫자로 표시하는 것이다. 1, 2, 3이라는 숫자를 사용해서 측정대상이 갖고 있는 사회현상의 양적인 속성을 순서대로 서열화하는 것이다.

이처럼 서열측정은 개인을 서로 구분되는 속성들로 나눌 수 있을 뿐만 아니라 이들을 일정한 기준에 의해 서열화할 수 있기 때문에 명목측정보다 상위 수준의 측정이라고 할 수 있다. 그러나 서열측정에서 각 속성 간의 간격이 반드시 같다고 보기는 힘들다.

다) 등간측정

등간측정(interval measures)은 특정 변수의 속성들을 서열화할 수 있을 뿐만 아니라 속성 간의 거리나 간격을 표준화된 기준으로 표시하여 속성 간의 거리나 간격을 동일한 것으로 보는 변수이다. 예를 들면, 길이의 경우는 미터, 피트 등으로, 온도는 섭씨 혹은 화씨로, 소득은 원(₩)이나 달러($)로 측정할 수 있다. 예를 들면, 온도에서 화씨 25도와 26도 사이의 거리는 67도와 68도 사이의 거리와 같다. 하지만 화씨 80도가 40도에 비해 두 배만큼 더 뜨겁다고 말할 수는 없다. 왜냐하면 화씨온도에서 0도는 임의적인 기준이지 0도가 실제로 열이 없다는 것을 의미하지는 않기 때문이다(이 부분이 나중에 나오는 비율측정과의 차이점이다).

결국 등간측정은 서열측정 중에서 점수 간의 간격(interval)이 동일한 측정이다. 예를 들어 나이를 1) 0세 ~ 9세, 2) 10세 ~ 19세, 3) 20세 ~ 29세, 4) 30세 ~ 39세, 5) 40세 ~ 49세, 6) 50세 ~ 59세, 7) 60세 ~ 69세, 8) 70세 ~ 79세, 9) 80세 ~ 89세, 10) 90세 이상으로 측정하였다면, 10세 ~ 19세의 간격도 10세이고 80세 ~ 89세도 동일한 10세 간격이라 형식적인 의미에서 등간측정이라고 볼 수 있다. 여기에서 형식적이라고 표현한 것은 10세 간격으로 등간이라고 하지만, 사회현상의 특성인 질적 의미를 고려하면 엄밀한 의미에서 등간척도라고 쉽게 정의하기 어렵기 때문이다.[11]

사회과학에서 엄밀한 의미의 등간측정을 찾기는 쉽지 않다. 형식적으로는 등간측정으로 측정된 값이라고 해도 엄밀하게 말해서 그 값이 속성의 실제 값을 나타내주는 것이라고 하기 어려울 수 있으며 수량적으로 표시되었다고 하더라도 대상 자체가 갖는 속성의 크기가 아닐 수도 있기 때문이다.

라) 비율측정

등간측정 중에서 비율을 적용할 수 있는 변수를 말한다. 길이를 측정하는 cm, m, km 등의 단위에서는 비율을 계산할 수 있다. 예를 들어 20cm는 10cm보다 두 배 길다고 할 수 있다. 0cm의 0은 절대적인 의미가 있다. 절대적인 성격이 있는 0을 절대 영점(absolute zero point)라고 하며 비율측정(ratio measures)은 절대 영점을 기준으로 하기 때문에 비율을 적용할 수 있다.

비율측정은 등간측정과 모든 다른 특성에서 동일하지만 0이 임의적으로 부여된 값이 아니라 실질적인 0의 값을 가진다는 점에서 차이가 있다. 즉 명목, 서열 및 등간측정의 모든 특징을 가지고 있으면서 여기에 덧붙여 '0'이 값이 없다는 절대적 의미를 가지는 속성을 포함하는 측정 수준이다.

정확한 이해를 위해서 온도 측정치나 지능지수의 점수를 예로 들어 비교해보면, 온도가 섭씨 0도라고 해서 온도가 없다는 뜻이 아니며, 지능지수 점수가 0이라고 하는 것이 지능이 없다는 뜻은 아니다. 이때의 0은 측정을 구성하기 위해 자의적으로 선정한 하나의 위치를 의미할 뿐이다. 그러나 비율측정에서 0은 진정한 의미에서 없다는 의미를 가진다. 예를 들어 특정 지역의 인구수가 0이라면 그 지역에 거주하고 있는 사람이 없다는 것이다. 또한 특정인의 소득이 0이라고 하면 그 사람은 소득이 없다는 뜻이다.

2) 4가지 측정 수준의 비교

위에서 제시한 명목측정, 서열측정, 등간측정, 비율측정을 몇 가지 특징으로 비교하면 다음과 같이 도식화하는 것이 가능하다.

---

11) 동일한 10년이라고 해도 10세에서 19세에 이르는 10년간의 변화는 70세에서 79세에 이르는 10년간의 변화와 질적인 측면에서 실제적으로 큰 차이가 있다고 할 수 있기 때문이다.

| 표 4-1 | 측정의 4가지 수준 |

구분	질적인 구별	서열과 순서	동일한 간격	비율
명목측정	○	×	×	×
서열측정	○	○	×	×
등간측정	○	○	○	×
비율측정	○	○	○	○

다. 변수의 측정 수준과 통계의 측정 수준

수집된 자료를 분석할 때는 항상 변수의 측정 수준을 고려하여 변수의 측정 수준에 합당한 통계 기법을 사용하여야 한다. 자료는 명목측정의 수준에서 측정되었는데, 서열측정이나 등간, 비율측정에 적합한 통계 기법을 사용한다면 논리적 오류를 범하는 것이고, 반대로 자료는 보다 정교한 수준에서 측정하였음에도 불구하고 분석을 위한 통계 기법은 더 낮은 수준의 것을 사용한다면, 분석 과정에서 얻을 수 있는 유용한 정보를 잃게 되는 결과를 낳을 것이다. 이에 대해서는 제11장 자료의 분석과 해석에서 좀 더 자세하게 설명할 것이다.

연구를 진행하는 과정에 유의해야 할 것은 수집된 자료의 측정 수준에 적합한 통계적 방법을 사용하는 것이 중요하며, 처음부터 자료수집을 위한 질문지를 구성할 때부터 어떠한 통계적 방법을 선택할 것인지를 고려하여 문항을 구성하는 것이 필요하다는 점이다. 이때 자료의 통계 분석 과정에서 가급적이면 보다 많은 정보를 얻기 위해서 가능하면 변수의 측정 수준을 높여서 문항을 구성하는 것이 좋다.

4 연구대상 관련 고려 사항

가. 분석단위의 문제

연구를 수행할 때는 항상 연구대상을 무엇으로 하는가에 따라 어떤 연구방법을 선택할지가 결정된다. 일반적으로 조사연구에서는 연구대상을 분석단위(unit of analysis)라고 부른다. 분석단위에 따라 연구에서 선택되는 이론적 근거나 배경이 달라지며, 구체적인 연구방법이나 자료수집 방법이 결정된다.

1) 분석단위의 의미와 종류

가) 분석단위의 의미

분석단위는 연구자가 자료를 분석할 때 가장 기본적인 단위가 되는 것을 말한다. 보통 분석단위는 집단(집합체)이 될 수도 있고 개인이 될 수도 있다. 이때 집단은 개인들이 합쳐진 집합체(aggregate)를 통칭하는 것이다. 여기에는 이웃, 지역 공동체, 도시, 국가 등이 포함된다. 그리고 분석단위가 개인이냐 혹은 집단이냐에 따라 이론의 수준이 미시 이론과 거시 이론으로 나누어질 수 있다.

나) 분석단위의 종류

① 개인

사회과학에서 가장 전형적인 분석단위는 개인이다. 연구자들은 대체로 개인에 대한 기술을 종합하고 분석함으로써 사회집단과의 상호작용을 기술하고 설명하려고 한다. 예를 들어, 음주 교육 프로그램이 음주운전 위반 초범자들의 재범을 감소시키는지 여부를 알기 위해 연구를 수행하는 경우를 생각해 보자. 이 연구의 목적은 음주 교육 프로그램을 평가하는 것이지만, 여기서 이 연구의 분석단위는 개별적 음주운전자이다. 따라서 음주운전 판결을 받은 사람들의 연령, 성별, 인종 등에 관한 기본 정보와 음주 교육에 대한 내용을 관찰하고 기술하는 것이 핵심적 자료가 될 것이고, 이러한 자료들은 음주 운전자 전체를 상대로 하는 것이지만, 음주운전의 판결을 받은 개별적 사람들의 특징들에 기초하고 있는 것이다.

② 사회집단

사회집단도 분석단위가 될 수 있다. 연구자가 어느 한 집단의 특징에 대해 관심을 가진다면 그 집단이 분석단위가 되는 것이다. 만약 범죄자 개인을 연구대상으로 삼으면 그 범죄자 개인이 분석단위가 되지만, 어느 도시에 있는 갱집단을 연구대상으로 삼고 도시 내의 갱집단 간의 차이를 알아보고자 한다면 이 연구의 연구관심대상은 갱집단 내의 개별적 구성원이 아니라 갱집단 자체가 되는 것이다. 이런 경우 분석단위는 사회집단인 갱집단 자체가 되는 것이다.

지역이나 도시도 분석단위가 될 수 있다. 특정 지역의 범죄율이 다른 지역의 범죄율보다 높은 이유를 알고 싶다면 그 지역이 가진 특징적 요소들에 대한 연구가 필요할 것이다. 이런 경우에는 그 지역이나 도시가 연구 조사에서 분석단위가 되는 것이다.

분석단위: 개인적 자료와 집단 수준 자료의 차이

범죄학 이론을 활용하여 분석단위에 따른 연구 사례를 살펴보자. 우선 범죄자 개인을 분석단위로 하는 범죄학 이론에서는 개인의 특성을 범죄의 원인으로 보고 그러한 범죄적 특성을 가진 사람과 그렇지 않은 사람 사이에 범죄행동을 저지를 확률에 차이가 있는 것인지를 조사할 것이다. 그럴 경우에는 개인을 대상으로 질문지 조사를 할 것이다. 질문 문항을 통해 개인의 범죄적 특성을 물어보고 실제 범죄행동 실행 여부나 횟수 등을 조사한 후, 개인의 범죄적 특성의 차이가 실제 범죄행동 여부와 상관관계가 있는지 등을 분석할 것이다.

반면에 지역별 범죄율의 차이에 대해 관심이 있다면 지역의 범죄율에 영향을 줄 수 있다고 예상되는 여러 가지 지역의 환경적 요소의 차이를 조사해야 할 것이다. 이러한 범죄학 이론의 대표적인 예가 사회해체 이론이다. 사회해체 이론은 연구대상이 개인이 아니라 지역이나 도시이기 때문에 분석단위도 개인이 아니라 지역, 이웃, 공동체가 되는 것이다. 따라서 수집하는 자료도 개인의 특성이 아니라 지역이나 공동체 단위의 집합적 성격의 자료가 필요하다. 이처럼 연구자의 연구목적이나 연구대상에 따라 분석단위를 결정하며, 이에 따라 수집해야 하는 자료의 성격도 결정되는 것이다.

2) 분석단위와 관련된 오류

가) 생태학적 오류

생태학적 오류는 분석단위를 집단으로 정하여 집단의 특성을 조사하였지만, 해석은 집단에 속해 있는 개인의 특성으로 해석함으로써 발생하게 되는 오류이다. 흑인 인구가 많은 도시가 흑인 인구가 적은 도시보다 범죄율이 높다는 점을 발견했다고 해서 범죄가 실제로 흑인에 의해 더 많이 저질러졌는지는 알 수 없다.

마찬가지로 자살률이 가톨릭 신자가 많은 도시나 국가보다 개신교 신자가 많은 도시나 국가에서 높다는 점을 발견했다고 해서 가톨릭교도보다 개신교도가 더 많이 자살했는지는 확신할 수 없다. 이런 점을 고려하면, 유명한 고전 사회학자인 뒤르켐(Durkheim)의 저서 <자살론>에서 개인의 자살행위를 분석하면서 생태학적 오류가 있었음을 알 수 있다.

여기서 우리가 알아야 할 것은 집합체를 분석단위로 사용하면서 개인 행위를 분석하는 연구에서는 이러한 생태학적 오류의 가능성이 존재한다는 사실이다. 그렇다면 집합체를 분석단위로 하는 거시연구는 모두 문제가 있는 것인가? 이러한 거시적 연구는 연구할 필요성이 없는 것인가? 그것은 아니다.

사회과학의 핵심적인 연구 관심이 사회구조가 개인의 행위에 미치는 영향을 알고자 하는 것이라고 보면 어쩌면 거시적 연구는 사회과학에서 필수적인 연구일 것이다. 단지 이러한 집합체를 분석단위로 사용하면서 연구할 때에는 자료의 분석과 해석을 함에 있어서 생태학적 오류의 가능성을 인지하고 매우 조심스럽게 접근을 해야 한다는 것이지, 집합체를 분석단위로 삼는 거시적 연구 자체가 문제점이 있다거나 불필요하다는 의미는 아니다.

나) 개인주의적 오류

개인주의적 오류는 위의 경우와 반대로 분석단위를 개인으로 정하여 개인의 특성을 조사하고 해석을 할 때에 집단의 특성으로 해석함으로써 발생하게 되는 오류이다. 공교육을 전혀 받지 못하고도 부자가 된 사람을 분석한 결과를 활용하여, 교육 수준이 낮으면 소득 수준이 높다는 일반적 경향성으로 해석해서는 안 되는 것이다. 한두 명의 사례를 통해 교육 수준이 낮은데도 소득 수준이 높은 사람을 개인적으로 만났다고 할지라도 사회 전반적으로 교육 수준이 높으면 소득 수준이 높은 현실이 부정되는 것은 아니기 때문이다.

다) 환원주의적 오류

환원주의적 오류는 특정한 현상을 제한적이거나 하위개념으로 설명하려고 시도할 때 발생하는 오류이다. 환원주의적 설명이 전적으로 잘못되었다는 것이 아니라 단지 지나치게 제한적 설명이라는 것이다. KBO에 속한 팀의 우승 예측을 할 때 각 팀에 소속되어 있는 개별 선수들의 역량에 초점을 맞추어 예측할 수 있을 것이다. 이것이 완전히 잘못되었다고 보기는 어렵지만, 팀의 우승은 단지 그 팀에 속해 있는 개인 선수들 이상을 포함하고 있다. 예를 들면, 감독의 지도력, 팀워크, 전략, 재정, 시설, 팬의 충성도 등을 포함한다. 그럼에도 오직 팀 소속 개별 선수들의 역량으로만 가지고 우승을 점친다면 환원주의적 오류라고 부를 수 있다. 이처럼 어떤 현상의 원인을 규명하고자 할 때 단 하나의 원인으로만 그 현상을 설명하고자 할 때 환원주의적 오류의 위험에 처할 가능성이 생긴다.

나. 대표성의 문제: 모집단과 표본 선택

사회과학의 연구대상인 사회현상에서 법칙성은 경향적 법칙성이고 이러한 법칙성은 개연성(가능성)에 기초해 있다. 이러한 법칙성을 찾기 위해 가장 정확한 방법은 연구대상 전체를 조사해서 전체 집단의 특성을 알아내는 것이다. 모집단은 이처럼 연구대상이 되는 전체 집단을 의미한다. 이 모집단 전체를 대상으로 하는 조사를 전수 조사라고 부른다. 또한 이러한 전수 조사에서 얻은 모집단의 특정 변수의 통계적 기술을 모수(parameter)라고 한다.

하지만 모집단은 일반적으로 매우 규모가 큰 집단인 경우가 대부분이기 때문에 이러한 모집단을 전수 조사하는 것은 비용도 많이 들고 시간도 오래 걸리는 일이 될 것이다. 따라서 대부분의 조사 연구는 모집단의 일부 요소에 대해서만 자료를 수집한 후에 이를 가지고 모집단의 특성을 알아낸다. 이때 모집단으로부터 그 일부를 추출하는 과정을 표집(sampling)이라고 하고, 표집 과정을 거쳐 얻어낸 모집단의 일부 요소를 표본(sample)이라고 하며, 이 표본을 통해 그 성격을 파악함으로써 모집단의 속성을 추론하게 된다.

이러한 표본을 통한 연구 조사를 표본 조사(sample survey)라고 부른다. 그리고 표본 조사를 통해 얻은 표본의 변수에 대한 요약 기술을 통계치(statistic)라고 부르며, 이 통계치가 모집단의 모수를 추정하는 데 사용된다. 그리고 이렇게 표본에서 얻은 통계치를 통해 모집단의 모수를 추정하는 통계학을 지칭하여 추리통계학 혹은 추론통계학(inferential statistics)이라고 한다.

우리가 보통 통계학이라고 할 때 기술통계학과 추리통계학으로 나누어지는데, 사실 통계학의 백미는 추리통계학에 있다고 할 것이다. 여기서 결국 가장 중요한 것은 '통계치를 통한 모수의 추정이 얼마나 정확한가'일 것이다. 통계치가 모수와 가장 근접하게 이르기 위해서는 '모집단에서 표집 과정을 거쳐 추출한 표본이 얼마나 모집단과 닮아 있는가'가 관건이 된다. 여기서 바로 대표성(representativeness)의 문제가 중요한 이슈가 된다.

대표성은 표본의 특성이 그 표본이 추출된 모집단의 특성과 동일한 특성을 가지는 것을 의미한다. 표집에서 이 대표성이 확보되어야지만 표본에서 얻은 통계치가 모집단의 특성인 모수를 유사하게 잘 나타낸다고 주장할 수 있게 된다. 따라서 이러한 대표성 확보를 위해 표집에서는 표집 방법이 매우 중요하게 다루어질 수밖에 없다. 그러므로 제9장에서는 이러한 표집 방법을 보다 구체적으로 설명할 것이다.

제5장
연구주제 정하기

제5장에서는 연구자가 본격적으로 연구를 수행하기 위해 연구주제를 어떻게 정하는지에 대해서 논의할 것이다. 사회과학 연구를 하는 연구자는 선행 연구와 연계하여 자신의 연구주제를 정하고 이를 연구하게 된다. 이를 고려하여 여기에서는 연구자들이 연구주제를 실제로 정하여 나가는 전반적인 과정과 관련하여 구체적으로 도움이 되는 정보를 제공하는 것에 초점을 두어 서술할 것이다.

① 연구주제의 선정

가. 연구주제 선정의 어려움

연구하는 사람들에게 힘든 것 중의 하나를 말하라고 하면 아마도 연구할 주제를 선정하는 것이라고 답하는 사람들이 많을 것이다. 연구주제 선정의 어려움은 연구를 처음 시작하거나 배우는 과정에 있는 사람들에게 더 크게 다가오겠지만, 어느 정도의 연구 경력이 있는 사람이라고 해도 예외 없이 경험하는 것이다.

특히 석사 또는 박사 등 학위 과정에 있는 사람들에게 가장 큰 고민을 이야기해보라고 하면 학위 논문을 쓸 주제를 정하는 것이라고 할 것이다. 때로는 다른 사람이 내게 이런 주제로 논문을 쓰라고 지정해줬으면 좋겠다는 생각이 들기도 한다. 적절한 연구주제를 찾으면 논문의 반은 끝났다는 농담이 있을 정도로 적절한 연구주제를 정하는 것은 어려운 과정이다.

연구가 가능한 적절한 주제를 선정하는 것은 연구 결과 전반을 좌지우지할 수 있는 매우 중요한 과정이다. 그렇지만 대부분의 연구방법론 서적에서는 이와 관련한 내용에 대하여 상대적으로 간단하게만 언급하고 지나갈 뿐 중요하게 고려하지 않는 경우도 많고 자세하게 안내하지 않는 경우도 많다. 그렇게 하는 나름의 이유가 분명히 있다. 적절한 연구주제를 선정하는 것은 연구자 개인이 알아서 할 일이기 때문이다. 또한 연구주제 정하는 것을 특별하게 잘할 수 있는 방법이 논리적으로 정리되어 있는 것도 아니기 때문이다. 그렇지만 연구주제 정하는 과정을 좀 더 쉽게 할 수 있는 기본적인 방법에 대해서는 이야기해 볼 수 있을 것이다.

나. 연구주제 선정의 과정

1) 문제의식이 출발점

좋은 연구가 이루어지려면 좋은 연구 문제가 있어야 한다. 좋은 연구주제 또는 적절한 연구주제를 찾기 위해서는 연구자의 문제의식이 가장 기본적인 요소이다. 문제의식이 없이는 좋은 연구 문제를 찾기 어렵다. 문제의식이란 연구자의 관심 또는 호기심과 관련되어 있다.

문제의식의 출발점은 연구자가 관심을 가지고 있는 연구 영역이 무엇인지 분명하게 파악하는 것이다. 연구주제의 선정에 어려움을 겪고 있는 경우를 보면 대부분 연구자가 특별히 관심을 가지는 영역이 없거나 구체적이지 않은 경우가 대부분이다. 특정 대상에 대해 관심을 가지고 그것에 대하여 알고 싶어 하는 마음을 가지는 것이 곧 문제의식이다.

연구자의 문제의식이나 관심은 앞으로 연구주제를 선정하고 발전시켜 나가는 과정에 가이드 역할을 한다. 따라서 연구주제를 정하기 위해서 다양한 문헌이나 선행 연구를 읽을 때도 연구자의 문제의식이나 관심이 무엇인지 고려할 필요가 있다. 따라서 막연하게 이런저런 선행 연구를 마구잡이로 읽는 것이나 특별한 생각 없이 많은 책을 읽는 것만으로는 연구주제를 정하는데 크게 도움이 되지 못하는 경우가 많다.

일반적으로 연구주제는 구체적이고 명확해야 한다. 연구주제를 지나치게 포괄적으로 잡으면 좋은 연구주제가 되기 어렵다. 어떤 현상에 관심을 가진 경우에 그 현상을 설명하는 원인 또한 막연하게 생각하기보다 구체적으로 생각할 필요가 있다. 평소 자신의 관심을 구체화하고 관심이 있는 영역에 대해서 많은 서적이나 논문을 찾아서 읽으면서 자신의 생각을 점차 구체화하는 것이 연구주제를 선정하는 데 필요하다. 이처럼 독서와 사고 등의 과정이 필수적이기는 하지만 가장 중요한 것은 연구자의 관심과 문제의식이라고 할 수 있다.

팁: 생각더하기

문제의식을 구체화하기 위해서 해야 할 일

- 연구자는 자신이 관심을 가지고 있는 것이 무엇인지 구체적으로 살펴볼 필요가 있다. 아주 단순한 것이라도 자신이 공부하는 전공과 관련하여 관심거리를 메모하며 다양하게 적어 보는 것도 도움이 된다. 이와 관련하여 자신이 공부하는 전공과 관련하여 전공 선택을 하게 된 동기, 연구하려는 목적이나 필요성, 개인적 호기심 등 다양한 것들에 영향을 받는데, 이를 잘 살펴볼 필요가 있다.
- 평소에 연구주제에 관련된 독서 또는 관련되지 않은 분야라고 해도 폭넓은 독서를 하면서 생기는 질문이나 핵심 단어 등을 잘 적어 두는 것도 좋다. 즉 서적이나 연구 논문에 대한 풍부한 독서를 통해서 지식을 쌓아두면 나중에 연구주제를 찾는 데 큰 도움이 된다. 사회현상에 대한 기본적인 지식이 없으면 적절한 연구주제를 찾는 데 상당한 어려움을 겪게 되기 때문에, 다양한 독서를 통한 지식의 습득은 그 자체로 연구주제 설정에 도움이 된다.

2) 연구주제의 적합도에 대한 검증

다소 막연하기는 해도 관심을 가지는 연구대상을 정한 후에는 자신이 정한 연구주제가 실제 연구를 수행하는 데 적합한지 아닌지를 검증하는 과정을 거칠 필요가 있다. 해당 분야에 대한 이론이나 기존의 연구 결과들을 찾아서 읽으면서 실제 연구가 가능한 주제인지 등에 대해 확인하는 과정을 거치게 된다.

때로 자신이 관심을 가진 주제가 연구하기에 부적절한 경우가 발견되기도 한다. 이런 경우는 연구주제를 정할 때 연구방법론에 대한 지식이 부족하여 발생하는 경우가 많다. 특히 검증이 불가능한 내용을 연구주제로 정하고 연구가 한참 진행된 이후에 연구방법상 검증이 불가능한 것으로 밝혀져 낭패를 겪을 수도 있다. 또한 연구주제가 구체적으로 변수 간의 관계 진술이라는 가설의 형태로 진술할 수 없어서 연구의 진행 가능성에 대한 판단이 어려운 경우도 있다. 이와 같이 초기의 애매한 주제들은 연구 과정을 거쳐 구체적인 질문으로 전환되면서 주제를 구체화하는 과정에서 탈락할 수도 있고 더 정교한 형태로 발전될 수도 있다.

위에서 살펴본 것처럼 연구주제를 정했다고 모두 연구가 가능한 것은 아니다. 연구주제를 정하였지만 계속 연구를 진행하는 것이 어렵거나 불가능한 경우도 적지 않다. 서베이 연구와 관련하여 검증 가능한 연구주제인지를 판단하기 위해서는 다음과 같은 측면을 검토하는 것이 도움될 것이다.

① 연구자가 생각하는 연구주제가 실제 연구로 이어질 수 있는지 판단해야 한다. 즉 연구방법을 통해 실제로 검증 가능한 것인지 확인해야 한다.

예를 들어 종교현상에 관심이 있는 연구자가 '기적이 사람들의 믿음에 미치는 영향'이라는 주제를 연구하고자 한다고 가정하자. 이때 기적이라는 현상을 어떻게 정의할 것인가와 같은 개념 정의와 관련하여 이 현상이 경험적 조사를 위해 양화 가능한 현상인지에 대한 의문이 제기될 수 있다. 또한 자료수집 방법 측면에서 소수의 기적 경험자에 대한 심층면접을 통해서 일부 연구가 가능할 수도 있지만, 기적의 경험이라는 현상의 희소성 등으로 서베이 방법으로 는 사실상 연구가 어려운 주제라고 할 수 있다.

② 연구주제가 지나치게 추상적이어서 검증이 불가능한 것이 아닌지 판단해야 한다. 즉 연구 주제에서 다루는 현상이 구체적으로 조작적 정의를 할 수 있는 수준인지 확인해야 한다.

예를 들어 교수법에 관심 있는 연구자가 '교사의 교수능력 향상 방안'과 같은 주제를 연 구한다고 가정하자. 여기서 '교사의 교수능력'은 지나치게 추상적이어서 그 자체로는 경험적 연구가 불가능하다고 볼 수 있다. 연구가 가능하도록 하기 위해서는 '교사의 교수능력'을 '중 등교사의 교과 수업 전문성' 등과 같이 연구가 가능하도록 연구주제의 범위를 좁히고 연구대 상을 구체화하는 것이 필요하다.

③ 연구자의 개인 능력에 비추어 볼 때, 물리적으로 조사가 어렵거나 불가능한 주제가 아닌지 판단해야 한다. 즉 자료수집이 가능한지 판단해야 한다.

예를 들어 '범죄'에 관심을 가진 연구자가 '교도소에 수용된 재소자들의 행동'과 같은 주 제를 연구한다고 가정해보자. 이 연구주제는 연구자가 개인적으로 교도소를 방문하여 재소자 를 대상으로 자료를 직접 수집하여 연구하는 것이 여러 가지 이유로 인해 어려울 가능성이 매 우 높다. 따라서 이미 조사된 2차 자료를 구할 수 없다면, 이러한 연구주제는 앞으로 연구를 진행하면서 구체적으로 자료를 수집하려고 하는 순간에 큰 어려움을 겪게 될 가능성이 높다.

④ 지나친 예산과 시간이 필요해서 개인적으로 자료를 수집하는 것이 불가능한 것은 아닌지 판단해야 한다. 즉 경제성 측면에서 가능성을 파악해야 한다.

예를 들어 '교사의 수업 능력'에 관심이 있는 연구자가 '우리나라 초등 교사와 중등 교사 의 사회과 수업 능력 비교'라는 주제를 연구한다고 가정해보자. 이를 위해 연구자는 전국의 초등학교 교사와 중학교의 사회과 교사를 모집단으로 하여 연구대상을 설정하고 표본을 구해 야 한다. 이는 전국적인 대규모 조사가 필요한 연구방법이다. 개인 연구자가 전국 표본을 대 상으로 하여 자료를 수집하는 연구는 현실적으로 실현될 가능성이 낮다. 또한 지나치게 오랜 기간 동안 연구대상을 추적해서 조사해야 하는 연구주제 등도 현실적으로 연구가 이루어지기 어려운 주제라고 할 수 있다.

⑤ 연구윤리에 현저하게 위반되는 주제인지 판단해야 한다.

예를 들어 '범죄'에 관심을 가진 연구자가 '반사회적 행동의 확산 방안'과 같은 주제를 연 구한다고 가정해보자. 연구자들이 범죄 등과 같은 반사회적 현상의 발생과 원인을 밝히는 것을 주제로 하는 연구는 가능할 것이다. 그러나 반사회적 행동을 촉진하거나 장려하는 것과 관련된 주제는 그 자체로 반사회적이어서 사회적 비난을 받을 것이며, 서베이 등 자료수집 과정에서 연구대상으로부터 도움받기도 어려워 연구가 진행되기 어렵다.

팁: 생각더하기

적절한 연구주제를 찾기 위한 방법

- 연구주제에 대하여 스스로 질문을 던지고 답하는 과정에서 논리적인 연관성을 따져보는 것이 중요하다. 대부분의 양적 연구는 인과관계를 밝히는 것이다. 연구는 연구자가 보고자 하는 사회현상을 설명할 수 있는 원인이 되는 사회현상이 무엇인가를 찾고, 원인과 결과의 관계에 대한 납득할 수 있고 타당한 논리적인 설명을 찾아가는 과정이다. 따라서 설명이 적절하며 논리적으로 연결되는지 파악하는 것이 필요하다. 또한 이 과정에서 연구 아이디어의 개발을 위해서 다양한 가능성에 대해 사고하는 것이 필요하다. 옳고 그름에 얽매여 사고를 제한하는 것은 이 단계에서 적절하지 않다.
- 연구주제 선정이 어느 순간 갑자기 이루어지는 경우는 드물다. 지속적으로 생각하고 연구 실행의 가능성을 고려하는 과정에서 연구주제가 확정되는 것이다. 이 과정에서 연구 실행의 가능성이 낮다면 그것을 해결하는 방안을 모색하면서 연구주제를 정하는 것도 좋다.
- 다른 사람과의 대화가 연구주제의 개발에 도움이 되는 경우도 있다. 비슷한 생각을 가지고 있는 사람들과의 대화와 토론이 연구주제가 발전되는 데 중요하게 작용할 수 있다. 이 점에서 석사 과정이나 박사 과정에 있는 사람들은 자신의 문제의식이나 연구주제를 다른 사람과 지속적으로 이야기하면서 연구 가능성을 모색하는 노력이 필요하다.

② 연구주제 선정 시 독서의 의미

앞서 언급한 연구주제 선정의 단계에서 필요한 것이 기존 문헌이나 연구주제와 관련성이 높은 연구 논문을 찾아서 읽는 일이다. 연구주제를 설정하기 위해서, 그리고 연구주제를 설정한 후에 주제를 구체화하고 연구모형을 구성하기 위해서 관련된 분야에 대한 선행 연구의 독서가 필수적이다. 이 과정에서 수많은 이론서나 연구 논문을 읽게 된다.

그런데 연구와 관련된 독서는 주된 목적에 따라서 크게 두 가지로 구분할 수 있다. 첫 번째는 연구자가 연구할 주제를 찾고 그것을 구체화하며 새로운 주장을 찾기 위한 목적으로 수행하는 독서이다. 두 번째는 연구 논문이나 연구 보고서를 작성하면서 자신이 정한 연구주제와 새로운 주장을 논리적으로나 이론적으로 뒷받침하기 위한 목적으로 수행하는 독서이다. 이 두 가지 독서는 관련 문헌이나 선행 연구를 읽는다는 점에서는 비슷하지만 이를 활용하는 방법이나 독서를 하는 목적이나 성격에서 차이가 있다. 이 책에서는 전자의 경우를 '탐색적 목적의 독서', 후자의 경우를 '새로운 주장을 뒷받침하기 위한 독서'라고 지칭하였다.

이 책에서는 연구 단계를 구분하면서 독서의 과정을 설명하려고 한다. 그러나 실제 연구에서는 연구 단계별 구분이 명확하게 드러나지 않는 경우가 많아서 여기서 제시하는 설명이 단계적으로 이루어지지 않고 동시에 이루어지는 경우가 많다. 특히 이 책에서는 '연구주제 정하기'와 '선행 연구 고찰'을 별도의 장으로 구분하여 독서에 관하여 서술하고 있지만, 실제로 연구주제를 정하고 연구를 진행하는 과정에는 함께 섞여서 진행되는 경우가 많다는 점을 염두에 둘 필요가 있다.

가. 탐색적 목적의 독서

새로운 연구주제를 찾기 위한 독서는 탐색적인 성격이 강하다. 자기가 관심을 가지고 있는 연구주제 영역에 대한 다양한 독서가 필요하다. 물론 이 과정 이전에 대학이나 대학원 등의 수업을 통해서나 개인적인 필요에 의한 독서 등을 통해서 관심을 가지고 있는 영역에 대한 기초 지식을 갖추고 있는 것이 선행되어야 한다. 연구자가 아무리 관심을 가지는 영역이라 해도 그 분야에 대한 기초 지식이 전혀 없는 상황에서는 할 수 있는 연구가 아무것도 없기 때문이다. 연구자가 관심을 가지는 영역에 대해서 기초 지식조차 없는 상황이라면, 관련 분야의 개론서를 찾아서 읽든지 해서라도 해당 분야의 기초 지식을 갖추는 것이 우선적으로 해야 할 일이다.

어느 정도의 기초 지식을 갖춘 후에는 자신의 관심 분야를 구체화하기 위해서 본격적으로 독서를 시작해야 한다. 이 단계의 독서는 앞에서 언급한 바와 같이 탐색적인 성격이 강하다. 막연하나마 연구자가 관심을 가지고 있는 영역에서 어떤 연구가 이루어져 왔으며, 어떤 지식들이 축적되어 왔는지 살피는 것이 필요하다. 이러한 과정을 통해서 자신이 관심을 가지고 있는 대상이 연구할만한 주제인지 살펴보고, 자신의 주제가 구체적인 연구로 발전될 가능성이 있는지, 가능성이 있다면 어떻게 발전시켜야 할지 등에 대한 아이디어를 얻어야 한다.

자신의 연구주제가 어느 정도 정리가 된다면, 추상적이고 광범위한 관심 범위를 구체화하기 위한 독서가 필요하다. 여기서 관심 범위의 구체화는 연구자가 연구하고 싶은 현상이 어떤 것인지를 구체화하는 것이다. 이 단계에서 먼저 연구자의 관심대상인 종속변수를 구체적으로 확정 지을 수 있다. 그다음으로 그 현상을 일으키는 원인을 설명하는 다양한 이론과 경험적 연구를 찾아서 독서할 필요가 있다. 이러한 과정을 통해서 연구자는 자신이 연구할 원인, 즉 독립변수를 선택하는 과정을 거친다.

모든 연구에는 기존의 이론이나 선행 연구에서 제시되지 않았던 새로운 주장이나 내용이 포함되어야 한다. 따라서 다양한 독서를 통해서 새로운 주장을 찾아내는 것이 필요하다. 이를 위해 연역적 또는 귀납적 추론의 과정을 통해서 새로운 주장을 찾을 수 있다. 연역적 방법을 통해서 기존의 이론으로부터 새로운 주장을 이끌어 내거나, 귀납적 방법을 통해 다양한 경험적 연구들을 종합해서 새로운 주장을 이끌어낼 수도 있다.

나. 연구자의 새로운 주장을 뒷받침하기 위한 독서

두 번째 단계인 선행 연구 고찰에 있어서의 독서는 자신의 연구대상이 되는 새로운 주장을 뒷받침하는 것을 목적으로 한다. 이는 자신의 새로운 주장이나 연구모형이 이론적으로, 논리적으로, 경험적으로 어떤 근거에 의해서 지지받는지를 기록하는 과정이라고 할 수 있다. 실제로 연구 논문을 작성할 때 이론적 논의 또는 선행 연구 고찰에 기록하는 부분이 바로 이 단계에서 행한 독서의 결과를 정리한 것이라고 볼 수 있다.

이 단계에서 자신의 주장에 대한 이론적 근거를 보완하거나 기존의 경험적 연구 결과들을 통해서 주장을 뒷받침하는 것은 연구에서 참 중요한 과정이라고 할 수 있다. 특히 서베이를 통해서 인과적 모형을 검증하고자 하는 연구에서는 특별히 이 과정이 중요하다. 앞서 제2장에서 언급한 바와 같이 서베이 연구의 경우 연구방법의 특성상 인과성의 세 기준을 모두 완벽하게 충족하는 데 한계가 있을 수밖에 없다. 종단적인 조사에서는 변수 간의 시간적 선후관계가 분명히 드러날 수도 있지만, 횡단적 조사에서는 변수 간의 시간적 선후관계가 조사 자체에서 분명히 드러나지 않기 때문이다. 따라서 변수 간의 인과관계를 설명함에 있어서 서베이 방법이 가지는 이러한 한계는 이론적인 논의에서 뒷받침하고 보완해야 한다. 이런 측면에서 서베이 방법을 사용하는 연구는 실험법을 사용하는 연구에 비해서 이론적 논의 부분에서 인과성에 대한 이론적 뒷받침이 더 충실하게 이루어져야 한다. 그렇지만 현실적으로 많은 사회과학 논문에서는 이론적 논의의 과정이 충실하게 이루어지지 않는 경우가 많아서 아쉬움이 있다. 대표적으로 연구주제와 관련하여 선행 연구 결과를 몇 개 소개하는 정도에 그치는 경우도 많다.

이상적인 측면을 고려하면, 충분한 독서를 통해서 여러 독립변수와 종속변수 간의 각각의 인과적 관계에 대하여 이론적 및 경험적 뒷받침이 이루어져야 하는 것임을 파악하고 이를 정리하는 것이 바람직하다. 그렇지만 실제 연구에서 자신의 주장, 즉 변수 간의 관계에 대해서 정확하게 뒷받침할 수 있는 이론이나 기존의 경험적 연구를 찾지 못하는 경우가 있다. 이 경우에는 유사한 이론이나 경험적 연구의 결과들을 통해서 간접적으로라도 근거를 분명하게 기록하는 것이 필요하다.

사례보기

롬브로조의 생래적 범죄자에 관한 연구

　범죄학의 아버지라 불리는 롬브로조(Lombroso)는 실증주의적인 입장에서 범죄를 설명하려고 시도한 대표적인 범죄학자이다. 롬브로조는 신체적 특성이 범죄에 미치는 영향에 대해서 연구하였는데, 막연하던 그의 아이디어를 구체화한 것은 당시 이탈리아에서 유명했던 흉악범의 시신을 부검하면서 두개골을 열었을 때의 경험이다.

　의사들이 발표한 관련 논문을 읽고 범죄성의 원인에 대해서 끊임없이 고민하고 있던 롬브로조는 부검하면서 두개골의 형태를 보는 순간 자신의 생각을 구체화할 수 있었다. 그 이후 자신의 생각을 계속 발전시키면서, 롬브로조는 이전에 과학서적을 독서하면서 파악했던 '격세유전'이라는 개념을 고려하게 된다. 롬브로조는 '격세유전'이라는 개념을 사용하여, 범죄자는 진화가 덜 된 상태로 태어나는 신체적 특성을 가지고 있는 사람이라고 하면서 '생래적 범죄자'라는 자신만의 주장을 형성하게 된다.[12]

　롬브로조의 연구 사례에서 볼 수 있는 것처럼 과학에서 새로운 주장은 어느 날 갑자기 떨어지는 것이 아니다. 기존의 연구에 대한 독서를 통해 이루어진 학습의 결과물과 그것을 바탕으로 하는 끊임없는 고민을 통해서 발전되는 것이다.

　자료: Bernard, T. J., 2012, Vold의 이론범죄학, pp. 70-72.

　　지금까지 두 가지 형태의 독서에 대해서 살펴보았다. 그런데 연구를 위한 모든 독서에서 유의해야 할 점은 모든 새로운 이론과 연구는 기존에 존재하던 이론이나 아이디어, 연구 결과들을 토대로 발전한다는 점이다. 따라서 연구할 때는 끊임없이 읽고 생각하고 고민하는 과정이 필요하다. 또한 이러한 독서의 과정에서 떠오르는 다양한 질문들과 아이디어들을 메모해 두는 것이 중요하다.

---

12) 사례보기에서 소개한 롬브로조의 연구 결과는 새로운 연구주제를 찾는 데 있어서 기존 연구 결과에 대한 독서와 연구를 위한 깊은 성찰이 중요함을 강조하기 위한 것이다. 그렇지만 유명한 과학적 연구라고 해서 항상 그 내용이 옳은 것만은 아니다. 롬브로조의 생래적 범죄자라는 연구는 당시에는 큰 반향을 가져왔지만, 여러 가지의 문제가 제기되었고, 다양한 검증 결과, 현대에는 거의 받아들여지지 않는 이론이라고 할 수 있다.

❸ 새로운 연구주제를 찾기 위한 논리

연구자들이 연구주제를 정하는데 어려움을 겪는 이유 중의 하나는 논문을 쓰기 위해서는 그 안에 새로운 내용이나 주장이 포함되어야 한다는 점 때문이다. 학술적 논문의 핵심은 '새로움'이라 할 수 있다. 앞에서 연구주제를 정함에 있어서 관련 이론과 선행 연구에 대한 독서를 강조했지만, 연구자의 연구주제가 선행 연구의 연구 결과와 다른 부분이 없다면 그것은 연구주제로서 적합성을 가지지 못한다.

또한 새로운 주장이나 내용은 경험과학의 다양한 기준에 합당하게 검증할 수 있어야 한다. 경험적인 자료로 설명하는 바를 뒷받침할 수 없다면 학술적인 연구로 합당하다고 간주하기 어렵다. 이러한 점에서 새로운 주장이나 내용의 타당성을 가늠하는 잣대로 연구방법론은 중요한 의미를 가진다.

그렇다면 어떻게 새로운 연구주제를 발견하고 구체화할 것인가? 특별한 방법이나 비법이 있다면 좋겠지만, 그러한 비법은 없다. 앞서 강조한 바와 같이 연구자의 문제의식과 다양한 독서 등과 같은 노력 이외에 어떤 비법도 없다. 그렇지만 새로운 연구주제를 설정할 때 도움을 줄 수 있는 몇 가지 방법은 있다.

여기서는 이러한 방법을 다양한 이론의 사례를 들어서 제시하고자 한다.

가. 기존 이론의 약점을 보완하여 새로운 연구주제 개발하기

이 방법은 기존의 이론이나 경험적 연구 결과가 가지는 약점이나 비판받는 점들을 보완함을 통해서 새로운 연구주제를 찾는 것이다. 다양한 독서를 통해서 관련 이론이나 기존의 경험적 연구 결과를 살펴볼 때는 그 내용을 이해하고 받아들이는 것도 필요하지만, 그 내용에 대해서 비판적인 시각을 가지는 것도 중요하다. 처음 그 이론이나 선행 연구를 읽을 때는 이해를 목적으로 해야 하겠지만 일단 이해한 후에는 그것의 가정이나 주장들에 대해서 의심하고 비판적으로 살펴보는 것이 새로운 주장을 찾을 수 있는 기회가 될 수 있다.

이를 위해서는 다음과 같은 활동이 도움된다.

• 이론이나 선행 연구에서 당연하게 받아들여지는 진술을 의심하고 질문을 던져 본다.

아노미 이론에서 차별적 기회구조 이론으로의 발전

클로워드와 올린(Cloward & Ohlin, 1960)은 차별적 기회구조 이론(differential opportunity structure theory)을 제시한 연구자이다. 이 이론은 머튼(Merton)의 아노미 이론의 진술을 보완하여 발전시킨 이론의 대표적인 사례로 볼 수 있다.

제2장에서 설명한 머튼의 아노미 이론을 떠올려 보자. 그에 따르면 미국 사회에서 경제적으로 성공해야 한다는 문화적 목표는 사회 구성원 모두가 공유하고 있다. 하지만 그것을 달성하기 위한 제도화된 수단은 계층에 따라 불균등하게 분포되어 있다. 이에 따라 문화적 목표와 제도화된 수단의 격차로 아노미가 나타난다. 원하는 목표를 달성할 수 있는 제도화된 수단이 부족한 하층은 아노미를 경험하게 되고, 불법적 수단을 사용해서라도 목표를 달성하려는 과정에서 범죄가 발생한다.

클로워드와 올린은 아노미 이론에서 당연한 것으로 가정하고 있는 진술을 비판한다. 즉 아노미 이론에서 제도화된 수단이 없는 사람들은 누구나 불법적인 수단을 가질 수 있다고 가정하고 있다는 점을 지적한 것이다. 이들은 불법적 수단 역시 모든 사람에게 동일하게 주어지는 것은 아니고 제도화된 수단과 마찬가지로 차등적으로 분포된 기회라는 점을 강조하였다. 이들은 불법적인 기회에 접근하는 정도가 하층의 청소년들이 태어나서 자라는 하위문화의 유형에 따라서 달라진다고 보았으며, 하위문화를 범죄 하위문화, 갈등 하위문화, 도피 하위문화로 구분하였다. 그리고 청소년이 속한 하위문화에 따라서 어떤 종류의 범죄를 저지르게 되는지 결정된다고 보았다.

이 이론에서 볼 때 불법적 기회는 누구나 가질 수 있는 것이 아니기에 합법적 기회가 없다고 해서 반드시 범죄를 저지르는 것은 아니며, 불법적 기회의 접근 정도에 따라 범죄를 저지르는지 여부가 결정될 수 있다. 합법적인 기회가 결여되고 불법적 기회를 사용할 수 있을 때 범죄 발생의 개연성이 높아진다는 것이 기회구조이론의 핵심이다.

이러한 차별적 기회구조 이론은 다른 이론에서 당연하게 가정하고 있는 진술을 의심하고 그에 대해 질문을 던져보고, 그 이론에 사용하는 개념을 차용하여 그것을 보완함으로써 새로운 측면에서 범죄를 설명하는 이론을 발전시킨 대표적인 경우라고 할 수 있다.

이처럼 이론이나 선행 연구를 고찰함에 있어서 그 이론이나 기존의 주장이 가진 가정이나 진술을 비판적으로 검토하고, 그 이론이 가진 약점이나 한계를 분석하고 그를 보완하기 위해서 노력하는 것은 연구주제를 설정하고, 새로운 주장이 담긴 연구모형을 개발함에 있어서 시도해볼 수 있는 중요한 방법이라고 할 수 있다.

- 특정 이론이 가지는 약점이나 그 이론에 대한 비판점을 고찰하여 보완하는 방법을 생각해본다.
- 자신이 의심하는 질문에 대하여 관련된 다른 이론의 설명을 추가하면서 새로운 주장을 만들 수 있는지 살펴본다. 즉 의심되는 점이나 약점을 보완할 수 있는 이론적 아이디어를 만들어본다.

차별교제 이론에서 차별적 동일시 이론으로

서덜랜드(Sutherland, 1939)가 제시한 차별교제 이론을 먼저 살펴보자. 이 이론에 따르면, 청소년들이 주변 사람들로부터 법을 위반하는 것에 대하여 호의적인 가치나 태도를 학습하게 되면 그 아이는 비행의 가능성이 높아진다. 이 이론의 핵심은 범죄는 학습되는 것이라는 점, 그리고 주로 친밀한 관계에 있는 주위 사람들과의 상호작용과 의사소통을 통해 학습된다는 점이다. 차별교제 이론은 이후에 많은 비행 이론에 영향을 미쳤지만 이론이 가진 한계로 인하여 다양한 비판도 받았다.

이러한 비판 중에는 비행친구와 접촉한다고 해서 누구나 비행을 하는 것은 아니라는 것과 접촉이 없어도 비행이 일어나는 경우를 설명하지 못한다는 것이 있다. 글레이져(Glaser, 1956)는 이 두 가지 비판에 주목하여 차별적 동일시 이론을 제시하게 된다.

그는 청소년들이 비행친구와 접촉하지 않아도 학습을 통해서 비행을 저지를 수 있다고 보고, 학습이 이루어지는 대상과의 접촉이 반드시 필요한 것은 아니라고 보았다. 대신 청소년이 모방하고자 하는 대상에 동일시하는 정도에 따라서 접촉이 없이도 학습이 이루어져서 비행을 저지를 수 있다고 보았다. 즉 비행의 학습에서 중요한 것은 접촉 여부가 아니라 차별적 동일시라고 설명하였다.

글레이저의 이론 역시 기존 이론의 한계와 비판점을 보완한 것이다. 그는 비행 이론을 설명하면서, 심리학 등의 다른 학문의 개념인 '동일시' 개념을 도입하여 기존 이론이 설명하지 못한 부분을 설명하려고 한 연구주제 찾기의 적절한 사례라고 볼 수 있다.

나. 이론의 외연을 확장하여 새로운 연구주제 만들기

이 방법은 특정 이론의 외연을 확장하여 설명의 범위를 넓히는 방식으로 새로운 연구주제를 만들거나, 설명하는 요인을 추가함으로써 새로운 연구주제를 만드는 방법을 말한다. 이를 위해서는 다음과 같은 활동이 도움된다.

• 첫 번째 방법은 기존의 이론에서 설명하고 있는 내용을 좀 더 넓은 대상에게 적용할 수 있도록 이론의 적용범위를 넓힘으로써 새로운 연구주제를 만드는 것이다. 예를 들어 특정 국가의 사회현상을 설명하는 이론에 관심이 있다면 이를 보편적으로 모든 국가의 사회현상을 설명하는 이론으로 확장할 수 있고, 특정 계층이나 집단을 설명하는 이론이라면 설명의 범위를 모든 계층이나 모든 사람에게 확장해서 설명할 수 있도록 이론의 주장을 확장하는 것이다.

이와 같이 설명의 범위를 넓히는 방식은 해당 이론이 설명할 수 있는 논의의 추상성을 높이는 것과 같다. 추상화 정도를 높임으로써 이론의 설명 범위를 넓힐 수 있지만, 반대로 현상에 대한 구체적인 설명은 축소되는 약점을 가지게 된다.

사회유대 이론에서 범죄에 대한 일반 이론으로

허쉬(Hirschi, 1969)는 1969년에 사회유대 이론을 발표하였으며, 그 후 1990년에 갓프레드슨(Gottfredson & Hirschi, 1990)과 함께 '범죄의 일반 이론'을 발표하였다. 이 이론은 큰 틀에서 볼때, 사회유대 이론과 비교하여 두 가지 측면에서 외연의 확장이 발생했다고 볼 수 있다.

첫 번째로 사회유대 이론이 주로 청소년 비행을 설명하는 이론이라면 범죄의 일반 이론은 모든 유형의 범죄를 설명하는 이론으로 제시되었다. 범죄의 일반 이론은 모든 국가에서 모든 종류의 범죄를 설명할 수 있다고 주장하고 있다.

두 번째로 사회유대 이론은 다른 사람과의 관계를 의미하는 유대(bond)에 초점을 맞추고 그러한 유대가 약화되거나 끊어지면 비행을 저지른다고 보았다. 반면 범죄의 일반 이론에서는 범죄를 설명하는 원인으로 자기통제력(self control)을 제시하였는데, 자기통제력은 사회적 관계의 배후에 있는 개인 내부의 심리적 요인으로 다른 사람과의 관계를 고려할 필요가 없다는 점에서도 외연의 확장이다.

범죄의 일반 이론에서 자기통제력의 형성은 다양한 요인의 영향을 받는데, 특히 어린 시절의 가정교육, 훈육의 영향이 중요하다. 가정에서 조기 사회화 과정에서 부모가 적절한 훈육을 통해 자기통제력을 형성하는 데 실패하여, 즉 욕망을 적절히 통제하는 훈련에 실패하여 자기통제력이 낮아진 아동은 다양한 문제행동을 보일 것이며, 청소년기에 비행을, 성인이 되면 범죄를 할 개연성이 높다. 이처럼 어린 시절의 문제행동이나, 청소년기의 비행이나, 성인기의 범죄 모두 자기통제력의 결함 때문이며, 낮은 자기통제력은 그 사람이 살아가는 동안 변하지 않고 다양한 범죄의 원인이 된다.

두 이론 모두 통제의 결여가 범죄의 중요한 원인이라는 점에서는 동일하나, 통제 기제를 '사회적 유대'에서 '자기통제력'으로 확장하였으며, 이론을 통해 설명할 수 있는 외연을 '청소년 비행'에서 '모든 범죄'로 확장하였다는 점에서 외연의 확장을 통해서 연구의 새로운 주장을 찾을 수 있는 좋은 사례가 된다.

- 다른 방법으로는 기존의 이론에서 결과(종속변수)를 설명하는 원인(독립변수)에 추가적으로 새로운 원인을 더해서 새로운 연구모형을 구성할 수 있다. 기존의 이론이 가지는 전제나 가정에 적합하도록 새로운 원인요인들을 추가함으로써 결과를 좀 더 잘 설명할 수 있도록 하는 것이다.

사례보기

아노미 이론에서 일반긴장 이론으로

애그뉴의 일반긴장 이론(Agnew, 2001)은 머튼의 아노미 이론에서 출발한 연구이다. 이 이론은 범죄를 설명하는 새로운 요인을 추가하여 이론을 확장함으로써 새로운 연구모형을 제시한 대표적인 사례로 볼 수 있다.

머튼의 아노미 이론은 사회구조에 초점을 맞추어 범죄를 설명하는 이론이기 때문에 그 이론을 검증하기 위해서 경험적인 연구를 수행하기 어렵다는 특징이 있다. 이에 따라 경험적 연구가 가능하도록 머튼의 아노미 개념을 사회구조가 아닌 개인의 관점에서 재해석한 것이 긴장 이론(strain theory)이다. 문화적 목표와 제도화된 수단이라는 거시적인 개념을 열망(aspiration)과 기대(expectation)로 조작적으로 정의함으로써 이 둘 간의 격차를 범죄를 저지르도록 하는 '긴장'이라는 개념으로 해석한 것이다.

예컨대 청소년 비행을 연구함에 있어서 그 원인으로서 교육에 있어서의 긴장을 살펴보자. 높은 교육수준은 성공을 위해서 누구나 원하는 목표이다. 여기에서 열망이란 아무런 현실적인 제약이 없을 때 개인이 도달하기 원하는 교육 수준이라고 정의하고, 기대란 자신의 현실적인 제약, 즉 가정의 경제적 능력 등을 고려했을 때 자신이 도달할 수 있는 교육 수준이라고 정의할 수 있다. 이때 교육에 대한 열망과 기대 사이에 격차가 존재할 수 있으며 이런 격차를 긴장이라 개념화하는데, 이러한 긴장은 사회구조적으로 개인에게 부여된 긴장이라 할 수 있다.

애그뉴는 이러한 사회 구조적인 긴장 이외에 청소년이 경험할 수 있는 다른 형태의 긴장이 존재한다는 점에 착안하여 긴장을 유발하는 요소를 더 추가하여 일반긴장 이론을 제시하였다. 그는 심리학 이론인 강화 이론의 개념을 사용하여 '긍정적 자극의 소멸'과 '부정적 자극의 출현'이라는 긴장요인을 추가하였는데, 긍정적 자극의 소멸이란 부모와의 결별, 좋은 직장을 잃는 것 등이며, 부정적 자극의 출현이란 심한 체벌과 같은 적절치 못한 훈육, 범죄 피해 경험과 같은 청소년에게 부정적인 영향을 줄 수 있는 사건을 말한다.

즉 범죄의 원인으로서 머튼이 주장한 구조적 긴장이라는 요인에 긍정적 자극의 소멸로 인한 긴장과 부정적 자극의 출현으로 발생할 수 있는 긴장이라는 요인을 더함으로써 일반긴장 이론으로 확대한 것이다.

다. 이론의 적용 범위를 축소하여 새로운 연구주제 만들기

이는 특정 이론의 적용 범위를 좁혀서 그 현상에 대한 설명을 구체화함으로써 새로운 연구주제를 만드는 방법이다. 외연이 넓다는 것은 그 이론이 적용되는 범위가 넓다는 것을 의미하지만 그만큼 추상화되어 있기 때문에 현상에 대한 구체적인 설명에서는 한계를 가진다. 따라서 이와는 반대로 이론이 적용되는 범위를 축소함으로써 해당 현상에 대하여 좀 더 구체적인 설명이 가능한 방식으로 새로운 연구모형을 만드는 것도 의미 있는 전략이 될 수 있다. 이러한 전략을 세분화라고 할 수 있는데, 세분화는 외연을 좁혀 설명을 구체화한다는 특징이 있는 것으로, 이는 앞서 살펴본 확장 전략과 반대되는 성격을 갖고 있다.

이러한 세분화의 전략은 머튼(Merton, 1968)이 제시한 중범위 이론(middle range theory)과 맥을 함께한다. 구조기능주의의 대표적인 학자인 파슨스의 이론은 사회의 모든 현상을 포용하는 매우 추상적인 거시 이론이기 때문에 사회에 대한 설명에 공헌하기는 하였지만, 구체적인 사실에 대한 경험적인 검증이라는 측면에서 한계를 가지고 있다. 이에 머튼은 구조기능주의와 같이 모든 사회현상을 설명하는 일반 법칙적인 이론을 추구하는 것보다는 다양한 사회현상을 구분하고 범위를 좁혀서 구체적으로 설명할 수 있는 이론이 필요하다고 보았다. 특정의 가설들이 경험적으로 검증될 수 있는 한정된 범위의 가설들로 이루어진 이론, 즉 중범위 이론의 필요성을 제시한 것이다. 그는 중범위 이론이 경험적인 자료의 근거가 없이 모든 것을 포용하여 추상적인 개념들로만 구성된 거시 이론과 이론적 준거가 없이 경험적 자료의 분석만을 강조하는 경험주의 사이의 공백을 메울 수 있다고 보았다. 머튼이 중범위 이론의 사례로 제시한 이론이 아노미 이론이다.

이러한 논리처럼 일반적인 차원에서 모든 현상을 설명하는 이론을 추구하기보다는 사회현상을 좀 더 좁은 영역으로 구분 짓고, 그에 대한 구체적 설명의 가능성을 찾아보는 것도 의미 있는 시도가 될 수 있다. 이를 적용할 때는 다음과 같은 점을 고려하는 것이 도움된다.

- 구체적인 설명을 시도함에 있어서 적용의 대상에 따른 차이에 대해 설명하는 것이 중요하다. 특정 현상을 구체적으로 설명하는 것은 그 자체로 의미가 있지만 유사한 다른 현상과 비교함으로써 현상 간의 차이를 설명하는 것도 중요한 의미를 가진다. 상대적으로 좁은 영역의 현상에 대한 설명은 단지 어떤 구체적인 모습만을 결과로 제시하고 끝내는 것이 아니라 다른 현상과의 구체적인 차이와 공통점에 대한 설명이 부가되어야 할 것이다.

사례보기

화이트칼라 범죄를 설명하는 이론

서덜랜드(Sutherland, 1949)는 기존의 범죄학이 주로 가난한 하층민, 즉 블루진을 입고 육체를 이용하여 노동하는 사람들의 범죄에 초점을 맞추었다고 비판하면서 사회적으로 높은 지위를 점유한 사람들, 즉 하얀 와이셔츠를 입고 사무실에서 일하는 사람들의 범죄에 대한 연구가 필요하다고 주장하였다. 특히 이들의 범죄는 그들이 사회적으로 존경을 받는 위치에 있다는 점으로 인해 사회 규범에 미치는 나쁜 영향이 하층이 주로 저지르는 블루칼라 범죄보다 더 크며, 이러한 사람들이 저지른 횡령 등은 그 규모가 잡범들이 저지른 절도 액수를 모두 합한 것보다 더 클 수 있다는 점을 강조하였다.

이처럼 화이트칼라 범죄 연구는 범죄를 일반적으로 설명하고자 시도한 이론이 아니라 특정 계층, 직업에 따른 범죄를 설명하기 위한 분석 틀로서, 세분화의 대표적인 사례라고 할 수 있다.

라. 기존 이론들의 설명요인들을 혼합하여 새로운 연구주제 만들기

일반적으로 동일한 사회현상(종속변수)을 설명하는 여러 이론에서 다양한 원인 요인들을 찾아서 새로운 연구모형을 구성하는데 포함시킬 수 있다. 이러한 연구모형의 구성 방법은 앞서 언급한 '설명하는 요인을 추가하여 새로운 연구주제 만들기'와 유사한 것 같지만 둘 사이에는 근본적인 차이가 존재한다.

'설명하는 요인을 추가하여 새로운 연구주제 만들기'에서 언급한 방법은 애그뉴의 일반긴장 이론 사례에서 볼 수 있는 바와 같이 기본적으로 동일한 이론적 가정이나 전제를 유지한 상태에서 더 잘 설명할 수 있는 요인을 추가하는 방식이다. 그렇지만 여기에서 이야기하는 방법은 이론의 전제나 가정 등을 무시하고 다양한 이론에서 여러 개의 독립변수를 끌어와서 하나로 묶어서 연구모형을 구성하는 것이라 할 수 있다.

이와 같이 이론의 가정이나 전제, 그리고 그 요인이 이론에서 사용되는 맥락을 무시한 채 여러 요인을 결합하여 종속변수를 설명하는 연구모형을 구성하는 것은 적극적으로 권장할 만큼 바람직한 것은 아니다. 다만 종속변수의 설명력을 높이기 위해서 여러 이론이나 선행 연구에서 제시된 많은 독립변인을 추가하는 것을 통해 새로운 모형을 찾으려고 노력해 보는 것이다. 독립변수의 수가 늘어나면 종속변수에 대한 설명력이 당연히 늘어날 것이기 때문이다.

그렇지만 비슷한 설명력을 가진다면 간결한 모형이 더 좋은 것이라는 연구모형의 기준에 비추어볼 때 연구모형에 포함되는 독립변수의 수만 늘리는 것은 좋은 방식이 아니다. 이 경우에도 당연히 연구모형에 독립변수를 추가하기 위해서 관련 이론의 맥락과 논리적 검토를 충분히 거쳐서 종속변수에 대하여 중요하고 큰 영향이 있다는 것이 예상될 때 시도하는 것이 바람직하다.

마. 새로운 연구방법 적용이나 연구대상 변경하기

이 방법은 연구의 관점이나 연구모형은 크게 다르지 않으나 새로운 연구방법을 적용하거나 연구대상을 변경하여 연구하는 것을 의미한다. 모든 연구가 항상 새로운 주장이나 내용을 포함하는 연구모형을 구성해야만 하는 것은 아니다. 기존에 연구된 연구모형을 사용하더라도 방법론적인 측면에서 새로운 방법을 적용하거나 연구대상을 변경하여 연구하는 것이 가능하며, 이러한 연구를 통해 기존의 연구모형의 타당성과 문제점을 발견하여 기존 연구모형이나 이론을 수정, 보완, 발전시킬 수 있다.

1) 새로운 연구방법 적용하기

사회과학 연구방법으로 가장 많이 사용되는 서베이를 사용한 연구에서는 대부분 다양한 선행 연구를 논리 연역적으로 통합하여 연구모형을 수립한다. 연역적인 방법을 사용하는 경우에는 기존의 이론, 일반 법칙, 특히 사회과학에서는 개연성에 기초한 경험 규칙의 타당성을 재확인할 수 있을 뿐 새로운 경험 규칙을 발견하기 어렵다는 단점이 있다.

이러한 점을 고려할 때 동일한 주제와 연구모형에 대해서 참여관찰이나 심층면접 등의 방법을 사용하여 귀납적 방법으로 새로운 연구내용을 찾는 것이 효과적일 수 있다. 이와 같이 동일한 연구대상에 대해서 다른 연구방법을 적용하여 새로운 주제를 찾아가는 연구방법을 사용하는 것도 좋은 연구라 볼 수 있을 것이다.

2) 새로운 연구대상 찾기

기존의 연구모형을 새로운 연구대상에 적용해서 연구하는 방법이다. 이러한 연구는 기존의 연구모형을 방법론적인 측면에서 새로운 모집단이나 특정한 하위 유형에 적용하거나 사람의 생애주기를 달리 해서 적용하는 것이다. 이 과정에서 단순한 비교보다 기존 연구와 차이점을 보일 수 있는 요인을 논리 연역적으로 추론하여 연구모형을 수립하여 검증할 수 있다면 더 좋은 연구가 될 것이다.

예를 들어 남자 청소년 비행 설명에 초점을 둔 이론에 바탕을 둔 연구모형을 여자 청소년 비행을 설명하는데 적용할 수 있으며, 더 나아가 청소년 비행의 성별 차이를 설명할 수도 있다. 또한 이제까지는 주로 중고등학교 학생을 연구대상으로 설정하였다면 청소년의 개념을 확장하여 초등학교 학생을 대상으로 동일한 설명을 시도하는 연구도 가능할 것이다.

바. 기존 연구 재검증하기

새로운 이론이 발표된 후에 그 이론을 검증하기 위한 연구는 한 차례만 시도하고 그치는 것이 아니라 반복적으로 연구가 시행됨으로써 그 이론을 검증하게 된다. 또한 서구의 이론을 역사와 문화가 다른 동양 사회에 적용하여 검증하고, 그 결과를 동양 사회에 더 적절한 분석틀을 수립하는 연구의 출발점으로 삼을 수도 있다.

또한 10년 전에 실시한 조사와 동일하게 10년이 지난 후 조사를 실시하여 그동안의 변화를 살펴보는 연구도 가능하다. 물론 시간에 따른 변화를 살펴보는 이유와 목적이 분명하고 타당할 때 이런 연구는 큰 의미를 가질 것이다.

4 연구주제 설정의 실제

가. 연구주제의 범위 정하기

논문의 주제를 정한 다음에 주제의 범위를 어느 정도로 정하는 것이 가장 좋을까? 물론 이에 대한 정답도 존재하지 않는다. 연구자가 판단하기에 연구범위가 너무 넓거나 좁다고 생각되지 않는 범위를 정해야 한다.

범위를 너무 넓게 잡으면 논문을 끝까지 진행하고 마무리하는데 어려움이 많을 수밖에 없기 때문에 바람직하지 않다. 범위가 너무 넓다는 것은 추상화 수준이 높다는 것을 의미하게 되고 그렇게 되면 연구자가 집중해야 할 주제가 명확하지 않은 경우가 많고, 때로는 여러 개의 하위 주제 가운데서 방황하게 될 가능성도 있기 때문에 바람직하지 않다.

따라서 연구의 범위를 좁게 설정하여 구체화하는 것이 연구를 진행하는 데 도움된다. 때로는 좁은 범위로 정해서 시작한 연구가 진행되는 과정에 관련되는 현상에 대한 설명으로까지 관심의 범위가 넓어져서 자연스럽게 연구주제의 범위가 넓어지는 경우도 있다.

그렇다고 연구주제의 범위를 지나치게 좁게 잡는 것도 위험하다. 자료를 찾고 연구를 조금 진행하다 보면 더 이상 할 것이 없어지고, 적절한 연구의 대상이 아님이 밝혀지는 경우가 많기 때문이다.

나. 막연한 생각을 글로 표현해 보기

사회현상 간의 인과적 설명을 목적으로 하는 연구라면 연구주제를 정함에 있어서 설명되는 현상과 설명하는 현상, 즉 결과와 원인 및 그들의 관계를 분명하게 언어로 진술해보는 것이 필요하다. 막연하게 연구주제를 생각하다 보면 그 생각이 더 이상 발전되지 못하고 비슷한 곳에서 맴돌다 끝나는 경우가 많다. 주제를 명확하게 사고하는 훈련이 부족하기 때문이다. 따라서 어떤 주제가 있을 때 내가 설명하고 싶은 현상이 무엇인지, 그리고 그것을 무엇을 통해서 설명하고자 하는지 구체화해보는 연습을 하는 것이 주제를 선정하고 구체화하는 데 도움된다.

다. 다양한 질문 던지기

연구주제를 선정하는 모든 과정에서 중요한 것이 '계속해서 질문 던지기'이다. 제대로 된 질문을 던지기 위해서는 관심 있는 연구대상에 대한 기본적인 지식이 있어야 한다. 따라서 평소에 많이 읽고 관련된 지식을 갖추는 것이 필요하다.

더불어 연구대상인 현상에 관련된 이론의 기본적인 내용을 숙지해야 한다. 사회현상을 검증하기 위해서는 그것을 설명할 수 있는 이론적인 틀이 필요한데, 그 이론을 숙지하고 있어야 적용할 수 있다. 연구주제의 선정은 연구자가 고민한다고 어느 순간에 되는 것이 아니며, 특정 현상에 대한 관련된 지식, 이를 설명할 수 있는 다양한 이론에 대한 내용이 숙지된 이후에 계속 질문을 던지고 생각함으로써 이루어질 수 있는 것이다.

결국 연구주제를 정한다는 것은 추상적이고 애매한 것에서 시작해서 꼬리에 꼬리를 물고 질문을 계속하고 그에 스스로 답하는 과정을 통해서 정교화되는 과정을 거치는 것이라고 할 수 있을 것이다. 논문의 주제를 발전시켜 나가는데 올바른 질문, 좋은 질문을 던지는 것이 참 중요하다. 막연하게 주제를 잡기는 했지만 그다음에 어떻게 진행해야 할지 막막한 경우에 취해볼 수 있는 것이 선정한 연구주제에 대하여 좀 더 구체적인 질문을 던져보는 것이다.

사례보기
교실붕괴라는 연구주제와 관련한 질문 던지기

'교실붕괴'라는 현상에 관심이 있다고 하자. 그럴 때 이에 대한 다양한 질문을 다음과 같이 던져볼 수 있다.

- 교실붕괴는 무엇을 말하는가?
- 실제 그런 현상이 일어나는가?
- 학생들은 어떻게 생각하는가?
- 교사들은 어떻게 생각하는가?
- 학생들과 교사들의 생각이 같을까? 괴리가 있다면 그 이유는 무엇일까?
- 교실붕괴는 왜 발생하는 것일까? 학교 또는 교육계 내부의 문제일까 아니면 외부의 문제일까?
- 지역에 따라서 교실붕괴현상은 차이가 있을까? 차이가 있다면 그 이유는 무엇일까?
- 교실붕괴가 우리나라 교육에 미치는 영향은 무엇일까?

이처럼 다양한 질문에 대해서 자료를 찾아가면서 깊이 생각하여 주제를 발전시킬 수 있다. 결국 이런 질문에 대한 대답으로 어떤 것을 설명할 수 있는지를 파악하다 보면 그런 내용이 연구주제와 연결되면서 하나의 논문에 담길 수 있다.

라. 아우트라인 만들기

아우트라인은 논문의 내용을 순서에 따라서 간단하게 기록하여 정리하는 것을 말한다. 연구주제를 정하면서 아우트라인을 만드는 것은 추후에 논문을 구체적으로 진행하는 데 많이 도움된다. 아우트라인은 처음에는 기본적인 내용만 지닌 형태로 구성되지만 자료를 더 찾고 보완하면서 점차 살이 붙고 구체적인 형태를 지니게 된다. 결국 제대로 만들어진 아우트라인이 있다면 그것에 제대로 살을 붙여 나가면 논문이 될 수 있다. 어떤 연구방법을 사용해서 어떤 방식으로 조사를 수행할 것인가, 누구를 대상으로 할 것인가도 이런 아우트라인이 제대로 만들어져 있다면 명확하게 그리고 상대적으로 쉽게 결정할 수 있을 것이다.

마. 연구주제의 일관성 유지하기

아우트라인을 정하는 것은 연구자가 던진 다양한 질문에 대한 답을 찾아가면서 그 답을 정해진 연구주제의 틀에 맞게끔 순서를 정해서 배열하는 것이라고 할 수 있다. 이때 연구의 성격상 다른 것들과 어울리기 어려운 내용이 포함되어 있을 수 있다. 이 경우에 연구자는 그 동안 준비한 것이 아깝기 때문에 작은 질문과 답을 버리기가 어렵다. 그래서 이러한 것들을 억지로 끼워 넣는 경우가 발생하는데, 이로 인해 오히려 논문의 전체적인 흐름이 이상하게 되고 결국 논문의 질을 떨어뜨리는 등 악영향을 미칠 수 있다. 따라서 이런 경우에는 아깝더라도 과감하게 제외하는 것이 필요하다.

제외하는 부분이 연구의 가치가 크다고 생각한다면 나중에 그 질문을 발전시켜서 또 다른 하나의 논문으로 완성해보는 것이 좋다. 이처럼 하나의 연구를 진행하는 과정에 떠오르는 다양한 질문을 구체화하여 새로운 연구로 발전시키는 경우에, 하나의 연구만으로 끝나는 것이 아니라 새로운 연구 아이디어를 새로운 연구주제로 발전시킬 수 있다. 이를 통해 연구자는 관련 분야에서 끊임없이 연구를 이어갈 수 있다. 따라서 연구를 진행하는 과정에 떠오르는 질문이 지금 당장 진행하는 연구와 직접적인 관련이 없다고 하더라도 메모해두고 시간이 날 때마다 그 질문에 대한 생각을 확장시키는 것이 추후의 연구를 위해서 매우 바람직한 자세이다.

바. 오랜 휴식 기간을 거치고 다시 논문을 써야 할 때

개인적인 사정으로 오랜 기간 논문 작업을 하지 않다가 새롭게 연구를 해야겠다고 생각했을 때 많은 사람은 막막함을 경험하곤 한다. 무엇부터 어떻게 시작해야 할지 떠오르는 생각이 없는 것이다. 이때는 예전에 작성했던 논문을 다시 읽어보거나 관련된 자료나 논문을 찾아서 읽어보는 것이 좋은 출발점이 될 수 있다. 예전에 자신이 썼던 논문을 읽으면서 그때 떠올렸던 다양한 질문과 문제의식들을 회상해보는 것이 연구를 진행하는 데 크게 도움이 될 수 있기 때문이다.

제6장
선행 연구 고찰과 연구모형 및 가설 정하기

제6장에서는 연구를 진행하면서 자신의 연구주제와 관련하여 선행 연구를 파악하고 이를 정리하는 과정, 그리고 이를 바탕으로 연구모형과 가설을 설정하는 과정을 기술하려고 한다. 기본적으로 연구자의 연구모형이나 가설이 독자적이긴 하지만, 선행 연구와 관련하여야 한다는 점에 초점을 두어 서술하려고 한다.

1 선행 연구 고찰

연구주제를 선정한 후에 다음으로 이루어질 작업은 선행 연구를 검토하는 것이다. 이 단계에서 선행 연구 고찰이란, 연구자가 만들어 낸 연구모형의 주장을 지지하기 위해서 이론적으로 뒷받침할 수 있는 관련 연구 결과를 파악하는 것에 강조점이 주어진다. 이 단계 역시 독서가 중요하지만, 연구주제를 찾기 위한 독서와는 달리 연구자가 검증하고자 하는 연구주제를 이론적으로 뒷받침하는 것이 주요 목적이 된다.

이에 따라 선행 연구 고찰은 연구자가 선정한 연구주제에 초점을 맞추어 진행하게 된다. 즉 연구주제와 직접적으로 관련되는 문헌과 선행 연구로 범위를 좁혀서 집중적으로 읽는 것이 필요하다. 연구자의 새로운 주장을 논리적으로 이론적으로 뒷받침할 수 있는 근거를 찾아야 하기 때문이다.

그러므로 연구모형에 포함되는 종속변수와 독립변수, 그리고 그들 간의 인과적 관계 등에 초점을 맞추어 독서가 이루어져야 한다. 연구자의 연구모형에 새로운 주장이 있을 때, 새로운 주장에 대하여 이론적, 경험적 뒷받침을 해야 하기 때문에 경우에 따라서는 관련 이론이나 선행 연구 결과에서 연구자가 원하는 내용을 직접 찾지 못할 가능성도 있다. 따라서 문헌을 읽고 그대로 인용하는 것보다는 연구자의 주장을 가장 잘 지지해줄 수 있는 내용을 찾고, 직접적으로 연관되는 문헌이 없는 경우에는 유사한 내용을 응용하는 과정이 필요하다.

선행 연구의 고찰에서는 먼저 연구자가 관심을 가지는 사회현상, 즉 종속변수에 대한 설명이 이루어져야 한다. 여기에서는 그 현상의 모습에 대한 기술, 현상을 설명하는 다양한 이론에 대한 소개가 주로 이루어진다. 다음으로 연구모형에서 설정한 독립변수와 종속변수의 인과관계를 뒷받침할 수 있는 이론적 설명이나 선행 연구 결과를 찾아서 읽고 정리해야 한다. 이때 이 장의 뒷부분인 연구모형에서 설명하겠지만, 연구모형이 회귀모형인지 경로모형인지에 따라서 찾아야 할 변수들의 인과관계가 달라진다. 이처럼 선행 연구의 고찰과 연구모형의 구성은 서로 유기적으로 밀접하게 연관되어 있다. 연구모형을 어떻게 구성하는가에 따라서 선행 연구 고찰에 기록되는 내용과 구성도 달라진다.

선행 연구 고찰은 두 가지 종류로 나눌 수 있다. 해당 분야에 관한 관련 이론을 검토하는 것과 그 주제에 대한 경험적 연구 결과를 찾아보는 것이다. 우선 찾아야 하는 것은 연구자의 연구모형을 지지할 수 있는 이론이다. 이론이란 상당한 검증의 과정을 거쳐 온 것이기 때문에 연구자의 연구모형이 기존 이론들에 의해서 뒷받침을 받을 수 있다면 가장 바람직할 것이다. 이 경우에도 연구자의 새로운 주장이 어느 하나의 이론에 의해서 뒷받침되는 경우는 거의 없다. 그렇다면 그 주장은 기존 이론에 나온 것의 반복일 뿐 새로운 주장이 아니기 때문이다. 따라서 관련된 여러 이론을 다양하게 조합하고 응용하여 새로운 주장을 지지할 수 있는 근거를 형성하는 것이 필요하다.

다음으로 관련된 선행 연구를 찾아서 그 연구 결과를 읽어야 한다. 연구자가 주장하고 있는 내용이 기존의 경험적 연구에서 검증받았는지 확인하는 것이다. 여기에서도 다양한 연구 결과들을 폭넓게 읽고 연구자의 주장을 뒷받침할 수 있도록 논문에 인용하는 것이 중요하다.

연구자의 연구모형은 관련 이론을 통한 뒷받침과 함께 선행 연구의 경험적 결과에 의한 뒷받침을 모두 받는 것이 가장 바람직하다. 그렇지만 때로 두 가지의 근거를 모두 찾기 어려운 경우도 있다. 그럴 때는 그런 사정을 밝히고 찾을 수 있는 자료를 최대한 사용해서 연구자의 주장을 지지할 수 있는 근거를 만드는 것이 필요하다. 때로 관련 이론이나 선행 연구 고찰을 통해서 연구자의 주장을 지지할 수 있는 근거를 찾을 수는 없지만, 연구자가 꼭 필요한 연구라고 생각해서 연구를 진행하는 경우에는 심층면접이나 참여관찰 등의 방법을 사용해서 새로운 사실들을 밝혀내서 연구모형을 구성하고 이를 경험적으로 검증하는 방법을 사용하는 것도 가능하다.

서베이 방법을 자료수집 방법으로 선택하는 경우는 다른 방법을 사용할 때보다 선행 연구의 고찰 단계가 훨씬 더 중요하다. 앞서 제2장에서도 설명한 바와 같이 서베이 방법은 인과성의 기준을 충족하는 데 한계가 있기 때문이다. 다시 간단히 언급하면 서베이는 질문지를 사용하여 동일 시점에 횡단적으로 자료를 수집하기 때문에 인과성의 기준 중에서 변수 간의 시간적 순서가 명확하게 드러나지 않는다. 따라서 이러한 한계는 이론적 논의나 선행 연구의 고찰에서 이론적으로 뒷받침되어야 한다. 이는 논문을 쓸 때 서베이 방법을 사용한 논문은 다른 연구방법을 사용한 논문보다 이론적 논의와 선행 연구의 고찰에서 변수 간의 인과관계에 대한 논의가 더욱 체계적이고 자세하게 그리고 엄밀하게 기술되어야 함을 의미한다.

이상에서 다양하게 설명하였지만, 선행 연구의 고찰이란 쉽게 표현하면 연구자가 하는 새로운 주장, 즉 연구모형이라는 것이 근거 없이 연구자가 그냥 제시하는 진술이 아니라 이론적 근거가 있으며 다양한 선행 연구의 연구 결과들에 의해서 뒷받침되는 주장이라는 것을 보여 줌으로써 연구 가치가 충분하다는 것을 제시하는 과정이라고 할 수 있다. 실질적으로 논문에서 기록되는 부분이 이 단계라고 할 수 있다. 따라서 이 단계에서 선행 연구 고찰이 잘 이루어지면 나중에 논문을 작성하는 데 큰 도움이 된다. 논문 작성에 대한 자세한 내용은 제13장을 참고하기 바란다.

팁: 생각더하기

- 이 책에서는 이해를 시키기 위한 목적으로 탐색적 목적의 독서와 주장을 뒷받침하는 독서로 구분하였지만, 이 두 가지가 항상 별개로 이루어지는 것이 아니다. 탐색적 목적을 위한 독서를 하는 중에 논문의 선행 연구 고찰에 기록할만한 내용도 읽게 된다.
  따라서 탐색적 목적을 위한 독서를 할지라도 연구에서 중요한 부분이라고 생각되면 논문에 인용할 수 있도록 자세하게 메모하는 것이 바람직하다. 메모가 어려우면 적어도 스마트폰 등으로 책의 표지와 해당 부분을 찍어서라도 보관하는 것이 좋다. 그도 안 되면 나중에 찾아볼 수 있도록 간단한 내용과 출처를 기록해 두어야 한다. 이렇게 해야 나중에 논문을 작성할 때 해당 부분을 찾느라 불필요하게 시간과 노력을 낭비하는 어려움을 겪지 않게 된다.
- 선행 연구 고찰을 하면서 다양한 독서를 하다 보면 연관되는 아이디어가 계속 떠오르는 경우가 많다. 이러한 아이디어도 구체적으로 메모해두는 것이 좋다. 이러한 아이디어는 여건이 허락하는 한 가급적 자세하고 구체적으로 메모하는 것이 좋다. 너무 간단하게 메모해두면 시간이 흐른 후에 다시 보았을 때 어떤 내용을 메모한 것인지 기억하지 못하는 경우가 있기 때문이다.
- 컴퓨터가 지금처럼 발달하기 이전에는 연구 메모를 위해서 별도의 독서카드를 만들어서 기록하곤 했지만, 최근에는 컴퓨터 소프트웨어와 스마트폰 앱이 발달하여 쉽게 메모할 수 있다. 다양한 메모 앱이 있으니 자신에게 맞는 것을 찾아보고 잘 활용하면 연구와 논문 진행에서 효율성을 높일 수 있다.
- 효과적인 연구 진행을 위해서 마인드맵을 사용하는 것도 권장한다. 독서 중에 발견하는 중요한 내용과 떠오르는 아이디어 등을 체계적으로 관리할 수 있다는 장점을 활용할 수 있다. 마인드맵을 구체화하고 완성하는 과정이 바로 논문의 틀을 완성하는 것이라고 할 수 있다.

연구주제의 선정과 선행 연구 고찰

가상적으로 구성한 행복에 관한 연구인 대표 사례를 중심으로 연구주제의 선정과 선행 연구 고찰의 가상적 예를 제시한다.

- 연구자의 문제의식과 개인적 관심의 출발점은 행복에 있다고 볼 수 있다. 행복은 삶의 중요한 부분 중의 하나이기에 행복에 영향을 미치는 다양한 요인에 관심을 가지고 있다.
  → 이 단계에서는 행복감에 대한 다양한 문헌을 찾아서 읽는 것이 필요하다. 연구주제 관련 문헌을 찾아서 폭넓게 독서한다.

- 어느 정도 독서가 이루어진 후에 주제를 구체화한다. 행복감의 주체는 누구로 할 것인가? 일반적인 사람들의 행복감을 보편적으로 조사할 수도 있고, 특별하게 관심을 두고 있는 집단의 행복감으로 구체화할 수도 있다. 이러한 선택도 개인적 관심에 따라서 결정된다. 대표 사례에서는 연구자의 개인적 관심에 의해서 학교 현장에서 느끼는 행복감에 관심을 가지고 있다고 본다.

- 다음으로는 학교의 구성원 중에서 누구의 행복감에 초점을 맞출 것인가 정해야 한다. 대표 사례의 연구주제는 교사들의 행복감으로 정하였다. 그렇다면 왜 학생이 아니라 교사를 대상으로 하였는가에 대해서 정리할 필요가 있다.
  → 이는 개인적 관심과 문헌 고찰의 결과를 종합해서 판단할 수 있다. 대표 사례의 경우에는 학교에서 학생들의 삶에 교사의 영향력이 크다는 점과 최근 학생들의 행복감에 대해서 많은 연구가 이루어졌지만, 교사들의 행복감에 대해서는 상대적으로 연구가 이루어지지 않았다는 점을 고려하여 연구주제를 정하고, 교사들의 행복감 인식 정도와 그에 영향을 미치는 요인을 파악하고자 한 것이다.

- 이와 같이 연구할 주제가 어느 정도 구체화되었다면 이 주제에 집중하여 본격적인 선행 연구 고찰의 단계에 들어간다.
- 행복감이란 무엇인가?
- 교사들의 행복감은 일반적인 행복감과 다른 독특한 점이 있는가?
- 일반적으로 행복감에 영향을 주는 요인은 무엇인가?
- 교사들의 행복감에 영향을 주는 요인은 무엇인가? 일반적인 요인들과 차이가 있는가?
  → 이러한 질문에 대한 답을 찾으며 관련 이론이나 선행 연구 결과들을 독서한다.

- 선행 연구 고찰을 통해서 교사의 행복감과 이를 설명하는 요인에 관한 이론을 찾는다. 교사의 행복감을 설명하는 이론이 없다면 일반적인 행복감에 대한 이론을 교사의 행복감을 설명하는 데 적합하도록 응용한다.

- 다양한 독서를 통해서 교사의 행복감을 설명할 수 있는 독립변수들을 찾고, 독립변수와 종속변수 간의 관계를 뒷받침할 수 있는 이론적, 경험적 근거들을 찾아서 정리한다.

2 연구모형의 구성

가. 연구모형이란?

연구자가 관심을 가지는 사회현상(종속변수)을 어떤 요인(독립변수)으로 어떻게 설명할 수 있을지를 구체적으로 그리고 총체적으로 구성한 것을 연구모형이라고 할 수 있다. 연구모형은 기본적으로 가설을 구성하고, 그러한 가설 간의 관계들을 묶어서 만든 것이다. 가설이 개별적인 독립변수와 종속변수의 관계를 검증하기 위한 것이라면, 연구모형은 이러한 가설들을 종합해서 전체적인 분석의 틀과 모습을 보여주는 것이라고 할 수 있다.[13]

연구모형의 특징은 다음과 같이 몇 가지로 정리할 수 있다. 첫째, 연구모형에 포함된 다양한 요인 혹은 변수가 존재한다. 둘째, 이러한 변수들 사이에 존재하는 인과적 관계를 체계적으로 통합한 것이다. 셋째, 이러한 연구모형은 연구대상이 되는 변수 간의 인과적 관계를 쉽게 파악할 수 있도록 해주는 유용한 수단이다. 연구모형은 도식적으로 제시되는 경우가 많아서 전체 연구의 양태를 쉽게 파악할 수 있게 해준다.

실제로 양적 연구방법에서 모든 연구 절차의 핵심은 연구모형을 따라 움직인다고 해도 과언이 아니다. 이러한 연구모형이 없이 직접적 그리고 직관적으로 연구하는 것은 거의 불가능하다고 할 수 있다. 연구모형은 연구자가 궁극적으로 해야 하는 것이 무엇인지 등 목표를 보여주기 때문이다. 연구 과정에서 연구모형 구성 이후의 단계에 이루어지는 관찰은 연구모형의 타당성을 확인하기 위해서 자료를 수집하는 것이며, 수집한 자료를 적절한 통계 방법을 적용하여 분석할 때도 연구모형은 가이드라인의 역할을 한다. 자료 분석 후에 일반화 혹은 결론을 도출하는 과정 등 모든 과정은 연구모형에 의존할 수밖에 없다.

좋은 연구모형 없이 좋은 연구란 불가능하다. 연구모형은 무에서 출발하는 것이 아니라 관련 선행 연구에 기초하여 수립한다는 점에서 선행 연구 고찰의 단계는 중요한 의미를 가진다. 연구모형을 잘 수립할 수 없는 비법은 없다. 많이 읽고, 많이 생각하고, 많이 질문하고 그 답을 찾아가는 과정 가운데 만들어지는 것이라 할 수 있다.

나. 연구모형의 의미

연구모형은 연구자가 연구목적에 합당하게 연구대상을 연구하기 위해서 다양한 방법을 통해 논리적으로 구성한 개념적 틀이다. 따라서 이렇게 수립한 개념적 틀은 절대적으로 옳고

---

13) 나중에 살펴보겠지만 연구모형이 경로모형이라면 독립변수와 독립변수 간의 관계를 검증하는 가설도 구성하게 된다.

그르다고 판단하기보다는 상대적인 유용성을 판단할 수 있을 뿐이다.

　　연구모형의 타당성 혹은 유용성 검증도 중요하지만, 연구의 궁극적인 목적은 설정한 연구모형을 통해 관찰한 경험적 사실을 '설명'하는 것이다. 이는 연구의 진행이 연구모형의 타당성 검증에 그쳐서는 안 된다는 것을 의미한다. 즉 연구는 가설의 검증 자체가 목적이 아니라 그것을 통해서 사회현상을 적절하게 설명하는 데 있다는 것을 기억할 필요가 있다.

　　연구모형은 관심이 있는 대상 중에서 자신의 연구목적에 따라서 연구대상의 범위를 한정하여 연구자가 만든 것이다. 연구자는 관심 있는 대상의 모든 것을 파악할 수 없기 때문에 가능한 범위에서 제한하는 것이 필요하고 그 결과가 연구모형으로 나타난다. 연구자는 연구대상에 대하여 그것을 가장 잘 설명해 줄 수 있는 대상의 측면을 선택하고 그것을 설명할 수 있는 관점을 선택하고 그 관점에 의해서 대상을 가장 잘 설명할 수 있는 요인(변수)을 선택해서 변수 간의 관계를 살펴볼 수 있는 연구모형을 만든다.

다. 연구모형의 내용과 구성 단계

1) 연구모형에 포함할 변수 선정하기

　　연구모형에 기본적으로 들어가야 하는 것은 독립변수와 종속변수이다. 연구모형에는 일반적으로 여러 개의 독립변수가 포함되며, 종속변수는 하나만 설정할 수도 있고 여러 개의 종속변수를 설정할 수도 있다.

　　종속변수는 기본적으로 연구자의 관심에 따라 연구주제를 정함에 따라서 결정된다. 그렇지만 독립변수는 연구자가 별도로 선택하고 결정하는 과정을 거쳐야 한다. 특정 사회현상을 설명할 수 있는 독립변수는 매우 많으며, 그중에서 연구자가 관심이 있는 것에 한정해서 독립변수를 찾아야 한다. 독립변수의 선정은 연구자의 관심뿐만 아니라 다른 여러 요인에 의해서 영향을 받을 수 있다. 예를 들어 분석 방법, 동기, 목적, 현재 가용한 데이터 등도 영향을 미칠 수 있다.

　　예를 들어 연구자가 학교폭력의 원인에 대해서 연구한다고 해보자. 학교폭력을 인과적으로 설명하려고 할 때 그 원인으로 생각할 수 있는 요인은 엄청나게 많다. 연구자는 그중에서 어떤 것을 원인으로 상정하여 연구할 것인가 선택해야 한다. 그 원인은 하나일 수도 있고 여러 개일 수도 있다. 이럴 때 연구자의 개인적 관심과 관련 이론이 가이드의 역할을 하게 된다. 개인적인 관심에 따라 부모의 양육이나 부모와의 관계와 같은 가정환경을 원인으로 상정하여 연구를 진행할 수도 있고, 함께 어울리는 친구들을 중심으로 인과적 설명을 시도할 수도 있다.

　　더불어 수많은 원인 요인 중에서 어느 정도를 연구에 포함할 것인가도 선택의 대상이 된다. 원인으로 간주하는 요인을 많이 포함할수록 설명력이 커질 수 있기 때문에 가능하다면 독립변수가 많을수록 좋다고 생각할 수 있지만, 너무 많은 변수를 하나에 연구모형에 포함하는 것이 반드시 좋은 것은 아니다. 오히려 연구자가 판단할 때 가장 핵심적이라고 생각하는 요인을 선정하여 이러한 요인들의 인과관계를 모순이 없게 구성하여 연구모형을 만들고 그 모형을 통해 연구대상을 설명하는 것이 좋은 연구라고 할 수 있다. 이러한 것을 간명성의 원리라고 한다. 동일한 설명력을 가진다고 할 때 많은 요인으로 설명하는 것보다 적은 요인으로 설명할 수 있다면 그것이 더 좋은 모형으로 간주된다. 따라서 연구자의 관심과 관련 이론에 근거하여 꼭 필요한 핵심적인 원인을 선정하고, 설명력이 떨어지지 않는 범위에서 가능하면 최소한의 요인들만 포함해서 연구모형을 구성하는 것이 바람직하다.

대표사례 적용하기 연구모형에 포함된 변수

선행 연구를 찾아보면 행복을 설명할 수 있는 매우 많은 요인을 찾아낼 수 있을 것이다. 그러한 많은 요인 중에서 대표 사례에서는 아래 표와 같은 변수를 선정하였다.

변수 유형	해당 변수 목록
종속변수	행복감
독립변수	가족관계 만족도, 건강상태, 종교 유무, 여가활동 만족도, 직장 내 인간관계 만족도, 직업에 대한 자부심
통제변수	재직 학교의 특성(공사립, 학교급), 성별, 연령, 결혼 유무, 가구의 월평균 소득

2) 독립변수와 종속변수의 관계 설정하기

연구모형에서 변수를 선정한 다음에는 변수 간의 인과관계를 설정해야 한다. 여기에는 기본적으로 두 가지의 형태가 있다.

① 개별 독립변수와 종속변수 간의 인과관계만 구성하는 경우이며, 이를 회귀모형이라 부른다.
② 독립변수와 종속변수 간의 인과관계뿐만 아니라 독립변수 간의 인과관계도 설정하는 모형으로 경로모형이라고 부른다.
  → 연구모형의 설정은 자료 분석 단계에서 어떤 통계 기법을 적용할 것인지와 직접적으로 연결된다.

그림 6-1 회귀모형과 경로모형

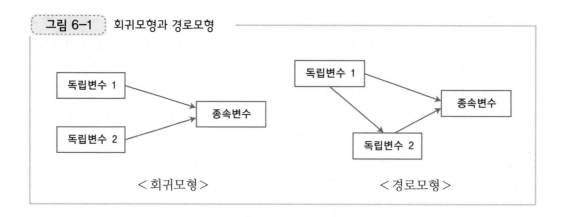

＜회귀모형＞　　　　　　　　＜경로모형＞

가) 회귀모형

연구모형에 포함된 변수 중에서 각각의 독립변수와 종속변수의 인과관계만 설정한 모형이다. 회귀모형의 경우에는 여러 개의 독립변수가 모형에 포함되더라도 각 독립변수와 종속변수의 관계의 검증에만 관심을 가진다. 물론 여러 개의 독립변수를 하나의 모형에 포함해서 분석하는 것은 다른 독립변수의 영향력을 통제한다는 의미에서 중요하다. 회귀모형의 경우에는 종속변수를 기준으로 통계 분석을 시행한다. 즉 하나의 종속변수에 이를 설명하는 복수의 독립변수를 포함해서 다중회귀 분석을 시행하는 것이 기본이다.

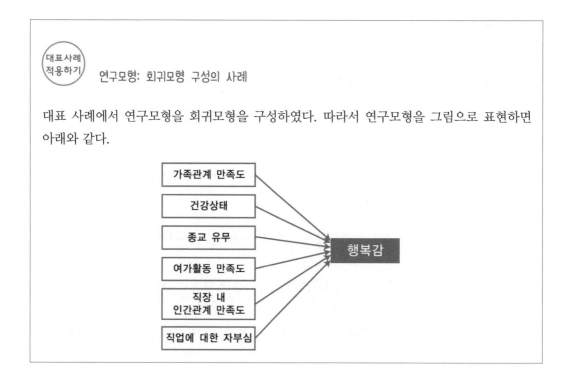

대표사례
적용하기　연구모형: 회귀모형 구성의 사례

대표 사례에서 연구모형을 회귀모형을 구성하였다. 따라서 연구모형을 그림으로 표현하면 아래와 같다.

나) 경로모형

독립변수와 종속변수의 인과관계뿐만 아니라 독립변수 간의 인과관계도 설정한다. 따라서 독립변수 간의 인과관계도 분석해야 하기 때문에 통계 분석의 과정이 더 복잡하다. 동일한 독립변수가 경우에 따라서 독립변수로 사용될 수도 있고 종속변수로 사용될 수도 있다. 회귀 분석 방법을 사용하여 경로 분석을 하는 경우에는 일반적으로 종속변수로 사용되는 변수의 수만큼 분석을 수행해야 한다.

대표사례
적용하기   연구모형: 경로모형 구성의 사례

이와 관련한 설명을 위하여, 대표 사례에서 두 개의 독립변수(직장 내 인간관계 만족도, 직업에 대한 자부심)와 종속변수(행복감)만을 가지고 경로모형을 구성해보자.

직장 내 인간관계 만족도가 높을수록 직업에 대한 자부심이 높아진다는 인과관계의 설정이 가능하다. 이렇게 설명하면 직장 내 인간관계만족도는 행복감에 대해서 두 가지 경로로 영향을 미치는 것으로 볼 수 있다.

첫 번째는 직장 내 인간관계 만족도가 행복감에 직접적으로 미치는 영향이다. 이를 직접효과라고 부른다.

두 번째는 직장 내 인간관계 만족도가 직업에 대한 자부심에 영향을 미치고, 직업에 대한 자부심이 행복감에 영향을 미치는 경로이다. 이를 간접효과라고 부른다.

직장 내 인간관계 만족도의 행복감에 대한 총 효과는 위의 두 경로의 효과를 더한 값이다.

이러한 관계를 도식으로 표현하면 아래와 같다.

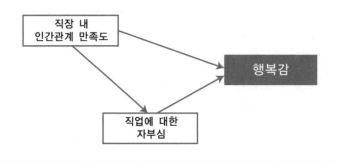

제1절에서 선행 연구와 연구모형은 밀접하게 관련된다고 하였는데 지금 이 단계가 대표적인 경우에 속한다고 볼 수 있다. 연구모형에서 회귀모형과 경로모형 중 어떤 것을 선택하는

가에 따라서 이론적 논의 또는 기존의 경험적 연구 결과의 고찰에서 기록하는 내용 및 방식이 달라져야 한다. 회귀모형의 경우에 이론적 논의는 주로 독립변수와 종속변수의 관계를 지지할 수 있는 이론적 근거 또는 기존의 경험적 연구 결과들을 소개하면서 이에 대해서 연구자가 적절히 자신의 생각을 기술하면 된다.

그렇지만 경로모형의 경우에는 독립변수 간의 인과관계도 고려해야 하기 때문에 이론적 논의의 설명이 더 복잡해진다. 기본적으로 경로모형에서 실선으로 화살표를 그릴 수 있는 것에 대해서는 그 변수 간의 인과관계에 대하여 이론적 근거를 들거나 기존의 경험적 연구 결과들을 소개하면서 설명하는 것이 기본이다.[14]

이 단계에서 결정한 연구모형은 자료 분석과도 밀접한 관련을 지니게 된다. 즉 연구모형에 따라서 어떤 방법으로 자료를 수집하고, 어떤 방법을 사용해서 분석할 것인지 결정된다는 점을 염두에 두어야 한다.

이와 같이 구성한 연구모형이 맞는지 확인하는 작업도 필요하다. 적절하게 구성되었는지 확인하려면 연구모형을 문장형태로 만들어서 진술해보면 된다. 자연스럽게 문장으로 구성되고 매끄럽고 논리적으로 문제가 없다면 일단 잘 구성된 것으로 볼 수 있다. 만약에 문장을 구성함에 있어서 어색함이 느껴지거나 문장의 설명이 이상하다고 생각되면 모형의 구성이 온전하지 못한 것이며 수정이 필요한 것이라고 볼 수 있다. 이때 인과관계의 구성요건 3가지를 따져보는 것도 의미가 있다.

3) 가설 설정하기

연구모형과 가설의 관계는 상호적이라고 할 수 있다. 연구모형이란 연구에서 검증하고자 하는 가설을 함께 모아서 구성한 것이라고 할 수 있기 때문이다. 연구모형은 연구의 전반적인 내용을 알 수 있게 해주는 장점을 가진다. 그렇지만 연구모형을 경험적으로 검증하기 위해서는 연구모형에 포함된 변수 간에 가정된 다양한 관계를 검증이 가능하도록 개별적인 가설의 형태로 풀어주는 것이 필요하다.

연구자가 관심이 있는 개별 독립변수와 개별 종속변수의 관계를 검증이 가능한 형태로 구성하는 것이 가설설정이다. 물론 경우에 따라서는 독립변수 간의 관계를 가설로 구성할 수도 있다. 가설을 설정하는 기본적인 단위는 분석에 최종적으로 포함되는 독립변수와 종속변수이며, 가설은 이들의 관계를 기술하는 것이다. 즉 가설은 기본적으로 경험적 검증이 이루어지기

---

14) 경로모형에서 실선으로 화살표를 그릴 수 있다는 것은 경로모형에 포함된 변수 간에 통계적으로 유의미한 관계가 존재하고 있음을 가정하는 것을 의미한다. 경로모형에 포함된 모든 변수 간에 실선으로 화살표를 그리는 것은 아니다. 모형에 포함되어 있을지라도 직접적인 관계가 있다고 가정되지 않는 변수 간에는 화살표를 그리지 않는다.

이전에 특정 독립변수와 종속변수의 관계를 검증이 가능한 형태, 즉 인용(수용)이나 기각의 판단이 가능한 형태의 진술로 만드는 것이다. 여기에서 인용(수용)이라 함은 경험적 자료를 통해서 그 가설을 받아들이는 것을, 기각이라 함은 그 가설을 받아들이지 않는 것을 의미한다.

앞서 <대표 사례>에서 경로모형의 예를 들면 3개의 가설 설정이 가능하다. 즉 직장 내 인간관계 만족도와 직업에 대한 자부심, 직장 내 인간관계 만족도와 행복감, 직업에 대한 자부심과 행복감 변수의 관계에 대한 가설을 설정해야 한다.

자료수집 방법에 따른 연구모형 구성의 차이

모든 연구에는 연구를 진행함에 있어서 연구의 기준이 되며 연구의 전반적인 내용을 담고 있는 틀이 존재한다. 본서에서는 이 틀을 연구모형이라고 부르고 있다. 그런데 연구에서 사용하는 연구방법에 따라서 연구모형이 가지는 성격이나 특성에 차이가 존재한다.

흔히 양적 연구방법으로 간주되는 서베이나 실험과 같은 자료수집 방법의 분석 틀은 상대적으로 엄격하다. 서베이나 실험과 같은 방법은 일단 분석 틀이 설정되고 구체적인 연구가 진행되면 자료를 수집하는 과정에서 분석 틀을 수정 또는 보완하기가 매우 어렵다. 예를 들어 자료를 수집하는 도중에 특정 변수에 대한 조작적 정의를 수정할 필요성이 발견되어도 조사 도중에 질문지의 문항을 변경하여 계속 조사를 진행하는 것이 불가능하다. 기존에 조사된 내용을 그대로 사용하거나, 처음부터 새로 조사하거나 둘 중의 하나를 선택해야 한다. 연구모형의 검증에 일차적인 목적을 두는 연구는 이러한 연구모형으로부터 추론한 개별적인 명제를 가설이라 부르는 경향이 있다.

그렇지만 질적 연구방법인 참여관찰이나 심층면접의 경우 연구를 진행하면서 언제든지 처음에 설정한 분석 틀을 수정·보완·변경할 수 있다. 연구 초기에 설정한 분석 틀이 연구를 하는 과정에서 부족한 점이 발견되면 언제든지 수정 보완하여 자료를 수집할 수 있는 장점이 있다.

라. 연구모형이 가지는 의의

연구모형의 타당성 검증이 경험적 연구에서 매우 중요한 것은 부인할 수 없으나 연구가 연구모형의 검증으로 끝나서는 안 된다는 점은 강조될 필요가 있다. 연구모형은 기본적으로 '수단'의 의미를 지닌다. 관심을 가지고 있는 연구대상을 설명하기 위해 연구자가 선행 연구를 논리연역적으로 구성한 것이 연구모형이다. 연구의 최종 목적은 설정한 연구모형을 통해 연구대상이 되는 사회현상의 다양한 특성을 설명하는 것이며, 연구모형은 이를 위하여 만든 수단이다.

연구모형의 타당성이 검증된 후 연구의 궁극적인 목적인 연구대상에 대한 설명, 즉 연구모형을 통한 설명이 이루어져야 연구는 완성된다. 경험적 연구, 특히 엄격한 추리통계 논리를 적용한 연구가 가설검증으로 끝나는 것은 적절하지 않다. '가설 1은 인용(수용)되었다.', '가설 2는 기각되었다.', '가설 3은 부분적으로 인용(수용)되었다.'로 연구를 끝내버린다면 사회과학의 궁극적인 목표가 경험 규칙의 발견에 있는 것으로 오해될 여지가 있다. 사회과학의 궁극적인 목표는 사회현상에 대한 '설명'이며, '설명'하기 위해서 '연구모형'이라는 수단이 필요하기 때문에 연구모형의 검증은 '설명'을 위한 전 단계로서 의미와 중요성을 지닌다고 볼 수 있다.

③ 가설의 설정

연구모형에서 개별 독립변수와 종속변수의 관계를 명제로 세분화할 수 있는데, 이렇게 세분화한 개별 명제를 가설이라 부른다고 하였다. 큰 틀에서 연구모형은 몇 개의 가설로 세분화되며, 역으로 서로 관계있는 두 개 이상의 가설은 하나의 연구모형을 구성한다고 볼 수도 있을 것이다.

가. 가설이란

가설이란 일반적 명제인 이론으로부터 나온 경험적 실재에 대한 구체적이고 검증 가능한 기대이다. 이론이 옳다고 할 때 실제 세계로부터 관찰될 수 있는 것에 대한 진술이기도 하다. 구체적으로 가설이란 일반적으로 두 개 이상의 변수 또는 현상 간의 관계를 검증 가능한 형태로 서술한 잠정적 진술의 형태를 지닌다. 관계를 검증한다는 것은 독립변수와 종속변수 간에 정적 또는 부적인 관계가 있음을 검증하는 것이다.

이러한 진술은 보통 변수와 변수 간의 관계에 관한 진술의 형태를 지니며, "○○ 한다면 ○○ 할 것이다."라는 가정적 진술의 형태를 지닌다.

나. 인과적 가설이 성립되기 위한 조건

- 당연한 이야기이지만 가설은 연구 문제와 이론적으로 그리고 논리적으로 연관되어야 한다.
- 가설은 변수 간의 관계를 검증하기 위한 것이기에 최소한 2개 이상의 변수가 하나의 가설에 포함되어야 한다.
- 변수 간의 관계는 인과적이어야 한다. 가설의 문장 구조는 변수 간의 관계로 설정되고,

가설에 포함된 2개의 변수는 인과관계로 표현되어야 한다.
- 가설은 조건문의 형식으로 선행조건이 주어지면 결과조건이 달성된다는 미래를 예측하는 표현의 형태를 지녀야 한다.

다. 가설의 평가 기준

- 경험적 입증 가능성: 실제 자료를 통해서 진위가 입증될 수 있어야 한다.
- 이론과의 연관성: 동일 분야의 다른 이론과 연관성이 있어야 한다.
- 명료성: 간단명료하게 표현되어야 한다.
- 간결성: 논리적으로 간결하여야 한다.
- 양　화: 가설에 포함된 변수의 계량화가 가능해야 한다.
- 일반화: 검증 결과를 광범위하게 이용할 수 있어야 한다.
- 한정성: 동어반복적이지 않아야 한다.

라. 가설이 갖추어야 할 요건

① 개념이 명확해야 한다.

이것은 가설에 포함된 개념을 변수로 설정할 때 개념이 정확해야 변수의 조작화가 이루어질 수 있다는 의미이다. 그래야만 가설에서 사용된 개념을 다른 사람들이 이해할 수 있고, 개념을 조작화한 변수의 측정 방식을 후속 연구에서 반복하여 사용하거나 재검증할 수 있다.

예를 들어 '거주지 유형'이라는 개념을 사용해서 가설을 만든다고 가정할 때 이 개념은 명확성이 떨어지기 때문에 조작화하는 데 어려움을 겪을 수 있다. 이것은 사람들이 사는 지역의 유형을 의미하는 것일 수도 있고, 사람들이 사는 집이라는 건물의 유형을 의미할 수도 있는 등 다양하게 해석될 수 있기 때문이다.

② 가치중립적이어야 한다.

이것은 과학적 연구에서 가능한 한 연구자의 편견이 들어가지 않도록 해야 한다는 의미이다. 가설에서는 두 변수의 인과적 관계에 대한 진술만 객관적으로 이루어져야 한다. "○○하는 것이 더 좋을 것이다."라는 식의 표현은 연구자의 가치가 개입된 것으로 가설로서 적절하지 않다.

③ 특정화되어 있어야 한다.

이것은 가설이 변수 간의 관계에 관한 진술이라고 했을 때 단순히 관계의 유무만을 서술하는 것이 아니라 관계의 방향성까지도 언급하는 것이 좋다는 의미이다. 예를 들면, "비행친구와 비행 사이에는 관계가 있을 것이다."라는 것은 관계의 유무만을 나타내고 있다. 가설이 특정화되기 위해서는 "비행친구가 많을수록 비행의 가능성이 크다."라고 진술해야 한다.

④ 검증 가능해야 한다.

가설에서 설정하는 개념이 지나치게 추상적이거나 너무 일반적인 경우에는 자료를 통한 경험적 연구를 실행하기 어려운 상황이 발생하게 된다. 또한 이론적으로는 가설 설정이 가능한 주제라 할지라도 시간이나 비용 등의 현실적 여건에 의해 실제 연구 수행이 불가능할 수도 있다. 따라서 가설은 현실적으로 검증 가능한 진술이어야 한다.

예를 들어 민주주의라는 개념을 사용하여 가설을 설정한다고 하였을 때, 민주주의라는 개념은 그 안에 매우 다양한 의미를 지닐 수 있다. 민주주의라는 개념은 하나의 가설에 포함된 개념으로 사용하기에는 지나치게 추상적이기 때문에 현실적으로 경험적 검증이 불가능한 경우라고 할 수 있다.

가설 설정에서 생각해볼 사항

대표 사례의 경우에 '학교급별로 교사의 행복감의 정도에 차이가 있을 것이다.'라는 가설을 설정하는 것이 적절한지 생각해보자. 이 진술은 가설의 형태를 지니고 있는 것처럼 보이지만 엄밀하게 따져보면 가설이라 보기 어렵다. 학교급이라는 변수를 행복감의 원인으로 간주하기 어려운 것이다. 만약 학교급별로 교사의 행복감에 차이가 존재한다면 그것은 학교급이라는 변수의 자체의 효과라기보다는 다른 제3의 요인의 효과일 가능성이 매우 높다. 허위관계의 가능성이 상당히 높기 때문에 학교급에 따른 행복감의 차이에 영향을 미치는 실제 요인을 찾아서 연구모형의 구성해야 한다. 이와 같이 인과적 설명을 목표로 하는 가설의 설정에서 이러한 형태의 가설을 설정하는 것은 바람직하지 못한 것으로 볼 수 있다.

⬤ 대표사례
적용하기   가설 설정

대표 사례의 연구모형에서는 다음과 같은 가설을 설정할 수 있다. 가설 4, 가설 5, 가설 6에서 하위가설이 존재하는 것은 각 개념이 여러 개의 하위 개념으로 조작적 정의될 수 있기 때문이다.

가설 1. 가족관계 만족도가 높을수록 행복감이 높아질 것이다.

가설 2. 건강 수준이 좋을수록 행복감이 높아질 것이다.

가설 3. 종교가 있는 사람들이 없는 사람들보다 행복감이 높을 것이다.

가설 4. 여가활동 정도가 높을수록 행복감이 높아질 것이다.

　가설 4-1 여가활동 시간이 많을수록 행복감이 높아질 것이다.

　가설 4-2 여가활동에 대한 만족도가 높을수록 행복감이 높아질 것이다.

가설 5. 직장 내 인간관계 만족도가 높을수록 행복감이 높아질 것이다.

　가설 5-1 교장과의 관계에서 만족도가 높을수록 행복감이 높아질 것이다.

　가설 5-2 동료 교사와의 관계에서 만족도가 높을수록 행복감이 높아질 것이다.

　가설 5-3 학생과의 관계에서 만족도가 높을수록 행복감이 높아질 것이다.

가설 6. 직업에 대한 자부심이 높을수록 행복감이 높아질 것이다.

　가설 6-1 평판에 대한 주관적 인식이 높을수록 행복감이 높아질 것이다.

　가설 6-2 자신의 교수 능력에 대한 자신감이 높을수록 행복감이 높아질 것이다.

제7장
양화 과정: 조작화 과정, 지수와 척도

　제6장에서 연구자가 관심을 가지는 사회현상(종속변수)을 어떤 요인(독립변수)으로 어떻게 설명할 수 있을지를 구체적이면서 총체적으로 구성한 것을 연구모형이라고 하였으며, 이 연구모형에서 개별적으로 검증이 가능한 가설들을 설정하였다. 다음 단계는 개념 간의 관계를 설정한 가설을 검증하기 위한 경험적 자료를 수집하기 위해서 측정이 가능하도록 변환하는 과정을 거치는 것이다. 이러한 단계를 보통 양화 과정이라고 하는데, 이는 추상적인 개념을 실제로 측정해서 양적 통계 분석 방법을 적용하기 위해서 변수의 각 속성에 숫자를 부여하는 과정을 의미하기 때문이다.

　연구모형에서 구성된 이론적 가설은 조작적 정의 등의 과정을 거쳐서 검증이 가능한 경험적 가설로 변화된다. 여기에서는 조작적 정의의 의미와 조작적 정의를 위해서 필요한 개념인 차원과 지표의 개념에 대해서 살펴볼 것이다. 그리고 측정이 올바로 이루어졌는지 판단할 수 있는 기준인 신뢰도와 타당도의 개념에 대해서 살펴볼 것이다. 마지막으로 지수와 척도의 개념에 대해서 살펴볼 것이다. 일반적으로 조작화 과정을 통해서 하나의 개념은 복수의 문항들로 측정된다. 가설의 검증을 위해서는 특정 개념을 측정한 복수의 문항들을 사용해서 그 개념을 검증할 수 있는 변수, 복합측정을 만들게 되는데, 이때 지수와 척도의 개념에 대한 이해가 중요하다.

1 조작화 과정

가. 가설의 단계

1) 이론적 가설

양화 과정을 이해하기 위해서는 앞 장에서 구성한 가설이 곧바로 직접적인 검증의 대상이 될 수 없으며, 경험적 검증을 위해서 측정이 가능한 다른 형태로 변화되어야 함을 아는 것이 필요하다. 사회과학 연구에서 가설은 선행 연구, 즉 기존 이론들과 그러한 이론들에 근거한 경험적 연구 결과로부터 도출한 결과물이다. 따라서 가설은 기본적으로 이론적 형태를 가지게 된다. 이는 가설을 구성하고 있는 개념들이 추상적이며 포괄적이라 직접 측정하는 것이 불가능하고 따라서 쉽게 경험적으로 검증하기 어렵다는 것을 의미한다.

이와 같이 연구모형을 구성하는 가설, 즉 가설에 포함된 개념과 관계가 추상적이고 포괄적이고 경험적으로 검증하기 어려운 가설을 이론적 가설이라 할 수 있다. 이러한 정의에 따르면 대부분의 사회과학 연구의 가설은 이론적 가설이라고 볼 수 있다(김준호·노성호, 2012: 87-89).

이러한 이론적 가설에 포함된 개념은 직접적인 측정의 대상이 되기 어렵다. 예를 들어 아노미 이론을 검증하기 위해 "아노미가 높을수록 범죄를 더 많이 저지를 것이다."라는 가설을 설정한 후에 이를 검증한다고 해보자. 이때 아노미라는 개념은 추상적이며 포괄적이기 때문에 질문지에서 "당신은 아노미를 얼마나 느끼십니까?"라는 하나의 문항으로 물어서는 안 된다. 문항에 나타난 아노미라는 용어가 구체적으로 의미하는 바가 분명하지 않기 때문에 응답하는 사람들이 그 용어를 이해하지 못하거나 그 용어를 들어본 적이 있는 사람들이라도 생각하는 바가 다를 수 있기 때문에 이렇게 질문하는 것은 적절한 연구방법이 아니다.[15] 마찬가지로 범죄라고 하는 개념도 그 안에 매우 다양한 의미를 포함하고 있기 때문에 "당신은 범죄를 한 적이 있으십니까?"라는 하나의 문항으로 물어서는 안 된다.

이처럼 이론적 가설에 나타난 개념을 측정하기 위해서는 추상적인 개념을 측정 가능하도록 변환하는 과정이 필요한데 이를 조작화라고 할 수 있으며, 여기에는 조작적 정의와 세분화라는 과정이 필요하다. 조작적 정의와 세분화에 대해서는 다음에 좀 더 자세하게 설명하기로 한다.

2) 경험적 가설

하나의 이론적 가설은 조작적 정의와 세분화를 거치면서 경험적으로 검증하기 쉬운 형태

---

15) 질문지를 통해서 이런 방식으로 문항을 구성하여 측정하는 것은 명백하게 잘못된 것이지만 연구방법론에 대한 이해의 부족으로 실제로 이런 식으로 조사가 되는 경우도 적지 않다.

의 여러 개의 하위 가설로 나누어진다. 추상적인 개념들이 조작적 정의와 세분화를 통해서 그 개념을 적절하게 측정할 수 있는 복수의 구체적인 개념으로 변화하게 되며, 이렇게 도출된 측정 가능한 개념으로 구성된 가설을 경험적 가설이라고 할 수 있다. 이론적 가설을 경험적 가설로 바꾸는 과정에는 구체적으로 측정이 가능하게 하는 조작적 정의와 세분화의 개념을 이해하는 것도 필요하며, 동시에 차원과 지표의 개념도 추상적인 개념을 구체적으로 변환하는 데 필요하다.

위의 "아노미가 높을수록 범죄를 더 많이 저지를 것이다."라는 이론적 가설의 예를 청소년 비행 연구에 적용할 수 있도록, 다음과 같은 여러 개의 하위 가설, 즉 경험적 가설을 도출할 수 있을 것이다.

- 열망과 기대 격차가 클수록 지위비행을 저지를 가능성이 높을 것이다.
- 성적에 대한 기대 격차가 클수록 금품갈취와 같은 비행을 저지를 가능성이 높을 것이다.
- 부모가 진학하기 원하는 대학과 본인이 입학 가능한 대학 사이의 격차가 클수록 폭력비행을 저지를 가능성이 높을 것이다.

이상의 예에서는 '문화적 목표와 제도화된 수단의 괴리'를 의미하는 아노미 개념을 구체적으로 '열망과 기대의 격차', '성적에 대한 기대 격차', '부모가 진학하기 원하는 대학과 본인이 입학 가능한 대학의 격차'로, 청소년 비행을 '지위비행', '금품갈취', '폭력비행'으로 조작적 정의 및 세분화한 결과로 경험적 가설을 구성한 것이라 할 수 있다.

나. 조작적 정의와 세분화

1) 조작적 정의

조작적 정의(operational definition)는 추상적인 개념을 구체화하는 출발점이라고 할 수 있다. 조작적 정의라는 표현에서 사용되는 '조작'이라는 표현은 연구자가 연구를 임의로 바꾼다는 부정적인 의미로 사용되는 것이 아니라, 연구자가 경험적으로 조사하기 어려운 추상적인 개념을 경험적으로 조사하기 위해 작전상 정의한다는 의미를 가진다고 볼 수 있다. 가설에서 사용하는 핵심적인 개념을 연구자가 연구목적에 가장 합당하도록 이론이나 선행 연구를 참고하여 가장 적합하게 측정될 수 있도록 조작한다는 것을 의미한다. 이는 조작적 정의가 연구자의 편의대로 임의로 이루어지는 것이 아니라 가설의 개념을 가장 잘 드러낼 수 있도록 이루어져야 함을 뜻한다. 이러한 조작적 정의는 질문지에서 구체적인 문항의 구성과 직접적으로 연결된다(김준호·노성호, 2012: 87-89).

이처럼 조작적 정의를 통해서 추상적인 개념은 구체적으로 관찰할 수 있는 것으로 만들어진다. 예를 들어 "종교성이 높을수록 인간관계 만족도가 좋을 것이다."라는 가설을 정했다고 생각해 보자. 이 경우에 '종교성이 높을수록'이라는 표현에서 '종교성'은 매우 추상성이 높은 개념이기 때문에 직접적인 측정이 불가능하다. 만일 이 가설을 양적 연구방법을 통해 검증하려고 한다면 종교성이라는 추상적인 개념을 실제로 측정할 수 있도록 조작화 해주는 작업이 필요하다. 이때 종교성이라는 개념의 의미를 잘 드러내면서 구체적이며 관찰이 가능하도록 조작적으로 정의해야 한다. 종교성이 높다는 것은 예배 등의 종교의식이나 행사에 참여하는 빈도, 기도하는 시간의 양, 헌금하는 액수 등으로 통해서 드러날 수 있다고 볼 수 있다.[16] 따라서 연구자는 종교성을 '정기적인 종교의식에 참여하는 횟수', '하루 평균 기도하는 시간' 혹은 '종교단체에 헌금하는 액수'와 같이 측정 가능한 것으로 조작적 정의할 수 있을 것이다.

앞서 예를 든 아노미 이론에 대해서 좀 더 살펴보기로 하자. 경험적인 연구에서 조사단위가 개인일 때 아노미는 다음과 같이 조작적으로 정의할 수 있다. 즉 '어떠한 대상에 대해 현실적인 여건을 고려하지 않고 원하는 바를 의미하는 열망(aspiration)과 현실적인 여건을 고려한 실질적인 기대(expectation) 사이의 격차'로 정의할 수 있다.[17] 이러한 조작적 정의는 아노미의 이론적 개념인 '문화적 목표와 제도화된 수단 간의 괴리'를 개인의 수준에서 측정할 수 있도록 조작한 것이다. 사회의 모든 구성원들이 공유하고 있는 문화적 목표, 즉 경제적 성공을 '열망'의 개념으로 측정하는데 열망은 현실적인 제약이 없이 원하는 것(경제적 목표, 교육적 목표 등)의 수준을 의미한다. 반면 자신이 속한 계층 수준에 따라서 제약을 받는 성공을 위한 제도화된 수단은 '기대'라고 정의하는데 이는 자신이 처한 현실적인 여건을 고려했을 때 자신이 이룰 수 있는 수준을 의미한다(김준호 외, 2012: 91-93).

이렇게 조작적으로 정의한다면 다음과 같은 방식으로 조사가 가능해진다. "가정형편이나 능력 등 현실적인 여건을 고려하지 않을 때 어느 정도까지 교육받고 싶은가?"라는 질문과 "가정형편이나 능력 등 현실적인 여건을 고려했을 때 어느 정도까지 교육을 받을 수 있다고 생각하는가?"라고 물어본 뒤 두 문항에 대한 응답의 격차를 아노미 점수라고 간주하는 것이다. 즉 경제적 현실을 고려하지 않을 때 대학교에 가서 교육받고 싶지만, 집안 형편상 대학 진학이 어려워서 고등학교 졸업에 그쳐야 한다면 그 격차만큼의 아노미가 있는 것으로 보는 것이다.

아노미 이론의 또 다른 핵심개념인 범죄 역시 추상적인 개념이다. 인간의 어떤 행동을 범

---

16) 물론 이때 질문지의 문항에 개인의 믿음이 얼마나 좋은지 등의 문항을 사용할 수도 있지만 이 경우에 믿음이 좋은 정도를 나타내는 객관적인 기준이 없기 때문에 적절한 문항이라고 보기 어렵다. 이러한 맥락에서 겉으로 관찰이 가능한 것을 찾는 것이 더 적절하다.

17) 아노미 이론을 사회심리학적 수준에서 아노미는 한 개인의 열망과 기대 간의 격차로, 이를 직접적으로 측정할 수 있다고 보고 열망과 기대 간의 괴리가 클수록 범죄를 저지를 가능성이 높다고 보았다.

죄로 보아야 하는가에 대해서는 매우 다양한 견해 및 학설이 있을 수 있으며, 이러한 모든 측면을 아우를 수 있도록 정의하는 것은 매우 어렵다. 연구의 목적이 '범죄의 본질은 무엇인가'와 같은 종교, 윤리, 철학적인 물음이 아니라 아노미가 현실적인 범죄에 미치는 영향에 관한 연구라면, 범죄를 '현행 형법에 위반되는 행위'라고 비교적 간단하게 조작적 정의할 수 있다.

그렇지만 이렇게 조작적으로 정의한다고 해서 바로 측정 가능한 문항을 만들 수 있는 것은 아니다. 형법을 위반하는 행위라고 규정된 범죄에는 그 안에 매우 다양한 특성을 지닌 행위들이 포함되어 있기 때문에 단순하게 법을 위반하는 행동이라는 한 문항으로 측정하는 것은 곤란하다. 이러한 맥락에서 조작적 정의를 한 후에는 다음에서 설명할 '세분화' 과정을 거쳐서 경험적으로 조사가 가능한 형태의 가설을 도출할 수 있다.

2) 세분화

이론적 가설의 개념은 추상적일 뿐만 아니라 포괄적인 성격을 지니는 경우가 대부분이다. 측정하고자 하는 개념이 포괄적인 경우에는 그 안에 다양한 특성이나 속성을 지닌 행위들이 포함되어 있기 때문에 그 특성에 따라서 구분하지 않고 하나로 측정하는 경우에 정확성에 있어서 문제가 발생할 수 있다.

앞에서 살펴보았던 아노미와 범죄의 개념은 추상적인 개념인 동시에 포괄적이다. 아노미를 열망과 현실적 기대 간의 격차라고 조작적으로 정의하여도 아직은 여전히 포괄적이라고 할 수 있다. 열망과 기대의 격차는 교육 부분에서, 직업 부분에서, 소득이나 재산과 같은 경제적 부분에서 다양하게 측정할 수 있기 때문이다. 따라서 포괄적인 개념을 세분화하면 교육에서 격차, 직업에서 격차, 경제적 격차 등으로 구분할 수 있을 것이다. 또한 중·고등학교 학생을 대상으로 아노미 개념을 측정한다면 성적에서의 기대 격차, 진학하고 싶은 대학과 진학할 수 있는 대학 사이의 기대 격차, 심지어는 동일한 대학이라도 입학하고 싶은 학과와 입학 가능한 학과 사이의 격차도 일종의 아노미로 간주할 수 있을 것이다.

한편 범죄라는 개념 역시 하위 유형이 너무나 많은데, 살인, 강도, 절도, 강간, 방화 등 수많은 형태의 범죄 행위가 존재한다. 청소년을 대상으로 하는 조사에서는 범죄에 대한 더 많은 하위 유형이 존재한다. 형법을 위반한 행위는 물론이고 흔히 지위비행이라고 부르는 사소한 비행도 청소년 비행으로 간주되는데, 음주와 흡연, 음란물 등은 성인에게는 범죄가 아니지만, 청소년이라는 사회적 지위 때문에 금지된 행위에 포함되기 때문이다.

이와 같이 추상적이고 포괄적인 개념은 조작적 정의와 세분화의 과정을 거쳐서 측정 가능한 개념으로 변화하게 된다. 이러한 과정은 다음에 설명할 '차원'이라는 개념과 밀접하게 연관되어 있다.

다. 차원과 지표

1) 차원과 지표의 의미

사회과학에서 연구대상이 되는 개념을 조작화하는 것은 연구방법에서 중요한 단계이지만 사실 쉽지 않은 작업이다. 특히 추상성이 높은 개념일수록 더 어렵다. 추상적인 개념일수록 그 개념이 구체적이지 않고, 담고 있는 내용이 다양하고 많기 때문이다. 예를 들어 편견, 소외감, 종교성 등의 용어들은 언뜻 생각해도 추상성이 높은 개념들이다. 경험적 검증을 위해서는 이러한 용어에서 다수 사람들이 동의할 수 있는 개념화를 이끌어내고 그러한 단계를 거쳐 조작화를 통해 측정이 가능하도록 만들어야 한다. 이러한 일련의 과정에서 조작화 작업을 원활하게 수행하기 위해 적용해야 할 개념이 바로 차원(dimension)과 지표(indicator)이다.

차원과 지표의 개념은 추상적인 개념을 하나의 측정으로 담아낼 수 없기에 개념을 명확하게 하고, 측정을 정확하고 구체화하기 위해서 개념이 담고 있는 내용에 따라서 여러 가지 하위유형을 구분하고, 구체적인 관찰이 가능한 형태로 나누는 데 필요하다. 이러한 과정을 거쳐서 처음에는 추상적이었던 개념을 명확하게 규정된 여러 종류의 차원에 따라 구분하고, 그 차원을 반영하는 다양한 지표를 만들어 낼 수 있다.

먼저 차원에 대해서 살펴보면, 추상적인 개념은 일반적으로 그 개념 안에 다양한 특성과 속성 또는 의미들을 포함하고 있다. 따라서 이러한 개념 중에서 다른 것과 구분되어 특정화될 수 있는 개념의 한 측면을 차원(dimension)이라고 한다. 즉 추상성이 높은 개념에는 그 개념을 나타낼 수 있는 서로 다른 의미가 담겨 있는 다양한 차원이 존재할 수 있다. 추상적인 특정 개념은 선행 연구 등에 의해서 그것을 구성하는 것으로 여겨지는 좀 더 명확한 여러 종류의 하위 차원으로 구분된다. 따라서 이러한 개념을 측정하기 위해서는 개념에 담겨 있는 차원들을 파악하고 그것들을 구분하고 각각을 측정할 수 있도록 만들어주는 것이 필요하다. 예를 들어 앞서 살펴본 '종교성'이라는 개념에는 신념 차원, 의례 차원, 헌신 차원, 지식 차원 등의 여러 차원이 존재하는 것으로 볼 수 있고, 조작화 과정에서는 이러한 차원들을 특정화해서 구분하여 측정하는 것이 필요하다.

이와 같이 개념을 구성하는 차원을 특정화하였을 때 연구자가 특정화된 차원을 반영하는 것으로 판단하여 실제로 구체적으로 관찰할 수 있도록 선택한 것을 지표(indicator)라고 한다. 즉 개념에 명확한 의미를 부여하고 그 개념이 존재하는지 여부 또는 그 강도를 보여주는 징표 또는 관찰 사례이다. 예를 들면, 종교성 개념에서 의례 차원을 반영하는 지표 중의 하나로 예배 참석 여부 또는 빈도를 사용할 수 있으며, 종교성의 지식 차원을 반영하는 것으로 경전에 대한 지식의 정도를 지표 중의 하나로 사용할 수 있을 것이다. 하나의 개념이 여러 개의 하위 차원으로 구분되듯이, 하나의 차원에 대해서도 여러 개의 지표를 사용하는 것이 가능하다. 결국 이러한 지표가 질문지에서 문항으로 나타나게 된다고 볼 수 있다(Babbie, 2013: 254-258).

개념의 측정을 위한 차원과 지표의 사용

사례보기

　　종교성이라는 추상적 변수를 개념화한다고 가정하자. 처음 종교성이라는 용어를 마주할 때 무엇을 의미하는지는 알고 있지만, 딱히 설명하기는 쉽지 않다. 종교성이라는 용어의 추상성이 높아서 개념화가 쉽지 않아 보인다. 이때 종교성이 가지고 있을 법한 하위영역을 생각해 보자. 이 과정에서 연구자는 상식으로 고려하는 것이 아니라 기존 선행 연구 등을 고찰하면서 얻은 지식에 근거하여 하위영역을 고려하게 된다.

　　어떤 경우에 종교성이 높다고 할 수 있을까? 관련 논의에 따르면 일반적으로 종교성이 높다고 할 때 주로 논의되는 것은 신에 대한 믿음과 관련한 신념 차원, 의식행사와 관련된 의례 차원, 교회나 사찰에 헌금을 내는 헌신 차원 등이다. 이렇게 '종교성'이라는 추상적 개념에 대하여 3가지로 특정화될 수 있는 측면을 차원이라고 할 수 있다.

　　이처럼 차원이라는 개념의 하위영역이 구성되면 그 차원에 해당하는 관찰 가능한 구체적인 문항 내용을 선택할 수 있게 되는데, 이를 지표라고 한다. 예를 들면, 예배에 참여하는 빈도는 의례 차원의 종교성과 관련한 지표가 된다. 그리고 교회나 절에 내는 헌금의 액수는 헌신 차원의 종교성과 관련한 지표가 될 수 있다.

2) 단일지표와 다중지표

　　상대적으로 단순한 개념에 해당하는 변수는 한 번의 관찰로 측정할 수 있는 경우가 많다. 예를 들어 사회현상의 다양한 측면에서 큰 영향을 미치는 '성별'이라는 변수는 '남성 또는 여성'으로 한 번에 측정할 수 있다. 이처럼 특정 개념을 측정하기 위한 지표가 하나인 경우에는 그 개념은 단일지표로 측정이 가능할 것이다.

　　그렇지만 추상성이 높고 복잡한 개념은 여러 차원의 하위영역이 있을 것이고, 그에 따라 하나가 아닌 여러 지표가 그 개념을 측정하기 위해 사용될 것이다. 이처럼 특정 개념이 여러 지표로 구성되는 것을 다중지표라고 한다. 앞서 예를 들었던 종교성은 다중 차원의 다중지표에 의해 측정될 수 있는 개념의 예라고 할 수 있다. 이처럼 다중지표를 통해서 측정된 개념은 조사를 마친 후 분석하는 과정에서 복수의 지표들을 묶어서 하나의 개념으로 변환하는 과정을 거쳐야 한다. 이러한 과정은 뒤에 나올 지수와 척도 부분에서 좀 더 자세하게 설명하도록 하겠다.

핵심 개념의 조작화 과정 예시

• 대표 사례에서 개념들을 구체적으로 측정하는 작업인 양화, 즉 조작화를 어떻게 할 것인가에 대해 생각해 보도록 하자. '교사들의 행복감에 영향을 주는 요인에 대한 연구'에서 핵심적 개념은 종속변수인 교사들의 '행복감'이다. 행복감을 어떻게 측정할 것인가? 행복감은 추상성이 매우 높은 개념이다. 행복감이라는 개념은 개인이 행복하다고 느끼는 주관적 의식이라고 할 수 있다. 이 행복감을 어떻게 측정할 것인지를 정확하게 구체화하는 것이 조작적 정의이다.

• 행복감을 조작적 정의하기 전에 먼저 개념화에 대해서 생각해보는 것이 필요하다. 행복감이라는 용어가 갖는 의미가 무엇이며 이 개념을 다수의 사람이 어떻게 받아들이고, 그 개념의 의미에 얼마나 동의할 것인가에 대해 고민하는 작업이 필요하다. 예를 들면 행복감은 어떤 내용을 포함할까? 하나의 측면만을 생각할 수 있을까? 아니면 여러 측면을 포함하는 개념일까? 이런 고민을 통해 행복감이라는 추상적 개념에서 보다 구체적이고 정확한 개념으로 다가가는 작업이 필요하다. 이 과정에 행복감과 관련하여 읽은 다양한 선행연구들이 답을 찾는 데 도움을 줄 것이다. 그리고 이러한 개념화 작업을 통해 행복감이라는 개념 혹은 변수에 대해 다수(모든 사람은 아닐지라도)가 동의할 수 있는 조작화가 이루어질 수 있다. 따라서 개념화는 조작화가 이루어지기 위해서 반드시 선행되어야 할 단계라고 할 수 있다.

• 추상성이 높은 개념을 조작화할 때 그 개념의 차원과 그 차원을 대표하는 지표가 무엇인가를 생각해보는 것이 그 개념을 측정하기 위한 좋은 시작이 될 것이다. 그렇다면 행복감을 느끼는 차원은 무엇이 있을까? 이론적 논의 등을 바탕으로 고려해 보면 행복감의 차원은 '물질적 풍요에 대한 만족감, 일로부터 얻는 보람, 사람들과의 관계 속에서 얻는 기쁨' 등 여러 차원을 나누어 생각해 볼 수 있다. 이렇게 다양한 차원이 정리되면 그다음에 각 차원에 적합한 지표를 생각해 볼 수 있을 것이다.
예를 들면 '물질적 풍요에 대한 만족감'이라는 차원은 어떤 지표를 포함할 수 있을까? 아마도 '소득에 대한 만족감'이 제일 먼저 들어갈 것이다. 소득과 상관없이 본인이 가지고 있는 '재산 정도에 대한 만족감'도 포함될 수 있을 것이다. '일로부터 얻는 보람'이라는 차원에 대해서 이것을 대표할 수 있는 지표는 무엇이 있을까? 본인의 '현재 직업에 대한 만족감', 본인의 '현재 직업과 평소에 희망하는 직업의 일치 정도', '직업활동으로부터 보람을 얻는지 여부' 등이 가능할 것이다. '사람들과의 관계 속에서 얻는 기쁨'의 차원과 관련된 지표들을 생각해보자. '평소 사회관계망이 풍부한 정도', '평소에 사람들과의 관계에서 느끼는 만족감', '고민을 상담할 수 있는 사람의 존재 또는 그 숫자' 등이 지표가 될 수 있을 것이다.

- 이상에서 보여준 사례와 같이 다양한 차원과 지표를 사용해서 행복감이라는 추상적 개념을 조작화해 나갈 수 있다. 추상성이 높을수록 차원과 지표의 수도 늘어날 것이고, 자연히 하나의 문항이 아닌, 여러 문항을 포함하는 다중지표의 설문 문항이 만들어질 것이다.

가설검증을 위한 변수들의 조작화 사례

여기에서는 대표 사례에서 제시한 6개의 가설에 대한 조작적 정의의 사례를 소개하고 함께 생각해보도록 하겠다.

가설 1. 가족관계 만족도가 높을수록 행복감이 높아질 것이다.

여기서 '가족관계 만족도'가 독립변수이고 '행복감'이 종속변수이다. 가족관계 만족도와 행복감은 추상적인 개념의 상태이고, 이 개념을 구체적으로 측정할 수 있도록 해주는 작업을 조작화라고 부른다는 것을 앞에서 언급하였다. 그리고 측정을 위해 이러한 추상적 개념을 구체적인 숫자로 나타내는 양적 자료로 만들어주는 작업을 양화라고 한다.

가족관계 만족도는 '가족들과의 관계에 대한 주관적인 만족도'로 조작화할 수 있다. 가족관계 만족도를 묻는 문항은 몇 문항으로 구성하는 것이 좋을까? 가족관계 만족도는 추상성이 높은 주관적 태도이므로 한 문항만으로는 부족하다. 따라서 여러 문항으로 구성된 다중지표로 구성되어야 할 것이다. 여기서 우리가 생각해 보아야 할 문제는 '가족관계에서 만족도가 높다는 것은 무엇일까? 어느 때 가족들에게 만족감을 느낄까? 여기에는 다양한 차원들이 존재하는가? 있다면 그 차원을 보여주는 지표는 무엇일까?' 이 문제에 대한 대답에 따라 개별 문항들이 만들어질 것이다.

우선 가족관계 만족도는 물리적 차원에서의 관계 만족도, 정신적 차원에서의 관계 만족도로 나눌 수 있을 것이다. 물리적 차원에서의 가족관계 만족도는 형식적 만남 등의 관계에 대한 만족도를 말한다. 이런 차원의 지표는 가족 구성원끼리 대화하거나 식사하는 것에 대한 만족감, 가족 간의 모임에 대한 긍정적 인식 등이 될 수 있다. 이러한 지표를 묻는 문항은

"당신은 가족구성원과 대화하는 시간이 즐겁습니까?", "당신은 가족구성원이 함께 식사하는 것을 좋아합니까?", "1년 동안 당신의 가족 행사 중에 당신은 어느 정도 비율로 참여합니까?" 등으로 만들면 된다.

정신적 차원의 가족관계 만족도는 물리적 만남이나 형식적으로 드러나는 관계가 아니라 정신적 교감의 정도에 대한 만족도를 말하는 것이다. 이런 차원의 지표는 가족 간의 고민상담, 역할모델 등에 대한 만족도가 될 수 있다. 이러한 지표를 묻는 문항에는 "고민이 생겼을 때 당신은 가족구성원과 얼마나 자주 상담하십니까?", "당신은 가족구성원 중에 본인의 역할모델로 삼고 싶은 사람이 있습니까?" 등이 포함될 수 있다.

가설 2. 건강 수준이 좋을수록 행복감이 높아질 것이다.

여기서 건강 수준은 건강에 대한 자신의 주관적 인식을 묻는 다섯 개의 문항으로 조작적 정의를 할 수 있다. 이때 이 다섯 개의 문항을 지수로 만들 것인지 아니면 척도로 만들 것인지는 연구자의 선택에 달려 있다.

가설 3. 종교가 있는 사람들이 없는 사람들보다 행복감이 높을 것이다.

이 가설은 종교의 유무가 측정해야 하는 개념이기에 단일지표, 즉 한 문항으로만 구성할 수 있다.

가설 4. 여가활동 정도가 높을수록 행복감이 높아질 것이다.

이 가설에서는 여가활동 정도라는 개념의 조작적 정의가 필요하다. 무엇을 여가활동 정도라고 볼 것인가? 여기서는 여가활동 시간과 여가활동에 대한 만족도를 여가활동 정도를 나타내는 하위영역으로 보고 이 두 개념을 변수로 사용하여 하위가설을 설정하였다.

여가활동 시간은 실제 여가활동의 양적 측면을 시간 수치로 묻는 비율측정의 방법으로 문항을 구성하면 된다. 이때 여가시간이 많다 혹은 적다로 서열측정으로 물어볼 수도 있지만, 앞 장에서 언급했듯이 측정 수준이 높을수록 자료의 수준이 높고, 따라서 통계 분석을 통한 정보의 수준도 높기 때문에 가능한 측정 수준이 높은 문항으로 구성하는 것이 좋다. 여가활동에 대한 만족도는 여가활동에 대한 주관적 만족에 대한 인식을 묻는 문항을 구성한다.

가설 5. 직장 내 인간관계 만족도가 높을수록 행복감이 높아질 것이다.

이 가설에서는 직장 내 인간관계 만족도가 핵심 개념인데, 직장 내 인간관계를 세 가지 차원의 하위영역으로 나누어 볼 수 있다. 교장과의 관계, 동료 교사와의 관계, 학생과의 관계에 대한 만족도를 묻는 문항을 통해 이러한 관계의 만족도에 대한 주관적 인식을 물어볼 수 있다. 여기서도 단순히 '좋다' 혹은 '나쁘다'라고 대답하게 하는 문항보다는 리커트 척도로 구성된 문항을 사용하는 것이 측정 수준을 높이는 방법이다.

가설 6. 직업에 대한 자부심이 높을수록 행복감이 높아질 것이다.

이 가설에서는 직업에 대한 자부심에 대한 조작적 정의가 필요하다. 여기서는 직업적 자부심의 개념을 두 가지 차원으로 나눌 수 있다. 교사라는 직업의 사회적 평판에 대한 주관적 인식과 교사 자신의 교수능력에 대한 자신감이라는 하위 차원으로 구분하고 구체적인 지표를 구하면 된다. 두 차원 모두 주관적 인식이기 때문에 5점 리커트 척도로 물을 수 있는 문항을 구성할 수 있다. 여기서 5점 척도로 할 것인지, 10점 척도로 할 것인지는 연구자가 자유롭게 선택하면 된다.

위의 대표 사례에서의 가설에서처럼 독립변수가 주로 태도나 주관적 인식을 묻는 경우에는 단일지표가 아니라 다중지표로 묻는 문항을 구성하는 경우가 많다. 이 경우에는 측정이 올바르게 이루어졌는지 확인하기 위해서 측정한 문항들의 신뢰도와 타당도를 체크해 보는 일이 중요하다.

라. 조작적 정의에서 유의해야 할 사항

일반적으로 연구주제가 정해지고 가설을 설정하고 난 후, 그 가설의 검증을 위해서 조작화 과정을 통해서 개념의 양화를 시도하고, 이를 통해서 질문지의 문항을 만드는 것이 순서이다. 그렇게 되면 자연스럽게 변수의 개념화와 조작화가 이루어지고, 이에 따라 질문지의 문항이 구성되게 된다. 이러한 순서가 이상적인 것이고, 이러한 과정을 따를 때 질문지의 문항이 이론과 그 이론에 기초한 개념화, 그리고 조작화가 이루어지고 난 다음에 이루어지기 때문에 질문지의 문항에는 연구에서 중요한 개념이 측정을 위한 조작화를 통해 잘 담길 가능성이 높다. 연구자가 직접 자료를 수집하는 경우에는 이러한 과정을 거쳐서 자료의 수집이 이루어지기 때문에 자연스럽게 연구가 진행될 수 있다.

그런데 연구자가 직접 자료를 수집하지 않고, 다른 연구자나 연구 기관이 조사한 2차 자료를 사용하는 경우에는 이미 수집된 자료의 질문지 문항을 사용해야 한다. 연구자가 연구주제를 정하고 이론과 선행 연구를 고찰하고, 그 이론과 선행 연구에 기초해서 가설을 설정한 후에 조작화가 이루어지는 단계에서 기존의 질문지 문항의 제약을 받게 된다. 2차 자료를 사용하는 경우에는 이처럼 기존의 질문지 문항에서 연구자가 측정에 필요한 문항을 선택하는 것이 상당히 빈번하게 이루어지는 연구 과정이다.

특히 정부출연 연구 기관에서 실시한 질문지 조사의 경우는 표본이 상대적으로 크고 광범위한 주제를 포함하고 있는 질문 문항들을 담고 있는 경우가 많아서, 이 조사 자료를 가지고 연구자가 특정한 주제를 연구하기 위해서는 질문 문항 중에 연구자의 연구주제에 맞는 질문 문항만을 취사선택해야 한다. 이때 연구자가 선택한 질문 문항이 연구자의 연구주제 혹은 변수의 조작화에 따른 타당도를 갖춘 질문 문항이 될 수 있는지가 중요한 문제가 된다.

그런데 이 경우에는 연구자가 연구주제를 정하고 가설을 설정한 다음, 그 가설의 검증을 위해 변수에 대한 조작적 정의를 함에 있어서 제약을 받는다. 이때 연구자는 이미 존재하는 질문 문항이 연구자 본인의 연구목적이나 개념화 그리고 조작화와 잘 매치가 되지 않을 수도 있다. 이럴 경우에는 질문 문항과 연구자가 애초 의도했던 구상과의 차이로 인해 연구 결과의 신뢰성이나 일반화 과정에 문제가 발생할 수 있다.

이를 피하기 위해서는 자신의 연구목적과 연구 내용에 적합한 2차 자료를 찾는 노력이 필수적이다. 아무리 연구모형을 잘 구성하였다고 해도 개념에 대한 조작화 과정에서 개념의 내용과 측정한 문항 사이에 괴리가 크다면 그러한 자료를 사용한 경험적 검증은 의미 없는 작업이 되기 때문이다. 때로 연구를 수행하고자 하는 욕심으로 인해서 연구자들이 이러한 조작적 정의의 과정을 무시하고 연구를 진행하는 경우가 있는데 이는 연구자들이 스스로 피해야 할 상황이다.

사례보기
조작적 정의를 지표로 드러내는 과정에서 오류 가능성

직접적인 행위가 아니라 행위에 대한 인식을 측정하고도 이를 정확하게 밝히지 않아 오류가 나타나는 경우가 있다. 노인의 사회자본과 정치 참여에 관하여 '노인들의 사회자본이 높을수록 정치 참여 정도가 높을 것이다.'라는 가설을 검증하는 연구를 하는 경우를 보자. 이때 독립변수인 '사회자본'과 관련하여 실제로 사용한 문항의 예를 들면 "어르신께서는 다음과 같은 사회생활 전반에 대해 어떤 생각을 하고 있습니까?"라고 묻고 "1) 대부분의 사람을 신뢰할 수 있음, 2) 사람들은 날 공정하게 대해 주려함, 3) 사람들은 대체로 날 도우려 함"이라는 문항에 대해 각각 5점 척도에 따라 응답하도록 하였다고 하자.

이 문항은 노인의 사회자본을 직접적으로 측정할 수 있는 정확한 지표가 될 수 있을까? 문항을 엄격하게 살펴보면 노인들이 주변 사람들에게 가지고 있는 신뢰에 대한 주관적 인식을 측정한 것이지 실제로 그들이 소유한 사회자본의 개념을 직접 측정한 것으로 보기 어렵다. 위의 질문은 차라리 사회자본에 대한 노인들의 주관적 인식을 측정하는 것에 가깝다.

따라서 위의 질문을 고려한다면, 해당 질문을 가지고 수행한 연구에 대하여 '노인의 사회자본에 대한 주관적 인식이 정치 참여에 미치는 영향'이라고 제목을 수정하는 것이 적절할 것이다. 이처럼 실제적인 행위나 현상과 그 행위나 현상에 대한 인식이나 평가, 태도 등은 별개의 것이다. 하지만 연구자들이 이것을 혼동하는 경우도 있고, 심지어 의도적으로 이러한 자료를 사용하는 경우도 있다. 이는 분명히 잘못된 연구 태도이다.

다른 경우를 살펴보자. 연구자가 변수를 조작적 정의할 때 그 변수에 대하여 직접적 측정을 하지 않아서 문제가 되는 경우도 흔히 발생한다. 예를 들면 '비행친구가 비행에 미치는 학습효과에 관한 연구'라는 주제를 가지고 청소년들에게 질문지 조사를 한다고 가정해보자. 이는 차별교제 이론에 근거한 것이고, 이에 따라 비행친구 유무가 중요한 것이 아니라 그를 통해 비행의 문화와 행동을 긍정적으로 학습하는가가 중요하다. 즉 이 연구에서 중요한 것은 비행친구 유무가 아니라 비행친구를 통해 비행에 미치는 학습 효과가 있는 것인가를 밝히는 것이어야 한다. 따라서 질문 문항도 '비행친구가 비행에 미치는 학습효과'를 어떻게 조작화할 것인가가 연구의 관건이라고 할 수 있다.

그런데 연구자들은 질문지에서 학습효과(예를 들면 비행적 가치나 태도를 배우게 되는 메커니즘)를 측정하는 대신에 단순히 응답자의 비행친구의 수와 비행을 저지른 횟수를 묻는 문항을 가지고 그 상관관계에 따라 '비행친구가 비행에 미치는 학습효과'를 검증하였다고 주장하는 경우도 있다. 하지만 이러한 결과에서 '비행친구의 수'는 '비행친구가 비행에 미치는 학습효과'를 직접 측정한 것이 아니기 때문에 이 질문 문항만 가지고는 이러한 주제의 연구를 올바로 수행하였다고 보기 어렵다.

이처럼 측정을 위한 조작적 정의가 연구자가 사용하는 질문 문항과 잘 부합되는지를 면밀히 살펴보아야 한다. 아무리 방법론적으로 완벽하고 차원 높은 통계적 방법을 사용하였다고 해도 변수의 조작적 정의가 제대로 이루어지지 않는다면 연구자가 연구한 대상은 연구자 본인이 애초에 연구대상으로 삼고자 했던 것과는 괴리가 있는 다른 연구대상을 연구한 결과가 초래된다.

② 측정도구의 신뢰도와 타당도

조작적 정의 등의 조작화 과정을 통해서 지표를 구성하여 측정이 이루어졌다면 그러한 지표 구성과 측정이 올바로 이루어졌는지 판단할 수 있는 기준이 존재해야 한다. 그렇지 않다면 개념에 대한 정확하고 올바른 측정이 이루어졌는지 판단할 수 없기 때문이다. 이러한 기준으로 사용되는 것이 바로 측정 도구의 신뢰도와 타당도이다.

가. 신뢰도

1) 신뢰도의 의미

신뢰도란 같은 현상을 반복적으로 측정했을 때 매번 같은 결과를 얻을 수 있는가를 의미한다. 신뢰도는 다른 말로 하면 일관성이라고 할 수 있다. 만약 측정도구가 반복된 측정에서 동일한 결과를 이끌어내지 못한다면 그 측정도구는 신뢰성을 가지고 있지 못한 것이다. 몸무게를 측정하는 데 사용하는 측정도구는 저울이다. 만약 같은 저울을 사용하여 몸무게를 여러 번 측정했을 때 몸무게가 매번 다르게 나온다면 그때 사용한 저울은 신뢰도가 낮은 저울이고 따라서 새로운 저울로 교체해야 한다.

2) 신뢰도에서 중요하게 여기는 두 가지 기준

신뢰도를 측정하는 방법에는 크게 안정성과 동등성이라는 두 가지 기준이 있다. 첫째, 안정성은 두 시점 또는 그 이상의 시점에서 동일한 내용을 측정할 때 나타나는 것이다. 둘째, 동등성은 태도를 측정하기 위하여 여러 개의 문항을 더하여 사용할 경우에 나타나는 것으로서, 태도의 지표로 각 문항이 갖는 동등성을 의미한다.

3) 신뢰도를 측정하는 방법

신뢰도를 측정하는 방법으로 검사-재검사법, 반분법, 내적 일관성법이 있다.

가) 검사-재검사법

검사-재검사법은 위에 제시한 두 가지 기준 중에 안정성과 관련이 있다. 동일한 측정도구를 한 번 이상 측정하여 그 값 간에 어느 정도로 높은 상관이 있는가를 보고 신뢰도를 평가하는 것이다.

그러나 검사-재검사법은 다음과 같은 한계가 있다. 많은 경우에 있어서 사회현상은 그것이 일어나는 바로 그 한 시점밖에 측정하지 못한다는 점과, 두 번째 시점의 측정 시에 첫 번째 시점의 측정을 기억하여 그로 인해 영향을 받을 가능성이 있다는 점이다.

나) 반분법

반분법은 추상성이 높고 복잡한 개념을 측정하기 위해서 여러 개의 문항을 구성하게 될 때, 전체의 문항을 두 개의 세트로 무작위로 나눈 후에 이 두 개의 문항 세트 간에 상관계수를 알아보는 방법이다. 이는 위에서 제시한 동등성 기준을 고려한 것이다. 만약 이 두 개의 질문 문항 세트 간의 상관계수가 낮다면 이 문항들은 측정에서 신뢰도에 문제가 있을 가능성이 높은 것이다.

다) 내적 일관성법

내적 일관성법은 문항 상호 간에 어느 정도 일관성을 가지고 있는가를 측정하는 방법이다. 이 또한 위에서 제시한 기준 중에서 동등성을 고려한 것이다. 문항 상호 간의 내적 일관성을 측정하기 위해 일반적으로 많이 사용하는 것이 크론바하 α값을 구하는 것이다. 주로 추상적인 개념을 측정하기 위한 복수의 문항들에 대해서 그 단일한 개념에 대해 일관성을 가지고 있는 문항들인지의 정도인 지수나 척도의 신뢰도를 검사하기 위해 이 방법을 사용한다.

크론바하 α값은 0에서 1까지 이르는 값으로, 0에 가까울수록 문항 간에 내적 일관성이 없는 것이며 1에 가까울수록 문항 간에 높은 내적 일관성을 가지는 것이다. 이 값은 일반적으로 문항 간 평균상관관계가 커질수록, 문항의 수가 증가할수록 커진다. 일반적으로 0.7 정도의 값을 가지면 내적 일관성이 있는 문항들로 구성되었다고 평가한다.

나. 타당도

1) 타당도의 의미

타당도는 측정하고자 하는 개념을 정확하게 반영하여 측정하고 있는지를 나타내는 것이다. 보다 자세히 말하자면, 타당도는 측정도구가 실제로 측정하고자 하는 개념을 측정하고 있는가, 그리고 그 개념을 정확히 측정하였는가 하는 두 요소를 포함하고 있다. 예를 들어 '행복감'을 측정한다고 하여 10가지 문항을 만들었다면, 그 문항에서 묻고 있는 내용이 정확하게 행복감을 다루는 것인지, 그리고 그러한 방식이 행복감을 측정하기에 적합한지 등을 파악하는 것이다.

2) 타당도 측정을 위한 방법

이러한 타당도를 측정하기 위한 방법에는 다음의 몇 가지가 있다.

가) 액면타당도

특정한 사회현상에 대한 경험적 척도는 특정 현상에 대한 개념과 연관된 일상적인 합의나 사회구성원이 생각하여 구상하는 정신적 이미지와 일치할 수도 있고 일치하지 않을 수도 있다. 그런데 어떤 사회현상을 변수로 전환하여 이를 측정하는 문항을 만들었을 때, 해당 문항에 대하여 통상적으로 사회구성원이 그 현상에 대하여 합리적인 측정이라고 합의할 수 있도록 문항이 구성되었다고 판단하는 것을 액면타당도(face validity)라고 한다. 안면타당도라고도 불린다.

주로 응답하는 비전문가가 보아도 해당 문항에서 묻는 내용이 무엇인지를 정확하게 파악하는 경우에 액면타당도가 있다고 볼 수 있다. 예를 들면 '종교행사에 참여하는 빈도'를 묻는 문항은 한 개인의 '종교성'이라는 변수를 측정하는 지표라는 점은 이와 관련하여 많은 설명을 하지 않아도 사회구성원들 대부분이 수긍할 것이다. 이처럼 사회구성원이 타당하다고 인정하는 것에 기반을 둔 것이 액면타당도이다.

나) 내용타당도

내용타당도(content validity)는 측정하는 것이 해당 개념에 포함된 의미들을 어느 정도로 포함하고 있는가를 고려하는 것을 가리킨다. 예를 들어 사회경제적 지위라는 개념은 소득, 직업, 명예 등 다차원적인 요소를 포함한다. 이러한 다차원적 개념은 각각의 차원들이 하나의 내용영역을 가지고 있고, 이 하위영역들을 측정하기 위해 여러 문항을 만들 수 있다. 내용타당도는 이러한 문항 구성 과정이 그 개념을 얼마나 포괄적으로 잘 반영하고 있는가, 그리고 문항들이 각 내용영역의 독특한 의미를 얼마나 잘 나타내 주고 있는가를 의미한다. 주로 내용타당도는 해당 분야의 전문가 자문 등을 통해서 측정하고자 하는 것을 정확하게 측정하고 있는지를 판단하는 과정을 거쳐서 파악할 수 있다.

다) 기준관련 타당도

기준관련 타당도(criterion – related validity)는 준거관련 타당도라고도 번역되는데, 이는 측정하는 것이 어떤 외부의 기준(준거)과 관련하여 타당한지를 파악하는 것을 말하는 것이다. 일반적으로 기준관련 타당도는 사용하고 있는 측정도구의 측정치와 기준이 되는 측정도구의 측정치와의 상관관계로 나타난다.

예를 들어 대학수학능력 입학시험의 타당도는 말 그대로 학생이 성공적으로 대학에서 학업을 수행하는 것을 예측하는 능력과 관련이 있어서 그들 간의 상관을 파악하면 된다. 이처럼 기준관련 타당도에서는 준거를 예측하는 정도를 따진다는 점에서, 다른 말로 예측타당도(predictive validity)라고 부르기도 한다.

라) 구성타당도

구성타당도(construct validity)는 어떤 측정도구가 그것이 측정하려 하는 이론화된 과학적 구성체(theorized scientific construct)인 개념이나 이론 등과 어느 정도 상관관계를 갖고 측정을 잘하는지를 판단하는 것이다. 구인타당도라고도 불린다. 여기서 말하는 과학적 구성체는 기존 지식의 어떤 측면을 설명하고 체계화하기 위하여 개발한 이론적 개념이다. 즉 구성타당도는 어떤 측정도구가 원래 측정하려고 의도했던 내용을 실제로 잘 측정하고 있는 정도를 가리킨다. 이를 재는 방법으로 통계 분석 방법 중 하나인 요인 분석을 많이 사용하며, 검사 과정의 분석 및 타 검사와의 상관 등을 통해 파악하기도 한다.

예를 들어 결혼 만족도의 원인에 대해 연구를 한다고 가정하면, 연구자는 결혼 만족도를 측정하는 척도를 개발하고 그 척도의 타당도를 평가해 볼 것이다. 이때 연구자가 결혼 만족도가 다른 변수들과 맺는 관계에 대해 일종의 이론적 예측을 해볼 수 있다. 예를 들어 결혼생활에 만족하는 부부들이 그렇지 못한 부부들보다 배우자들을 덜 속일 것(결혼 충실도)이라고 가정하는 것은 합리적으로 볼 수 있다. 만약 결혼 만족도라는 척도가 우리가 기대한 방향으로 결혼 충실도(이 결혼 충실도는 이미 검증된 척도라고 가정하자)와 상관관계를 보인다면 그것이 결혼 만족도의 측정치의 구성타당도가 된다.

신뢰도와 타당도의 의미

　신뢰도란 같은 현상을 반복적으로 측정하였을 때, 매번 같은 결과를 얻을 수 있도록 하는 측정 방법상의 특징을 말한다. 아래 그림에서 영점 사격의 예로 들면, 매번 사격할 때마다 과녁의 비슷한 위치를 맞춘다면 이는 신뢰도가 있다고 평가할 수 있는 것이다.
　타당도란 측정하려고 의도된 개념을 정확하게 반영하는 측정을 기술하는 용어이다. 아래 그림에서 영점 사격의 예로 들면, 사격을 했을 때 과녁의 중심부를 맞출 수 있다면 이는 타당도가 있다고 평가할 수 있는 것이다.

신뢰할 수 있지만 타당하지 않음

타당하지만 신뢰할 수 없음

타당하고 신뢰할 수 있음

자료: Babbie, E., 2013, 사회조사 방법론 13판, p. 291.

③ 지수와 척도

　조작화 과정에서 살펴본 바와 같이 추상도가 높은 개념은 다양한 하위 차원을 가지고, 다중지표에 의해서 측정된다. 이는 그 개념의 측정이 한 문항이 아니라 여러 개의 문항으로 이루어진다는 것을 의미한다. 추상적인 개념을 하나의 문항으로 구성하여 측정하는 것이 아니라 여러 문항으로 구성하여 측정하였을 때 그 개념을 더 잘 측정한다고 할 수 있기 때문이다.

　이처럼 여러 지표 또는 문항으로 측정된 개념은 자료를 수집한 후에 개별 지표 단위로 분석에 사용하는 것이 아니라 개념을 중심으로 여러 지표의 측정치를 하나의 측정치로 결합하는 과정을 거치게 된다. 예를 들어 '종교성'이라는 개념을 측정하기 위해서 6개의 지표를 사용하여 측정하였다면, 자료를 수집한 후에 이 6개의 지표를 하나의 측정치로 묶는 작업을 하게 된다. 이때 이와 같이 결합된 추정치를 복합측정 또는 합성측정(composite measures)이라고 한다.

이와 같은 합성측정은 사회과학 연구에서 빈번하게 사용되는데 합성측정을 구성할 때 사용되는 대표적인 것이 지수(index)와 척도(scale)이다. 질문지 조사에서 지수와 척도를 구별하지 않고 같은 개념으로 사용하고 있는 경우도 많지만, 그 용어가 의미하는 바를 구분해서 이해하고 있는 것이 필요하다.

가. 지수와 척도의 의미

지수(index)는 복수의 지표로 측정하였을 때 개별 지표에 할당된 점수를 합산해서 합성측정을 구성하는 방식의 측정도구이다. 이때 문항의 수준을 고려하지 않고 모든 문항을 동일한 수준으로 간주해서 합산한다. 구체적인 문항이 0 또는 1로 응답하게 한 문항이라면 1이라고 응답한 문항의 수가 몇 개인지 파악하는 방식으로 지수를 구성한다. 이때 1이라고 응답한 문항의 수가 중요할 뿐 어떤 문항에 1이라고 응답했는지는 관심의 대상이 아니다.

예를 들면 '자아 존중감'이라는 개념을 측정하기 위해 6개의 문항을 사용하여 자료를 수집한 후에 지수를 만든다고 가정해보자. '자아 존중감'을 측정하는 6개의 문항에 대해 동의를 구하는 문항들에 '예', '아니요'라고 답하게 한 후, '예'라고 답변하면 1점, '아니요'라고 답변하면 0점을 부여한다. 그리고 6개의 개별 문항에 0 또는 1로 부여된 점수를 합산하여 최종 점수를 주는 방식이 지수를 구성하는 방식이다. 이렇게 하면 최고점수 6점, 최저점수 0점의 지수가 구성된다. 지수에서 점수 부여가 항상 0과 1만 되는 것은 아니다. 각 문항별로 동일하게 응답자의 선택에 따라 0, 1, 2, 3 등으로 선택할 수 있도록 점수를 부여해도 된다. 다만 6개의 문항 중에서 어떤 문항에 동의하고 어떤 문항에 동의하지 않았는지를 고려하지 않으며 단지 동의한 문항의 수나 각 문항에 부여한 점수를 합한 값을 중심으로 서열적인 성격을 가진 지수를 구성한다.

그런데 척도는 이와 조금 다르다. 때로는 개념을 측정함에 있어서 문항 간에 논리적 수준이나 경험적 수준에서 차이가 있을 수 있다. 즉 문항 간에 측정하고자 하는 변수를 더 잘 드러내는 강도에 있어서 차이가 있을 수 있다. 이처럼 문항들을 결합함에 있어서 문항 간의 수준을 고려하거나 변수를 나타내는 강도의 차이를 고려하여 합성측정을 구성하는 것을 척도(scale)라고 한다. 척도에서는 몇 개의 문항들 사이에 논리적 혹은 경험적 구조를 가지며, 문항 간에 측정하고자 하는 변수의 정도를 나타내는 강도에 있어서 차이가 존재한다. 응답자들도 이러한 문항 간의 차이를 인식하면서 답변을 하게 되며, 그 응답의 유형에 따라 점수를 달리 부여하게 된다.

예를 들어 우리나라의 다문화 현상에 관심을 가지고 다문화 가정에 대한 차별에 대하여 연구하는 경우를 살펴보자. '다문화 가정에 대한 차별'을 '다문화 가정 구성원과 인간관계에서 수용의 정도'로 보고 이를 측정하기 위해서 일상에서 경험할 수 있는 인간관계를 맺는 행동의 4개 지표를 사용하여 수용 정도를 측정하는 경우를 가정해보자. 4개의 지표는 '다문화 가정 구성원과 인사하기, 차를 마시면서 대화하기, 옆집에 거주하기, 결혼하기'이다. 일단 각 지표에 대해서 동의하는지 여부를 문항으로 구성하여 측정한다.

그런데 이러한 4가지 지표는 '다문화 가정 구성원과 인간관계에서 수용 정도'를 나타냄에 있어서 분명한 강도의 차이를 보인다. '차를 마시면서 대화하는 것'을 수용할 수 있다면 '인사하는 것'은 당연히 수용하게 될 것이다. '결혼하는 것'까지 허용할 수 있다면 나머지 3항목에 대하여는 당연히 허용할 것이다. 이를 척도로 구성한다면 아무것도 허용하지 않는 사람은 0점, 가장 가벼운 것(인사하기)을 허용하는 사람은 1점, 인사하기와 차를 마시면서 대화하기를 허용하는 사람은 2점, 옆집에 거주하기까지 3개를 허용하면 3점, 4가지 모두 허용하면 4점의 점수를 부여하는 것이 가능하다. 이와 같은 방식으로 문항 간의 강도의 차이까지 고려하여 합성측정을 구성하는 것이 바로 척도 구성의 원리이다. 이러한 척도는 지수에 비해서 응답자들의 응답을 더 잘 드러낼 수 있다.

나. 지수와 척도의 공통점과 차이점

1) 지수와 척도의 공통점

① 지수와 척도는 모두 서열측정에 속한다.

예를 들면, 두 측정도구로 '소외감', '사회경제적 지위', '종교성' 등과 같은 변수를 측정할 때 속성들의 값에 따라 응답자들의 순위를 서열화한다. '소외감'이라는 개념을 주위에서 꺼리며 따돌림을 당하는 주관적 인식이라고 정의할 수 있다고 하자. '소외감'은 사람들마다 다르기 때문에 변수의 형태를 지닌다. 어떤 사람은 높게 어떤 사람들은 낮게 인식한다는 의미이다. 따라서 사람들이 인식한 '소외감' 정도에 따라서 응답자들을 순서 지을 수 있다. 소외감에 대한 지수나 척도는 다른 사람과 비교해서 그 사람이 가지고 있는 상대적인 소외감의 정도를 나타내줄 수 있다. 그렇지만 지수의 경우는 그것을 구성하는 세부 지표들의 중요성을 고려하지 않는 반면, 척도는 세부 지표의 중요성을 고려하여 구성하기 때문에 척도가 지수보다 더 확실한 서열성을 제공한다.

② 지수와 척도는 모두 변수의 합성측정이다.

합성측정은 한 문항이 아니라 여러 문항으로 측정한 후에 이들을 결합하여 만든 측정치이다. 개념의 추상 수준이 높을수록 한 문항으로 그 개념을 측정하기는 어려워진다. 이런 경우에 대체로 여러 문항을 만들어 이 문항이 종합적으로 추상적인 한 개념을 대표할 수 있도록 만들어준다. 이때 이러한 여러 문항의 세트를 합성측정이라고 할 수 있다. 따라서 지수와 척도는 모두 한 문항으로 구성되는 것이 아니라 여러 개의 문항으로 구성되기에 합성측정이다.

2) 지수와 척도의 차이점

지수와 척도는 문항에서 각각의 문항에 점수를 부여하는 방식에 있어서 차이가 존재한다. 지수는 문항들의 강도나 수준에 차이 없이 특정 문항에 대한 반응을 결합해서 구성한다. 반면에 척도는 문항별로 강도나 수준을 순차적으로 달리하여 그 강도나 수준에 비례해서 점수를 부여하거나, 동일 문항에 대한 대답을 강도나 수준을 다르게 함으로써 대답에 대한 점수를 다르게 부여하는 방식이다.

다. 척도의 종류

여기에서는 척도 중에서 대표적으로 사용되는 것들을 좀 더 자세히 소개하도록 하겠다(Babbie, 2013: 325–328). 응답범주의 방식을 주로 활용하는 리커트 척도, 척도를 만드는 방법을 보여주는 서스톤 척도, 그리고 한 문항 안에서 강도의 차이를 파악할 수 있게 척도를 구성하는 대표적 방법을 보여주는 보가더스의 사회적 거리 척도, 상반되는 형용사의 의미를 판단하여 가까운 곳에 표시하게 하는 어의 차이 척도가 그것이다.

1) 리커트 척도

리커트 척도(Likert Scale)는 래니스 리커트가 사회 조사에서 측정의 수준을 높이기 위해 개발한 합성측정의 한 방법이다. 사실 우리가 일반적으로 말하는 리커트 척도는 그가 사용한 측정 방법 그 자체가 아니라 그가 사용한 측정의 응답범주 방식을 활용하는 것을 말한다. 리커트는 원래 각 문항을 하나의 척도로 만드는 기법을 제시하였지만, 현재는 거의 사용되지 않고 리커트 척도의 응답범주 형식이 널리 사용된다.

리커트 척도를 사용하는 문항에서는 일반적으로 '매우 찬성, 찬성, 보통, 반대, 매우 반대'와 같은 5점 척도로 응답범주를 주로 제시한다. 이들 응답범주는 기본적으로 '가운데 값'을 기준으로 좌우 균형을 이루도록 구성한다. 이에 따라 문항의 방향성을 고려하여 0부터 4까지 혹은 1부터 5까지의 점수를 부여한다.

일반적으로 하나의 개념에 해당하는 여러 진술문에 대하여 리커트 척도로 응답범주를 구성하여 제시한 후 그들의 총점(평균점을 구하는 경우도 있다)을 구해 사용한다. 따라서 같이 제시되는 여러 진술문이 동일한 개념을 측정하는 문항이 되기 위해서는 신뢰도를 구하여야 하는데 주로 크론바하 알파값을 많이 활용하여 신뢰도를 구한다. 여러 문항의 응답값에 대하여 총점을 구할 수 있다는 점에서 지수와 유사해 보이지만, 응답범주가 좌우균형을 이룬다는 측면에서 지수와 다르다고 볼 수 있다.

예를 들어 '자아 존중감'이라는 개념을 측정한다고 할 때, "1. 나는 가치 있는 사람이다. 2. 나는 나 자신에 대하여 만족한다. 3. 나는 성품이 좋다. 4. 나는 내가 쓸모없는 사람이라고 생각한다. 5. 나는 주어진 일을 잘한다."와 같은 5개의 문항을 주고 각각에 대하여 "매우 동의, 동의, 보통, 동의하지 않음, 전혀 동의하지 않음"으로 응답하게 할 수 있다. 이때 4번 문항은 역으로 질문한 것이 된다. 이들 5개의 문항 각각에 대하여 '매우 동의'는 5점, '동의'는 4점, '보통'은 3점, '동의하지 않음'은 2점, '전혀 동의하지 않음'은 1점을 부여하고(역으로 된 4번 질문은 거꾸로 값을 대입), 이들 5개 문항의 총점을 구하면 '자아 존중감'의 값이 된다.

리커트 척도의 응답범주 방식은 현재 질문지에서 척도를 구성할 때 많은 연구자들이 가장 보편적으로 사용하는 응답범주 형식이라고 할 수 있다. 리커트 척도는 다양한 개념에 대한 척도를 구성하는 데 사용할 수 있다. 보통 5점 적도를 기본으로 하지만, 최근에는 직접적인 조사 문항을 만들 때 4점 척도 또는 7점 척도 등으로 변형하여 사용하는 경우도 종종 볼 수 있다. 이와 관련하여 리커트 척도를 활용하여 문항을 만드는 방법은 제8장의 질문지 작성 방법에서 구체적으로 살펴볼 수 있다.

2) 서스톤 척도

서스톤 척도(Thurstone Scale)는 리커트 척도와 달리, 척도를 만드는 방법에 대하여 설명하고 있다. 이를 위해서는 우선 연구자가 만든 진술문을 그 분야의 전문가인 심사원에게 제시한다. 그리고 심사원들은 제시받은 각 진술문이 측정하고자 하는 해당 개념을 잘 드러내 주는 정도를 평가하도록 요구받는다. 각 진술문에 대한 심사원의 평가에 따라 나온 값을 구하여 이를 바탕으로 연구자가 각 진술문이 갖는 다양한 강도의 수준을 고려하여 대표적인 진술문을 선정하여 척도를 구성하는 방법이다.

예를 들면 연구자가 '행복감'의 지표라고 여겨지는 100여 개의 진술문을 만들었다고 하자. 그다음에 100개의 진술문을 심사원들에게 나누어 준 후 심사원에게 각 진술문이 '행복감'이라는 변수를 측정하기에 얼마나 강한 지표인가를 평가하게 하여 가장 약한 것에 1점부터 가장 강한 것에 10점(이때 10점은 인위적 기준이며, 11점이 되든 13점이 되든, 그것은 연구자의 판단에 따라 정할 수 있다)까지의 숫자를 부여하도록 요구한다.

심사원들이 이 평가 작업을 마치게 되면 연구자는 심사원들이 각 문항에 부여한 점수에 대하여, 어떤 진술문에 대해 심사원들이 높은 수준의 합의를 이루었는지, 각 진술문에 대한 평균값을 통해 진술문 각각의 강도 등을 판단한다. 이러한 심사원들의 판단(진술문에 대한 합의 수준과 진술문이 갖는 지표로서의 강도)을 바탕으로 각 진술문(지표)의 척도 값을 계산한다. 최종적으로 척도 구성에 포함할 진술문을 선정하면 되는데, 이때 심사원들 사이에 폭넓은 동의가 이루어지지 않고 불일치가 심한 문항은 제외한다.

3) 보가더스 사회적 거리 척도

보가더스 사회적 거리 척도(Bogardus Social Distance Scale)는 다른 유형의 사람들과 사회적 관계 혹은 인간관계를 차등적으로 맺고자 원하는 정도를 측정하는 기법을 말한다. 문항의 응답 사이에 존재하는 분명한 강도와 차이로부터 이들 사이에 구조가 있음을 알 수 있도록 만든다. 예를 들면 어떤 사람이 주어진 한 집단 혹은 유형의 사람들을 대상으로 인간관계를 어느 정도의 강도에서 수용한다면 그 사람은 강도가 더 약한 이전의 모든 인간관계도 기꺼이 수용할 것이라는 논리에 기초해 있다.

보가더스의 사회적 거리 척도는 대표적으로 1920년대 이민자에 대한 차별현상을 파악하기 위하여 만든 것인데, 다음의 <표 7-1>과 같은 모습이 기본적인 척도 형태이다(김응렬, 2001).

표 7-1 보가더스의 사회적 거리 척도 예시

질문: 다음에 제시한 각 민족에 대하여 다음의 인간관계활동을 어느 정도까지 허용할 수 있는지 해당되는 칸에 V표시 해주십시오.

민족	교제활동						
	결혼하기	친구되기	직장 동료되기	동네 이웃되기	국민되기	국가 방문하기	나라에서 추방하기
영국인	1	2	3	4	5	6	7
미국인	1	2	3	4	5	6	7
중국인	1	2	3	4	5	6	7
베트남인	1	2	3	4	5	6	7

<표 7-1>을 보면 각 응답자는 '영국인', '미국인', '중국인', '베트남인'에 대해서 1에서 7 사이에 응답할 수 있다. 사회적 거리 척도에서 척도의 값은 각 대상에 대한 응답자의 평균을 구하여 얻는다. 그래서 점수가 낮을수록 사회적 거리가 가까운 것이다. 예를 들어 '영국인'이 3.2, '미국인'이 2.8, '중국인'이 2.9, '베트남인'이 3.4로 평균값이 나왔다면, 이 조사의 응답자들의 사회적 거리감이 가장 가까운 순서로 나열하면 '미국인- 중국인-영국인-베트남인' 순서가 된다.

이러한 보가더스의 사회적 거리 척도는 사회적 거리를 갖는 대상을 누구로 하느냐에 따라 그들과의 다양한 사회적 거리를 측정하는 도구로 변형되어 많이 사용된다. 예를 들어 '범죄자'에 대한 사회적 거리 척도를 연구하는 경우에 다양한 범죄자를 제시하여 사용하면 그 사회

에서 사람들이 범죄 유형에 따라 가지는 사회적 거리를 파악하는 것이 가능하다.

우리나라의 경우에는 최근에 다문화 사회로 변모하면서 이러한 사회적 거리 척도를 연구에서 많이 활용하고 있다. 우리나라로 이주해온 다양한 이주민에 대한 사회적 거리감을 파악하는 데 주로 사용되기도 하고, 다문화 사회의 전반적인 인식을 파악하여 다문화 수용 정도를 파악하는 데에도 주로 사용한다.

4) 어의 차이 척도

어의 차이 척도(Semantic Differential Scale)는 의미 분별 척도라고도 불리는데, 이는 양극단의 의미를 지닌 형용사 짝을 양쪽에 제시하여 해당 사회현상이나 연구대상에 대하여 평가하도록 만든 척도를 말한다. 일반적으로 어떤 대상에 대한 이미지 평가와 관련성이 높아서 마케팅 대상 상품에 대한 평가에서 많이 사용한다. 최근에는 다양한 민족이나 인종에 대해서도 활용하는 경우가 있다.

문항의 구성은 해당 대상에 대하여 여러 개의 형용사 짝을 양극단에 제시하고, 보통 7점 척도로 가운데 0을 놓고, 양 극단에 있는 형용사에 가까울수록 3, 2, 1 순으로 배치하는 방식으로 많이 사용한다. 이때 양극단에 있는 형용사의 짝을 잘 구성하는 것이 중요하다.

예를 들어 고등학교 학생들에게 자신이 다니는 학교에 대한 평가를 어의 차이 척도로 하는 경우를 보자. 이 경우에는 다음과 같이 척도를 구성하는 것이 가능하다.

어의 차이 척도 사례

당신이 다니는 고등학교에 대하여 다음에 제시된 표현과 관련하여 느끼는 감정이 어떠한지를 표현해주세요.

밝다	(3)----(2)----(1)----(0)----(1)----(2)----(3)	어둡다
아름답다	(3)----(2)----(1)----(0)----(1)----(2)----(3)	추하다
편하다	(3)----(2)----(1)----(0)----(1)----(2)----(3)	불편하다
깨끗하다	(3)----(2)----(1)----(0)----(1)----(2)----(3)	더럽다
공평하다	(3)----(2)----(1)----(0)----(1)----(2)----(3)	불공평하다
정의롭다	(3)----(2)----(1)----(0)----(1)----(2)----(3)	부정의하다
좋다	(3)----(2)----(1)----(0)----(1)----(2)----(3)	나쁘다
친절하다	(3)----(2)----(1)----(0)----(1)----(2)----(3)	불손하다

이러한 형용사 짝은 연구자가 측정하고자 하는 해당 개념이나 대상의 특성을 잘 드러내는 것으로 구성하면 된다. 형용사 짝에 대하여 몇 가지 차원으로 나누어 살펴보아도 되며, 전체를 사용해도 된다. 응답값은 한 방향을 정해서 한쪽의 극단값 3에 숫자 1을 부여하고 그다음 2 … 7점까지(또는 0점에서 6점까지) 점수를 부여한 후에 총점이나 평균값을 구하면 된다.

제8장
질문지 작성하기

제8장에서는 서베이 연구에서 꼭 필요한 질문지를 작성하는 방법을 알아볼 것이다. 기본적으로 질문지의 구성요소에는 어떤 것이 들어가는지 살펴본 후, 문항의 종류, 문항을 만들 때, 문항을 배열할 때 유의점을 살펴볼 것이다. 또한 자신이 직접 질문지를 만들지 않고 다른 연구자의 질문지를 사용할 때의 유의점도 같이 살펴볼 것이다.

1 질문지의 구성 요소

질문지는 서베이 연구에서 자료수집을 위한 결정적인 자료이며, 연구자가 가설을 검증하기 위해 필수적인 자료를 수집하는 도구이다. 질문지를 얼마나 잘 만드는가 하는 것은 자료분석에 결정적인 영향을 미치기에 질문지 작성은 중요하다. 사실 서베이 연구에서 좋은 질문지는 그 자체로 연구의 수준을 결정할 정도라고 볼 수 있다.

서베이 연구를 위한 조사 과정에서 질문지를 활용할 때, 연구자는 연구대상과 만나서 상세하게 그들의 이야기를 들을 수 없기에 가능한 연구자가 원하는 자료를 정확하게 얻을 수 있도록 질문지를 구성해야 한다. 여기서는 이 점을 고려하여 질문지 구성에 들어가야 하는 요소들을 생각해보려고 한다.

아마 이 책을 읽는 독자들도 지금까지 살아오면서 질문지에 응답해본 경험이 있을 것이다. 자신의 경험에 비추어 질문지에 어떤 것이 들어있었는지 생각해보자. 우선 응답자들에게 질문지에 대하여 설명하는 내용이 있으며, 필요한 경우 어떻게 응답해야 하는지 그 방법을 안내하는 내용도 있었을 것이다. 그리고 응답자에게 응답을 요구하는 문항이 있을 것이다. 이외에도 들어가는 것이 몇 가지 더 있다. 그럼에도 크게 보면 질문지는 '질문지 안내'와 '문항'으로 구분되는데 이를 자세히 살펴보자.

가. 질문지 안내

우선 질문지 안내의 예시를 살펴보자.

작성예시

☐☐ − ☐☐☐

교사의 행복감에 영향을 주는 요인 파악을 위한 조사지

안녕하세요? 이 연구는 교사가 느끼는 행복감에 영향을 주는 요인을 파악하기 위한 조사지입니다. 여러분의 개인적인 생활 및 학교에서 근무하면서 느끼는 일상적인 인식에 관하여 답하도록 구성되어 있습니다.

이 연구에서 여러분의 정확한 응답은 매우 소중합니다. 이 조사지에 제시된 문항에서 정답은 없으며, 주어진 질문과 관련하여 여러분이 평상시 생각하거나 행동하는 것을 그대로 응답해주시면 됩니다. 여러분의 응답 내용은 숫자로 전환되어 통계처리 되기에 여러분의 응답에 대한 비밀은 철저히 지켜집니다. 전체 문항은 40문항이며, 마지막까지 최선을 다해서 응답해주실 것을 부탁드립니다.

여러분의 소중한 응답에 다시 한 번 감사드리며, 응답이 끝나신 후에 바로 제출해주시면 좋겠습니다.

년   월   일

**대학교 대학원 교육학과 석사 과정생 @@@
(전화번호: , 이메일 주소:)

위에 제시된 질문지의 안내를 보면 '응답자 식별을 위한 기록 장치, 질문지에 대한 소개, 응답자의 답변에 대한 요청, 응답하는 방법에 대한 안내와 예시, 연구자 소개 및 연락처' 등이 주로 들어가게 된다. 이런 내용은 일반적으로 질문지의 첫 페이지에 함께 제시되는 것이 일반적이다. 이에 관하여 상세하게 살펴보자.

1) 응답자 식별을 위한 기록 장치

응답자의 식별을 위한 기록 장치는 연구대상자를 위한 것이 아니라 연구자를 위한 것이다. 서베이 연구의 경우, 수많은 대상자에게서 조사 결과를 얻는다. 그런데 응답을 하는 과정에서 각 질문지에는 연구대상자 각자의 고유한 응답이 기록되지만, 연구대상자의 사생활 보호 측면에서 연구대상자의 이름을 적을 수는 없다. 이에 연구대상자가 응답한 각각의 질문지에 코드를 붙여서 조사 자료를 관리한다.

질문지에 코드를 넣는 경우에는 해당하는 숫자가 들어갈 자릿수를 고려하여 칸을 만들고 질문지의 오른쪽 상단에 위치시키면 된다. 질문지에 코드를 부여할 때에는 사전에 코드를 부여할 수도 있고, 자료수집 이후에 코드를 붙여도 된다. 자료수집 이후에 코드를 붙이는 것이 편한 경우가 많아서 질문지에 코드 자리만 잡아 놓아도 된다. 종종 질문지에 코드 자리를 아예 잡아놓지 않고, 자료수집 후에 질문지 빈 여백에 연구자가 적당히 필기하는 경우도 있다.

사전에 코드를 붙이는 경우에는 질문지 인쇄 과정에서 코드를 넣을 수 있게 작성하여 인쇄한 후 표집의 방법에 따라 번호를 부여하면 된다. 예를 들어 무작위(무선) 표집을 하여 1,000명에게 조사를 할 경우에는 조사지에 0001~1000까지 숫자를 기입하면 된다. 또한 층화 표집을 하여 지역과 특정 기관 그리고 연구대상자를 구한 경우에는 이를 나누어 번호를 부여해도 된다. 예를 들어 지역을 먼저 20개로 나눈 후 그 안에서 다시 기관이 있는 경우에는 01－1－001과 같은 방법으로 코드를 부여해도 된다.

2) 질문지에 대한 소개

대부분의 질문지에는 연구대상에게 연구 목적을 알리기 위해 질문지 제목을 달기도 하고, 질문지에서 묻고자 하는 것이 무엇인지를 소개하는 내용을 넣기도 한다. 질문지에 대한 소개를 너무 자세하게 할 경우에는 연구대상자가 그 내용에 영향을 받아서 응답 과정에서 편파적으로 응답할 수 있기에 적정한 수준에서 소개하는 것이 좋다. 즉 연구대상자가 연구의 목적과 내용을 개략적으로 이해할 수 있는 정도가 좋다. 외부의 지원을 받은 경우에는 이를 명확하게 기입하는 것이 좋다. 또한 학위 논문의 경우에는 학위 논문을 목적으로 조사하는 것임을 밝히는 것이 좋다.

3) 응답자의 답변에 대한 요청

서베이 연구를 할 때에는 연구대상자가 질문지에 성실하게 응답한 결과를 모두 수거하여 자료를 확보하는 것이 중요하다. 연구대상자가 질문지에 잘 응답하여 제출하도록 요구하기 위해서는 질문지 첫 면에 응답자에게 정직하고 성실하게 응답하도록 요청하는 글을 제시할 필요가 있다. 이에 따라 주로 '응답자의 성실한 응답이 연구를 실행하는 데 매우 중요하다는 점, 질문에 정답이 정해져 있지 않다는 점, 개인의 응답 내용은 공개되지 않고 보호된다는 점' 등을 고지하여 먼저 응답자를 안심시켜야 한다. 더불어 끝까지 정직하고 성실한 응답을 요청하는 진술을 제시하여 응답자에게 응답의 책무성을 부여하는 것도 필요하다.

연구대상자와 대면하여 조사하는 경우에는 조사 기간과 회수 방법을 기술하지 않아도 된다. 그러나 대면하지 않는 경우에는 조사 기간을 알려주고, 조사 기간이 끝나기 전에 응답한 결과를 기입한 후에 질문지를 회수할 수 있는 방법을 안내하는 내용도 기술하는 것이 좋다.

4) 응답하는 방법에 대한 안내와 예시

연구자가 직접 연구대상자를 만나서 조사를 하는 경우에는 문항이 어렵게 구성되더라도, 응답 내용을 어떻게 기입해야 할지를 직접 설명할 기회가 있다. 그런데 서베이 연구에서 연구자는 연구대상자를 직접 대면하지 않는 경우가 대부분이다. 이 경우에 연구대상자는 질문지에 대하여 어떻게 답할지를 문항만 보고 판단해야 한다. 따라서 자기기입식으로 응답자가 직접 응답을 해야 하는 경우, 직관적으로 응답하기 어려운 문항의 경우, 문항의 구조를 쉽게 이해하기 어려운 연구대상자들을 대상으로 조사할 경우 등에는 질문지의 문항에 응답하는 방법을 설명하고 예시를 들어주는 것이 필요하다. 특히 아동을 대상으로 조사를 하는 경우에는 이를 상세하게 안내하는 것이 좋다.

다음은 한국청소년정책연구원에서 초등학생을 대상으로 대규모 조사를 실시할 때 응답하는 방법을 안내한 예시이다.

작성예시

♣ 표시하는 방법

질문 다음에는 대개 1에서 4(또는 1에서 5)까지의 숫자 중 하나를 골라 답을 하게 되어 있습니다. 아래의 문장을 읽고, 여러분이 생각할 때 '전혀 그렇지 않다'면 ①에, '그렇지 않은 편이다'면 ②에, '그런 편이다'면 ③에, '매우 그렇다'면 ④에 동그라미(○)로 표시해 주세요.

<보기1>

		전혀 그렇지 않다	그렇지 않은 편이다	그런 편이다	매우 그렇다
a	나는 지각을 자주 한다	①	②	③	④

☞ 나는 한 번도 지각을 한 적이 없기 때문에 '①'에 표시했습니다.

자료: 한국청소년정책연구원, 2015, [아동·청소년인권실태조사]를 위한 질문지의 설명 내용 중에서.

5) 연구자 소개 및 연락처

연구하는 사람이 누구인지를 정확하게 알려주는 것은 여러 가지 측면에서 필요하다. 자료수집 단계에서 고려해야 할 연구윤리를 위해서도 필요하며, 연구대상자가 질문지에 응답할 때 연구자에 대한 신뢰를 가지게 하는 측면에서도 필요하다. 일반적으로 조사자의 소속 기관, 이름, 이메일 주소, 소속 기관의 전화번호 등을 기입한다. 전화번호의 경우 개인 휴대전화 번호보다는 소속 기관의 유선 전화번호를 기입하는 것이 좋다. 만약에 대학원 학위 논문을 위해 서베이 연구를 한다면, 소속 대학교와 대학원을 기록하는 것이 좋다. 또한 연구자가 직접 조사하지 않고 리서치 회사 등을 통해 조사를 실시하는 경우에는 연구자와 조사 기관 관련 사항을 모두 기입하는 것이 좋다.

나. 문항

질문지의 핵심적인 내용은 구체적인 문항이다. 그래서 질문지의 대부분은 연구자가 조사하고자 하는 내용이 문항으로 구성된다. 문항은 연구자가 가진 연구 변수와 관련한 자료를 얻기 위한 것이다. 따라서 문항은 연구자가 자신의 연구 변수를 가장 잘 드러낼 수 있도록 만들어야 한다. 이를 위해서는 문항을 만들기 전에 조작적 정의를 명확하게 하는 것이 좋다. 예를 들어 '종교'라는 변수를 조작적으로 정의할 때, 단순히 '종교가 있는지 없는지의 유무'로 할지, '종교 행위에 대한 열심 정도'로 할 것인지, 아니면 '종교의 종류와 종교활동의 열심 정도' 등을 결합하여 사용할지에 따라 문항 구성이 달라진다.

문항을 구성하기 전에 자신의 연구 변수를 정리해보고 문항을 작성한 후에 배치하면 된다. 일반적으로 조사 연구에서 문항의 영역은 크게 4가지로 구분할 수 있다. 응답자의 사회인구적 특성 관련 변수, 독립변수, 종속변수, 통제변수 문항 영역으로 나눌 수 있다. 우선, 응답자의 사회인구적 특성 관련 변수를 묻는 문항을 보자. 이는 주로 성별, 연령, 사회경제적 지위 (소득, 직업 등)와 관련한 것으로 구성되는 경우가 많다. 이들 정보의 경우 개인이 드러내기를 원하지 않는 정보가 대부분이다. 다음으로 독립변수, 종속변수, 통제변수와 관련한 문항을 보자. 이들 변수와 관련한 문항은 가설에 정한 변수와 연관되어 질문으로 구성하는 것이 일반적인데, 변수의 조작적 정의를 고려하여 문항을 구성해야 한다.

독립변수나 종속변수와 관련된 문항의 경우, 기존 선행 연구에서 작성한 문항을 활용해서 만들어도 되며, 표준화된 문항이 존재하는 경우에는 그것을 사용해도 된다. 다만 보고서나 논문을 발표할 때 자신이 만들지 않고 기존 문항을 사용한 경우에는 문항의 출처를 기술해야 한다. 또한 선행 연구를 분석하면서 부록 등에 제시된 질문지를 참고하면서 독자적인 문항을 개발할 수도 있다.

　조사 문항의 경우에 어떤 문항이 구체적으로 들어가야 할지를 정리한 문항구성 준비표를 미리 작성해두고, 이를 근거로 문항을 작성하는 것이 좋다. 대표 사례인 <교사들의 행복감에 영향을 주는 요인에 대한 연구>를 하는 경우를 가정하여 문항구성 준비표를 작성해보면 다음과 같다.

표 8-1 문항구성 준비표의 예시

변수유형	질문항목	세부내용	문항수	비고
사회인구적 특성	성별	남성과 여성 중에서 어디에 해당하는지를 묻는 문항	1	통제변수로 사용
	연령	출생연도를 묻는 문항	1	통제변수로 사용
	결혼 여부	응답하는 현재 결혼상태인지를 묻는 문항	1	통제변수로 사용
	가구의 소득	응답자가 속한 가구의 구성원이 벌어들인 소득을 월평균하여 묻는 문항	1	통제변수로 사용
통제변수	학교 설립 유형	근무하는 학교가 사립과 공립 중 어디에 속하는지를 확인하는 문항	1	
	근무 학교의 급별	근무하는 학교가 초등학교, 중학교, 고등학교 중 어디에 속하는지를 묻는 문항	1	
독립변수	가족관계 만족도	가족과의 관계에 대한 만족을 파악하는 문항	1	
	건강 수준	자신의 건강상태에 대한 주관적인 인식을 묻는 문항	5	
	종교 유무	종교를 가지고 있는지를 묻는 문항	1	
	여가활동 정도	여가활동 시간을 묻는 문항	1	
		여가활동 만족도를 묻는 문항	1	
	직장 내 인간관계 만족도	학교장과의 관계에 대한 만족을 파악하는 문항	1	
		동료 교사와의 관계에 대한 만족을 파악하는 문항	1	
		학생과의 관계에 대한 만족을 파악하는 문항	1	
	직업에 대한 자부심	교사라는 직업의 사회적 평판에 대한 주관적 인식을 파악하는 문항	4	표준화된 척도 활용
		개인의 교수 능력에 대한 주관적 자신감을 묻는 문항	4	표준화된 척도 활용
종속변수	행복감	개인이 느끼는 행복감 정도를 묻는 문항	10	표준화된 척도 활용

② 문항의 구성

여기서는 질문지의 핵심 사항인 문항을 구성할 때 고려할 점을 살펴보자. 문항은 질문과 답지로 구성된다. 답지는 응답범주, 응답 항목, 응답지라고도 표현할 수 있는데 여기서는 답지라고 할 것이다.

가. 문항의 내용 명료화를 위한 유의점

문항의 내용이 명료해야 질문지에 대하여 응답자는 정확한 응답을 할 수 있다. 이 점에서 문항을 만들 때 문항의 내용을 명료하게 하기 위해 고려해야 할 유의점을 정리하면 다음과 같다.

① 한 문항에서는 한 가지만 물어야 한다.

이것은 하나의 문항에 응답자가 응답할 수 있는 내용을 하나만 물어서 응답자가 혼란을 일으키지 않도록 내용을 구성하는 것을 말한다. 한 문항에서 묻는 내용이 여러 가지인 경우에는 응답자가 묻는 내용 중에서 어느 것에 초점을 맞추어 답해야 할지 몰라서 당황하게 되며, 연구자 또한 해당 응답이 어느 것에 해당하는 것인지 정확하게 파악하기 어려워 혼란을 느끼게 되기 때문이다.

잘못된 예

- 당신은 여가활동을 일주일에 평균 몇 분 정도로 하며, 여가활동에 어느 정도로 만족하십니까?

의견: 위의 문항에서는 '여가활동의 평균 시간'과 '여가활동에 대한 평가'를 동시에 묻고 있어서 응답자가 응답하기 어려우며, 하나만 응답하게 되면 결과 분석에서 문제가 생길 수 있어서 두 개로 나누어 묻는 것이 좋다.

수정한 예

- 당신의 여가활동 시간은 주당 평균하면 어느 정도인지 적어주십시오.
- 당신의 여가활동에 대하여 만족하는 정도는 어디에 해당합니까?

고려해 볼 예

- 당신은 여가 및 건강관리활동을 일주일에 평균 몇 분 정도 합니까?

의견: 위의 문항에서는 연구자가 '여가활동 및 건강관리활동'을 하나의 항목으로 정하여 그 시간에 대한 응답을 구하기로 했다면 이런 질문은 두 개 항목을 묻는 것이 아니라서 그대로 진행해도 되며 이 경우에는 한 문항에서 여러 개를 묻는 것에 해당하지 않는다.

그러나 여가활동 시간과 건강관리 시간을 각각 분리해서 물어야 할 것으로 생각했다면 이 질문은 잘못되었다. 이에 따라 각각에 대하여 나누어 두 개의 질문으로 나누어 묻는 것이 좋다.

수정한 예

- 당신은 여가활동을 일주일에 평균 몇 분 정도 하십니까?
- 당신의 건강관리활동을 일주일에 평균 몇 분 정도 하십니까?

② 특정한 답지의 선택을 유도하는 내용을 넣어서 묻지 말아야 한다.

연구대상자가 응답할 때, 다른 것에 좌우되지 않고 응답자의 자발적인 선택에 의해 답할 수 있어야만 정확한 조사가 가능하다. 이를 위해서는 묻는 내용에서 어느 한 방향으로 가치가 개입된 설명이나 내용을 서술해서는 안 되며 가치중립적인 표현으로 묻는 내용을 서술해야 한다.

잘못된 예

- 종교가 있는 경우 마음에 평안을 얻을 수 있다는 점에서 삶에 긍정적인 역할을 합니다. 당신은 종교가 있습니까?

의견: 위의 문항에서는 '종교에 대하여 긍정적인 평가'를 하는 진술문을 먼저 제시한 후 응답자의 종교 유무를 묻고 있어서 문제가 된다. 이러한 진술문은 삭제하고 묻는 것이 좋다.

수정한 예

- 당신은 종교가 있습니까?

③ 응답자가 응답하는데 혼선을 갖지 않도록, 단어, 단위, 기간, 접속사(와, 과) 등을 명확하게 제시하면서 물어야 한다.

묻는 내용에서 특정 단어가 다양하게 이해될 수 있는 경우에는 그 단어를 다의적으로 해석하여 다르게 응답할 수 있다. 예를 들어 '소득'이라는 단어를 사용했을 경우에 개인의 소득인지, 가족 구성원 전체의 소득인지, 세전 소득인지, 세후 소득인지를 파악하기 어려워 응답자가 각기 다르게 이해할 수 있다. 이 점에서 단어의 혼동을 일으키지 않도록 명확하면서도 응답자가 알기 쉬운 단어를 선택해서 질문과 답지를 작성해야 한다. 꼭 특정 단어를 사용해야 하는데 응답자가 해당 단어를 모를 경우나 더 깊이 있는 이해가 필요한 경우에는 해당 내용을 사전에 미리 설명하고 묻는 내용을 넣어서 문항을 구성할 수도 있다.

　　단위를 묻는 경우에는 '하루당', '주당', '1년당'과 같이 명확하게 단위를 제시해야 하며, '1년 동안'과 같이 기간을 묻는 경우에는 '1년 동안'이라는 것이 구체적으로 '작년 한 해 동안', '올 한 해 동안', '응답하는 시점 이전 1년' 등으로 이해될 수 있다는 점에서 구체적으로 어느 기간에 해당하는지를 명확하게 서술해주어야 한다.

　　'와', '과' 등의 접속사가 들어간 문장의 경우 해당 내용이 어느 부분에 걸리는지를 잘못 파악할 경우에 묻는 의도와 다른 답을 할 수 있다. 예를 들어 '나에 대한 아버지와 어머니와의 친밀도를 평가하면?'이라는 질문의 경우 나와 아버지, 나와 어머니의 친밀도인지, 아버지와 어머니의 친밀도인지 명확하지 않아서 혼란을 일으킬 수 있다.

잘못된 예

- 당신이 근무하는 학교에서의 인간관계에 대한 만족 정도는 다음 중 어느 것에 해당합니까?

의견: 위의 문항에서는 '학교에서의 인간관계에 대한 만족 정도'를 묻고 있는데, 응답자가 이 질문을 받고서 '교장과의 인간관계', '동료 교사와의 인간관계', '학생과의 인간관계' 중에서 무엇을 답해야 할지 혼란을 일으킬 수 있다. 이 경우 응답자가 각기 다른 것에 초점을 두어 응답하게 되면 조사 결과에서 문제가 생길 수 있어서 묻는 것을 세 개로 나누는 것이 좋다.

수정한 예

- 당신이 근무하는 학교의 학교장과 인간관계에 대한 만족 정도는 다음 중 어느 것에 해당합니까?
- 당신이 근무하는 학교의 동료 교사와 인간관계에 만족 정도는 다음 중 어느 것에 해당합니까?
- 당신이 근무하는 학교의 학생과 인간관계에 대한 만족 정도는 다음 중 어느 것에 해당합니까?

잘못된 예

- 당신의 소득은 얼마입니까?

의견: 위의 문항에서는 누구의 소득인지, 어떤 소득인지, 기간은 언제를 말하는지 등이 명확하게 진술되지 않아서 혼란을 일으킬 수 있다. 소득과 관련하여 누구의 것인지 등을 명료화하여 질문하는 것이 좋다.

수정한 예

- 당신 자신의 올 한 해 월평균 소득은 얼마입니까?
- 당신 가족 전체의 올 한 해 소득을 한 달 평균하면 얼마입니까?

잘못된 예

- 당신의 여가활동 시간은?

의견: 위의 문항에서는 여가활동의 시간 단위가 명확하지 않다. 시간과 관련하여 응답할 단위를 정확하게 제시하는 것이 좋다. 이 경우에 시간 단위보다는 분 단위로 시간을 묻는 것이 낫다.

수정한 예

- 당신의 하루 평균 여가활동 시간은 몇 분입니까?

---

④ 응답 항목이 상호배타적이 되도록 답지를 구성해야 한다.

여기서 답지가 상호배타적이어야 한다는 것은 응답 항목 간에 내용이 중복되지 않도록 구성하여 응답자가 자신의 의견과 가장 가까운 것을 정확하게 하나만 고를 수 있도록 답지를 구성하는 것을 말한다.

잘못된 예

- 당신의 일상적인 건강상태는?

___① 건강함　　　　　___② 자주 아픔　　　　　___③ 건강하지 않음

의견: 위의 문항에서 답지를 보면, '자주 아픔'은 '건강하지 않음'에 포함되는 것이 되기에 상호배타적이지 않은 답지가 2개가 있는 셈이다. 따라서 답지를 상호배타적으로 조정해야 한다.

수정한 예

- 당신의 일상적인 건강상태는?

___① 매우 건강한 편　　　　　___② 건강한 편

___③ 건강하지 않은 편　　　　___④ 매우 건강하지 않은 편

잘못된 예

- 당신의 하루 평균 여가활동 시간은?

___① 1시간　　　　　___② 1시간에서 2시간

___③ 2시간에서 3시간　　　　___④ 3시간 이상

의견: 위의 문항에서는 여가활동 시간이 딱 1시간, 2시간, 3시간인 경우에는 선택할 답지가 2개가 된다. 따라
서 동일한 내용이 두 개 이상의 답지에 들어가지 않도록 미만 등의 표기를 사용하여 수정하는 것이 좋다.

수정한 예
- 당신의 하루 평균 여가활동 시간은?
  _____ ① 1시간 미만   _____ ② 1시간 이상 2시간 미만
  _____ ③ 2시간 이상 3시간 미만   _____ ④ 3시간 이상

⑤ **응답 내용을 모두 포괄할 수 있도록 답지를 구성해야 한다.**

묻는 내용에 대하여 답할 수 있는 모든 것을 답지로 구성하여 제시하여야 응답자가 자신의 의견을 충분히 선택할 수 있다. 또한 명목측정으로 구성된 문항의 경우에는 응답자가 선택할 수 있는 가능한 경우를 모두 넣어서 답지로 구성해야 하며, 필요한 경우에는 '기타'를 넣어 해당 내용을 기입하게 하는 것이 좋다.

잘못된 예
- 당신의 하루 평균 여가활동 시간은?
  _____ ① 1시간 미만   _____ ② 1시간 이상 2시간 미만
  _____ ③ 2시간 이상 3시간 미만

의견: 위의 문항에서 여가활동 시간 중에서 3시간 이상인 경우는 답지에 없어서 선택할 수 없다. 이 경우에
는 3시간 이상을 넣어서 답지를 구성하여 모두를 포괄할 수 있도록 수정하는 것이 좋다.

수정한 예
- 당신의 하루 평균 여가활동 시간은?
  _____ ① 1시간 미만   _____ ② 1시간 이상 2시간 미만
  _____ ③ 2시간 이상 3시간 미만   _____ ④ 3시간 이상

⑥ **응답 항목이 한쪽으로 치우치지 않도록 상호균형적으로 답지를 구성해야 한다.**

이것은 주로 4점 척도나 5점 척도 등 등간측정의 답지를 구성할 때 유의해야 할 사항이다. 여기서 상호균형적이지 않다는 것은 답지 제시에서 어느 한 방향으로 답지를 더 많이 제시하는 등의 경우를 말한다. 이 유의 사항은 정치나 선거 여론 조사에 사용하는 문항을 만들 때에 특히 유의해야 한다. 왜냐하면 여론 조사를 하는 측에서 지지하는 후보에게 유리하게 응

답항목을 한쪽으로 치우치게 할 경우에 여론을 조작하는 것과 같은 결과를 만들어 낼 가능성이 높기 때문이다.

잘못된 예

- 당신과 가족 간의 관계에 대한 만족 정도는 어디에 해당합니까?

＿＿① 매우 만족　　　　　　　　＿＿② 만족　　　　　　　　＿＿③ 매우 불만족

의견: 위의 문항에서는 만족하는 것에 관한 답지는 2개, 불만족하는 것에 관한 답지는 1개여서 답지 자체가 상호균형적이지 않다. 이 경우에는 양쪽의 방향성을 고려하여 상호 간에 균형을 이루도록 수정하는 것이 좋다.

수정한 예

- 당신과 가족 간의 관계에 대한 만족 정도는 어디에 해당합니까?

＿＿① 매우 만족　　　　　　　　＿② 대체로 만족

＿＿③ 대체로 불만족　　　　　　　＿＿④ 매우 불만족

나. 문항의 종류

동일한 내용일지라도 문항을 구성하는 방법은 매우 다양하다. 다양하게 제작할 수 있는 문항의 종류를 파악해보자. 문항의 종류에 따라 분석의 방법이 달라지기 때문에 자신의 가설이나 연구 변수의 조작적 정의 등을 고려하여 문항의 종류를 잘 결정할 필요가 있다. 따라서 문항의 종류를 정하기 이전에 자신의 연구 변수의 조작적 정의를 명확하게 하고, 이를 바탕으로 가장 기초적인 자료를 얻을 수 있도록 문항을 구성하는 것이 좋다.

1) 응답 방식에 따른 문항의 종류: 개방형 문항과 폐쇄형 문항

가) 개방형 문항

이것은 말 그대로 응답자가 자신의 응답을 자유롭게 표현할 수 있게 문항을 구성하는 것이다. 자유 응답형 문항이라고도 한다. 질문에 대하여 응답자로부터 매우 상세하고 구체적인 응답을 얻으려고 할 때에 유용하며, 응답자가 답한 내용을 연구자가 자신의 연구 변수의 특징에 따라 자유롭게 조정하여 응답 항목을 다시 구성할 수 있다는 장점이 있다.

하지만 응답자가 답한 구체적인 내용을 항목화하거나 숫자로 전환하기 위해 연구자가 답지를 조정하는 데 시간이 오래 걸리며, 이 과정에서 조사자의 주관이 개입할 여지가 있어서

문제가 될 수 있다. 또한 응답자에게 구체적인 내용을 응답하도록 요구하는 경우에 응답을 외면하는 경우도 많아서 꼭 필요한 경우에만 개방형 문항으로 구성하는 것이 좋다.

개방형으로 문항을 만들더라도 어떻게 답지를 적게 할 것인지를 잘 생각하여 응답 칸을 명확하게 제시하는 것이 좋다. 다음에서 [예1]의 경우에는 하루당 여가활동 시간을 정확하게 분 단위로 적을 수 있게 답지를 구성하고 있다. 또한 [예2]와 [예3]의 경우는 동일한 것을 물어 보는 것인데, 응답자의 입장에서 보면 [예2]는 나이 계산을 응답자가 직접 해야 하지만, [예3]은 응답자가 출생연도를 바로 적을 수 있어서 답하기가 쉽다. 개방형의 경우에는 응답자의 편의를 고려하여 문항과 답지를 구성하는 것이 좋다.

[예1] 당신의 하루 평균 여가활동 시간을 직접 적어주십시오.
　　　　　　　　　　　□□□ 분

[예2] 당신의 올해 나이를 만으로 적어주십시오. 만 (　　)세

[예3] 당신이 태어난 연도를 적어주십시오(양력 기준). (　　)년 (　)월

나) 폐쇄형 - 양자택일형 문항

이것은 답지를 두 개만 주고 그중에서 하나만 선택하게 하는 것이다. 대표적으로 [예1]과 같이 성별을 묻는 경우가 이에 해당한다.

[예1] 당신의 성별은?　　　___① 남자　　　___② 여자

또한 [예2]와 같이 답으로 '예', '아니요' 중에서 고르게 하는 경우도 이런 형태로 문항을 작성할 수 있다.

[예2] 당신은 현재 종교가 있습니까?　___① 예　　　___② 아니요

그런데 위와 같이 '예', '아니요'와 같이 둘 중의 하나로 답하게 하는 형태의 문항은 조작적 정의에 따라 동일한 내용을 복수의 문항으로 물어서 지수 형태의 자료를 만들어 낼 수 있

다. 즉 하나의 조작적 정의에 따라 동일한 내용을 일련의 여러 유사 문항을 만들고 답지로 예, 아니오를 제시하여 측정함으로써 자료를 통계 분석할 때 관련 문항에 대한 반응치의 합을 구하면 지수로 활용할 수 있다.

다음에 제시된 [예3]은 '건강상태'라는 변수에 대하여 '자신의 건강에 대한 주관적 인식'으로 조작적 정의했을 경우에 지수로 구성할 수 있는 문항 제시의 방법이다. [예3]은 '자신의 건강에 대한 주관적 인식'이라는 조작적 정의에 해당하는 내용을 3개의 양자택일형 질문으로 구성한 것이다. 3문항 각각에 대한 응답에서 '예'에 대한 선택은 1점, '아니요'에 대한 선택은 0점으로 점수를 부여하면, 3가지 문항에 대한 총점은 0점에서 3점 사이에 분포하는데, 이 점수는 응답자의 건강상태의 지수로 사용이 가능하다.

[예3] 나는 일상적인 움직임에 불편이 없다.　___① 예　　___② 아니요

나는 특별한 질병을 가지고 있지 않다.　___① 예　　___② 아니요

나는 지속적으로 스트레스를 받지 않는다.　___① 예　　___② 아니요

다) 폐쇄형 - 단일선택형 문항

이것은 답지를 2개 이상 주고 그중에서 하나만 고르도록 문항을 구성하는 것이다. 크게 보면 양자택일형도 여기에 속하는 것으로 볼 수 있다. 그러나 대부분의 단일선택형 문항에서는 답지를 3개 이상 제시하고 제시된 여러 개 중에서 하나만 고르도록 답지를 구성한다. 명목측정이나 등간측정으로 구성하는 문항에서도 활용할 수 있다.

다음에 제시된 것 중에서 [예1]과 [예2] 모두 명목측정을 위한 문항이다. 그런데 제시한 답지만으로 모든 것을 포괄하기 어려운 답지를 제시할 때에는 [예2]와 같이 조사자가 제시한 답지 외에 다른 의견을 적을 수 있도록 '기타'라는 항목을 답지로 구성하는 것이 좋다. [예3]은 리커트 5점 척도로 구성하는 등간측정을 위한 문항의 예시를 제시한 것이다.

[예1] 당신이 현재 근무하는 학교급은?
　　___① 초등학교　　　___② 중학교　　　　___③ 고등학교

[예2] 다음 중에서 행복한 삶을 위해 당신이 가장 중요하다고 생각하는 것을 하나만 선택해 주십시오.
　　___① 인간관계　　　___② 건강

___③ 여가활동   ___④ 직업

___⑤ 소득   ___⑥ 종교

___⑦ 기타: _____

[예3] 학교에서 학생과의 관계에 대하여 만족하는 정도는 다음 중 어디에 해당합니까?

    ___① 매우 만족   ___② 대체로 만족   ___③ 보통

    ___④ 대체로 불만족 ___⑤ 매우 불만족

라) 폐쇄형 - 다항선택형 질문

이것은 답지를 여러 개 주고 그중에서 2개 이상의 답을 고르도록 문항을 구성하는 것이다. 이 경우에는 묻는 질문에서 구체적으로 몇 개를 선택하라고 정확하게 지시를 해야 한다. 순서 없이 고르게 하는 경우나 순서를 고려하여 고르게 하는 경우, 또는 해당하는 것 전부를 선택하게 하는 경우와 같이 다양하게 구성하는 것이 가능하다. 이러한 예는 다음에 제시되는 [예1], [예2], [예3], [예4]와 같이 각각 다르게 제시할 수 있다.

[예1] 행복한 삶을 위해 필요한 조건으로 다음에 제시된 것 중에서 당신이 중요하다고 생각하는 것 3가지를 골라서 체크해주십시오.

    ___① 인간관계   ___② 건강   ___③ 여가활동

    ___④ 직업   ___⑤ 소득   ___⑥ 종교

[예2] 행복한 삶을 위해 필요한 조건으로 다음에 제시된 것 중에서 당신이 중요하다고 생각하는 것 3가지를 골라서 순위대로 해당 번호를 적어주십시오.

    (1순위: 2순위: 3순위:)

    ___① 인간관계   ___② 건강   ___③ 여가활동

    ___④ 직업   ___⑤ 소득   ___⑥ 종교

[예3] 행복한 삶을 위해 다음에 제시된 각각의 내용을 고려하여, 당신이 보기에 각 항목이 중요하다고 생각되면 해당 내용의 앞에 각각 V표시 해주십시오.

    ___① 인간관계   ___② 건강   ___③ 여가활동

    ___④ 직업   ___⑤ 소득   ___⑥ 종교

[예4] 다음은 행복한 삶을 위해 필요한 조건으로 알려져 있는 것입니다. 다음의 6가지 항목 모두에 대하여 당신은 어떤 것이 중요한지를 생각하여 순서대로 번호를 기입하여 주십시오.
___인간관계　　　___건강　　　　___여가활동
___직업　　　　　___소득　　　　___종교

그런데 다항선택형 문항의 경우에는 묻는 문항이 질문지에서는 하나로 구성된 것처럼 보이지만, 자료를 분석할 때는 답지 각각을 하나의 변수로 간주하여 분석해야 하기 때문에 이러한 문항을 구성할 때는 자료 분석까지 고려하여 문항 구성에 유의해야 한다. 이에 따라 다항선택형 문항의 경우에, 자료 분석의 편의를 위해서는 답지 하나하나를 문항으로 만들어 제시하는 단일선택형으로 구성하는 것이 더 나은 경우도 있다. 이를 위해서는 다음에 제시된 [예1]이나 [예2]와 같이 제시하는 것도 가능하다.

[예1] 행복한 삶을 위한 조건으로 다음에 제시된 항목의 중요도를 고려하여 '매우 중요하다'면 4점, '대체로 중요하다'면 3점, '대체로 중요하지 않다'면 2점, '전혀 중요하지 않다'면 1점을 각 항목 옆 ( )에 적어 주십시오.
① 인간관계 ( )　　② 건강 ( )　　③ 여가활동 ( )
④ 직업 ( )　　⑤ 소득 ( )　　⑥ 종교 ( )

[예2] 다음은 행복한 삶을 위해 필요한 조건으로 제시되는 것입니다. 각 항목에 대하여 당신의 행복한 삶과 관련하여 중요도를 평가해서 해당되는 곳의 번호에 O표시를 해주십시오.

	매우 중요함	중요함	중요하지 않음	전혀 중요하지 않음
① 인간관계	(4)	(3)	(2)	(1)
② 건강	(4)	(3)	(2)	(1)
③ 여가활동	(4)	(3)	(2)	(1)
④ 직업	(4)	(3)	(2)	(1)
⑤ 소득	(4)	(3)	(2)	(1)
⑥ 종교	(4)	(3)	(2)	(1)

2) 문항의 배치 방식을 고려한 종류: 단독형 문항, 조건부 문항, 행렬식 문항

가) 단독형 문항

일반적으로 각 문항을 순서대로 배치하는 방식이다. 예시를 제시하면 다음과 같다.

---

1. 당신이 현재 근무하는 학교급은?
   ___① 초등학교   ___② 중학교   ___③ 고등학교

2. 당신이 근무하는 학교에서 학생과의 관계에 대하여 만족하는 정도는 다음 중 어느 것에 해당합니까?
   ___① 매우 만족   ___② 대체로 만족
   ___③ 대체로 불만족   ___④ 매우 불만족

나) 조건부 문항

조건부 문항은 의견이나 경험의 유무 등을 묻는 문항을 먼저 배치하고, 그에 따라 추가로 세부 내용을 묻는 문항을 연결하여 배치하는 것을 말한다. 이 경우에는 먼저 묻는 문항에서 각 답지를 선택할 경우에 따라 그다음에 어느 문항으로 가서 응답해야 할지를 알려주는 것이 좋다. 예시를 제시하면 다음과 같다.

---

1. 당신은 종교가 있습니까?
   ___① 있다 (1-1 문항으로)   ___② 없다 (2번 문항으로)

   1-1. 당신의 종교 생활에 대한 만족도를 평가해보면?
      ___① 매우 만족   ___② 대체로 만족
      ___③ 대체로 불만족   ___④ 매우 불만족

다) 행렬식 문항

행렬식 문항은 유사한 내용을 동일한 척도로 묻는 경우 한 표 안에 넣어서 응답하도록 질문을 배치하는 것이다. 예시를 제시하면 다음과 같다.

* 다음은 당신과 학교 구성원들과의 인간관계를 나타낸 것입니다. 인간관계별로 얼마나 만족하는지를 평가하여 가장 가까운 곳에 V표시 해주십시오.

문항	① 매우 만족	② 대체로 만족	③ 대체로 불만족	④ 매우 불만족
1. 교장과의 인간관계				
2. 동료 교사와의 인간관계				
3. 학생과의 인간관계				

다. 문항의 형식과 관련한 권장 사항

여기서는 문항의 형식과 관련하여 언어적 혹은 기술적 측면에서의 권장 사항을 살펴보려고 한다. 여기서 제안하는 것은 기본적으로 응답자들이 쉽게 답할 수 있도록 하여 응답률을 높이기 위한 기법과 관련된 것으로 보면 된다.

① 짧은 문장으로 질문을 만드는 것이 좋다.

질문은 가능한 짧은 표현을 사용하는 것이 좋다. 읽어야 할 내용이 많으면 질문지 양이 많다는 인식을 주고, 응답하는 데에 부담을 줄 수 있다. 다음에 제시된 세 가지 문항 중에서, 문법이나 문맥 등을 고려하면 [예1]보다 [예2]나 [예3]이 더 정확해 보인다. 하지만 [예1]의 경우에 가장 짧으면서도 묻고자 하는 것을 응답자가 쉽게 파악할 수 있어서 더 나은 문항으로 볼 수 있다. 이처럼 질문을 만들 때나 답지를 구성할 때, 누군가가 다른 의미를 부여하지 않는다면 가장 짧고 감각적으로 무엇을 묻고 답해야 할지를 쉽게 포착할 수 있는 표현을 사용하는 것이 좋다.

[예1] 당신은 종교가 있습니까?
[예2] 당신이 믿고 있는 종교가 있습니까?
[예3] 당신은 현재 종교 생활을 하고 있습니까?

② 부정어가 있는 문항은 피하는 것이 좋다.

묻는 문항에 부정어가 들어가 있으면 응답할 때, 응답자는 응답의 방향에서 혼란을 느낄 수 있다. 따라서 꼭 부정어로 질문해야 하는 특별한 경우가 아니라면 긍정어로 문항을 작성하는 것이 좋다. 다음 사례에서 [예1]보다는 [예2]의 경우가 응답이나 분석에 훨씬 편리하며, 좋은 문항이다.

[예1] 교사의 행복감이 학생들에게 영향을 주지 않는다고 생각합니까?
  ___① 예   ___② 아니요
[예2] 교사의 행복감이 학생들에게 영향을 준다고 생각합니까?
  ___① 예   ___② 아니요

③ **응답자가 모르는 내용인 경우에는 해당 내용을 설명한 후에 질문하는 방식으로 문항을 구성할 수 있다.**

응답이 꼭 필요한 문항임에도 응답자가 해당 내용을 정확하게 몰라서 오해하여 답하거나 잘못 답할 가능성이 있는 경우에는 해당 내용이나 단어 등을 설명하고 그것에 대하여 인식이나 태도 등을 질문해도 된다. 다만 해당 내용을 설명할 때 그 단어나 내용을 가치중립적으로 설명하는 것에 그쳐야 한다.

[예1] '사회적 기업'은 이윤이라는 경제적 가치보다 고용촉진 등과 같이 사회적인 측면의 가치를 중요하게 여기는 기업을 말합니다. 당신은 '사회적 기업'에 대하여 알고 있습니까?
  ___① 들어보지도 내용을 알지도 못한다.
  ___② 들어 보았지만 내용은 알지 못한다.
  ___③ 들어 보았으며 내용도 잘 알고 있다.

④ **문항의 내용이 응답자가 충분히 응답을 제공할만한 것인지를 고려해야 한다.**

정확한 응답을 이끌어 내기 위해서는, 묻는 것이 응답자가 정확히 알고 충분히 답할 수 있는 것이어야 한다. 어떤 문항의 경우는 너무 사적인 정보여서 말하기 힘든 경우도 있고, 또 응답자가 잘 몰라서 답하기 어려운 경우도 있다. 예를 들어 개인의 경제적 수준을 파악하는 데에는 다음의 [예1]보다는 [예2]를 통해서 묻는 것이 응답자에게 더 편한 질문이 될 수 있다. 왜냐하면 가족 재산의 규모를 말할 때 부동산과 저금 등 모든 것을 합하여 계산하기가 어려운 반면에, 월평균 소득은 상대적으로 쉽게 파악할 수 있기 때문이다.

[예1] 당신 가족의 재산 정도는?
[예2] 당신 가족의 월평균 소득은?

⑤ 민감한 내용은 간접적인 방법으로 질문하여 확인할 수 있다.

사회적으로 유쾌하지 않거나 문제가 되는 행동 또는 개인적으로 응답하기가 민감한 내용인 경우에, 응답자 자신의 경험을 잘 드러내지 않으려고 하여 응답이 왜곡되는 경우가 발생할 수 있다. 이럴 경우에는 응답자 본인에 대한 질문이 아니라 주변인의 경험에 대한 질문이나 일반적인 것을 묻는 간접 질문 형식으로 문항을 구성할 수 있다. 다음과 같이 고등학생을 대상으로 흡연 경험을 묻는 질문에서 [예1]에 대해서는 담배를 피우더라도 그렇지 않다고 응답하는 경우가 있지만, [예2]에 대해서는 그렇지 않을 가능성이 높다. 그럼에도 이 중에서 어떤 방식으로 질문을 구성할지는 연구자가 자신의 조사 목적을 고려하면서 결정해야 한다.

[예1] 당신은 담배를 피웁니까?
[예2] 여러분 학급의 학생 중 몇 퍼센트가 담배를 피운다고 생각하십니까?

---

⑥ 너무 많은 것을 직접 기입하게 하는 문항은 삼가는 것이 좋다.

질문지 조사에 생각하면서 응답하는 과정은 대부분의 응답자에게 유쾌하지도 즐겁지도 않은 경험이다. 따라서 너무 많은 내용을 기입하게 요구하는 문항은 응답자를 불쾌하게 할 수 있으며, 이로 인해 부실한 응답을 하게 만들 수 있다. 따라서 응답자가 직접 답을 적을 수 있는 개방형 문항은 가능하면 많이 만들지 않는 것이 좋다. 더불어 한 문항에서도 너무 많은 것을 기입하게 하는 문항도 응답자를 불편하게 만들 수 있으므로 꼭 필요한 것이 아니라면 피하는 것이 좋다.

다음 [예1]에서는 제시된 4가지 항목 모두를 고려하여 응답자가 적어야 하지만, [예2]의 문항에서는 하나만 적어도 되기에 [예2]로 구성하는 것이 더 낫다. 그러나 연구자가 여가 시간을 정밀하게 구분하여 변수로 처리하길 원한다면 응답이 부실해질 위험성을 감수하면서 [예1]처럼 질문해야 한다.

[예1] 당신의 평균 여가활동 시간은?
　① 평일 낮 (　　)분　　　　② 평일 저녁 (　　)분
　③ 휴일 낮 (　　)분　　　　④ 휴일 저녁 (　　)분

[예2] 당신의 하루 평균 여가활동 시간은? (　　　)분

---

⑦ 5점 척도보다 4점 척도가 나을 때도 있다.

응답자의 의식이나 태도 등에 대한 질문에서는 리커트 척도 등을 통해 질문을 구성하는 경우가 많다. 이 경우에 대부분 5점 척도를 사용하면서 중앙에 '보통', '보통이다', '그저 그런 편이다', '중립' 등과 같은 답지를 넣게 된다. 그런데 이런 답지가 있는 경우에 응답자는 어느 한 방향을 선택하기보다 중앙을 보여주는 답지를 편하게 선택하는 경우가 있다. 이렇게 되면 연구자가 특정 대상에 대한 응답자들의 찬성 또는 반대 등의 태도와 같이 가부의 의견을 파악하고자 하는 경우에 서베이 연구를 통해 밝히고자 하는 자료를 정확하게 얻기 어려울 수 있다. 따라서 이런 경우에는 5점 척도로 구성하기보다 4점 척도로 답지를 구성하는 방안을 고려해볼 수 있다. 다음의 제시된 [예1]과 달리 [예2]의 경우에, 응답자의 만족과 불만족에 대한 방향성을 명확하게 파악할 수 있다.

[예1] 학생과의 관계 만족 정도는 다음 어디에 해당합니까?
　　___① 매우 만족　　　___② 대체로 만족　　　　　___③ 보통
　　___④ 대체로 불만족　___⑤ 매우 불만족

[예2] 학생과의 관계 만족 정도는 다음 어디에 해당합니까?
　　___① 매우 만족　　　___② 대체로 만족
　　___③ 대체로 불만족　___④ 매우 불만족

---

⑧ 행렬형 문항은 응답의 성실성을 파악하기 위해 여러 문항 중에서 한두 개 정도는 역으로 묻는 질문을 넣는 것이 좋다.

행렬형 문항에서는 응답자가 성실하게 문항을 읽고 문항 각각에 대하여 자신의 생각이나 태도 등과 일치하는 답지를 선택해야 정확한 의견을 구할 수 있다. 그런데 행렬형 문항이 주어졌을 경우 응답자들은 종종 같은 형태의 답지에 무성의하게 답할 수 있으며, 이런 응답자가 많으면 자료를 정확하게 얻기가 어려워진다. 이런 경우에는 불성실한 응답을 제거해야 하는데, 이를 위해서 행렬형 문항을 제시하는 경우에 역으로 묻는 문항을 하나 혹은 두 개 정도 넣어 두면 그 방향성을 고려하여 불성실한 응답인지를 판단할 수 있다. 다음에 제시된 3개의 문항을 행렬식으로 제시하는 경우를 고려해보면, 1, 3번의 내용과 달리 2번은 묻고 있는 내용의 방향이 역으로 구성되어 있음을 알 수 있다.

[예] 1. 나는 일상적인 움직임에 불편이 없다. ＿① 예 ＿② 아니요
2. 나는 특별한 질병을 가지고 있다. ＿① 예 ＿② 아니요
3. 나는 지속적으로 스트레스를 받지 않는다. ＿① 예 ＿② 아니요

라. 문항의 배치와 관련한 권장 사항

문항을 모두 작성했으면 문항을 적절하게 배치해야 한다. 문항의 순서를 어떻게 배치하느냐에 따라서 응답률에 영향을 미칠 수 있다는 점에서 여기서는 문항 배치에서 고려해볼 만한 권장 사항을 살펴보려고 한다.

① 특정 문항 간의 응답에서 영향력을 배제할 수 있도록 배치하는 것이 좋다.

서베이 연구를 위한 질문지에서 바로 앞의 문항으로 인해 다음 문항의 답지를 선택하는데 영향을 받아 의도치 않게 응답이 왜곡되는 경우가 발생할 수 있다. 즉 특정한 문항에 대한 응답이 다음 문항의 응답에 영향을 미치는 경우가 있을 수 있다. 예를 들어 가족관계에 대한 만족도를 묻는 문항과 행복감을 묻는 문항을 배치하는 경우를 보자. 행복감을 묻는 문항이 먼저 제시되고, 가족관계에 대한 만족도를 묻는 문항에 제시된다면 큰 문제가 없을 수 있지만, 반대로 가족관계에 대한 만족도를 묻는 문항 다음에 행복감을 묻는 문항을 나란히 배치하는 경우에는 두 번째 문항에 대한 응답에 왜곡이 발생할 수 있다. 먼저 응답한 가족관계 만족도의 응답이 행복감에 대한 판단에 직접적으로 영향을 미칠 수 있기 때문이다. 무의식 중에 행복감에 대한 판단이 가족관계의 만족도에 의존하게 될 가능성이 높아짐으로 앞 문항에 의해 다음 문항의 응답이 왜곡될 가능성이 크다. 따라서 이런 경우는 영향을 줄 수 있는 문항보다 영향을 받을 문항을 먼저 배치함으로써 문항의 순서 배치로 인한 문항 간의 불필요한 영향을 배제하는 것이 좋다. 아니면 두 문항을 서로 멀리 배치하는 것도 고려해 볼 수 있다.

② 기본적으로 문항은 논리적으로 배치하는 것이 좋다.

전체적으로 생각의 흐름이나 사고의 흐름에 따라 문항에 답할 수 있는 경우에는 그 흐름을 존중하여 문항을 배치하는 것이 좋다. 또한 유사한 내용을 물을 경우에는 일반적인 것에서 구체적인 것으로, 사실적인 것에서 가치 평가가 들어가는 것의 순서로 문항을 배치하는 것이 좋다.

③ 처음 부분에는 쉽게 답할 수 있는 것을 배치하는 것이 좋다.

문항 중에서 답하기 쉬운 것이나 누구나 고민을 적게 하고 답할 수 있는 것을 앞에 배치하는 것이 좋다. 처음 받은 질문이 어렵거나 생각을 많이 해야 하는 것이라면 응답을 계속해야 하는지 고민하게 되고 중간에 그만둘 수 있다. 따라서 처음 문항을 비롯하여 질문지 첫 페

이지에서는 가능한 답하기 쉬운 내용을 배치하는 것이 좋다.

④ 개인의 사회인구적 특성을 묻는 문항은 가능한 뒤에 배치하는 것이 좋다.

개인의 사회인구적 특성의 경우는 개인의 사적인 정보와 관련한 것이어서 처음에 나오면 응답을 꺼리는 경우가 있다. 따라서 성별, 거주 지역, 교육 수준, 소득 수준, 학업 수준, 결혼 여부 등과 같은 개인의 사회인구적 특성을 묻는 질문은 뒤로 보내는 것이 좋다. 사회인구적 정보를 묻는 문항의 배치에서도 성별과 같이 답하기 쉬운 것을 먼저 배치하는 것이 좋다.

⑤ 질문지의 양이 많다면 질문지 양이 적어 보이도록 배치하는 방법을 고려해보아야 한다.

질문지를 받고 페이지가 많다고 생각하면 응답자는 조사에 응하는 것을 싫어하게 된다. 따라서 질문지 양이 적어 보이게 배치해야 하는데, 문항 수가 동일하더라도 배치 방식에 따라 질문지 양이 적게 보일 수 있기 때문에 적절한 배치 방법을 생각해보아야 한다. 이를 위해서는 유사한 내용을 묻는 문항을 각각 배치하기보다 행렬식으로 묶어서 배치하는 것이 좋다.

⑥ 질문지의 양이 많다면 중요한 문항은 중간 이전에 배치하는 것이 좋다.

중요한 연구 변수를 묻는 질문임에도 응답자가 답하기 어려운 문항이 너무 뒤에 배치되어 있을 경우에 응답자는 응답하다가 중간 부분부터 답을 하지 않고 그냥 제출하는 경우가 발생할 수 있다. 그리고 이러한 경향은 해당 질문지의 양이 많을수록 강하게 나타난다. 따라서 중요한 변수에 대한 정보의 누락을 방지하기 위해서 연구자가 조사하고자 하는 주요 변수의 경우는 중간 전에 배치하는 것도 고려해 볼 수 있다.

③ 질문지 작성에서 기존 질문지 활용하기

가. 기존 질문지 파악하기

질문지를 직접 만드는 경우도 있지만, 기존에 존재하는 질문지를 활용하여 조사하는 경우도 있다. 연구자가 정한 연구주제와 그에 따른 연구목적에 적합한 질문지를 직접 만들어 사용하는 것이 좋지만, 이미 만들어진 질문지를 활용해도 문제는 없다.

기존에 만들어진 질문지의 경우에 여러 가지 유형이 있기 때문에 연구자는 자신의 연구모형이나 변수의 특성 등을 고려하여 적합한 것을 선택해야 한다. 각 유형에 대하여 알아보자.

첫째, 양성평등지수처럼 타당도와 신뢰도가 안전하게 확보되고 문항이 확정되어 있는 표준화된 질문지가 있다. 기존에 존재하는 표준화된 질문지는 그것을 개발한 연구자가 변수에 대하여 조작적 정의를 하고 그에 따라 문항을 구성하였기에 연구자 자신의 변수와 기존 질문지의 문항이 동일하다면 매우 편리하게 사용할 수 있다. 또한 이런 질문지는 기존 분석 결과들이 많아서 자신의 분석 결과와 비교하기 쉬운 점도 있다. 그러나 표준화된 질문지의 경우 문항 수가 많아서 일부를 사용할 때 어떤 문항을 사용할지 선택하는 과정에서 문제가 생길 수도 있으며, 비용을 요구하는 경우도 있어서 적합성을 잘 살펴보아야 한다.

둘째, 정부 기관이 출연한 다양한 연구소가 발간한 보고서에서 사용한 질문지를 활용할 수 있다. 이런 질문지도 질문지를 작성하는 과정에서 여러 전문가의 의견을 반영하여 최종 질문지를 완성하기에 질문지 자체의 신뢰도나 타당도가 확보되어 있다는 점에서 좋은 질문지이다. 그러나 이 경우에도 연구자 자신의 연구주제나 연구목적과 일치하는지를 면밀하게 검토해보아야 한다. 적합하다고 판단이 되면, 정부 기관이 출연한 연구소의 경우 홈페이지에서 보고서를 다운로드 받을 수 있으며 보고서의 부록에 대부분 질문지를 제시하기에 이를 참조하면 된다.

셋째, 연구주제를 정하거나 선행 연구를 파악하는 과정에서 살펴본 석사학위 논문이나 박사학위 논문에서 사용한 질문지를 사용할 수 있다. 이 경우에도 자신의 연구주제나 연구목적에 적합한지를 검토한 후에 사용해야 하며, 질문지의 신뢰도와 타당도가 확보되었는지를 세밀하게 파악하여야 한다.

나. 기존 질문지 활용 시 유의 사항

기존 질문지를 활용할 때에는 최종 보고서나 논문 등 연구자의 연구 결과물을 작성할 때, 사용한 질문지의 출처를 정확히 밝혀야 한다. 또한 자신이 직접 질문지를 만들지 않고 해당 질문지를 사용한 이유에 대해서도 밝히는 것이 좋다.

자신이 직접 질문지를 만들지 않고 기존 질문지를 선택하는 경우에 다음과 같은 점을 고려해 보아야 한다.

1) 기존 질문지 중 일부만 사용해도 되는가?

기존 질문지 중에서 연구자가 자신의 연구주제와 목적에 따라 질문지 일부만 사용하고 싶은 경우가 생긴다. 이런 경우에는 기존 질문지 중에서 일부만 가져오고 나머지는 자신이 제작하여 하나의 질문지로 제작하는 것이 가능하다.

예를 들어 대표 사례인 <교사들의 행복감에 영향을 주는 요인에 대한 연구>를 위해 질문지를 제작할 때 종속변수인 '행복감'을 측정하는 문항이 기존에 존재한다면 그것을 활용하고, 독립변수와 관련한 문항은 연구자가 직접 제작해도 된다. 이를 역으로 하는 것도 가능하다.

이렇게 기존 질문지 중에서 일부만 사용했다면, 연구 결과를 발표할 때 질문지 제작에서 어떤 것은 기존의 것을 가져와서 사용했고, 어떤 것은 연구자가 직접 제작했는지를 정확하게 설명하면 된다. 또한 이 경우에도 질문지를 가져온 출처와 함께 기존 질문지의 어떤 내용 중 일부만 가져왔는지도 기술해야 한다.

2) 기존 질문지의 세부 내용을 수정해도 되는가?

기존 질문지 전체를 가져오든지 일부를 가져오든지 상관없이, 연구주제나 연구목적에 따라 질문지를 수정해야 하는 경우가 있다. 특히 기존 질문지와 다른 연구대상에게 적용할 경우에는 자신의 연구대상에 적합하게 내용을 수정해야 한다. 예를 들어 성인 대상 질문지를 아동에게 적용하려고 하는 경우나, 고등학생에게 적용한 질문지를 유아에게 적용할 경우에는 단어나 용어 등을 수정하여 사용해야 할 필요가 있다. 또는 답지가 5점 척도로 되어 있는데 4점 척도로 변경하는 것을 생각해볼 수 있다.

이런 필요가 있을 경우에 연구자는 기존 질문지를 사용하더라도 수정하여 사용하는 것이 가능하다. 다만 저작권이 있는 경우에는 미리 저작권자에게 확인한 후에 수정해야 한다. 또한 수정 과정에서 질문지의 근본적인 의미가 왜곡되도록 수정해서는 안 되며, 최대한 기존 질문지가 추구하는 질문의 방향을 유지하려고 노력해야 한다. 더불어 기존 질문지의 수정 내용에 대하여는, 연구 결과를 발표할 때 원래 문항에서 수정한 것은 무엇이며 수정한 이유가 무엇인지를 밝혀주는 것이 좋다. 기존 질문지를 수정한 경우에는 자신이 사용한 질문지의 신뢰도를 구하여 제시하는 것이 좋다.

3) 기존 질문지 사용에 대하여 허락을 받아야 하는가?

기존 질문지를 사용하는 경우에는 가능한 한 사전에 소유권자에게 허락을 받아야 한다. 표준화된 질문지가 판매하는 것이라면 공식적으로 구매하여 사용해야 한다. 표준화된 질문지가 공식적으로 판매하는 것이 아니라면 출처 등을 정확하게 표기하면서 그냥 사용하면 된다.

기존 질문지의 경우 개인이 개발하여 소유권이 있는 경우에는 해당 개인에게 질문지 사용에 대한 동의를 구하는 메일을 보내고 답을 받아서 사용하는 것이 좋다. 종종 개인이 소유한 질문지의 경우에도 판매하는 것이 있는데, 구매하지 않고 사용할 경우에 문제가 될 수도 있다. 또한 연구소, 학회지 등에서 소유권을 가진 질문지의 경우에는 구매하여 사용해야 하며, 이 또한 출처를 명확하게 기술해야 한다. 그렇지 않을 경우 종종 연구윤리를 지키지 않은 것으로 처리될 수 있다.

④ 질문지의 오류를 수정하여 완성하기

질문지의 초안을 완성했다고 해도 그것으로 바로 조사를 실시해서는 안 된다. 완성된 질문지 초안에 대하여 다양한 방법을 사용하여 수정하면서 최종 질문지를 완성하려고 노력해야 한다. 질문지 초안에 응답자가 응답을 잘하도록, 연구자가 원하는 응답을 잘 파악할 수 있도록 돕기 위하여 질문지 초안을 조정하거나 수정해야 한다.

가. 전문가 자문을 통한 질문지 수정하기

리포트나 논문을 작성하기 위해 만든 질문지 초안은 대부분 연구자 개인이 만드는 경우가 많으며, 보고서의 경우에는 많은 연구진이 공동으로 만드는 경우가 많다. 두 경우 모두 개인이나 집단이 만든 질문지 초안을 전문가들에게 보여주고 자문을 구하여 질문의 오류를 수정하면서 묻는 내용의 타당도를 높이기 위해 노력해야 한다. 이를 위해서 리포트나 논문의 경우에는 지도교수와 상의하여 질문지 초안을 조정하는 것이 가능하다. 보고서의 경우에는 외부 전문가에게 일정한 사례금을 주고 질문지에 대하여 수정 의견을 받아서 내용을 조정하는 경우도 있다.

지도교수나 외부 전문가에게 질문지 초안에 대한 수정 의견을 받을 때는 연구자의 연구주제와 연구목적을 정확하게 설명하고 각 질문이 어떤 것을 묻는 것인지를 정리하여 보여 주는 것이 좋다. 이를 위해 앞서 만든 문항구성 준비표에 해당 문항번호를 추가로 적어서 제시하는 것도 좋은 방법이다. 그리고 질문지에 직접 수정을 해 달라고 요청하여 의견을 받아서 연구진이 최종적으로 수정 사항을 반영하면 된다.

나. 예비 조사를 통한 질문지 수정하기

예비 조사(pilot-study)는 실제 표본을 대상으로 질문지 조사를 본격적으로 실시하기 전에 질문지가 제대로 조사가 될 것인지를 확인하기 위해 시험적으로 조사하는 것을 말한다. 이에 따라 예비 조사에서 조사대상은 표본과 동일한 특성을 가진 집단으로 하되, 조사 인원은 50명 이내로 적게 구성하는 것이 일반적이다. 예를 들어 초등학교 교사를 대상으로 한 조사에 사용할 질문지를 예비 조사하는 경우에는, 한 초등학교에 근무하는 다양한 연령의 교사 10명 정도를 선택하여 예비 조사를 실시해도 된다.

예비 조사의 목적은 응답자의 응답을 사용해서 자료를 분석하려는 것이 아니라, 질문지 문항에 사용한 표현이나 답지의 구성 등이 타당한지를 확인하려는 것이다. 이에 따라 예비 조사 과정에서는 '질문을 하는 시간, 문항의 답지들이 응답자가 답하기에 적정한지, 답지 중에서 빠진 것은 없는지, 표현 중에서 수정했으면 좋은 것은 무엇인지, 연구자가 의도한 응답과 다른 결과가 나타나는지' 등에 관하여 확인하면 된다.

특히 답지에 '기타'라는 것을 제시했을 경우에, '기타'를 선택하게 되면 그에 관한 구체적인 내용을 직접 적게 하고 '기타'에 기술된 것 중에서 동일한 내용이 많이 나타난 것은 추가로 답지에 구성하여 문항을 수정하는 것이 좋다. 또한 예비 조사에서는 질문지에서 모르는 단어나 용어에 대해서는 밑줄을 치게 하거나, 묻는 내용을 파악하기 어려운 경우에는 그 문항의 무엇 때문에 이해가 어려운지 적게 하는 것이 좋다. 그리고 질문지 전체에 답하는 시간 등도 기록하게 하는 것이 좋다. 이렇게 하여 예비 조사가 끝나면 질문지를 모두 수거하여 기술된 모든 내용을 자세히 읽고 문제가 제기된 것 중에서 수정해야 할 것이 있으면 수정하여 최종 질문지를 확정되면 된다.

제9장
표본 조사와 표집 방법

제9장에서는 질문지까지 만들고 난 후에 구체적인 조사의 대상을 선정할 때 고려해야 할 표집의 원리를 다루려고 한다. 연구대상 전체를 고려하는 전수 조사를 실시하기보다 표본을 대상으로 하는 표본 조사를 하는 이유, 그리고 이를 위한 표집 방법과 대표성의 중요성을 살펴볼 것이다. 더불어 실제로 연구를 할 때 사용할 수 있는 다양한 표집 방법과 그 특성을 살펴볼 것이다.

1 표본 조사에 대한 이해

가. 표본 조사 관련 기본 개념

여기서는 표본 조사와 관련하여 파악해야 할 기본개념을 정리하고자 한다. 이 개념들은 이후 표본 조사와 함께 표집 논리를 이해하는 데 있어서 기초가 되는 개념들이기 때문에 미리 익숙해질 필요가 있다.

1) 모집단

사회과학의 연구대상인 사회현상에서 법칙성은 경향적 법칙성이고, 이러한 법칙성은 개연성(확률)에 기초해 있다. 이러한 법칙성에 기초하여 가설을 구성하고 그 가설을 검증하기 위해서 가장 정확한 방법은 연구대상 전체를 조사해서 전체 집단의 특성을 알아내는 것이다. 이처럼 연구대상이 되는 전체 집단을 모집단(population)이라고 부르고, 이 모집단 전체를 대상으로 하는 조사를 전수 조사라고 부른다. 예를 들어 '고등학생의 흡연에 관한 연구'를 한다고 하는 경우에 연구 시점에 우리나라 고등학교에 재학 중인 모든 학생이 모집단이 된다.

결국 모집단은 연구자가 관심을 가지고 있는 연구의 요소들을 이론적으로 특정화한 총합체로, 연구자가 연구하고자 하는 집단 전체라고 할 수 있다. 하지만 때로는 모집단이 관념적인 수준의 집단이라서 그 실체를 정확히 알 수 없는 경우도 있다. 이때에는 연구의 목적에 따라 연구 모집단을 설정하게 된다.

2) 연구 모집단

연구 모집단(study population)은 모집단 중에서 표본이 실제로 추출되는 요소들의 총합체이다. 현실적인 문제 때문에 연구자들이 모집단을 설정한다 해도 정해진 이론적 원칙에 따라 모든 요소가 실제로 표본으로 추출될 기회를 가진다고 장담하기 어려운 경우를 맞이하게 된다. 표집에 사용될 요소의 목록이 존재하는 경우에도 그 목록은 대개 불완전한 경우가 많다.

예를 들어 '고등학생의 흡연에 관한 조사'를 한다고 하여 모집단을 '고등학생'으로 설정한 경우를 보자. 이때 현실적으로 고등학교 학생 명부에 이름이 올라 있지 않은 학생이나 학교 명부에 있더라도 학교에 다니지 않는 학생은 항상 있기 마련이다. 그래서 연구자가 고등학생이라고 모집단을 정하지만, 실제로는 입수할 수 있는 고등학생 명부에 올라 있는 학생을 대상으로 표집을 하게 되는데 이것이 연구 모집단이 된다. 또 다른 경우를 보자. 연구대상을 전화를 소유한 사람으로 정한다고 해도, 일부 전화가입자는 자신의 전화번호가 명부에 오르지 않도록 선택하는 경우가 있어서 모집단과 연구 모집단에서 조금 차이가 날 수 있다.

3) 모수

모수란 모집단의 특성을 나타내는 수치를 의미한다. 즉 모집단의 특정 변수에 대한 통계적 기술을 모수(parameter) 또는 모수치라고 한다. 사회 조사에서 기본적인 목표는 모집단에서 나타난 현상 간의 관계를 밝히는 데 있다. 이를 위해서 가장 좋은 방법은 모집단 전체를 조사하여 그 자료를 분석하는 것일 것이다. 그렇지만 뒤에서 자세하게 살펴보겠지만, 모집단을 전수 조사하는 것은 상당히 어려운 일이다. 따라서 모집단의 일부인 표본을 대상으로 조사한 후에 표본의 정보를 바탕으로 모집단의 모수를 추정하게 된다. 이때 모수를 추정하기 위해서 자료를 수집한 표본의 특성을 나타내는 수치를 통계치 또는 통계량(statistic)이라고 한다.

4) 표집과 표본

모집단으로부터 그 일부를 추출하는 과정을 표집(sampling)이라고 하고, 표집 과정을 거쳐 얻어낸 모집단의 일부 요소를 표본(sample)이라고 한다. 이러한 표본을 통한 연구조사를 표본 조사(sample survey)라고 부른다. 이 표본 조사를 통해 얻은 표본의 통계량에서 표본의 특성을 파악함으로써 모집단의 속성을 추론하게 된다. 아래의 [그림 9-1]에서 보여주는 것처럼 표본의 통계량을 바탕으로 모집단의 특성인 모수를 추정하는 것이 가능한 것이다. 다만 이를 위해서 표본이 모집단 전체를 대표하도록 대표성을 갖추는 것이 중요하다.

　　예를 들어 모집단을 전국의 초등학교 교사로 하고 그 중 일부를 표본으로 선정하여 그들의 행복감을 조사한 경우를 보자. 표본으로 선정된 초등교사에게서 얻게 된 조사 결과를 바탕으로 하여 초등교사의 행복감과 관련한 통계량은 단순히 조사대상인 표본의 행복감 관련 특성을 보여주는데 그치는 것이 아니라 모집단인 전국의 초등학교 교사에게도 적용할 수 있게 된다.

그림 9-1　모집단, 표본, 모수, 통계량의 관계

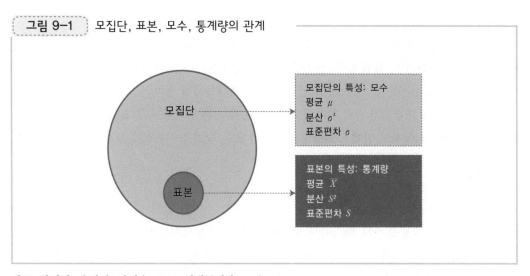

자료: 박정식 · 윤영선 · 박래수, 2010, 현대통계학, p. 6.

5) 추리통계

　　앞서 설명한 것처럼, 표본 조사를 통해 얻은 표본의 변수와 관련한 조사 결과를 활용한 통계 기술을 통계치(statistic) 또는 통계량이라고 부른다. 그리고 이 통계량을 활용하여 모집단의 모수를 추정하는 데 사용할 수 있다. 실제로 연구에서 관심을 가지는 것은 모집단에 관한 정보이기 때문에 표본의 정보를 활용하여 모집단의 정보를 구하는 것은 중요한 과정이다. 이렇게 표본에서 얻은 통계량을 활용하여 모집단의 모수를 추정하는 통계학을 지칭하여 추리통계(inferential statistics)라고 한다.

6) 표집 단위로서 요소

표집 단계에서 추출을 위해 고려되는 요소(element)나 요소들의 집합을 표집 단위(Sampling Unit)라고 하고, 이 요소는 정보가 수집되는 단위이자 분석의 기초가 되는 단위이다. 질문지 조사 연구의 경우에 전형적인 요소는 대부분 개인이나 특정한 유형의 사람이다. 그런데 앞 장에서 분석단위를 논의하면서 개인만이 아니라 집단이나 지역 등이 분석단위가 될 수 있는 것처럼, 개인이 아닌 다른 유형의 단위도 사회조사에서 표집 단위로서 요소가 될 수 있다. 예를 들면, 가족, 사교모임, 또는 회사도 표집을 위한 요소가 될 수 있다. 보통 조사연구에서 요소는 흔히 분석단위와 동일한 것이지만, 전자는 표본추출에서 주로 사용되는 용어이고 후자는 자료 분석에서 주로 사용된다.

7) 표집 틀

표집 틀(sampling frame)은 표본이 추출될 모집단을 구성하는 단위들의 목록을 말한다. 표본이 모집단을 대표하려면, 표집 틀을 설정할 때 모집단의 모든(또는 거의 모든) 구성원들을 포함하도록 하는 것이 필수적이다. 예를 들어 한 대학교의 학생들에게 정치의식을 조사하고자 하는 경우를 보자. 이때 그 대학교의 전체 학생이 전부 다 들어 있는 명단이 바로 표집 틀이 되는 것이다. 이러한 표집 틀을 사용하여 뒤에서 설명할 표집원리 또는 방법을 적용하여 표본을 선정하게 된다.

8) 표집오차

표집오차(sampling error)는 표본의 통계량으로부터 추정된 값과 모집단의 실제 값과의 차이를 말한다. 표본추출오차로 불리기도 하는데 단순히 표본오차로 번역되어 사용되는 경우도 있다. 이처럼 오차가 생기는 이유는 아무리 표집을 정확하게 하여 표본을 선택하더라도 표본의 특성이 모집단과 정확하게 일치하는 것이 힘들기 때문이다. 다만 표집 과정에서 표집오차를 줄이기 위한 표집 방법을 사용하려고 노력해야 한다.

나. 표본 조사의 의미와 이유

1) 표본 조사의 의미

모집단의 특성을 알고 싶을 때 사용할 수 있는 가장 정확한 방법은 모집단 전체를 조사하는 전수 조사를 통해 정보를 얻는 것이다. 그런데 전수 조사가 갖는 문제가 있다. 바로 시간적으로나 경제적으로 비용이 너무 많이 든다는 것이다. 그래서 대부분의 사회과학 연구에서는 모집단 전체를 대상으로 전수 조사를 하기보다는 모집단을 잘 대표하는 표본을 뽑아서 조사하는 표본 조사를 사용한다.

이렇게 하는 것이 가능한 이유는 표본으로부터 얻은 정보의 통계량을 이용하여 모집단의 특성인 모수를 추정하는 것이 훨씬 효율적이기 때문이다. 표본 조사를 통해서 시간과 비용을 절약하면서도 모집단에 대해 정확한 정보를 얻기 위해서는 모집단의 특성이 잘 반영되도록 대표성을 확보한 표본을 추출하는 것이 가장 중요하다. 그리고 표본의 정보를 정확하게 조사하여 이를 토대로 모집단에 대한 특성을 추론해야 한다.

2) 표본 조사를 하는 이유

연구대상에 대한 가장 정확한 정보는 전수 조사를 통해 구할 수 있다. 표본의 정보에 기초하여 모집단의 특성을 추리하게 되면 결국 오차가 발생할 수밖에 없다. 왜냐하면 모집단의 특성인 모수와 표본을 대상으로 조사한 통계량이 반드시 일치하지는 않기 때문이다. 하지만 이러한 오차가 있음에도 전수 조사를 하지 않고 표본 조사를 하는 이유는 다음과 같다.

가) 경제성

모집단을 조사하는 것보다 일부분인 표본을 선택하여 관찰하는 것이 시간 혹은 비용 측면에서 효율적이다. 예를 들어 대통령 선거를 앞두고 유권자의 표심을 알기 위해 유권자 전체를 다 조사하게 된다면 엄청난 시간과 비용이 들 것이다.

나) 시간의 제약

짧은 시간 내에 필요한 정보를 확보해야 할 경우에도 표본을 사용한다. 이슈가 되는 문제에 대해 짧은 시간 내에 여론을 묻고자 할 경우에는 모집단 전체에게서 정보를 수집할 여유가 없다. 이러한 의견 조사의 경우에는 가장 짧은 시간 내에 당시의 이슈에 대한 현재의 의견을 파악해야 하기 때문에 표본을 사용하는 것이 효율적이다.

다) 무한한 규모의 모집단

모집단이 무한히 큰 경우에 모집단을 대상으로 전수 조사를 하는 것은 불가능하다. 예를 들어 특정 회사에서 만든 특정 상품에 대한 고객들의 반응을 알고 싶은 경우를 보자. 특정 상품의 고객의 수는 현재에도 엄청나게 많으며 앞으로도 수없이 늘어날 것이기 때문에 미래의 고객까지 고려한다면, 그 수는 사실상 무한하다고 할 수 있다. 이렇게 모집단의 규모가 무한할 경우에는 전체를 조사하는 것이 불가능하므로 표본을 뽑아 조사할 수밖에 없다.

라) 조사가 불가능한 모집단

모집단 전체를 조사한다는 것이 불가능한 경우도 있다. 예를 들어 특정 학교 졸업생의 모교에 대한 관심 정도를 조사하는 경우를 보자. 연구대상이 되는 졸업생 중에는 사망한 사람도 있고, 이민을 간 사람도 있을 것이다. 또한 주소가 확실하지 않은 사람도 있으므로 졸업생 전체를 조사하는 것은 사실상 불가능하다. 이런 경우에는 조사가 가능한 사람만 표본으로 뽑아 조사하는 것이 적합하다.

마) 정확성

때로는 표본 조사가 모집단 전체를 대상으로 하는 전수 조사보다 더 정확할 수도 있다. 많은 수를 관찰할 때에는 정확성이 결여되기 쉽지만, 적은 수의 표본을 관찰할 때에는 좀 더 세밀하게 관찰할 수 있다.

다. 표본 조사의 이론적 근거: 추리통계학의 원리

표본 조사와 관련하여 통계학의 궁극적인 목적은 조사대상이 되는 모집단의 특성을 알기 위한 것이라고 볼 수 있다. 즉 표본의 특성인 통계량을 통해 모수를 추정하는 것을 강조한다. 이는 일반적으로 추리통계학과 관련이 있다.

그런데 통계의 분석 방법에 따라 다음 두 가지로 구분하는 것이 가능하다. 하나는 자료수집, 자료정리, 자료해석의 과정을 통하여 모집단 혹은 표본의 특성을 파악하는 것이다. 이를 기술통계학이라고 하는데, 통계 자료를 정리하고 요약하는 등 자료특성의 계산 방법과 관련된 통계학을 말한다. 다른 하나는 표본에서 얻은 통계량을 기초로 모집단의 특성을 추론하는 것이다. 이는 추리통계학이라고 하는데, 모집단에서 뽑은 표본을 분석하여 이를 기초로 모집단의 특성을 규명하는 통계 방법을 말한다.

그림 9-2 기술통계학과 추리통계학의 차이

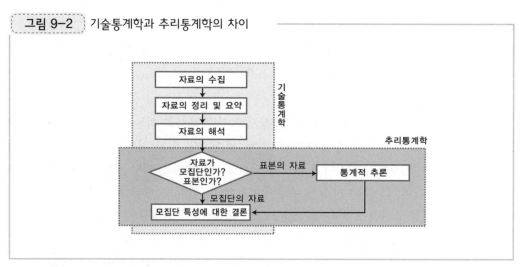

자료: 박정식·윤영선·박래수, 2010, 현대통계학, p. 6.

예를 들면, 한 학급의 평균시험 점수를 알기 위해 학생들의 점수를 모두 알아내어 평균을 구하는 것은 기술통계학의 영역에 속한다. 이와 달리 우리나라 고등학교 3학년 전체 학생들의 수능 모의고사 평균을 알아보기 위하여 500명의 표본을 뽑아 그들의 점수를 바탕으로 전국

고등학교 3학년 학생들의 수능 모의고사의 평균을 알아내는 방법에 관한 것은 추리통계학의 영역이다.

사실 사회과학 연구방법론에서 양적인 방법을 사용하여 연구하는 경우에, 표본의 자료로부터 그 표본이 추출된 모집단의 특성을 추론하는 추리통계학이 주류를 이루고 있다. 그 이유는 관심의 대상이 되는 모집단의 자료를 모두 수집하여 분석하려면 막대한 비용과 시간이 필요하고, 때로는 집단 전체를 대상으로 하는 분석이 현실적으로 가능하지 않는 경우도 있기 때문에 표본을 조사 분석함으로써 모집단의 성격을 추측하는 것이 훨씬 바람직한데, 이와 관련된 지식체계가 바로 추리통계학이기 때문이다. 여기서 결국 가장 중요한 것은 '통계량을 통한 모수의 추정이 얼마나 정확할 것인가'일 것이다. 이 부분은 표본의 대표성 문제와 표본추출 방법의 이해에서 자세히 다룰 것이다.

② 표본의 대표성 문제

가. 대표성의 의미

표본 조사를 통해 얻은 통계량이 모수와 가장 근접하게 되도록 하기 위해서는 모집단에서 표집 과정을 거쳐 추출한 표본이 얼마나 모집단의 특성과 일치하는가가 관건이 된다. 여기서 바로 대표성(representativeness)의 문제가 중요한 이슈가 된다.

대표성은 표본의 특성이 그 표본이 추출된 모집단의 특성과 동일한 특성을 가지는 것을 의미한다. 표집에서 이 대표성이 확보되어야지만 표본에서 얻은 통계치가 모집단의 특성인 모수를 유사하게 잘 나타낸다고 주장할 수 있게 된다. 따라서 이러한 대표성 확보를 위해 표본 조사에서는 표집 방법이 매우 중요하게 다루어질 수밖에 없다.

나. 대표성이 중요한 이유

대표성을 정확하게 가지지 못하면 표본 조사 결과로 모집단의 특성을 정확하게 예측하는 것이 불가능하다. 이렇게 되면 표본 조사의 의미가 없어진다. 결국 대표성이 중요한 이유는 대표성을 얼마나 확보하는지 정도가 표본 조사의 의미를 결정하기 때문이다.

표본 조사에서 대표성 확보가 얼마나 중요한지는 수많은 사회 여론 조사에서 대표성을 갖지 못함으로 인해서 예측이 실패한 사례를 통해서 확인할 수 있다. 이와 관련하여 외국의 사례로 가장 많이 드는 것이 바로 1936년 미국의 대통령 선거를 앞둔 여론 조사이다.

표집의 대표성이 중요한 사례: 1936년 미국의 대통령선거 여론 조사

사례보기

"리터러리 다이제스트"라는 잡지사에서 1936년 미국 대통령 선거를 앞두고 선거 여론 조사를 실시하였다. 여론 조사는 공화당 후보인 알프 랜던과 당시 현직 대통령이자 민주당 후보인 프랭클린 루스벨트 중에 누구에게 투표할 것인지를 투표용지를 발송하는 우편 조사를 통해 이루어졌다.

이때 잡지사가 여론 조사를 하면서 사용한 표집 틀은 전화번호부와 자동차 소유자 명부였다. 여기서 1천만 명가량을 선정하여 투표용지를 우편으로 발송하여 표본 조사를 실시한 것이다. 2백만 명이 조금 넘는 응답을 분석한 결과 공화당의 알프 랜던의 지지율은 57%로, 43%의 지지를 받은 프랭클린 루스벨트를 누르고 승리하리라 예측하였다. 하지만 실제 선거에서는 프랭클린 루스벨트가 압도적인 표 차이로 승리하였다.

자료: Babbie., 2013, 사회조사 방법론, pp. 189-191.

위의 사례에서 "리터러리 다이제스트"의 여론 조사의 예측은 왜 틀렸을까? 몇 가지 요인이 있겠지만 가장 중요한 요인은 바로 표본의 대표성 확보에 실패했기 때문이다. 대공황으로 인해 경제적으로 극히 어려웠던 시기인 1936년에 전화를 가지고 있거나 자동차를 소유한다는 것은 적어도 중상층 이상의 계층일 가능성이 높다. 즉 전화번호부나 자동차 소유자 명부는 결국 중상층 이상의 유권자가 과다하게 대표된 표집 틀이다. 전화나 자동차가 없는 유권자는 여론 조사대상에서 제외되었기 때문에 하층에 속한 유권자는 과소 대표된 것이다.

결국 표본추출을 위한 표집 틀이 모집단을 잘 대표하고 있지 않았기 때문에, 표본 조사를 통한 선거 예측이라는 통계치가 실제 유권자들이 선거에서 보여준 결과인 모집단의 결과를 정확하게 예측하지 못한 것이다. 이처럼 표본 조사의 정확성은 표집 과정에서 표본이 얼마나 모집단의 대표성을 잘 확보하느냐에 달린 것이다.

이러한 예는 우리나라에도 있다. 최근 들어 우리나라에서도 선거 때마다 여론 조사를 통해 각 정당 후보들의 지지율을 조사한다. 그런데 여론 조사 결과가 기관마다 다르고, 또 여론 조사 결과와 실제 선거 결과 사이에 차이가 나는 경우도 자주 발생하고 있다. 그래서 사람들 사이에는 더 이상 여론 조사를 믿을 수가 없다는 얘기도 나온다.

이런 일이 발생하는 데에는 다양한 이유가 있을 수 있지만 가장 근본적인 이유는 역시 표본의 대표성이 문제가 되리라고 본다. 예를 들면 전화를 통한 여론 조사를 하는 경우, 하루 중에 언제쯤 전화를 하는가에 따라 전화 응답자의 성별이나 연령이 달라진다. 낮에 전화를 받는 사람은 주로 주부이거나 노인일 가능성이 높다. 또한 휴대전화 조사인가 아니면 유선전화 조사인가에 따라 응답자의 특성이 달라질 수 있다. 휴대전화 조사인 경우 젊은 사람들이 응답자에 포함될 가능성이 높아진다. 이처럼 표본 조사가 어느 정도 모집단의 대표성을 확보할 수 있는가의 정도가 전수 조사를 하지 않고도 표본 조사를 통하여 모수에 근접할 수 있는가를 결정한다고 할 수 있다.

사례보기

표집의 대표성이 중요한 사례: 지능과 범죄의 관계에 대한 연구

지능과 범죄 사이에 관계가 있다고 주장하는 학자들이 자신들의 주장을 입증하기 위해서 사용한 방법은 주로 수감자들의 평균지능지수와 일반인들의 평균지능지수를 비교하는 것이었다. 일반인들의 평균 지능지수가 수감자들의 평균 지능지수보다 높다는 연구 결과를 토대로 범죄자가 일반인에 비해 지능지수가 낮다는 결론을 내린 것이다.

하지만 이러한 연구는 방법론적으로 중요한 오류를 범하고 있다. 표집의 대표성이 문제인 것이다. "수감자들이 모든 범죄인을 대표하는 표본이 될 수 있는가?" 이에 대한 대답은 그렇지 않다는 것이다. "범죄자는 예외 없이 모두 체포되는가?", "범죄를 저지른 사람들은 재판에서 예외 없이 유죄판결을 받는가?"라는 질문에 대한 답은 부정적이다. 수감자는 범죄자 중에 체포되어서 유죄를 확정받아 수감되어 처벌을 받고 있는 사람들이다. 범죄자 중에는 체포되지 않은 범죄자도 있을 것이고 체포된 범죄자라고 하더라도 모두 유죄 판결을 받는 것은 아니기 때문에 수감자들은 범죄인 중에 일부일 뿐인 것이다.

만약 범죄를 저지르고도 영악하게 완전 범죄를 저질러서 체포되지 않고 있거나 체포되었지만 법망을 빠져나가 무죄 판결을 받은 지능이 높은 범죄자를 모두 법정에 세워 유죄판결을 받게 한 후 수감했다고 가정해 보자. 그리고 난 후에 수감자들과 일반인들의 평균 지능지수를 비교해 본다면 결과는 어떻게 될까? 아마도 영리한 범죄자들이 수감자의 표본에 들어감으로써 수감자의 평균 지능지수를 올리는 효과가 나타난다면, 그리고 일반인의 표본에 속해 있던 영리한 범죄자가 빠져나감으로써 일반인의 평균 지능지수를 낮추는 효과가 나타난다면 수감자와 일반인의 평균 지능지수의 차이는 통계학적으로 유의미하지 않다고 결론이 날 수도 있지 않을까?

실제 가난과 같은 사회환경적 요인이 결정적인 범죄의 원인이라고 보는 범죄학 이론을 주장하는 학자들은 지능과 범죄와의 관계를 규명하기 위한 연구들이 위에서 소개한 방법론의 오류로 인해서 잘못된 인과관계를 설정하였다고 비판한다.

---

③ 표본추출 방법의 이해

표본추출 방법은 크게 확률 표집과 비확률 표집으로 구분한다. 이 구분은 기본적으로 모집단의 모든 구성요소가 표본으로 선정될 수 있는 동등한 기회를 가지는가의 여부에 따른 것이다. 동등한 기회를 갖는 경우는 확률 표집, 그렇지 않는 경우에는 비확률 표집이라고 한다.

확률 표집과 비확률 표집의 특징을 비교하면 다음의 <표 9-1>과 같다.

표 9-1 확률 표집과 비확률 표집의 특징 비교

특징	확률 표집	비확률 표집
모집단에서 표본추출 기회	동등함	동등하지 않음
표본추출 과정	무작위로 비의도적임	인위적이거나 의도적임
모수 추정 가능성	추정 가능함	추정 불가능함
오차 측정 가능성	측정 가능함	측정 불가능함
시간과 비교	상대적으로 많이 소요됨	상대적으로 절약할 수 있음

자료: 이창희 외(2010)의 내용을 일부 수정함.

위에서 제시한 것과 같은 특징이 나타나는 확률 표집과 비확률 표집은 다시 세부적으로 다양한 표집 방법으로 나눌 수 있다. 각 표집 방법의 유형과 특징을 자세히 살펴보자.

가. 확률 표집 방법

1) 확률 표집 방법의 이해

확률 표집 방법은 표집 과정에서 모집단의 개체들, 즉 모집단에 속하는 구성원 모두가 표본으로 추출될 수 있는 기회를 동등하게 갖도록 만들어주는 표집 방법이다. 이는 모집단에 속하는 구성원 모두가 표본으로 추출될 가능성이 동일할 때에만 표본이 모집단을 대표할 수 있다는 것을 전제로 하고 있다. 즉 표본이 모집단을 대표할 수 있는 대표성을 명확하게 확보할 수 있는 방법으로 표본을 선택해야 한다는 점을 고려하는 것이다.

이를 위해서 가장 중요하게 여기는 것이 바로 무작위 추출(random selection)이다. 여기서 말하는 무작위 추출이란 표집 단위가 되는 각 요소를 대상으로 그중에서 표본을 선택하는 과정에서 여타 다른 것을 고려하지 않고 모두 동일하게 선택될 기회를 가지게 하는 방법을 말한다. 종종 무선 추출이라고도 불린다.

2) 확률 표집 방법의 종류와 실제

확률 표집은 표본의 대표성을 최대화하여 표본의 특성과 모집단의 특성 간의 오차를 최소화하기 위해 행하는 방법으로, 기본적으로 모집단의 모든 구성원이 표본으로 선택될 기회를

동등하게 갖게 하여 표본을 추출하는 것을 말한다. 즉 표본만 조사하더라도 그것으로 모집단 전체의 특징을 추론하는 것을 가능하게 하는 확률 이론(probability theory)에 근거하여 추출되는 표집 방법이다. 따라서 가능한 표집오차를 줄이고자 한다.

여기에는 단순 무작위 표집, 체계적(계통적) 표집, 층화 표집, 집락 표집 등이 포함된다.

가) 단순 무작위 표집

단순 무작위 표집(simple random sampling)은 통계적 자료 분석을 위한 표집에서 가장 기본적으로 강조하는 표집 방법이다. 기본적으로 모집단을 구성하는 모든 구성요소에 일련번호를 할당하고 무작위로 숫자를 산출한 후, 그 번호를 가진 개별 단위들을 추출하여 표본으로 구성하는 표집 방법이다. 실제 이 방법을 사용하는 경우에, 표본의 선정은 난수표 또는 컴퓨터를 통한 무작위 숫자 생성 프로그램을 사용한 단순 무작위 선정에 의해 이루어진다.

아주 단순하게 보면 한 학급의 학생 30명 중에서 5명을 뽑는다고 할 때, 모든 학생에게 1번에서 30번까지의 번호를 임의로 배분하고, 그들의 번호를 한 통에 넣어서 5개만 뽑는 것처럼 하면 된다. 그런데 연구를 수행하는 경우에 학생 30명 중에서 5명을 뽑는 것처럼 모집단과 표본이 적은 수가 아니라는 점에서 이런 과정은 매우 어렵다. 그래서 위에서 설명한 것처럼 난수표나 컴퓨터 프로그램을 통해 실행할 수 있는데, 그럼에도 모집단 전체에게 일련번호를 할당하는 일이 어렵기 때문에 모집단이 큰 경우에 이 방법을 적용하는 것은 사실상 어렵다. 이런 이유로 실제 연구에서 잘 활용되지 않는다.

나) 체계적(계통적) 표집

체계적(계통적) 표집(systematic sampling)은 모집단에 대하여 하나의 표집 틀 목록을 구성하고, 모집단 대비 표본의 비율인 표집비를 고려하여 표집 틀의 목록에서 정해진 간격으로 표본을 추출하는 확률 표집 방법을 말한다. 이때 정해진 표집 간격은 모집단의 크기를 원하는 표본의 크기로 나누어 계산한다. 이를 'K룰 표집 간격'이라고 한다. 즉 표집 간격은 표본에 추출되는 요소들 사이의 표준 거리라고 보면 된다. 그리고 표집비는 모집단 내의 요소들이 추출되는 비율이다. 이것은 표본의 크기를 모집단의 크기로 나누어 계산하면 된다.

예를 들어 어떤 지역의 초등교사가 모집단인데, 해당 지역의 초등교사 목록인 교사의 이름을 무작위로 나열한 표집 틀이 있다고 하자. 표집 틀에 들어 있는 초등교사의 명단이 전체 540명이고, 연구자가 표본을 54명을 뽑으려고 하는 경우에 표집 간격은 540을 54로 나눈 값인 10이 된다. 이렇게 되면 'K룰 표집 간격'으로 정해진 값은 10이 되어 표집 틀에서 첫 이름을 정한 다음, 그다음 숫자부터 매 10번째 이름을 선택하고, 전체 54명의 명단을 정할 때까지 표본을 추출하는 것이다.

그런데 이 표집 방법을 사용하는 데 있어, 편견(bias)을 없애기 위해서는 우선 모집단의 명단을 적은 표집 틀을 무작위로 배열하여야 한다. 또한 제일 첫 번째 요소를 추출할 때에도 반드시 무작위로 추출해야 한다. 이때 무작위로 추출되는 첫 번째 요소는 표집 간격 내에서 선택되도록 해야 한다. 이렇게 해야 이 방법이 체계적이면서도 무작위 추출의 효율성을 그대로 가질 수 있기 때문이다. 이를 540명의 초등교사 모집단 중에서 54명의 표본을 정하는 경우에 적용해보면, 일단 540명의 교사 명단이 무작위로 나열되어야 하고, 540명이 표집 간격이 '10'이므로, 1에서 10번을 놓고 그중에 번호 하나를 무작위로 골라서 만약에 5가 나왔다면, 표본을 추출할 때 명단에서 5번째, 15번째, 25번째 등의 순서로 마지막까지 정하면 되는 것이다.

다) 층화 표집

층화 표집(stratified sampling)은 표집하기 전에 연구자가 모집단 구성원의 특징을 고려하여 모집단 구성원들을 동질성이 있는 몇 개의 집단(또는 층)으로 집단화한 후에 이 동질성을 가진 집단 내에서 정해진 비율에 따라 해당 구성원을 추출하여 표본을 구성하는 표집 방법으로, 유층 표집이라고도 불린다. 동질성을 가진 집단에서 구성원을 추출하는 단계에서는 단순 무작위 표집, 체계적 표집, 집락 표집 등의 방법을 연계해서 사용할 수 있다. 동질적인 집단에서의 표본추출이 이질적 집단에서의 표본추출보다 표집오차가 작다는 논리에 근거해서 이루어지는 확률 표집 방법이다.

연구자는 모집단을 동질적 집단으로 구별하는 기준으로 다음의 두 가지를 활용할 수 있다. 하나는 교육 정도, 연령, 지역, 학년 혹은 성별 같은 구성원의 특성 중에서 단일한 특성을 기준으로 하는 경우이다. 다른 하나는 교육과 수입, 성별과 연령 등과 같이 두 개 이상의 특성을 기준으로 하여 혼합하여 사용하는 경우가 있다.

예를 들어 어떤 대학교 학생의 정치의식을 조사하는 경우를 보자. 이들 중에서 400명을 상대로 층화된 표본을 추출한다면, 학년이라는 단일기준을 적용하여 각 학년마다 100명씩을 선정하면 된다. 이 경우에는 1학년 명부에서 100명, 2학년 명부에서 100명, 3학년 명부에서 100명, 4학년 명부에서 100명을 추출하면 된다. 학년별 명부에서 해당 학생을 선택하는 단계에서는 무작위 표집이나 체계적 표집을 활용하면 된다. 혼합기준으로 학년 및 성별을 기준으로 한다면 매 학년에 남, 여 각각 50명씩을 추출한다고 생각하고 집단별로 무작위나 체계적 표집을 하면 된다.

그런데 층화 표집을 할 때 각 집단(층)의 표본 크기를 어떻게 결정할지 기준을 정해야 하는데, 이때 모집단의 구성 비율에 따른다면 이를 비례층화 표집(proportionate stratified sampling)이라고 부른다. 예를 들어 어떤 대학교의 학생의 정치의식을 조사하는 경우를 보자. 이때 연구대상인 모집단에서 1학년이 400명, 2학년이 500명, 3학년이 600명, 4학년이 700명이라면 전제 학생 2,200명 중에서 1학년 비율은 18.2%, 2학년 비율은 22.7%, 3학년 비율은 27.3%,

4학년 비율은 31.8%이다. 그렇다면 표본을 300명으로 하면서 학년별로 비례층화를 하고자 할 때에 300명의 18.2%인 55명을 1학년으로, 22.7%인 68명을 2학년으로, 27.3%인 82명을 3학년으로, 31.8%인 95명을 4학년으로 배정한 후에 각 집단에서 해당 숫자만큼 무작위로 뽑아야 한다. 이렇게 되면 비례층화 표집 방법을 적용한 것이 된다.

층화 표집은 각 집단(층)의 특성을 잘 반영하는 표본을 얻을 수 있으며, 적은 비용과 시간으로 대표성 있는 표본을 얻을 수 있는 장점이 있다. 특히 비례층화 표집을 잘 구성하면 표본의 대표성 확보가 더 용이하다. 그러나 연구자가 모집단의 특성을 잘 반영하지 못하는 집단(층)으로 집단을 층화를 할 경우에는 대표성에서 문제가 될 수 있다. 따라서 층화 표집을 사용할 때는 모집단의 구성 등과 같은 특성을 연구자가 정확하게 아는 것이 중요하다.

라) 집락 표집

집락 표집(cluster sampling)은 모집단의 표집 틀을 구할 수 없는 상황에서 먼저 자연적 또는 인위적으로 이미 구성된 집단을 대상으로 일차적으로 표집을 한 다음, 선정된 각 집단에서 구성원을 추출하는 표집 방법이다. 군집 표집, 덩어리 표집이라고도 불린다. 여기서 이미 형성되어 있는 집단으로서 군집은 마을이나 행정구역 등을 말한다. 예를 들어 어떤 지역의 고등학생의 성의식을 연구하는 경우를 보자. 이 지역의 교육청이 10개라면 그중에서 1개의 교육청만 무작위나 체계적 추출을 통해 선택하여 해당 교육청에 소속된 고등학교 학생 모두를 표집한다면 이 경우에는 집락 표집이 되는 것이다. 이 경우에 해당 지역의 교육청은 연구자가 구성하는 집단이 아니라 이미 구성되어 있는 집단이기 때문이다. 이러한 집락 표집은 집단의 성격이 동질적이지 않다는 점에서 층화 표집과 구분된다.

집락 표집을 여러 단계에 걸쳐 하는 경우에는 다단계 집락 표집이라고 한다. 즉 집락을 몇 차례에 걸쳐서 단계를 나누어 단계별로 집단을 선택하면서 표본을 추출하는 방법이다. 여기서 다단계라고 부르는 것은 먼저 여러 단계로 집락을 표집으로 추출한 과정을 거친 후에 마지막 단계에서 개인을 추출하기 때문이다. 여기서 집락을 추출할 때는 무작위나 체계적 표집 방법으로 추출하고, 각 집락에서 개별 요소들은 다시 무작위나 체계적 표집 방법에 의해 표본을 추출할 수 있다.

예를 들어 어떤 지역의 고등학생의 성의식을 연구하는 경우에 지역의 10개 교육청 중에서 5개의 교육청을 정하고, 해당 교육청에서 다시 고등학교를 각각 5개 정도로 정하고, 선정된 고등학교의 2학년 중에서 1개 학급을 선정한 후 그 학급에서 학생 10명씩만 조사하는 경우에는 교육청-고등학교-2학년 1학급-학생 순으로 여러 단계를 거쳐서 표본을 정하게 된다. 이 과정에서 '교육청-고등학교-2학년 1학급-학생'의 선택 과정은 모두 무작위나 체계적 표집을 통해 선택해야 한다. 다단계 집락 표집은 이처럼 집락의 선택이 여러 단계를 거쳐서 이루어진다.

다단계 집락 표집은 일반 집락 표집에 비해서 대표성을 더 높일 수 있다. 또한 다단계 집락 표집을 하는 경우에는 첫 번째 단계에서 집락을 선택할 때 그 숫자를 많이 선택하는 것이 대표성을 높이는 데 도움이 된다. 그리고 각 집락을 선택하는 과정에서 무작위 추출을 사용하는 것도 대표성을 높이는 데 도움이 된다. 일반적으로 집락 표집은 층화 표집이나 단순 무작위 표집에 비해 특정 집단을 과다하게 또는 과소하게 추출하게 되고, 이로 인해 표집오차가 크게 나타나는 경우가 있어서 표집의 대표성에서 문제가 생길 수 있다. 그럼에도 층화 표집이나 단순 무작위 표집에 비해 시간과 비용이 절약된다는 점에서 실제로 많이 활용되는 방법이다.

나. 비확률 표집 방법

1) 비확률 표집 방법의 이해

비확률 표집 방법은 표집 과정에서 모집단의 개체들, 즉 모집단에 속하는 구성원 모두가 표본으로 추출될 수 있는 기회를 동등하게 갖추지 않은 상태에서 표집이 이루어지는 방법으로, 확률 이론에 의거하지 않은 방법으로 표본을 추출하는 표집 방법이다. 따라서 표본을 추출하는 과정에서 연구자가 임의대로 표본을 추출하는 과정이 들어가게 된다.

이 방법은 일반적으로 과학적 연구가 아닌 경우이거나 확률 표집 방법이 불가능한 경우에 주로 사용한다. 확률 이론에 근거하지 않았기 때문에 표집오차가 크게 나서 표본이 모집단을 대표하기 어렵다는 문제가 나타난다.

2) 비확률 표집 방법의 종류와 실제

비확률적 표집에는 유의적(판단적) 표집, 편의 표집, 눈덩이 표집, 할당 표집 등이 있는데, 세부적인 방법과 특징을 살펴보자.

가) 유의적(판단적) 표집

유의적(판단적) 표집(purposive, judgemental sampling)은 연구자의 판단 하에 가장 유용하거나 가장 대표성이 있다고 판단되는 것들을 관찰될 단위로 추출하는 표집 방법이다. 목적 표집이라고도 한다. 특히 모집단의 성격이 매우 이질적이거나 여러 가지 사정으로 인하여 표본의 수가 적을 때 사용된다.

예를 들면, 물가의 변동을 대표하는 소비자물가지수, 도매물가지수 등은 유의적 표집에 의해 산정된다. 우리나라의 경우에 물가지수를 계산할 때, 모집단을 구성하는 수많은 상품의 물가를 다 파악할 수 없기에 그중에서 물가 변동을 잘 반영하는 것으로 생각되는 몇 개의 품목만을 표본으로 정하고 이들의 물가만 계산하여 물가지수를 제공하는 것이 그 예이다. 우리나라의 강수량을 파악할 때에도 지형을 고려하여 전문연구자들의 판단에 따라 아예 몇 군데를 정하고, 이를 바탕으로 우리나라의 평균 강수량을 구하는 것이 더 유리한 경우에 이런 표집 방법을 사용할 수 있다.

나) 편의 표집

편의 표집(convenience sampling)은 모집단에서 연구자가 가장 손쉽게 구할 수 있는 구성원을 선택하여 표본으로 삼는 표집 방법이다. 예를 들어 어떤 수업 방법이 효율적인지 알아보기 위해 중학교 학생들을 대상으로 실험하려고 할 때 연구자와 연고가 있는 학교를 선택한다면 학교에서 협조를 얻어 연구에 도움이 될 수 있을 것이다.

문제는 이렇게 연구자의 편의에 따라 표본을 선정하게 되면, 표본추출 결과에서 오차가 클 것이고 그 결과를 일반화하기도 어렵다. 하지만 이 표집 방법은 연구목적이 과학적 엄밀성을 요구하는 연구가 아니라 모집단의 성격을 개략적으로 알아보기 위한 것이라면 사용될 수 있다. 그리고 시간이나 비용 면에서는 매우 경제적인 방법이다.

다) 눈덩이 표집

눈덩이 표집(snowball sampling)은 면접 조사 연구에서 자주 사용되는 비확률 표집 방법으로, 마치 눈덩이가 굴러가면서 덩어리가 커지듯이 면접을 한 개인들에게 다음에 면접할 대상을 소개받는 방식의 표집 방법이다. 누적 표집이라고도 한다. 이러한 방법은 노숙자, 이주노동자, 불법체류자, 동성애자 등과 같이 특정 모집단의 구성원들을 찾기 어려울 때 적절하게 사용할 수 있다.

연구자는 모집단 구성원 중에서 자신이 찾아낼 수 있는 몇 명의 구성원들에 대한 자료를 수집한 다음, 그들에게 본인이 알고 있는 그 모집단에 속하는 구성원에 대한 소개를 요청한다. 이러한 표집 방법에 의해 얻은 표본도 역시 대표성이 의심스럽기 때문에 주로 탐색적 목적에 사용된다.

라) 할당 표집

할당 표집(quota sampling)은 표본의 특성이 연구될 모집단의 특성과 동일하게 만들어주기 위해, 미리 모집단의 몇 가지 특성에 기초하여 표집 단위를 적용하여 표본을 추출하는 방식의 표집 방법이다. 할당 표집은 비확률 표집 방법이지만 나름대로 대표성을 상당히 고려하는 표집 방법이라고 할 수 있다.

할당 표집은 모집단에 관련된 특성을 고려하여 다양한 범주를 만드는 것으로 시작한다. 다양한 범주, 예를 들면 연령, 교육 수준, 인종 등에서 구성비에 따라 할당된 요소를 표본에 포함하는 방법이다. 일단 다양한 범주를 만들어서 그 범주별로 일정한 비율을 정해서 배정되고 나면, 해당 비율에 속하는 사람들로부터 표본을 추출하는 과정이 진행된다.

예를 들어 어느 지역 주민들의 정치의식을 연구하는 경우를 보자. 일단 연구자가 500명의 연구대상을 정하고 표집을 하려고 하는 경우에, 우선 해당 지역의 주민의 연령 비율을 고려하여 10대, 20대 … 70대 이상 등에 500명의 표본을 적절하게 할당하고, 그 다음으로 성별을 고려하여 다시 할당하고, 교육 수준을 고려하여 다시 할당하는 등의 과정을 거친 후 세부적인 집단이 구성되면 그 안에서 임의로 해당 구성원을 선택하여 조사하는 것이다. 즉 70대 이상이 10%인 경우 500명 중에서 50명을 선택한 후, 그 중 여성이 70%이면 70대 이상 중에서 여성이 35명, 남성이 15명, 다시 70대 이상 여성 중 초졸 이하가 60%이면 21명으로 정하는 것이다. 마지막으로 그 지역의 70대 이상 초졸 이하인 여성 21명은 표집 틀에서 연구자가 임의로 선택하면 된다.

단순하게 보면 할당 표집은 층화 표집, 특히 비례층화 표집과 매우 유사해 보이는데, 가장 큰 차이는 마지막 집단에서 최종 대상을 선택할 때에 무작위냐 임의적이냐의 차이이다. 이에 따라 확률 표집과 비교하여 표본추출에서 시간이나 비용에서 경제적이며, 비확률 표집 중에서는 그나마 층화 표집이 갖는 장점을 누릴 수 있다. 그러나 여전히 무작위 표집이 아니기에 표집오차를 파악하기 어려우며 대표성의 문제 제기를 받을 수 있어서 연구 결과를 일반화하기에 어려움이 있다.

마) 정보제공자 선정

정보제공자(informant) 선정은 연구하고자 하는 연구대상을 잘 알고 있고, 그것에 관해 정확한 정보를 제공해주는 사람을 선정하는 것이다. 주로 면접 조사나 참여관찰 조사에서 많이 활용된다. 예를 들면 갱집단 연구를 하려고 할 때, 이러한 연구는 연구하고 있는 집단성원들의 협력을 필요로 하는 경우가 많다. 갱집단 중에서 대표적인 정보제공자를 활용하여 그들에게서 의견을 듣는 것이 정확한 자료인 경우가 많다. 그럼에도 사례연구처럼 될 가능성이 높아서 대표성에는 문제가 있다.

4 연구 수행에서 표집의 실제와 문제점

연구자는 가설과 연구모형을 설정하고, 조사를 위한 질문지를 완성한 후에 연구대상을 정하고 직접 표집을 하여 표본을 정해야 한다. 이 과정에서 구체적으로 어떻게 해야 하며, 무엇을 유의해야 할지를 살펴보자.

가. 표집 절차와 고려 사항

표집을 할 때 일반적으로 모집단을 먼저 정하고 그다음에 모집단의 구성원을 정리한 표집 틀을 구성해야 한다. 그리고 표집 방법을 정하고 표본의 크기를 결정한 후에 실제로 표본을 추출하면 된다. 이 과정을 조금 자세히 살펴보자.

1) 모집단 정하기

모집단은 연구자가 지금까지 실행해온 연구주제, 연구가설, 연구모형에 따라 결정된다. 이 과정에서 앞서 진행된 개념과 변수 등도 고려하면서 연구자가 연구해야 할 구체적인 대상을 정해야 한다. 예를 들어 '수도권 청소년의 학업에 대한 열의'를 조사하는 경우를 보자. 여기서 연구자가 청소년의 개념을 고등학생으로 조작적 정의한 경우는 '수도권 고등학생'이 연구대상이 된다. 그런데 연구주제와 관련하여 연구자는 구체적으로 고등학생을 직접적으로 조사할지, 교사를 조사하여 고등학생의 열의를 파악할지를 정해야 한다. 연구주제에 비추어 보면 둘 다 조사대상으로 가능한데, 어떻게 정하느냐에 따라 모집단이 달라진다.

모집단을 정하는 과정에서 또 하나 고려할 점은 분석단위를 개인으로 할지 집단으로 할지를 정해야 한다는 것이다. '새 교육 과정에 대한 학교 현장의 만족도'를 조사할 때 재직 중인 교사 개인을 개별적인 연구대상으로 할지, 학교를 단위로 하여 연구대상으로 할지에 따라서 모집단이 달라지기 때문이다.

또한 연구자의 연구 기간과 비용 등도 고려해야 한다. 모집단의 크기가 매우 큰 경우에는 시간이나 비용이 많이 들고 어떤 경우에는 아예 개인 연구에서 표집 자체가 불가능한 상황이 발생할 수도 있다. 따라서 연구의 적정선을 고려하여 모집단을 적정하게 선정하는 것이 좋다.

2) 표집 틀 정하기

표집 틀은 모집단의 구성원이 수록된 목록이나 명부를 말한다. 이는 표본을 추출하기 위한 요소들이 모두 포함되어 있으면서 구성원이 이중으로 기록되거나 누락된 경우가 없는지를 잘 확인해야 한다. 현실적으로 이러한 목록을 구할 수 있는 경우도 있지만, 이러한 목록을 구하기 어려운 경우도 많다. 예를 들어 A지역 대학생의 정치의식을 조사하는 연구를 보자. 이 경우에는 A지역의 모든 대학교에 재학 중인 학생의 명단 전체가 해당된다. 이 또한 구하기가 쉽지는 않지만, 이는 실체가 존재한다. 명단을 구하는 것이 최선이지만 정확하게 명단을 구하지 못한 경우에는 개략적으로 연구하고자 하는 모집단의 인구수, 다양한 특성을 고려한 비율 등이라도 파악할 수 있어야 한다.

3) 표집 방법 정하기

앞에서 설명한 확률 표집과 비확률 표집 방법 중에서 표집 방법을 선택해야 한다. 확률 표집 방법을 선택하는 것이 일반화 등에서 유리하지만, 연구주제, 모집단의 특성, 연구자의 시간과 경제력 등을 고려하여 표집 방법을 선택해야 한다. 사회과학적 연구가 추구하는 것이 법칙의 발견이라는 점에서 확률 표집 방법을 선택하는 것이 최선이지만, 어려운 경우에는 비확률 표집 중에서도 할당 표집 등을 선택하여 확률 표집에서 강조하는 표집오차를 줄이려는 노력을 기울여야 한다.

4) 표본의 크기 결정하기

표본 조사의 경우 표본의 크기는 표본 조사에서 중요하다. 일반적으로 표본의 크기가 클수록 모집단을 대표하기가 쉬워진다. 그러나 표본의 크기에 따라 연구의 과정이 달라지기 때문에 현실적으로 연구자의 시간과 경제력을 고려해야 한다. 더불어 지금까지 고려해온 모집단과 표집 방법도 고려해야 한다. 더 중요한 것은 표본의 크기가 자료 분석에까지 영향을 준다는 것이다. 예를 들어 자료를 수집하여 단순히 자료를 기술하는 것과 달리 법칙을 밝히고자 하는 경우, 통계 분석을 회귀모형으로 할지 경로모형으로 할지 등에 표본의 크기가 영향을 미치기 때문이다.

따라서 표본의 크기가 최소 500명 이상이어야 한다거나 모집단의 10% 이상이어야 한다는 등의 정해진 수치는 없다. 그럼에도 표본의 크기를 결정할 때, 다음과 같은 점을 고려할 수 있다. 첫째, 모집단이 동질적일수록 표본의 크기는 작아도 된다. 둘째, 연구 변수가 많을 경우에는 표본의 크기가 커야 한다. 셋째, 통계 분석에서 집단 간 평균을 비교하는 t-검증과 같은 경우에는 최소 30명 정도로도 되지만, 분석 방법이 복합한 경우에는 표본의 크기가 커야 한다. 넷째, 다음 장에서 설명할 자료수집 방법에 따라 응답률에 차이가 있는데, 이를 고려하여 응답률이 낮은 경우에도 표본의 크기가 커야 한다. 다섯째, 종종 여론 조사 등의 경우에 표집오차와 신뢰 수준을 밝혀야 하는데, 신뢰 수준을 높게 잡을 경우에, 예를 들어 95% 수준이 아니라 99% 수준으로 할 경우에는 표본의 크기가 큰 것이 좋다.

5) 표본추출하기

실제로 표본추출 방법과 표본의 크기가 정해지면 그에 따라 표본을 추출하면 된다. 이는 사실상 조사 과정과 이어지기 때문에, 다음 장에서 설명할 자료수집 방법과 연관하여 실제로 적용하면 된다.

나. 표집 과정에서 표집오차와 비표집오차 고려하기

모집단으로부터 표본을 추출했을 때, 그 표본으로부터 얻은 특성인 통계량은 모집단을 전부 조사하여 얻은 특성인 모수와 차이가 있을 수 있다. 표본추출의 오류, 측정상의 오차, 해석상의 잘못 등으로 인해 표본을 대상으로 조사한 결과가 실제 모집단의 값으로부터 멀어질 수 있다. 이러한 오차에는 두 가지 종류가 존재하는데, 표집(표본추출)오차와 비표집(비표본추출)오차가 여기에 해당한다.

1) 표집(표본추출)오차

모집단을 대표할 수 있도록 전형적인 구성원들을 표본으로 선택하지 못했기 때문에 발생하는 오류이다. 표본추출상의 오류는 두 가지 요인에 의해 발생하게 된다. 하나는 표본의 크기 때문에 생기는 우연에 의한 오류이고, 다른 하나는 모집단을 대표할 수 없는 편의에 의한 표집 방법에 따라 표본을 선정했기 때문에 일어나는 오류이다.

우연에 의한 오류는 표본의 수를 증가시킴으로써 해결할 수 있다. 그 이유는 예외적인 구성원이 우연히 포함된다고 하여도 표본의 크기가 클수록 전체적인 측면에서 그 영향이 적어지기 때문이다. 그런데 이처럼 표본의 크기를 크게 하면 우연에 의한 오차는 작아지지만, 표본 조사를 하는 가장 큰 이유인 경제성과 효율성이 희생된다. 결국 표집오차를 고려하여 표본의 크기를 얼마로 정해야 되는가는 모집단의 성격과 연구자가 감당할 수 있다고 생각되는 오차의 한도에 따라 결정할 수 있다.

모집단을 대표할 수 없는 편의(bias)에 의한 표집으로 인한 오류는 표본의 크기를 늘린다고 해도 그 표집(표본추출)오차를 줄일 수 없다. 이러한 편의에 의한 오차는 표본추출 과정에서 연구자가 고의적이고 의식적인 행동에 의해 발생할 수도 있으며, 일반적으로 표본추출계획이 불완전한 경우에도 발생할 수 있다.

2) 비표집(비표본추출)오차

표본의 선택 방법과는 관계없이 표본에서 오차가 발생하기도 하는데, 이러한 오류를 비표집오차라고 한다. 이 오차는 표본 선택이 잘못된 것이 아니라 주로 표본의 특성값을 측정하는 방법이 부정확하기 때문에 발생하는 경우가 많다. 즉 질문지의 오류(측정오류), 자료수집 과정에서의 오류, 자료 분석에서의 오류 등이다.

다. 표본추출에서 이론과 현실의 차이 고려하기

과학적 연구를 위해 표본 조사를 하는 경우에는 확률 표집을 통해 표본을 얻어야 대표성을 확보할 수 있고, 이를 통해 인과 법칙의 일반화가 가능해진다. 확률 표집에서는 오차를 구할 수 있기 때문에, 이를 바탕으로 어느 정도의 신뢰도를 가지고 이 조사에서 얻은 통계량으로 모수를 추론할 수 있는지를 제시할 수 있다.

그런데 이론적으로는 모집단을 구성하고 있는 표집 틀을 마련한 후 거기서 표본을 추출하는 것처럼 확률 표집을 하는 것이 바람직하다고 하지만, 실제 연구를 수행할 때는 모집단의 전체 구성원으로부터 표집하는 것이 불가능할 경우가 많다. 표집에 사용될 모집단 구성원의 목록이 있는 경우에도 그 목록은 대개 불완전하다. 학생명부에도 이름이 올라 있지 않은 학생은 항상 있기 마련이고, 전화번호부에도 일부 전화가입자는 자신의 이름과 전화번호가 명부에 공개되지 않도록 선택하는 경우도 있다.

이렇게 현실적인 문제로 인해서 정해진 이론적 원칙에 따라 모든 요소들이 실제로 표본에 추출될 기회를 가진다고 장담하기 어려운 경우를 맞이하게 되었을 경우, 연구자들은 보통 연구 모집단을 설정하고 이 연구 모집단에서 표집을 한다. 연구 모집단은 앞에서도 설명한 것처럼, 표본이 실제로 추출되는 요소들의 총합체이다.

예를 들어 청소년의 자기 존중감이 비행에 미치는 영향이라는 주제로 연구한다고 가정하자. 여기서 모집단은 청소년 전체 집단이다. 하지만 모든 청소년들의 명단이 포함된 목록, 즉 표집 틀을 구하는 것은 현실적으로 불가능하다. 이런 경우에 연구자들은 어쩔 수 없이 전국이 아니라 특정 지역으로 한정하기도 하고, 나아가 중·고등학교 재학 중인 학생들로 청소년 범위를 국한하기도 한다. 이때 만약 A지역의 중·고등학교 재학 중인 학생들로 모집단을 한정 지으면, 이 집단이 연구 모집단이라고 할 수 있을 것이다.

이렇게 할 경우, 연구 모집단에서 표본을 추출한 조사가 과연 진짜 모집단을 대표할 수 있겠는가 하는 것이 중요한 문제일 것이다. 엄밀한 의미에서는 표본의 대표성 확보에 문제가 있다고 할 수 있다. 하지만 이렇게 대규모의 모집단을 연구하거나 현실적인 장벽으로 인해 모집단 전체 구성원으로부터 표집을 할 수 없는 경우에는 이러한 연구 모집단의 설정을 통한 표본추출이 과학성을 현저하게 저해한다고 보지 않으며, 어느 정도 학계에서는 받아들여지고 있는 상황이다.

또한 현실적으로 확률 표집을 하기 어려운 상황에서는 비확률 표집 방법을 사용하여 표집을 하게 되는 경우도 많다. 이 경우에는 표본의 대표성을 구하기 어려운 문제가 발생한다. 이런 경우에 연구자는 무작위 표집이 어려워 비확률 표집으로 임의적이거나 의도적인 표집을 하게 되지만, 이때의 '임의적이거나 의도적인 것'이 '고의적인 것'과 달리 연구의 목적을 위해 최선을 다한 선택임을 보이도록 표집 과정에서 최선을 다해 노력해야 한다. 또한 연구 결과를 보고하거나 논문을 작성할 때, 왜 비확률 표집을 할 수밖에 없었는지, 그 과정에서도 최대한 대표성을 가질 수 있게 노력한 것은 무엇인지, 그리고 비확률 표집으로 인한 해석의 한계 등을 정확하게 기술해야 한다.

대표 사례에 적용한 표집 과정의 예

'교사들의 행복감에 영향을 주는 요인에 대한 연구'를 위한 표집의 과정을 살펴보자. 여기서 모집단은 A지역의 초·중·고 교사들이다. 그리고 표본은 A지역의 초·중·고 교사 2,000명으로 정하였다. 표집 과정을 순서에 따라 제시해 보면 다음과 같다.

① A지역의 교육청에서 교원 통계를 통해 초·중·고 교사의 비율을 구한다.
② 그 비율에 따라서 초·중·고등학교 학교 목록에서 초등학교 45개, 중학교 30개, 고등학교 25개를 선정하기로 한다. 이때 지역의 초·중·고등학교에 일련번호를 부여한 뒤, 단위 학교별로 선정하기로 한 수만큼 무작위로 추출한다.
③ 선정된 학교에서 학교장과 해당 학교 교사에게 연구목적을 설명하고 연구 참여에 대한 동의를 구한 후 해당 학교의 전체 교사 중에서 무작위로 20명을 선정한다.
④ 혹은 이 단계에서 체계적 표집으로 교사들을 추출해도 된다. 선정된 학교의 전체 교사 수에서 20을 나누어 얻은 숫자를 표집 간격으로 정하고, 그 표집 간격 내에서 무작위 숫자를 하나를 정한 뒤, 그 무작위 숫자를 맨 처음으로 선정한 후에 표집 간격에 따라 연이어 교사를 선정하면 된다. 예를 들면 선정된 학교의 전체 교사 수가 100명이라면, 100/20＝5라는 표집 간격을 구하게 된다. 맨 처음의 수는 1에서 5 사이에서 무작위로 한 숫자를 선정한다. 예를 들어, 3이라는 숫자가 선정되었다면, 교사들의 일련번호가 주어진 목록에서 3번, 8번, 13번, 18번 … 이런 식으로 총 20명을 선정한다.
⑤ 이런 방식으로, 선택된 각 초·중·고등학교에서 교사 20명을 선정하면, 총 2,000명의 교사를 표본으로 추출할 수 있다.
⑥ 선정된 학교가 조사에 동의하지 않는 경우에는 학교 목록에서 해당 학교의 바로 뒤에 있는 학교로 조정하면 된다. 마찬가지로 조사에 동의한 학교에서 선정된 교사가 조사에 동의하지 않는 경우, 교사명단 목록에서 해당 교사의 바로 뒤에 있는 교사로 조정하면 된다.

제10장
서베이 연구에서 자료수집

제10장에서는 서베이 연구를 할 때 질문지 조사로 자료를 수집하는 과정에 대하여 설명할 것이다. 기본적으로 자료의 의미와 종류를 먼저 기술하고, 그다음 조사를 통해 자료를 수집하는 다양한 방법과 그 절차를 상세하게 안내할 것이다. 여기서 설명하는 자료수집의 내용은 서베이, 즉 질문지를 통해 양적 자료를 수집하는 과정에 초점을 두고 있다.

① 자료의 의미와 종류

가. 자료의 의미

자료(data)는 연구자가 자신의 가설에 대한 진위 여부를 판별하거나 연구 결과를 발견하기 위해서 통계 분석에 사용하려고 수집한 가공되지 않은 상태의 재료라고 볼 수 있다. 예를 들어 연구자가 '당신의 성별은?'이라는 개방형 문항에서 '남성'이라고 답변을 하거나, 폐쇄형 문항에서 '__① 남성'이라는 답지에 표시하여 '1'이라는 숫자를 얻게 된다면 이런 것이 자료가 된다.

서베이 연구를 비롯한 양적 연구방법에서는 연구목적을 고려하여 가설을 설정한 후 가설이 맞는지 아닌지 판단하기 위해 자료를 수집하게 된다. 이에 연구자는 제시한 질문지의 각 문항에 대하여 응답자가 답한 가공되지 않은 상태의 재료들을 모두 모은 자료를 수집하게 된다. 자료를 분석하여 연구자가 자신의 연구 결과를 얻게 된다는 점에서 자료는 연구에서 매우 중요한 역할을 한다. 또한 앞에서 살펴본 양화 과정, 질문지 작성, 표본추출은 모두 타당하고 적합한 자료를 확보하기 위한 준비 과정이라고 볼 수 있다.

나. 1차 자료와 2차 자료

자료는 연구자가 자료를 직접 구했는지 여부에 따라 1차 자료와 2차 자료로 구분할 수 있다(채서일, 2005: 263-264). 여기서는 1차 자료와 2차 자료의 의미와 특징을 서로 비교하면서 살펴보자.

1) 1차 자료

1차 자료는 연구자가 연구목적을 위하여 직접 조사를 실시하여 수집한 자료를 말한다. 1차 자료를 수집하기 위해 연구자는 자료수집을 위한 도구인 질문지를 활용하여 연구대상에게 응답을 하도록 요청한 후 그에 따라 자료를 얻게 된다.

가) 장점

첫째, 연구목적에 부합하는 자료를 구하기가 쉽다. 1차 자료는 연구자가 자신의 연구목적을 고려하여 직접 도구를 구성하고 적합한 연구대상을 선택하여 자료를 얻을 수 있어서 연구목적에 적합한 자료를 구할 수 있기 때문이다.

둘째, 연구자가 적용하기를 원하는 시기에 발생하거나 응답한 것에서 자료를 얻을 수 있다. 직접 조사를 하기 때문에 연구자 자신이 연구하고자 하는 현상을 관찰하기에 가장 적합한 시기를 조절하여 자료수집하는 것이 가능하기 때문이다.

나) 단점

상대적으로 시간과 비용이 많이 들어간다. 2차 자료는 이미 존재하는 것을 가져다 사용하는 것인데 비해 1차 자료는 연구자가 도구를 구성하고 연구대상을 선정한 후에 자료수집을 해야 하는데, 이런 모든 과정에서도 비용이 발생하기 때문이다. 이에 따라 경제적인 측면에서 2차 자료를 사용할 수 있는지를 먼저 고려해 보는 것도 필요하다.

2) 2차 자료

2차 자료는 연구자가 자신의 연구목적을 고려하여 직접 수집한 자료가 아니라 자신의 연구에 적합하다고 판단하여 이미 존재하던 것에서 구한 자료를 말한다. 이런 자료는 대표적으로 정부의 공식 통계, 통계청의 통계 지표, 정부 기관 등이 공개한 연구 보고서 등이 해당된다. 최근에는 정부가 출연한 연구 기관 등 공공 연구 기관에서 연구 보고서를 작성하면서 조사한 자료나 패널 조사 자료 등을 공개하는데, 이들 자료도 2차 자료에 속한다.

가) 장점

첫째, 우선 시간과 비용을 절약할 수 있다. 2차 자료는 연구자가 직접 비용을 들여서 질문지를 제작하고 조사를 실시하지 않기에 시간과 비용을 줄일 수 있다. 특히 2차 자료가 연구목적과 일치할 경우에는 1차 자료를 구하는 것과 비교하여 연구에서 시간과 비용을 크게 절감할 수 있다.

둘째, 공공 연구 기관의 자료를 사용할 경우에는 자료의 신뢰성이 높아서 연구의 수준을 높여주는 데에도 일조할 수 있다. 더불어 개인 수준에서 직접 수집할 수 있는 자료보다 양이나 질적인 측면에서 우월한 경우가 많다.

나) 단점

첫째, 연구모형에 적합한 자료를 구하기가 어려운 경우가 있다. 서베이 연구에서 2차 자료는 타인이 조사한 것을 주로 사용하게 되는데, 이 경우에 연구자의 연구모형에서 고려되는 모든 변수에 해당하는 자료를 구하기 어려운 경우가 생긴다.

둘째, 상대적으로 자료가 일정 시기가 지난 후에 공개되기에 시기적인 측면에서 적합성의 문제가 생길 수 있다. 즉 최근의 자료를 사용해서 분석해야 하는 연구에서는 2차 자료의 사용에 어려움이 있을 수 있다.

다. 횡단 연구 자료와 종단 연구 자료

서베이 연구를 위해 질문지 조사를 할 때, 연구자가 조사하는 시간 차원에 따라 얻을 수 있는 자료의 성격이 달라진다. 즉 어느 한 시점에서 조사하여 관련 변수 간의 관계를 조사하는 경우도 있고, 긴 기간 동안 여러 차례에 걸쳐 조사하여 변수 간의 관계를 조사하는 경우도 있다(Babbie, 2013: 160–161). 전자와 같이 수집한 자료는 횡단 연구(cross-sectional study) 자료, 후자와 같이 수집한 자료는 종단 연구(longitudinal study) 자료라고 한다. 각 연구에서 얻게 되는 자료는 그 성격에서 차이가 나는데, 이에 따라 자료 분석에서 시간의 측면을 반영하여 자료를 인과적으로 분석하고 결과를 설명하는 데에서도 차이가 나타난다.

1) 횡단 연구 자료

가) 횡단 연구 자료의 의미와 특징

횡단 연구는 말 그대로 어느 한 시점에 특정한 연구대상의 경험이나 인식 등에 대한 것을 단면적으로 연구하는 경우를 말한다. 서베이 연구의 경우 횡단 연구 자료는 특정한 한 시점에 연구대상에게 관련 변수로 구성된 질문지를 사용하여 조사함으로써 수집한 자료이다. 이에 따라 횡단 연구 자료에서는 변수와 변수 간의 인과성 파악에서 시간적 선후관계를 명확하게 파악하기 어려운 측면이 있다. 그래서 횡단 연구 자료는 상대적으로 특정 집단의 특성에 대한 탐색적 연구(exploratory research)나 기술적 연구(descriptive research)에서 많이 활용된다(채서일, 2005: 61; Babbie, 2007: 160-161).

이처럼 횡단 연구 자료는 기본적으로 측정된 변수 간의 시간적 선후관계가 명확하지 않은 한계가 있기는 하지만 횡단 연구 자료를 사용한 사회현상에 대한 인과적 설명이 불가능한 것은 아니다. 제6장에서도 언급한 바와 같이 서베이 연구에서 횡단 자료를 사용할 때 시간적 선후관계가 불명확하다는 점은 기존의 이론이나 선행 연구에서 나타난 다양한 주장과 증거 등을 통해서 충분히 보완할 수 있다. 실질적으로 종단 조사의 현실적인 어려움으로 인해서 횡단 조사가 많이 이루어지고 있으며, 이를 사용한 인과적 설명이 많이 이루어지고 있다.

 대표사례 적용하기 **횡단 연구 자료에서 변수 간의 시간적 선후관계 문제**

'교사의 행복감에 영향을 주는 요인 연구'와 관련하여 횡단 연구 자료를 수집한 경우를 보자. 어느 특정 시점에 초등학교, 중학교, 고등학교 교사를 대상으로 질문지 조사하여 수집한 자료를 활용하여 분석하게 된다. 이에 따라 '학교 내 인간관계 만족도가 높을수록 교사의 행복감이 높아질 것이다.'라는 결과를 발견했다고 하자.

이 경우에 교사의 행복감과 학교 내 인간관계 만족도 간에 어떤 것이 시간적으로 앞서는지 명확하게 구분하기 어렵다. 이렇게 되면 '학교 내 인간관계 만족도가 높을수록 교사의 행복감이 높아질 것이다.'라는 가설은 기본적으로 상관성에 기초한 것으로 보아야 한다. 따라서 이 경우에는 두 변수 간의 인과적 관계에 대한 이론적 논의가 보완되지 않는다면 교사의 행복감과 관련한 변수를 탐색하는 수준의 연구에 그칠 것이다. 그렇지만 인간관계 만족도가 행복감에 미치는 영향을 설명할 수 있는 이론이나 선행 연구 결과 등에 의해서 인과관계에 대한 이론적 논의가 뒷받침된다면 횡단 연구 자료를 통한 인과적 설명도 가능하다.

횡단 연구 자료의 장·단점을 종단 연구 자료와 비교해보면 다음과 같다.

① 장점

첫째, 한 시점에서 조사하기 때문에 자료를 수집하는데 상대적으로 시간이 적게 든다.

둘째, 연구대상에 대한 추적 없이 한 시점만 조사하여 자료를 얻을 수 있어서 연구대상을 구하기가 쉽고, 이들에 대한 조사비용도 적게 든다.

② 단점

시간적 변화에 따른 변수 간의 영향력을 명확하게 밝히기 어렵다는 단점이 있다.

나) 횡단 연구 자료의 활용 유형

횡단 연구 자료의 경우에도 질문지 조사를 잘 활용하면, 단순한 기술적 분석 이외에 다음과 같은 다양한 분석에서 강점을 가진다.

① 동일 특성을 가지는 다양한 집단 비교를 위한 횡단 연구 자료

횡단 연구 자료를 활용하여 조사대상을 특정한 범주에 따라 구분한 후에 집단의 특성을 비교하는 분석을 통해 집단 간 차이를 기술하고자 시도할 수 있다. 이때에는 비교를 위한 집단을 설정하고 각 집단에 대해서 동일한 내용을 조사하여 자료를 수집한다. 그런 후 두 집단에 대한 동일한 조사 내용을 비교하여 집단 간 차이를 비교하는 기술(description)을 할 수 있다.

 횡단 연구 자료에서 집단 간 차이 비교 연구

<교사의 행복감>과 관련하여 횡단 연구 자료를 수집하여 분석하는 경우를 보자. 아주 단순하게 분석하면 교사의 학교급별 행복감의 수준을 기술하고, 그리고 교사들의 행복감에 영향을 주는 요인들도 기술할 수 있다. 이는 횡단 연구 자료를 매우 단순하게 분석하는 경우가 된다.

이보다 조금 더 나아가서 초등학교, 중학교, 고등학교 교사 간의 차이를 비교하는 연구를 위해 자료를 활용하는 방법을 살펴보자. 연구자는 이와 관련하여 '학생과의 관계 만족도가 높을수록 교사의 행복감이 높을 것이다.'라는 가설과 '교수 전문성에 대한 자신감이 높을수록 교사의 행복감이 높을 것이다.'라는 가설을 설정하였다.

그런데 자료를 수집한 후 분석한 결과 '학생과의 관계 만족도'가 행복감에 미치는 영향에서 초등교사의 경우는 그 관계성에서 유의미한 차이가 나타났지만, 중학교와 고등학교 교사에서는 나타나지 않았다. 또한 '교사 전문성에 대한 자신감'이 행복감에 미치는 영향에서는 초등학교 교사의 경우는 그 관계성에서 유의미한 차이가 나타나지 않았지만, 중학교와 고등학교 교사에서는 유의미한 차이가 나타났다.

이런 결과는 교사의 행복감과 관련하여 연구자가 세운 가설과 달리 집단별로 변수의 영향력을 좀 더 다각적으로 파악할 수 있게 해준다. 즉 초등학교, 중학교 교사의 행복감에 관련된 요인으로서 '인간관계'와 '교사의 전문성'이 학교급별에 따라 다르게 작동함을 파악할 수 있기 때문이다. 이렇게 되면 초등 교사와 중등 교사의 행복에 영향을 미치는 변수 비교 연구를 할 수 있다.

위의 사례를 보면 횡단 연구 자료일지라도 자료를 잘 수집하여 분석 방법을 다각적으로 고려할 경우에는 단순한 기술(description)을 넘어 변수 간의 관련성을 세밀하게 설명할 수 있는 방법을 찾을 수 있다. 즉 횡단 연구 자료를 수집한 경우일지라도 연구자의 노력으로 변수 간의 관련성을 기술하면서도 그 안에서 인과적 측면의 가능성을 고려할 수 있는 연구 결과를 내놓을 수 있다.

② 시간변수를 고려한 횡단 연구 자료

동일한 시점에서 조사하는 횡단 연구 자료에서도 시간적 측면을 반영한 분석을 시도할 수 있다. 이는 세부적으로 다음의 세 가지 측면을 고려할 수 있다.

• 변수의 시간 순서를 파악할 수 있는 자료를 활용하는 방법

이것은 질문지 조사 결과를 보고, 시간의 순서를 파악하여 분석하는 방법이다. 이와 관련한 사례를 살펴보자(Babbie, 2013: 167). 한 대학에서 학생들의 마약 사용 양상을 조사한 횡단 연구 자료를 확보하였다. 이때 질문지 조사 문항에서 여러 종류의 마약을 제시하고 각각에 대한 사용 여부를 응답하도록 하였다.

응답 결과를 분석해보니, 대마초와 LSD 사용의 경우 둘 다 사용한 학생, 대마초 하나만 사용한 학생, 둘 다 사용하지 않은 학생으로 조합이 나타났다. 반면에 LSD만 사용한다는 응답자는 없었다. 이에 따라 연구자는 LSD만을 사용한 학생이 아무도 없다는 점에 주목하여, 대마초와 LSD를 동시에 하는 학생의 경우 대마초를 먼저 해보고 그다음 LSD를 사용하는 것이 일반적이며 마약의 사용 유형에 시간 차이가 있다고 결론을 내릴 수 있었다.

이 경우처럼 자료를 수집하기 전에 질문지 조사에서는 시간 순서를 고려하지 않더라도, 수집한 자료를 잘 살펴보면서 응답 내용을 통해 시간 차이를 고려한 자료 분석이 가능해진다. 그런데 이 경우는 자료수집 과정에서는 파악하기 어려우며 수집한 자료를 잘 분석하여야 사용할 수 있는 방법이다.

• 변수의 시간 순서가 명확한 변수를 통해 자료를 얻는 방법

이것은 질문지를 구성할 때 아예 변수의 시간 순서를 고려한 문항을 배치하는 방법이다. 이와 관련한 사례를 보자(Babbie, 2007: 167). 대학생을 대상으로 그들의 학업 성적에 영향을 주는 요인을 파악하는 연구를 하면서, 연구자는 졸업한 고등학교의 유형을 하나의 변수로 넣어 질문을 구성하였다. 이에 따라 수집한 자료를 분석하면서 고등학교 유형을 변수로 사용하여 사립 고등학교를 졸업한 대학생이 공립 고등학교를 졸업한 대학생들에 비해 학업 성적이 더 높게 나타났다면 고등학교라는 이전의 경험이 대학 성적에 영향을 준 것으로 볼 수 있을 것이다.

이 점에서 고등학교 경험이라는 과거의 경험이 현재의 대학 학업성적에 영향을 주는 요인

으로서 시간적 측면이 반영된 논리적 추론을 할 수 있다. 이처럼 자료를 처리하기 위해서는 동일한 시점에 조사하는 횡단 연구 자료임에도, 모든 집단에 동일하게 적용되는 과거의 한 시점을 명확히 파악할 수 있는 질문을 구성하여 자료 조사를 할 수 있다.

• 동일한 현상에 대하여 다양한 연령집단을 비교하는 방법

이것은 질문지 조사를 할 때 아예 다양한 연령집단을 연구대상으로 하고, 그것을 질문으로 구성하여 조사한 결과를 사용하는 방법이다. 이는 기본적으로 동일한 시점에 연령적으로는 다른 위치에 있지만 다른 조건은 동일한 경우에 나타나는 차이는 시간적 경험에 의한 차이일 것이라는 가정이 담겨있다. 이 가정은 맞을 수도 있지만 아닌 경우도 있어서 종단 연구와 달리 시간적 측면의 변화를 완벽하게 받쳐주지 못하는 단점이 있다. 그러나 횡단 연구 자료에서도 이런 시간적 변화를 고려하여 집단을 구성한 연구를 시도하여 분석하기도 한다.

 횡단 연구 자료에서 시간적 경험 차이를 고려하는 방법

'교사의 행복감에 영향을 미치는 요인 연구'와 관련하여 횡단 연구를 하면서, 고등학교 교사 중에서 경력 10년, 20년, 30년 차인 교사를 비교하는 경우를 보자. 이들은 교사 경력에서 각기 10년씩의 차이가 존재하여 시간적 측면이 작동한다.

이들을 대상으로 조사한 결과, 다른 모든 변수의 영향력을 동일한 것으로 가정한, 즉 다른 모든 변수의 효과를 통제한 상황에서 '학교 내 인간관계'와 행복감의 관련성은 30년 차 교사들에게만, '교사에 대한 사회적 평판'이라는 변수와 행복감과의 관련성은 10년 차 교사들에게만, '교직 전문성에 대한 자신감'은 20년 차 교사들에게만 유의미한 것으로 나타났다면, 이것에서 교사의 경력이라는 시간적 차이에 의하여 교사의 행복감 요인이 달라진다는 추론이 가능해진다.

이 경우에는 '학교 내 인간관계'는 경력이 많은 교사, '교사에 대한 사회적 평판'은 경력이 적은 교사들과 관련된 변수이지만, '교직 전문성에 대한 자신감'은 경력이 중간 정도 되는 교사의 행복감과 관련이 있는 것으로 볼 수 있으며, 교사의 행복감에 영향을 주는 변수에는 교사의 경력에 따라 각기 다른 요인이 강조됨을 알 수 있다.

위 사례를 고려하면, 횡단 연구 자료임에도 어느 정도 시간 차이를 반영한 분석을 할 수 있다. 이처럼 횡단 연구 자료에서 시간 차이를 반영하려는 연구를 수행하려면 연구 설계에서부터 충분히 고려하여 문항을 구성하고 자료를 수집해야 한다.

그러나 연구 설계를 잘 조정하더라도 횡단 연구를 통해 얻을 수 있는 자료는 여전히 단일 시점에서 얻은 자료이다. 횡단 연구를 통해 얻은 자료에서 집단 비교나 시간변수를 고려하더라도, 이들 자료는 여전히 시간의 변화 추이를 충분히 반영하지 못하는 자료라는 한계가 있다. 이에 따라 정확한 시간적 변화 추이를 고려한 자료를 얻으려면 종단 연구를 통해 자료를 구해야 한다.

2) 종단 연구 자료

가) 종단 연구 자료의 의미와 특징

종단 연구 자료는 동일한 현상에 대하여 시점을 달리하여 여러 차례 조사하여 얻는 자료를 말한다. 서베이 연구의 경우 다양한 시기에 일정한 간격을 두고 조사를 실시하여 자료를 얻은 것이 이에 해당한다. 이에 따라 종단 연구 자료는 변수와 변수 간의 인과성 파악에서 시간성을 고려할 수 있는 특징이 있다(채서일, 2005: 60; Babbie, 2013: 161 – 166).

① 장점
- 시간 간격을 두고 조사하기 때문에 시간의 변화에 따른 변수나 사회현상의 변화 양상을 잘 파악할 수 있다.
- 시간의 변화 특성을 파악할 수 있음에 따라 변수 간 시간의 선후 상황이나 변화 가능성을 반영하여 정확한 인과성을 설명하기가 용이하다.

② 단점
- 여러 차례에 걸쳐 조사해야 하기에 조사비용과 시간이 많이 들어간다.
- 연구대상이 사라지거나 연구대상이 이전의 조사 내용을 기억할 경우에 나타날 수 있는 자료의 왜곡 등이 문제가 될 수 있다.

나) 종단 연구 자료의 종류

종단 연구 자료는 크게 세 종류로 구별된다. 추세 연구, 코호트 연구, 패널 연구가 그것이다. 이들 연구와 그에 따른 자료의 특성에 대하여 살펴보자.

① 추세 연구 자료

추세 연구(trend study)는 일정한 시차를 두고 동일한 내용의 조사를 반복함으로써, 시간의 변화에 따라 나타나는 변화의 양상, 즉 경향성을 파악하는 연구를 말한다. 그래서 경향 연구라고도 한다. 추세 연구 자료에서는 반복하여 조사할 때마다 모집단의 구성원이 달라진다. 즉 '청소년의 성의식 조사'를 10년 단위로 할 때 1990년도, 2000년도, 2010년도의 '만 15세인 청소년'을 연구대상으로 한다면, 각 조사 시기마다 연구대상인 모집단의 구성원은 달라진다.

추세 연구를 통해 얻게 되는 대표적인 자료가 통계청에서 조사하는 인구센서스 자료이다. 인구센서스는 우리나라 인구를 10년 단위로 전수 조사하여 인구수, 가구 수, 가족 등 다양한 자료를 얻을 수 있다. 이 자료를 활용하면 이전 조사연도와 그 다음 조사연도의 것을 비교하여 조사 내용에 대한 변화 추세를 파악할 수 있는 장점이 있다.

일반적으로 추세 연구는 동일한 질문지를 몇 년 간격을 두고 조사를 하게 된다. 매년 조사하는 경우도 있고, 격년, 또는 5년, 10년 단위로 조사하기도 한다. 통계청 이외에도 정부 기관이나 연구소 등에서 사람들의 인식 변화를 파악하기 위한 자료를 얻으려고 할 때 많이 사용한다. 석사학위나 박사학위 논문에서도 기존의 선행 연구와 동일한 질문지를 사용하여 몇 년 동안에 일어난 변화 추이를 분석할 때 사용할 수 있다.

이런 자료를 사용할 때는 단순히 조사한 당해 연도의 자료만을 분석하기보다는 기존의 조사 결과와 비교하여 나타나는 경향성을 분석하는 것에 집중하는 것이 좋다. 이를 위해서는 이전 연도의 조사에서 사용한 것과 동일한 질문 문항으로 조사지를 구성하는 것이 좋다.

② 코호트 연구 자료

코호트 연구(cohort study)는 특정한 경험을 같이 한 집단인 코호트를 대상으로 일정 기간 반복하여 조사 연구를 하는 것을 말한다(채서일, 2005: 60). 동년배 연구라고도 불린다. 여기서 말하는 코호트는 특정한 시기에 태어난 사람들이나, 사회적으로 특정 집단에게 매우 큰 영향을 준 제도의 도입, 또는 큰 사건을 동시대에 경험한 사람들, 동시대 동일한 공간에 살았던 사람들이라고 보면 된다. 예를 들어 우리나라의 경우 베이비붐 세대, X세대, IMF 금융 위기사태에 대학에 입학한 사람들 등이 될 수 있다. 또는 동일한 해에 태어난 사람들도 해당된다.

코호트 연구 자료는 선정된 코호트집단을 대상으로 시차를 두고 여러 차례에 걸쳐 조사하여 수집한 자료를 말한다. 이런 자료는 특정 코호트의 인식 변화를 파악하거나, 해당 집단이 경험한 특정 사건으로 그들의 삶이 시간의 변화에 따라 달라지는 양상을 파악하기에 유용하다. 코호트 연구 자료는 해당 코호트집단이 모집단이기에 조사 시기마다 모집단은 일치하지만, 표본은 조사 시기마다 일치하지 않아도 된다(김구, 2014: 96).

코호트 연구 자료수집에 대하여 사례를 통해서 살펴보자. 예를 들어 2000년대 초반 우리나라 IMF 금융 시기에 특정 직장에서 퇴직당한 사람들 대상으로 이들의 가치관과 생활양식을 코호트 조사로 자료수집하는 경우를 보자. 이들을 대상으로 2005년에 표본 500명을 대상으로 한 번 조사하고, 다시 5년 후인 2010년에 표본 500명을 대상으로 두 번째 조사하고, 다시 5년 후인 2015년에 표본 500명을 세 번째 조사하여 자료를 구할 수 있다. 이들 자료를 바탕으로 IMF 금융 위기로 퇴직당한 사람들의 향후 삶에 미친 영향이 어떻게 변화되어 왔는지를 파악할 수 있다.

③ 패널 연구 자료

패널 연구(panel study)는 동일한 연구대상에 대하여 일정한 기간 동안 반복하여 조사 연구하는 것을 말한다. 여기에서 패널은 연구자가 반복해서 조사하고자 하는 특정 연구대상으로 선정된 사람을 말한다. 예를 들어 청소년 패널 조사를 할 경우에, 연구자가 초등학교 4학년 중에서 3,000명의 표본을 선정하여 처음 조사에서 조사대상으로 삼았다면 이들 3,000명이 바로 패널이 된다.

패널 조사 자료는 동일한 연구대상인 패널에 대하여 동일한 내용을 반복적으로 조사하여 얻은 자료인데, 반복하여 조사하는 시기는 연구자가 정하면 된다. 1년마다 반복 조사를 하는 경우도 있고, 2년마다 혹은 10년마다 반복하여 조사하기도 한다. 1년마다 반복 조사를 하는 경우를 보자. 초등학교 4학년 중 3,000명을 대상으로 첫 번째 조사를 하여 자료를 얻었으면, 그다음 해에는 5학년이 된 3,000명 그대로, 그다음 해에는 6학년이 된 3,000명 그대로, 또 그다음 해에는 중학교 1학년이 된 3,000명 그대로를 대상으로 반복해서 조사한다. 이렇게 하여 패널 조사에서는 조사가 시작되어 끝날 때까지 처음의 모집단과 표본이 일치하게 된다. 규모가 큰 패널 조사에서는 첫 조사에서 초등학교 4, 5, 6, 중학교 1, 2학년을 조사하고, 그다음 해에 한 학년이 올라간 이들을 조사하는 등 다양하게 패널을 구성할 수 있다.

다른 종단 연구 자료와 달리, 패널 연구 자료의 경우 반복된 조사의 모집단과 표본이 동일하다는 점에서 다음번 조사에서 이들 모두를 잘 추적하여 자료를 수집해야 하는 어려움이 있다. 실제로 처음 조사에서 사용한 표본을 하나도 빠짐없이 정확하게 추적하기 어려운 경우가 생기기 때문에 조사가 진행될수록 표본이 줄어드는 것이 일반적이다.

❷ 자료를 직접 수집하는 방법

질문지 조사를 통해 자료를 직접 수집할 때에 사용하는 방법은 다양하다. 여기서는 자기기입식 조사 방법, 면접 조사원을 통한 조사 방법, 전화를 활용한 조사 방법, 그리고 최근에 새롭게 떠오르는 인터넷을 활용한 조사 방법을 살펴보려고 한다.

가. 자기기입식 조사 방법: 우편을 활용하여

자기기입식 조사의 대표적인 방법은 우편을 활용하는 것이다. 여기서는 자기기입식 조사 방법을 설명하면서 주로 우편을 활용하는 방법에 대하여 설명할 것이다.

1) 조사 방법의 이해

자기기입식 조사는 인쇄된 질문지 내용을 조사대상자가 직접 읽고 질문지에 응답하도록 하여 자료를 얻는 방법을 말한다. 이를 위해서는 질문지를 조사대상에게 제시하고, 각 문항에 대하여 직접 응답하도록 해야 한다. 그런데 서베이 연구에서는 대체로 조사대상자의 규모가 커서 연구자가 그들을 직접 한 명 한 명 대면하여 질문지를 제시하고 답하도록 하여 자료를 얻는 것이 어렵다. 이에 대신 사용하는 것이 조사대상자에게 우편으로 질문지를 보내고 응답한 질문지를 다시 우편으로 받는 우편 조사이다.

　　종종 집락 표집을 통해 학교나 요양원 등과 같이 특정 기관의 구성원 여러 명을 연구대상으로 하여 조사하는 경우에는, 연구자가 직접 그곳을 방문하여 조사 내용을 설명하고 그 자리에서 조사대상에게 바로 응답하게 한 후 자료를 수집하는 방법을 사용할 수 있다. 그러나 이런 경우에도 연구자가 직접 방문하기보다는 우편을 이용하여 질문지를 보내고 받는 것이 더 낫다. 왜냐하면 연구자가 직접 조사대상자를 대면하는 과정에 의도적으로 혹은 의도하지 않게 조사대상자에게 특정한 표현을 하거나 몸짓을 하여 그들의 응답에 미칠 수 있는 영향력을 막을 수 있기 때문이다. 즉 자료수집 단계에서 객관성을 확보하기 위해서라도 연구자가 조사대상자를 직접 대면하지 않는 것이 좋기 때문이다.

2) 조사 방법의 진행

가) 질문지를 인쇄한다.

　　연구자는 자신이 사용할 질문지를 조사대상자의 수보다 조금 더 많게 인쇄한다. 우편을 통해 조사대상자가 자기기입식으로 응답하게 하는 조사를 수행할 때에는 응답자가 질문지에 대한 의문이 있어도 물어볼 대상이 없기 때문에 응답 자체에 문제가 생길 수 있다. 따라서 가능한 한 응답자가 이해하기 쉽도록 문항을 매우 정교하게 만들어야 한다. 응답하는 방법에 대한 안내도 꼼꼼하게 정리하여 제시하는 것이 좋다. 더불어 질문지를 인쇄할 때에도 책자처럼 만들어, 질문지의 일부가 분실되지 않도록 제작하는 것이 좋다.

나) 회수용 봉투를 준비한다.

　　우편 조사의 경우에는 응답한 질문지를 다시 회수해야 하는데 이 경우를 고려하여 회수용 봉투를 준비해야 한다. 이는 조사대상 대비 응답 질문지를 회수한 비율인 회수율을 높이기 위한 방법이기도 하다. 우편으로 조사할 때에 회수율이 낮은 이유는, 연구대상자들이 응답한 질문지를 보내는 것을 귀찮아하거나, 질문지를 받았다는 사실을 기억하지 못하고 잊어버리기 때문이다. 질문지를 보내면서 회수용 봉투를 같이 넣는 것과 회수용 봉투 안에 해당 응답자를 파악할 수 있는 고유번호를 비밀리에 기록해 두는 것은 이 두 가지 문제를 해결하는 데 도움된다. 회수용 봉투는 응답자가 응답한 질문지를 보내는 일에서의 귀찮음을 일부분 해결해준다. 또한 회수용 봉투에 기록한 고유번호를 확인하여 회수되지 않은 질문지를 파악하면서 회수를 위한 안내문을 보낼 수 있어서 질문지 응답에 대한 기억을 상기시킬 수 있다.

회수용 봉투에 질문지의 고유번호 기록해두기

모든 질문지를 발송하면서 동봉하는 회수용 봉투에 질문지의 고유번호를 기록해 둘 수 있다. 질문지의 고유번호는 질문을 받은 사람이 누구인지를 파악하여 해당 질문이 회수되지 않았을 때 회수를 요청하는 등의 활동을 위해 필요하다. 고유번호의 표시는 회수용 봉투의 안쪽에 조사자만이 식별할 수 있도록 기입하여 응답대상자가 파악하지 못하게 하는 것이 좋다.

또한 고유번호는 연구자가 잘 관리하여 외부로 유출되지 않도록 해야 하며, 응답지가 돌아온 경우에는 고유번호를 삭제하여 응답자의 사적인 정보와 연결하지 않도록 유의하면서 연구윤리에 위배되지 않도록 해야 한다. 또한 이런 과정에 대해 각 대학 등 기관 IRB의 연구윤리 규정에서 금지하고 있다면 회수를 높이기 위한 다른 방법을 모색해 보아야 한다.

회수용 봉투에 적은 고유번호는 각 번호별로 해당 기관, 해당 지역, 해당 응답자 등을 파악할 수 있도록 기입하여, 배포 및 회수 등을 쉽게 확인할 수 있도록 해두는 것이 좋다. 연구자가 이를 따로 기록해 두는 특별한 양식은 없으며, 연구대상자의 회수율 등을 파악하는 데 중요한 자료가 되므로 잘 보관하여야 한다.

또한 특정 기관에 소속된 여러 명의 응답자가 표본인 경우에는 이들이 응답한 질문지를 모두 모아서 회수할 수 있도록 회수용 봉투를 준비하는 것도 좋다. 최근에는 택배를 이용해서 회수하기도 하는데, 이는 여러 명의 응답 내용을 한꺼번에 받을 경우에는 편리하다. 다만 택배를 착불로 보내도록 해야 하는데 연구자가 착불로 쉽게 받을 수 있는 상황이 못 된다면 회수용 우편 봉투를 사용하는 것이 더 편리하다.

회수용 봉투의 경우에는 사전에 우체국에 가서 회수용 우편물에 들어갈 양을 추정하여, 그에 적합한 우표를 미리 구매하여 붙이는 것이 좋다. 또한 회수 받을 연구자의 주소도 미리 기록해 두는 것이 좋다. 이렇게 해야 응답자가 응답한 질문지를 넣고 봉하여 바로 발송할 수 있으며, 이를 통해 회수율을 높일 수 있기 때문이다.

다) 필요한 경우에 질문지 조사에 대한 안내지를 만든다.

일반적으로 질문지를 작성하는 과정에서, 첫 면에 질문의 목적이나 조사 내용, 회수를 위한 기간 등을 기재하게 된다. 이 경우에는 질문지 조사에 대한 특별한 안내지를 따로 만들지 않아도 된다. 그러나 특정 기관의 구성원 전체나 일부를 대상으로 조사하여 자료를 구하는 경우에는 질문지 조사 과정과 조사 후에 질문지 회수 방법 등에 대한 안내 내용을 작성하여 질문지와 함께 보내는 것이 좋다.

안내 내용의 경우, 발송된 내용품, 조사 방법, 회수 봉투 활용하는 방법 등을 기입하면 된다. 예를 들어 집락 표집으로 선택된 학교의 교사들에게 <교사의 행복감에 영향을 주는 요

인>과 관련한 질문지 조사를 하는 경우에 들어갈 수 있는 조사 안내지 예를 작성해보면 다음
과 같다.

조사 절차와 회수에 대한 안내

안녕하세요? 바쁘신 와중에서 저희 연구에 도움을 주신 점 감사드립니다. 질문지 조사와
관련하여 다음과 같이 안내 드리며, 질문지 조사를 잘 진행해주시길 부탁드립니다.

1. 발송 내용품
 1) 질문지: 10부는 원래 부탁드린 것이며, 1부는 여분입니다.
    (귀 학교에 배당된 질문지는 10부이니, 10부만 응답해주시면 됩니다.)
 2) 답례품: 11개(질문지 응답자용 10개 + 조사 책임자용 1개)
 3) 우표가 붙은 회수용 봉투 1개
 4) 조사 참여 동의서: 10부(응답하시는 분 각자 작성해주십시오.)

2. 조사 방법
 1) 해당 학교의 교사 명렬표에서 10명을 무작위로 선정해주십시오.
    (귀교 교사가 50명이면 5번째, 10번째… 등으로 선택해주십시오.)
    * 해당 기관의 구성원 규모나 구성원의 특징을 고려하여 표집하는 방법을 안내하는 내
      용이 필요하다면 그 내용을 기술함
 2) 선정된 조사자에게 질문지와 답례품을 응답자에게 드린 후 각자 응답하게 해주십시오.
 3) 조사 기간은 ○○월 ○○일부터 ○○월 ○○일까지입니다.

3. 질문지 회수
 1) 조사 기간이 지난 후에 응답한 질문지를 모두 회수용 봉투에 넣어서 우편으로 발송해
    주십시오.
 2) 주소는 회수용 봉투에 적혀 있으니 밀봉한 후에 바로 발송하시면 됩니다.

4. 조사 과정에 위급 상황이 생기는 경우에 다음의 연락처로 연락하시면 됩니다.
   담당자: ○○○ (전화번호 기입)

라) 질문지와 회수용 봉투를 넣어서 우편을 보내고, 회수를 기다린다.

제작한 질문지와 회수용 봉투를 함께 넣는다. 응답에 대한 선물이 있는 경우에는 선물도 같이 동봉한다. 선물의 경우 우편으로 보내기 편하면서 사용자가 일상적으로 사용할 수 있는 것으로 구성하는 것이 좋다. 발송할 우편물을 만든 후에 우편을 발송한다.

회수용 봉투에 적어 둔 비밀번호 등을 파악하여 우편을 발송한 후에 회수되지 않는 것에 대하여 질문지 회수를 요청하는 편지를 보낼 수 있다. 회수 요청과 관련하여 보내는 편지에는 조사 기간이 지났는데도 아직 회수되지 않는 질문지가 있어 모든 응답자를 대상으로 확인하는 편지임을 밝히고, 혹시 질문지를 보내주지 않았다면 즉시 보내주시길 요청한다는 내용을 담는 것이 좋다.

3) 조사 방법의 장점과 단점

우편으로 자기기입식 조사를 하여 자료를 얻을 경우에는 다음과 같은 장점이 있다. 첫째, 질문지 내용이 민감하거나 사적인 정보가 있더라도 다른 조사 방법과 비교하여 응답해줄 가능성이 높다. 둘째, 우편을 통해 받은 질문지를 응답자가 자기기입식으로 적는 것이기에 조사 과정에 면접원이나 매개체가 개입하여 생길 수 있는 문제점을 줄일 수 있다.

반면에 다음과 같은 단점이 있다. 첫째, 우편으로 조사하는 방법은 우편을 받은 후에 응답자가 응답하지 않거나 응답한 조사지를 보내주지 않는 경우가 많아서 회수율이 낮다. 둘째, 질문지를 우편으로 보낸 이후에는 특별한 경우가 아닌 한 질문지 내용에 대하여 응답자가 이해한 수준에서 답변하는 것이기에 질문지를 매우 정교하게 제작하지 않으면 연구자가 원하는 수준의 응답을 받기 어렵다.

4) 조사 방법에 제기되는 문제: 낮은 회수율과 표본의 대표성 문제

우편을 활용하여 자기기입식으로 질문지 조사를 하는 경우 가장 문제가 되는 부분은 회수율이다. 회수율이 낮을 경우에 표본의 대표성에 문제가 생기기 때문이다. 아무리 엄격하게 표집을 하여 모집단에 대한 대표성이 높은 표본을 선택했을지라도 회수율이 낮은 경우에는 대표성이 훼손된다. 앞에서 설명한 것처럼 조사 과정에서 회수용 봉투와 응답자를 위한 선물을 준비하는 것, 회수가 안 된 경우에 확인 편지를 보내는 것 모두 회수율을 높이기 위한 전략적 방법이다.

이런 전략적 방법을 사용해도 회수율이 100%에 도달하지 않는 것이 우편 조사에서는 일반적이다. 그렇다면 우편 조사를 통해 자료를 수집했을 경우에 분석에 사용할 수 있는 수준으로 대표성을 갖춘 자료를 수집했다고 수용 가능한 회수율은 어느 정도일까? 이와 관련하여 바비(Babbie, 2007: 326)는 "50% 정도면 적절하고, 60% 정도는 좋은 수준이며, 70% 정도는 매우 좋다"라고 본다. 따라서 논문이나 보고서 등 연구 결과를 작성할 때, 우편 조사를 한 경우에는 표본은 어느 정도였으며 실제 어느 정도 회수되어 회수율이 몇 퍼센트인지를 정확하게 기록하여야 한다.

또한 자기기입식 우편 조사의 경우 응답자의 적극성이라는 특성과 관련하여 표본을 왜곡해서 응답이 왜곡될 가능성도 존재한다. 일반적으로 우편으로 조사지를 받았을 경우에 그 조사 내용에 관심이 있는 사람들이 적극적으로 응답하려고 할 것이다. 예를 들어 '동성 간 결혼에 대한 의견 조사'라는 질문지를 받았을 경우에 '동성 간 결혼'을 적극적으로 찬성하거나 적극적으로 반대하는 사람들이 응답하여 보낼 가능성이 높다. 이 경우에 응답자는 표본 전체를 대표한다고 보기 어려우며 자료 자체가 왜곡될 가능성이 있다.

나. 면접 조사원을 통한 조사 방법

1) 조사 방법의 이해

면접 조사원을 통한 자료 조사는 면접 조사원이 연구대상을 직접 만나서 질문을 묻고 그에 대한 응답자의 응답을 구하는 방법이다. 이 경우는 조사대상자를 직접 만나서 질문지의 문항을 설명하고 그에 대한 응답자의 응답을 들어서 응답 내용을 기록하게 된다. 면접을 통해 질문지 조사를 하는 경우에, 한두 명이 연구대상 모두를 조사할 수 없다. 이에 따라 연구자는 면접 조사원을 고용하여 조사하거나, 전문 조사 기관에 위탁하여 조사하는 것이 현실적이다.

가) 면접 조사원을 직접 고용하여 조사하는 방법

이 방법은 연구자가 직접 면접 조사원을 고용하여 조사하는 방법이다. 대표적으로 통계청에서 인구센서스 조사를 하는 경우에 면접 조사원을 고용하여 이들에게 사전 교육을 한 후 직접 연구대상을 만나서 문항을 읽어주고 응답을 듣고 난 후 그 응답을 응답지에 적게 하여 자료를 수집하는 방법을 취한다.

나) 전문 조사 기관에 의뢰하여 조사하는 방법

이 방법은 전문적으로 조사를 대행하는 전문 기관에 일정한 비용을 내고 조사를 의뢰하여 전문 기관에서 면접 조사원을 고용하여 조사하는 방법이다. 사설 조사 기관이 많아서 조사 의뢰를 하기는 쉬우나 비용이 많이 드는 문제가 있다.

2) 조사 방법의 진행

여기서는 연구자가 직접 면접 조사원을 구해서 자료를 수집하는 방법을 중심으로 살펴보고자 한다.

가) 질문지를 준비한다.

질문지를 준비한다. 질문지의 경우 면접 조사원이 대상자와 만나서 질문에 대해 대화를 할 수 있기에 다른 방법에 비해 개방형 질문을 넣어도 크게 문제가 되지 않는다. 하지만 면접 조사원이 설명 과정에서 설명의 내용을 다르게 제시하는 문제, 설명 과정에서 면접 조사원의 편견이나 오류가 작동하는 문제가 있다는 점에서 개방형 문항보다는 폐쇄형 문항이 안전하다. 또한 문항의 질문이나 답지 구성도 한 번만 듣고서 답할 수 있을 정도로 질문지를 명확하게 구성하는 것이 필요하다.

우편을 활용한 자기기입식 조사와 달리 면접 조사의 경우에는 면접 조사원이 조사대상자를 직접 만나서 질문을 읽어주고 응답을 듣고 그 응답을 기록하는 것이어서 질문지를 적게 인쇄해도 된다. 이 경우에는 응답자의 고유 번호별로 문항번호와 응답 내용을 별도의 응답 기록지에 바로 적으면서 조사를 진행하기도 한다. 이렇게 되면 연구자가 자료 분석을 위해 얻은 자료를 입력할 때, 질문지가 아니라 응답 기록지를 활용하면 되기에, 자료 입력에서는 편리하다.

나) 면접 조사원을 모집하여 사전 안내 교육을 한다.

조사에 투입될 면접 조사원을 모집한다. 인구센서스와 같이 대규모의 조사인 경우에는 방송 광고 등을 활용하여 모집 공고를 내는 경우가 있지만, 학위 논문이나 대학의 연구 보고서 등을 위한 자료 조사인 경우에는 대학생을 대상으로 모집 공고를 내면 된다. 모집 공고에서는 조사 기관과 조사 내용, 조사할 지역과 기관, 그리고 면접 조사원으로 참여할 경우에 받을 비용도 안내에 포함하는 것이 좋다. 면접 조사원의 경우 대학교에서 <사회조사 방법론> 강좌를 수강한 학생을 우선으로 뽑으면 조사 방법에 대한 사전 이해가 있어서 좋다.

면접 조사원을 확정했으면, 이들을 대상으로 조사와 관련한 사전 안내 교육을 실시한다. 면접 조사원을 대상으로 사전 안내 교육을 하는 이유는 면접 조사원에 의해 나타날 수 있는 조사 과정의 오류나 면접 조사원의 주관 개입으로 인해 자료가 왜곡되지 않도록 해야 하기 때문이다. 따라서 면접 조사원에 대한 사전 안내 교육에서 조사의 목적, 조사의 과정, 표본에 대하여 정확하게 안내한다. 이때 중요한 것은 조사 지역에 가서 본인이 할당받은 조건에 맞는 표본을 정확하게 찾아서, 조사 내용을 왜곡하지 않고 정확하게 정해진 과정에 따라 조사를 해야 함을 안내하는 것이다.

사전 안내 교육을 통해 조사 과정 등을 명확하게 안내하고, 조사 과정에서 해야 할 일과 해서는 안 되는 일, 지켜야 할 일 등을 교육하고, 그 이후에 교육받은 내용을 정확하게 이해하고 있는지를 확인하여야 한다. 이를 위해 면접 조사를 하는 방법도 안내해야 한다. 이때 연구자가 면접하는 모범 사례를 시범을 보여주면 좋다. 그런 후에 면접 조사원을 2명씩 짝을 지워서 실제로 면접하는 모습을 훈련해보게 하면 된다. 이 과정에서 발생하는 문제점에 대하여 수정해주면서 면접을 잘할 수 있도록 격려하기도 한다.

일반적으로 면접 조사원이 조사대상자에게 질문지 조사를 요청할 때 대상자들이 응답에 쉽게 응하지 않는 경우가 많기 때문에 응답을 요청하는 방법도 사전 안내 교육에서 강조해야 한다. 응답자가 면접 요청에 쉽게 응하지 않는 경우를 대비하여 면접 조사원을 활용한 조사에서도 답례품 등을 준비하여 제공하는 것이 좋다.

다) 면접 조사원을 파견하여 조사를 실시한다.

면접 조사원을 대상으로 사전 안내 교육이 끝난 후에는 면접 조사원별로 할당된 조사 지역으로 면접 조사원을 보내어 조사를 실시한다. 조사를 실시할 때 면접 조사원은 조사대상자에게 자신의 신분을 밝히고 연구목적, 조사 내용, 연구진에 대한 정보를 사전에 알려준 후 동의를 얻어서 조사대상자가 자발적으로 조사에 응하게 해야 한다.

조사 과정에서 면접 조사원은 질문지 내용을 정확하고 객관적으로 읽어주고 응답자 스스로 답하도록 해야 한다. 응답자가 질문 내용을 이해하지 못하더라도 면접 조사원이 자기 마음대로 질문지 내용을 수정하거나 쉽게 풀어서 설명하는 것과 같이 조사 문항의 내용에 변화를 주어서는 안 된다. 또한 응답자의 응답 내용도 응답한 그대로 정확하게 기록해야 한다. 특히 개방형 질문의 경우에는 면접 조사원이 들은 내용을 요약하여 기록하는 등의 변형을 가하지 않고 응답 내용 그대로 기록해야 한다.

3) 조사 방법의 장점과 단점

면접 조사원을 활용하여 조사를 하는 경우에는 다음과 같은 장점이 있다. 첫째, 다른 방법에 비하여 회수율이 높다. 면접 조사원이 조사 과정에서 표본에 적합하게 조사하기 위해 최대한 노력하기 때문이다. 둘째, 면접 조사원을 활용할 경우에는 질문 문항의 의미를 정확하게 전달하여 정확한 응답을 이끌어 낼 수 있다. 셋째, 문자를 읽지 못하는 문맹자를 대상으로도 조사가 가능하다는 장점이 있다.

반면에 다음과 같은 단점이 있다. 첫째, 비용이 많이 든다. 둘째, 대면하여 응답하는 과정에서 익명성이 보장되지 않는다고 응답자가 판단할 수 있어서, 응답자가 타인에게 드러내기 싫어하는 내용에 대해서는 정확한 답을 피하는 문제가 나타날 수 있다. 셋째, 면접 조사원의 실수로 조사 내용이 왜곡될 가능성이 있다. 이런 문제가 발생하지 않도록 사전 안내 교육을 잘 진행해야 한다.

4) 조사 방법에 제기되는 문제: 면접 조사원의 태도와 조사에서의 영향력 문제

면접 조사원을 활용하여 질문지 조사를 하는 경우에는 면접 조사원의 역할과 태도가 조사를 통해 얻게 되는 자료의 신뢰도와 타당도에 큰 영향을 준다. 이에 따라 면접 조사원을 통해 자료를 수집할 경우에는 다음의 몇 가지를 잘 조정하여 응답에서 왜곡이 일어나지 않도록 유의해야 한다(손병덕 외, 2010: 219).

첫째, 면접 조사원이 조사하는 과정에서 응답자에게 신뢰를 주어야 한다. 이를 위해서 해당 조사를 수행하는 기관이 중요한데, 믿을만한 곳에서 하는 조사라는 것을 확인할 수 있도록 조사 기관이나 면접 조사원의 소속을 정확하게 먼저 알려주고 친숙한 분위기를 만든 후에 응답을 이끌어 내는 것이 좋다.

둘째, 면접 조사원의 복장은 조사대상인 사람들과 공감할 수 있는 수준으로 수수하면서도 일정한 격식을 갖추는 것이 좋다. 즉 과도하게 화려한 복장도 피해야 하며, 운동복 차림이거나 찢어진 청바지 등과 같이 일상에서 사람들이 이상하게 볼 수 있는 차림도 피하게 하는 것이 좋다.

셋째, 응답에 대한 요청이 조사대상자에게 협박처럼 느껴지지 않도록 언어 표현에 조심해야 한다. 응답을 요청하면서 상대방을 설득하는 표현을 사용하도록 하고, 조사를 진행하는 과정에서 조사 응답자의 응답이 정확하지 않아서 다시 응답을 요청하는 경우에도 부담을 주지 않는 선에서 응답을 요청해야 한다.

다. 전화를 통한 조사 방법

1) 조사 방법의 이해

전화 조사는 전화를 이용하여 질문을 읽어주고 응답자의 응답을 들어 조사하는 방법이다. 조사대상자와 직접 대면하지 않고 응답하도록 하지만, 질문 내용을 듣고 그에 대하여 즉각적인 응답을 받아내야 하므로 간단히 몇 문항을 조사하는 경우에 많이 사용한다. 예를 들어 선거를 앞둔 상황에서 유권자가 지지하는 후보의 조사, 대통령 지지율 조사, 특정 제도의 도입과 관련한 찬반 의견 조사 등에서 많이 활용된다. 이에 따라 엄밀하게 변수 간의 관계를 파악하려는 논문 등을 위한 질문지 조사로는 활용하기 어렵다는 단점이 있다.

전화 조사를 처음 시작하던 시기에는 응답자에게 전화를 걸어 직접 질문 문항을 설명하고, 그에 대한 응답자의 응답을 듣고 이를 기록하는 방법으로 조사하는 것이 일반적이었다. 그러나 최근에는 녹음된 질문을 제시하고 그에 대하여 응답자가 전화번호 버튼을 눌러서 응답하는 방식으로 조사를 실시하는 것이 일반적이다. 이 경우에는 응답자의 응답한 내용이 번호로 바로 저장되기에 따로 자료를 입력하지 않아도 된다.

2) 조사 방법의 진행

가) 질문 문항을 만든다.

전화 조사의 경우에 아무리 문항 수를 적게 한다고 하더라도 전화라는 매체를 통해서 간접적으로 조사해야 하는 것이기에 질문하는 문항을 구성할 때 아주 최소화하는 것이 좋다. 더불어 질문과 답지를 명확하게 제시하여 전화를 매개로 하여 듣는 사람이 정확하게 이해할 수 있도록 유의해야 한다.

나) 질문 문항을 녹음하여 전화 조사를 실시한다.

질문 문항이 완성되면 전화 조사를 할 수 있도록 녹음하여야 한다. 가능한 한 짧게 조사 기관과 조사 내용을 고지한 후 문항에 응답하도록 안내문을 먼저 녹음한다. 그다음 문항을 녹음한다. 문항을 녹음할 때는 감정을 개입하지 말고 담담한 어조의 조금 느린 말의 세기로 녹음하는 것이 좋다.

질문하는 문항이 여러 개인 경우에는 하나의 문항에서 질문과 그에 대한 모든 답지를 다 듣고, 그중에서 답지를 선택하여 반응하게 한 후에 다음 문항을 들을 수 있도록 녹음 순서를 조정한다. 그 후에 표본으로 선택된 사람들의 전화번호를 활용하여 전화 조사를 실시한다.

최근에는 전화 조사와 관련하여 전문 조사 기관이 많아서, 연구자가 직접 조사하기보다는, 전문 서베이 조사 기관에 의뢰하여 조사하는 경우가 대부분이다. 이 경우에는 조사 질문과 모집단과 표본의 규모 등을 알려주면 된다.

3) 조사 방법의 장단점

전화 조사를 통해 자료를 얻는 경우에는 다음과 같은 장점이 있다(손병덕 외, 2010: 223 – 224). 첫째, 우편 조사나 면접 조사에 비해 비용이나 시간이 상대적으로 적게 든다. 둘째, 전화 조사를 하는 경우에 응답 내용이 바로 입력되어 자료 관리가 편하다.

이와 달리 다음과 같은 단점도 있다. 첫째, 전화가 왔을 때 아예 받지 않거나 조사 중에도 쉽게 전화를 끊을 수 있다는 점에서 응답률이 매우 낮다. 종종 선거 후보자에 대한 지지율을 조사하는 경우 응답률이 5%도 안 되는 경우를 볼 수 있다. 따라서 조사된 자료의 대표성이 문제가 될 수 있다. 둘째, 면접 조사원을 통한 조사나 자기보고식 우편 조사 등에 비해 응답자가 정직하게 응답하지 않을 가능성이 있으며, 응답 과정에서 실수로 다른 번호를 누르게 되는 경우에 응답이 왜곡될 수 있다.

4) 조사 방법에 제기되는 문제: 표본과 대표성의 문제

전화 조사를 통해 자료를 얻게 되는 경우에 전화기라는 기기의 특성으로 인해 자료 획득에 영향을 미칠 수 있다. 이와 관련하여 세 가지 문제에 관심을 가져야 한다.

첫째, 전화 조사를 할 때 전화를 소유하는 사람의 특성으로 인해 표본이 왜곡될 수 있다. 전화기가 상용화된 초기에 전화는 주로 부유한 계층에서만 사용할 수 있었기 때문에 표본에서 왜곡이 일어날 수 있었다. 그런데 최근에는 젊은 계층에서 유선전화를 거의 사용하지 않고 휴대전화를 주로 사용하는 경우가 많아서 유선전화만 또는 휴대전화만을 사용하여 조사할 경우에 대표성이 왜곡될 가능성이 크다.

둘째, 전화 조사의 경우 대부분 응답률이 매우 낮기 때문에 적정한 자료 분석을 위한 자료를 확보하기 위해서는 표본을 매우 큰 규모로 설정해야 한다. 일반적으로 전화 조사의 응답률은 우편 조사를 통한 자료 회수율보다 훨씬 낮다. 이렇게 응답률이 낮은 것을 전화 조사의 일반적인 특성으로 여겨서 응답률 자체를 크게 문제 삼지는 않지만, 이를 극복하기 위해서 가능한 표본 규모를 크게 하여 조사대상자를 많이 확보해야 한다.

셋째, 우편 조사와 마찬가지로 조사 내용과 관련하여 적극적인 의사 표현을 하고자 하는 사람들의 적극적인 참여로 인해 자료가 왜곡될 가능성이 존재한다. 예를 들어 선거를 앞두고 특정 후보의 지지에 대한 전화 조사를 할 경우에 해당 후보에 투표할 사람들은 적극적으로 응답할 것이다. 특히 전화 조사의 경우 응답률이 5%가 채 안 되는 경우도 있다는 점에서, 특정 여론이나 조사 결과에 적극적인 의견을 가진 응답자로 인한 표본 왜곡 문제가 존재한다.

라. 인터넷을 통한 조사 방법

최근 들어 인터넷을 통한 조사를 많이 이용한다. 인터넷을 통한 질문지 조사는 크게 두 가지 방식으로 수행할 수 있다. 첫째는 전자 메일을 통해서 조사하는 방법, 둘째는 인터넷 조사 사이트를 활용하는 방법이 있다.

1) 전자 메일을 통한 조사

전자 메일을 통해 조사대상자 각자에게 질문지를 보내어 응답하게 하는 것이다. 이것은 연구대상자에게 직접 전자 메일을 보내어 대상자가 직접 응답을 기입하게 한다는 측면에서 우편 조사와 비슷하다. 전자 메일을 통한 조사에서는 한글 등 문서 파일로 만든 조사지를 첨부하여 제공하고 전자 메일로 다시 응답을 받는 방법이 있다. 이 경우는 연구자에게는 편리하지만 응답자가 누구인지가 바로 노출되기에 비밀이 지켜지지 않는다는 측면에서 문제가 된다. 이와 달리 전자 메일을 열어서 클릭하면 바로 조사지가 열리면서 바로 응답하게 하는 방법도 사용하는데, 이 경우에는 입력된 응답 번호를 부호화하여 바로 입력하게 할 수 있어서 자료 관리가 쉽고 응답자의 사생활도 지켜지기에 더 좋은 방법이다.

전자 메일을 통한 대부분 조사는 연구대상자가 전자 메일을 통해 조사 내용을 바로 열어 볼 수 있게 연결하여 주면 응답자가 바로바로 클릭하면서 조사하도록 문항을 구성하는 것이 좋다. 이 경우에도 연구대상자가 메일에서 질문지를 열어 보았을 때, 질문 문항을 1~2개씩 보여주면서 응답하고 다음 문항으로 넘어가도록 구성하는 것이 일반적이다. 이 경우에 질문지 진행 정도를 보여 주어 응답자의 응답을 독려하는 것도 필요하다.

2) 인터넷 전문 조사 사이트를 활용한 조사

인터넷 전문 조사 사이트를 활용한 조사는 전문적인 조사 사이트에서 가입하여, 질문과 답지를 입력하여 문항을 구성한 후에 해당 사이트 URL이나 QR코드를 연구대상자에게 알려주어 응답하도록 한 후에 자료를 구하는 방법이다. 일반적으로 인터넷 사이트를 개인 메일로 알려주는 것이 일반적이지만, 특정 기관의 구성원을 대상으로 조사하는 경우에는 해당 기관에 공문을 보내어 해당 사이트를 알려주어 조사에 응하게 할 수 있다. 특히 조사 문항만 제공하면 무료로 이용할 수 있는 조사 사이트들이 있는데, 이를 활용해도 된다. 이때 문항이 많은 경우나 체계적인 조사를 할 경우에는 일정한 비용을 지불하게 될 수 있다.

3) 조사 방법의 장단점

인터넷을 활용한 조사의 경우 다음과 같은 장점이 있다. 첫째, 인터넷을 이용하기 때문에 조사 기간과 비용이 단축된다. 둘째, 조사 과정에서 바로 자료가 입력되어 자료의 관리가 편하다. 셋째, 전자 메일을 통하는 경우 응답에 대한 요청이나 회수에 대한 안내 등을 편하게 할 수 있다.

반면 다음과 같은 단점이 있다. 첫째, 인터넷을 사용하는 집단이 여전히 제한적이어서 조사 대상에 한계가 있다. 둘째, 응답자가 응답을 하지 않는 경우에 응답률이 낮다는 문제가 생긴다.

4) 조사 방법에 제기되는 문제: 대표성의 문제

인터넷 조사는 인터넷이라는 환경을 사용할 수 있는 사람만을 대상으로 조사하기에 조사 대상이 한정된다. 무작위 표집 등과 같이 대표성을 높일 수 있는 다양한 표집 방법의 사용이 어렵다. 더불어 조사하는 내용에 대하여 의견을 적극적으로 내고자 하는 사람들이 더 많이 조사에 참여하게 될 가능성이 높기에 응답 내용이 편향될 가능성이 있다. 이에 따라 수집된 자료 전반에서 대표성의 문제가 제기될 가능성이 높다.

❸ 2차 자료를 활용하는 자료수집

연구자가 직접 질문지를 작성하고 조사를 실시하여 1차 자료를 얻는 것과 달리, 다른 사람이 질문지 조사를 해놓은 2차 자료를 수집하여 활용하는 방법도 있다. 이 경우에 가장 쉽게 그리고 일상적으로 활용할 수 있는 방법은, 공공 연구 기관에서 일반인들이 사용할 수 있도록 공개한 횡단 연구 자료나 종단 연구 자료를 사용하는 것이다.

가. 기존 조사에서 자료를 얻는 방법

일반적으로 정부가 출연한 공공 연구 기관 중에 대부분의 연구 기관, 그리고 교육청 등의 공공 부설 연구소 등에서는 해마다 수많은 연구 보고서를 작성하기 위해 대규모의 조사를 실시한다. 이들 연구 기관은 당해 연도에만 조사하여 얻은 횡단 연구 자료를 공개적으로 제시하기도 하고, 지정된 패널을 대상으로 하여 수년간에 걸쳐 여러 번 조사하여 얻은 종단 연구 자료를 공개하기도 한다.

1) 횡단 연구 자료의 경우

횡단 연구 자료는 해당 기관에서 조사 자료를 활용하여 조사한 당해 연도에 연구 보고서를 작성하여 발표한 후에 자료를 공개하는 것이 일반적이다. 해당 기관은 자료를 공개하기 전에, 조사 자료를 활용하여 연구 보고서를 작성하는데 주로 기술적인 측면에서 단순 자료 분석하거나 집단 간 비교를 하는 정도의 분석을 하는 것에 그치는 경우가 많다. 그런 후 해당 자료를 활용한 연구 보고서가 나온 후 즉시 또는 일정 기간이 지난 후에 해당 연구 기관의 사이트에 해당 질문지와 조사 자료를 같이 공개한다. 공개된 조사 자료는 문항별로 변수와 변수값의 내용 등이 잘 정리되어 있어서 편하게 사용할 수 있다. 자료가 공개되지 않는 경우에는 해당 기관에 메일 등으로 연락하여 자료 사용 여부를 문의해 볼 수 있다.

2) 종단 연구 자료의 경우

종단 연구 자료의 경우에는 해당 기관에서 주로 패널 조사를 한 당해 연도에 자료를 공개하는 것이 일반적이다. 패널 조사 자료의 경우에는 해당 기관에서도 자료를 분석하지만, 일반 연구자에게도 공개하여 자료 분석을 할 수 있도록 권장한다. 그 이유는 공공 기관의 패널 자료가 관련 주제 연구자들의 연구를 촉진하기 위한 목적도 가지기 때문이다. 특히 패널 자료의 경우 매년 공개된 종단 연구 자료를 다양한 연구모형으로 분석할 수 있다는 점에서 좋은 자료가 된다.

경우에 따라 일정한 비용을 내고 사용해야 하는 경우도 있지만, 대부분 공공 기관의 패널 자료는 특별한 비용을 내지 않고 무료로 사용할 수 있다. 해당 조사를 실시하는 공공 연구 기관이나 연구소의 해당 인터넷 사이트에서 관련 조사의 개요와 종단 연구 조사를 통해 몇 년 동안 축적된 자료를 쉽게 얻을 수 있다.

나. 2차 자료 활용의 장단점

2차 자료를 활용하는 자료수집의 경우에 다음과 같은 장점이 있다. 첫째, 시간과 비용을 거의 들이지 않고 쉽게 자료를 얻을 수 있다. 둘째, 이런 자료는 질문지의 타당도와 신뢰도를 확보한 후에 엄격하게 표본을 설정하여 조사가 진행되고 회수율도 높다는 점에서, 표본의 대표성이 보장되는 자료를 쉽게 얻을 수 있다. 셋째, 인간을 대상으로 하는 자료이지만, 연구자가 연구대상자에게서 직접 자료를 구하지 않아도 된다는 측면에서 연구대상에 대한 연구윤리의 적용 의무에서 자유롭다.

반면에 2차 자료라는 특성으로 인해 다음과 같은 단점이 있다. 첫째, 자신의 연구모형에 적합한 변수를 적용할 수 있는 자료를 얻기가 쉽지 않다. 둘째, 자신의 연구 변수와 관련된 질문 문항의 내용이 다양하지 않아서 변수를 구성하는 데에 제한이 많을 수 있다.

다. 2차 자료 활용에서 유의할 점

1) 연구자의 연구모형과 변수의 불일치 문제

2차 자료의 조사 내용을 자료로 활용하는 경우에 가장 문제가 되는 것은 연구자가 고려한 연구모형에서 사용하고자 하는 변수와 자료가 완전히 일치하지 않는 경우가 많다는 것이다. 따라서 가설에서 설정한 개념에 대한 조작적 정의가 2차 자료에서 수집한 문항으로 제한되는 경우가 많기 때문에 개념에 대한 온전한 조작적 정의가 이루어지기 어려운 경우도 많다. 이 경우에 연구자가 설정한 가설은 매우 제한적으로 검증될 수밖에 없다. 이렇게 되면 연구모형에서 설정한 변수의 전체 설명력이 떨어져서 연구 결과의 해석에서 제한이 생기는 경우가 많다. 따라서 2차 자료를 사용하는 경우에는 질문지의 해당 문항에 대한 충분한 이해와 코딩된 자료에 제시된 변수의 특성 등을 잘 고려하여 자신의 연구모형과 일치할 가능성이 높은지를 먼저 세밀하게 따져보아야 한다.

또한 2차 자료를 사용할 경우에는 해당 조사를 실시한 기관의 보고서나 관련 기존 분석 논문 등을 충분히 수집하여 변수의 의미를 정확하게 이해하여 자신이 사용하는 변수의 조작적 정의와 일치하는지를 파악해야 한다. 특히 2차 자료의 경우 타인이 조사한 자료를 자신의 연구 변수에 일치시켜야하기에 이 과정에서 2차 자료를 사용하는 연구자 자신의 변수에 맞게 주관적으로 변수를 조작적 정의하여 자료를 왜곡하지 않도록 유의할 필요가 있기 때문이다.[18]

---

18) 실제로 2차 자료를 사용한 연구 논문 등에서는 개념에 대한 조작적 정의가 2차 자료에서 수집한 문항에 한정되다 보니, 원래의 개념과 동떨어진 것이라고 생각될 정도로 조작적 정의가 무리하게 이루어지는 경우도 있다. 이러한 경우, 분석 결과 통계적 유의도가 나타났다고 해도 가설에 대한 온전한 검증이 이루어졌다고 보기 어렵다.

2) 자료의 출처에 대한 기록 문제

2차 자료를 사용할 때 누구나 쉽게 무료로 이용하는 경우가 많지만, 그렇다고 자료 사용에 따른 출처 제시가 생략된 것은 아니다. 2차 자료를 수집한 경우에는 연구 보고서나 논문을 작성할 때 자료에 대하여 정확하게 설명하고, 이에 대한 출처를 밝혀야 하는 의무가 있다.

라. 2차 자료를 얻을 수 있는 연구 기관 안내

다음에 제시하는 연구 기관과 해당 사이트에서 사회과학현상의 연구와 관련하여 다양한 횡단 연구 자료와 종단 연구 자료를 찾을 수 있다.

〈중앙 정부 출연 연구 기관〉

KDI(한국개발연구원)	KDI국제정책대학원
건축도시공간연구소	국토연구원
과학기술정책연구원	대외경제정책연구원
산업연구원	에너지경제연구원
육아정책연구소	정보통신정책연구원
통일연구원	한국교육개발원
한국교육과정평가원	한국교통연구원
한국노동연구원	한국농촌경제연구원
한국법제연구원	한국보건사회연구원
한국여성정책연구원	한국조세재정연구원
한국직업능력개발원	한국청소년정책연구원
한국해양수산개발원	한국행정연구원
한국형사정책연구원	한국환경정책 · 평가연구원

〈지방자치단체 출연 연구 기관〉

서울연구원	서울여성능력개발원
수원시정연구원	고양시정연구원
광주발전연구원	대구경북연구원
대전발전연구원	부산발전연구원
부산여성가족개발원	울산발전연구원

인천발전연구원	강원도여성가족연구원
강원연구원	경기연구원
경기도가족여성연구원	경남발전연구원
경북여성정책개발원	전남발전연구원
전남여성플라자	전북연구원
전북여성교육문화센터	제주연구원
충남발전연구원	충남여성정책개발원
충북연구원	

* 이외에 교육청 단위별로 연구원을 구성하여 횡단연구나 종단연구를 하는 경우도 있음

제11장
자료의 분석과 해석

제11장에서는 조사한 자료를 연구모형에 맞게 분석하고 그에 비추어 결과를 해석하는 것에 초점을 두어 살펴보고자 한다. 그렇다고 여기서 직접 통계 분석을 하는 방법을 다루려는 것은 아니다. 다만 통계 분석을 하기 위해 연구자가 무엇을 준비하여야 하는지를 중심으로 서술하게 될 것이다.

① 양적 자료의 분석

제10장까지 제시된 연구 과정을 거쳐서 자료를 수집하였다면 이제 수집한 자료를 분석해야 한다. 사회현상은 기본적으로 질적인 성격을 지니고 있지만, 연구를 위하여 서베이 방법을 사용하여 질적 특성을 양적으로 전환한 자료를 수집하였다. 그렇다면 먼저 숫자로 전환된 양적 자료를 분석한다는 것이 가지는 의미에 대해서 살펴보자.

사회과학 연구에서 수집된 양적 자료를 분석한다는 것은 SPSS, SAS 등과 같은 컴퓨터 통계 소프트웨어의 도움을 받아서 통계 분석 기법을 적용해서 수집한 데이터를 기계적으로 분석하여 결과를 얻어내는 것에 그치는 것이 아니다.[19] 자료의 분석은 그 이상의 의미를 담고 있다. 때로 양적 연구를 하는 많은 사람이 자료를 분석하는 것과 통계 소프트웨어를 사용할 수 있는 것을 동일하게 보는 경우가 많지만, 이는 분명히 잘못된 인식이다.

---

19) 물론 통계 소프트웨어를 사용하여 분석하는 것이 기계적인 절차에 의해서 쉽게 분석이 된다고 생각해서는 안 된다. 통계 소프트웨어를 사용할 수 있도록 조사 자료를 입력하고, 적절한 명령어를 활용하여 통계 분석을 수행하는 것은 많은 교육과 경험이 필요한 작업이다.

통계 소프트웨어는 단지 통계 분석을 쉽게 할 수 있도록 도움을 주는 도구일 뿐이다. 그것을 사용해서 자료를 분석하고 해석하는 것은 연구자이다. 예를 들어 분석을 위해서 수집된 자료를 코딩하고 컴퓨터에 입력할 때는 질문지의 응답을 숫자로 변환하여 입력하게 된다. 그런데 통계 소프트웨어에 있어서 입력된 숫자는 단지 숫자일 뿐이다. 그것이 명목측정에서의 1이건, 등간측정으로 측정한 1이건 동일하게 숫자 1일 뿐이다. 그 숫자에 의미를 부여하는 것은 자료를 분석하고 해석하는 연구자이다. 통계 분석 프로그램은 그 숫자가 명목측정이든 등간측정이든 상관없이 명령어를 입력하는 대로 통계 분석해서 그 결과를 보여준다. 그렇지만 실제 자료 분석에서 이 두 측정의 숫자 의미를 구분하는 것은 매우 중요하다. 자료가 가진 의미를 이해하고 그것에 적절하도록 분석하여 최선의 결과를 이끌어내고, 그것을 적절하게 해석하는 것은 연구자의 자료 분석 능력에 달려있다.

이런 맥락에서 볼 때 연구자가 자료를 분석할 능력을 갖추지 못해서 자신의 연구 자료에 대한 통계 분석을 다른 사람에게 의뢰하는 것은 바람직하지 못하다. 의뢰를 받아 통계 분석하는 사람은 연구의 내용에 대해서 숙지하지 못하고 있을 뿐만 아니라 어떻게 분석하고 해석해야 하는지에 대한 것도 알지 못하는 경우가 많다. 단지 기계적으로 통계 기법을 적용해서 그 결과를 보여줄 수 있을 뿐이다. 또한 뒤에서 언급하겠지만 연구를 위해서 자료를 분석하는 것은 연구자가 오랜 시간에 걸쳐 최선의 결과를 찾아가는 과정이라는 점도 무시된다. 따라서 연구자가 노력해서 자기가 수집한 자료를 분석할 수 있는 능력을 갖추는 것이 가장 바람직하다.

가. 자료 분석을 위해서 갖추어야 할 것

서베이 방법을 통해 적절한 자료를 수집한 후에는 그 자료를 분석해야 한다. 양화된 자료를 분석할 때는 통계 소프트웨어를 이용한 통계 분석 방법이 사용된다. 연구자가 연구모형의 검증을 위해서 양적 자료를 올바로 분석하고 해석하기 위해서는 다음과 같은 능력을 갖추어야 한다.

1) 통계 분석의 원리 및 기법 학습

연구자는 자료를 분석하는 데 필요한 사회 통계의 기본적인 원리, 다양한 통계 기법의 내용과 활용 방법에 대한 것들을 학습해야 한다. 먼저 수집한 표본의 자료를 분석하여 모집단의 특성을 추리할 수 있게 하는 추리통계의 원리에 대한 이해가 필요하다. 다음으로 변수의 모습을 이해하기 위해서 다양한 기술통계를 구하는 방법 및 구체적으로 인과관계를 검증하기 위한 다양한 통계 기법에 대한 숙지가 필요하다. 대표적인 통계 기법으로는 빈도 분석, 교차 분

석, 평균차이검증(아노바), 회귀 분석, 경로 분석, 구조방정식모형 등의 통계 기법이 있다.[20]

2) 통계 소프트웨어 사용 방법 익히기

사회 통계에 대한 내용을 학습한 후에는 컴퓨터를 사용해서 통계 분석을 가능하게 하는 통계 소프트웨어를 사용하는 방법을 익혀야 한다. 통계 분석에 필요한 수학적 계산은 연구자가 수동으로 할 수 있는 범위를 넘어서기 때문에 통계 소프트웨어의 도움을 받아야 한다.

사회과학에서 대표적인 통계 소프트웨어로는 SPSS, SAS, STATA, R, Amos 등이 있다. 각 소프트웨어별로 장단점이 존재하지만 어떤 것을 사용해도 웬만한 통계 분석을 수행하는 데는 지장이 없다. 최근에는 무료로 사용 가능함에도 불구하고 강력한 분석능력을 갖춘 R의 사용이 확대되고 있다.

3) 자료 분석 능력 키우기

앞의 두 가지에 대한 내용을 익힌다고 해도 바로 자료를 분석할 수 있는 것은 아니다. 실제 데이터를 분석하여 연구모형을 검증하기 위해서는 통계 분석을 수행하고 분석 결과를 해석할 수 있는 능력을 갖추는 것이 필요하다. 그렇지만 이 부분은 서적 등을 통해서 배우기 어렵기 때문에, 기존의 경험자에게 배우거나 통계관련 강좌를 통해서 배워야 한다. 또한 배운 후에도 개인적으로 다양한 시행착오를 거쳐 가면서 습득해야 한다. 이 부분은 사회과학 자료를 올바로 분석하기 위해서 중요한 부분임에도 상대적으로 중요성을 인정받지 못하는 부분이기도 하다.

나. 일반적인 자료 분석의 단계

자료를 분석하는 과정은 연구마다 큰 차이를 보일 수 있기 때문에 일률적으로 설명하는 것이 불가능하다. 그렇지만 자료를 분석할 때 일반적으로 거쳐야 하는 과정이 존재한다. 각 단계별로 해야 하는 작업과 유의할 점들에 대해서 간단히 살펴보기로 하자.

① 수집한 자료를 컴퓨터를 사용한 분석에 적합하게 입력한다.

연구자가 질문지 등을 사용해서 직접 자료를 수집하였을 때 가장 먼저 해야 할 일은 수집한 자료를 통계 소프트웨어를 사용해서 분석할 수 있는 형태로 변환하는 것이다. 이를 위해서 질문지에 기록된 응답을 숫자로 변환하고 그것을 통계 소프트웨어가 인식할 수 있는 파일의 형태로 입력해야 한다. 일반적으로 엑셀 파일의 형태로 입력하거나 텍스트 파일로 입력하면

---

20) 이 부분에 대한 자세한 설명은 이 책의 범위를 넘어서는 것이기에 별도의 사회통계서적을 활용하기 바란다.

대부분의 통계 소프트웨어에서 인식 가능하다.

② 자료가 제대로 만들어져 있는지 확인한다.

자료를 컴퓨터에 입력하는 도중에 다양한 오류가 발생할 가능성이 있다. 질문지의 응답을 숫자로 전환하는 과정에 실수가 발생할 수도 있고, 컴퓨터 파일로 숫자를 입력하는 과정에서 실수가 발생할 수도 있다. 자료를 올바로 분석하고 해석하여 올바른 연구 결과를 도출하기 위해서는 귀찮고 지루한 작업이기는 하지만 이러한 오류를 찾아내서 올바로 수정하는 과정을 거쳐야 한다.

이를 위해 일반적으로 자료에 포함된 모든 변수의 빈도분포를 구한 후에 논리적으로 나올 수 없는 숫자가 나온다든지, 분포가 이상하다고 생각되는 것들 찾아서 질문지와 대조하여 확인하고 자료를 수정하는 과정을 거친다. 논리적으로 나올 수 없다는 것은 응답범주가 1부터 5까지인데 6 이상의 숫자가 입력된 경우, 이전 문항에서 '예'라고 응답한 사람들만 응답해야 하는 문항인데 이전 문항에서 '아니요'라고 응답한 사람도 응답이 입력되어 있는 경우 등이 대표적이다.

첫 번째와 두 번째 단계는 연구자가 다른 연구자나 연구 기관에서 이미 수집한 데이터를 받아서 분석하는 경우, 즉 2차적인 자료를 활용하는 경우라면 건너뛰어도 된다. 그렇지만 자신이 조사한 데이터라면 질문지의 응답이 제대로 입력되었는지 확인할 필요가 있다.

③ 각 변수의 기술통계를 확인한다.

본격적으로 분석이 시작되면 가장 먼저 분석의 대상이 되는 변수들의 분포를 구해서 해당 변수들이 어떤 모습을 가지고 있는지 살피는 것이 바람직하다. 먼저 종속변수의 다양한 모습을 연구에서 측정한 측정 수준을 중심으로 살펴보아야 한다. 이때 기본적으로 종속변수의 빈도분포를 살피게 되며, 필요하다면 성별 또는 사회경제적 배경(직업, 소득, 학력분포) 등과 같은 배경변수의 범주별로 종속변수가 어떻게 분포되어 있는지 살펴보는 것이 좋다. 이러한 분석 결과는 최종 해석, 즉 연구모형을 통해 연구대상인 사회현상을 인과적으로 설명할 때 유용하게 사용할 수 있다. 다음으로 독립변수에 대해서도 동일한 방법을 적용하여 그 모습과 특징을 살펴볼 필요가 있다.

이 단계에서 해야 하는 작업 중의 하나가 필요에 따라 변수를 적절하게 재부호화 하는 것이다. 특정 변수의 응답범주가 너무 많은 경우에 그 변수를 분석에서 그대로 사용하는 것이 바람직하지 못한 경우가 있다. 예를 들어 연령과 같은 변수를 만 나이를 직접 응답하게 하여 측정하였다면 빈도분포에서는 1년 단위로 나이의 분포가 제시된다. 조사대상자의 특성에서 연령별 분포를 1년 단위의 나이로 제시하는 것은 변수에 대한 자세한 정보를 제공할 수 있을지는 몰라도, 정보를 파악하기 용이하게 제공하는 것은 아니라고 할 수 있다. 이럴 경우에 10년 단위로 10대, 20대, 30대 등으로 제시하는 것이 변수의 모습을 파악하는 데 더 나을 수 있다. 또한 일반적으로 통계 분석기법에서는 변수가 정상분포를 이루는 것을 가정하고 있기 때문에 범주의 수가 너무 많아서 각각의 범주의 해당 빈도가 작은 것은 통계 분석에서 바람직하지 않다.

이러한 경우 해당 변수를 적절하게 묶어서 재부호화 하는 것이 좋다. 그런데 재부호화 할 때는 원래의 변수는 그대로 두고 새로운 변수를 생성해서 재부호화 하는 습관을 들이는 것이 좋다. 분석하다 보면 재부호화 하기 이전의 변수가 필요한 경우가 종종 있는데, 원래의 변수를 재부호화 하여 사용하는 경우에는 이를 되돌릴 수 없기 때문이다.

④ 분석을 위해서 각 독립변수와 종속변수를 구성한다.

연구모형에서 사용된 개념을 조작적 정의를 통해서 개별 문항으로 구성하는 과정을 양화라고 하였다. 연구에서 사용하는 하나의 개념이 양화의 과정에 하나의 문항으로 측정되는 경우도 있기는 하지만 그렇지 않은 경우가 대부분이다. 하나의 개념은 조작적 정의를 통해서 여러 개의 하위개념으로 나뉘고 하위개념은 다시 여러 개의 문항으로 측정된다. 이렇게 구성한 문항 각각에 대한 응답이 데이터로 입력되어 있기 때문에 자료를 분석할 때는 그 과정을 역으로 밟아가야 한다. 특정 개념을 측정하기 위해서 만든 다수 문항을 통계적으로 적절하게 조합하여 원래의 개념 또는 하위개념을 나타낼 수 있는 변수(복합측정)로 구성하여 통계 분석에 사용해야 한다.

이러한 과정을 '척도(또는 지수) 구성하기'라고 할 수 있다. 앞서 제7장에서 자세하게 설명하였지만 간단하게 다시 언급하면 '지수 구성하기'란 문항 간의 상대적 중요성을 고려하지 않고 문항의 응답을 더하여 복합측정을 만드는 것으로서, 0과 1로 구성된 복수의 문항을 더하여 하나의 새로운 변수로 만드는 것이 대표적이다. 반면 '척도 구성하기'란 문항 간의 상대적 중요성을 고려하여 복합측정을 만드는 것을 의미하는데, 일반적으로 리커트 척도처럼 응답범주가 많은 문항을 더하여 하나의 변수로 만드는 경우를 말한다.

이 단계에서 필요하다면 구성한 변수의 신뢰도를 구해서 연구 결과와 함께 제시할 필요가 있다. 신뢰도란 특정 개념을 조작적으로 정의하여 여러 개의 문항으로 측정하였을 때 그 문항 간에 내적 일관성이 있는지 확인하는 작업이라고 할 수 있다. 신뢰도가 높은 경우에 새로 구성한 변수가 의미가 있다는 것을 보여준다.

여기에서 다시 한 번 강조할 것이 변수의 측정 수준이 높으면 더 다양한 통계 기법을 적용하는 것이 가능하다는 점이다. 이는 통계 분석에서 상당히 큰 장점이라 할 수 있기 때문에 지수나 척도를 구성할 때 가능하면 측정의 수준이 높게 만드는 것을 추천한다.

⑤ 각 가설의 검증을 위해 적용 가능한 통계 기법을 결정한다.

분석에 사용할 독립변수와 종속변수를 구성하였으면 그다음 단계는 적합한 통계 분석 기법을 선택해서 분석하는 것이다. 사용할 통계 분석 기법은 변수의 측정 수준과 변수의 수를 고려하여 선택하게 된다. 즉 종속변수의 측정 수준과 독립변수의 수 및 측정 수준을 고려하여 적절한 분석 기법을 결정한다.

예외가 있기는 하지만 일반적으로 종속변수의 수는 하나로 정해서 분석한다. 또한 변수의 측정 수준을 고려함에 있어서 서열측정은 등간측정으로 간주하고 통계 분석을 수행하는 것이 일반적이다. 이는 사회현상을 측정할 때 엄밀하게 서열측정과 등간측정을 구분하는 것이 곤란한 경우가 많기 때문이다.

앞서 자료를 수집할 때 변수의 측정 수준을 가능한 한 높게 하는 것이 좋다고 강조하였는데, 특히 종속변수는 가능하면 등간측정 이상으로 구성하는 것이 바람직하다. 종속변수가 명목측정인 경우에는 통계 분석 기법의 선택에서 상당히 큰 제약을 받는다.

변수의 측정 수준에서 측정의 수준이 높을수록 많은 정보를 가지고 있기 때문에 통계 분석을 수행함에 있어서 등간측정으로 측정된 변수는 분석 과정에서 명목측정으로 변환하여 사용할 수 있지만, 명목측정으로 측정된 변수는 등간측정으로 사용할 수 없다. 예를 들어 아래의 표에서 회귀 분석을 할 수 있는 변수들은 교차 분석이나 t-검증, 일원분산 분석을 할 수 있지만, 그 역은 불가능하다.

표 11-1 변수의 측정 수준과 수에 따라 사용 가능한 통계 분석 기법 구분

구분			종속변수	
변수유형		변수 수	명목측정	서열 · 등간측정
독립변수	명목측정	1개	교차 분석(카이검증)	t-검증(독립변수의 범주 2개) 일원분산 분석
		2개 이상	로그리니어 분석	다원분산 분석
	서열 · 등간측정	1개		상관 분석 회귀 분석
		2개 이상	로짓회귀 분석	다중회귀 분석 구조방정식모형(복수의 종속변수 가능)

<표 11-1>에는 독립변수와 종속변수의 측정 수준과 변수의 수에 따라서 사용할 수 있는 통계 기법을 구분하여 제시하였다. 종속변수가 명목측정인 경우에는 기본적인 통계에서는 교차 분석과 로짓회귀 분석 정도를 사용할 수 있다. 다만 로짓회귀 분석은 고급 통계에 해당하기 때문에 초급자가 사용하기 어렵다. 반면 종속변수가 등간측정인 경우에는 표와 같이 다양한 통계 기법을 사용할 수 있다.

또한 한 가지 더 언급해야 할 것은 <표 11-1>에서 구분한 대로 통계 기법을 사용해야

한다는 점이다. 만일 종속변수가 등간측정이고 독립변수가 명목측정임에도, 독립변수를 등간측정인 것처럼 회귀 분석을 사용하여 분석한 후에 그 결과를 해석한다면 심각한 오류에 직면하게 된다.[21] 물론 컴퓨터는 입력된 명령어대로 그대로 분석하여 분석을 수행한 결과를 보여준다. 그렇지만 그 결과는 완전히 틀린 엉뚱한 것이다.

⑥ 통계 분석을 시행한다.

자료에 대한 통계 분석은 연구자가 직접 수행하는 것이 좋다. 연구에 대해서 가장 잘 파악하고 있는 연구자가 가장 잘 분석하고 해석할 수 있기 때문이다.

자료를 통계적으로 분석하는 과정은 최선의 결과를 찾아가는 노력의 과정이다. 자료의 분석은 한두 번으로 끝나는 것이 아니다. 다양한 분석 시도를 통해서 연구모형의 타당성이 검증될 수 있도록 탐험해가는 과정으로 생각하고 임하는 것이 필요하다. 때로는 자료를 분석하는 데만 몇 달씩 걸리는 경우도 있다.

자료를 분석할 때는 시간을 내서 집중적으로 하는 것이 좋다. 앞서 언급한 바와 같이 다양한 시도를 통해서 최선의 결과를 찾아가는 과정이 분석이기 때문에 분석하지 않고 며칠만지나도 과거에 분석한 내용에 대한 기억이 어려워져서 이전에 시도했던 분석 과정을 따라가기 어려워진다. 따라서 가능하면 분석의 과정을 놓치지 않도록 일정한 시간에 집중적으로 분석하는 것이 바람직하다.

분석 과정을 기록으로 남기는 것이 좋다. 최근에 사용되는 대부분의 통계 분석 소프트웨어는 사용자의 편의를 위해서 몇 번의 마우스 클릭만으로 분석이 가능하도록 제공된다. 마우스로 메뉴를 클릭해서 통계 분석하는 것은 사용상의 편의성은 있을지 모르지만, 오랜 시간 분석의 과정을 거쳐야 하는 경우에 자신이 분석한 과정을 기억하는 데 어려움을 경험할 수 있다. 통계 분석을 하는 동안 이런저런 방식으로 다양하게 분석을 시도해야 하기 때문에 분석메뉴를 마우스 클릭만으로 분석하고 분석의 과정에 대한 별도의 기록을 남기지 않을 때에는 예전에 어떤 분석을 어디까지 시도했는지 기억하기 어렵다. 따라서 어떤 통계 분석 소프트웨어를 사용하건 간에 분석의 과정을 기록으로 남기는 것이 좋다. 가능하다면 메뉴를 이용해서 분석하는 것보다는 어렵기는 하지만 직접 분석 명령어를 텍스트 파일에 입력해서 분석하는 방법을 사용함으로써 전체적인 분석의 과정을 나중에도 알아볼 수 있도록 기록하는 것을 추천한다. 또한 분석의 명령어를 기록으로 남길 때, 자신의 분석 의도, 방법 등도 함께 텍스트로 기록해두면 나중에 파악하기 용이하다.

---

21) 물론 종속변수가 등간측정이고 독립변수가 명목측정일 때 회귀 분석을 사용하는 것이 불가능하지는 않다. 다만 이때 독립변수를 가변수(dummy variable)의 형태로 변환하여 분석하여야 하며, 분석 결과의 해석도 일반 회귀 분석의 독립변수의 해석과는 약간 다르기 때문에 유의해야 한다.

⑦ **통계 분석 결과를 해석한다.**

통계 분석을 마친 후에는 분석한 결과를 해석해야 한다. 표본에 대한 분석을 통해서 모집단의 특성을 파악하고자 하는 추리통계에서는 일차적으로 유의도에 관심을 가지게 된다. 표본 자료에서 분석한 인과관계가 모집단에서도 차이가 있다고 할 수 있는지 판단하는 기준이 유의도이다. 일반적으로 5%의 수준, 즉 $p < .05$를 기준으로 유의도를 판단한다. 유의도가 .05보다 작은 경우에는 통계적으로 유의미하다고 판단하며, 유의도가 .05보다 큰 경우에는 통계적으로 유의미하지 않다고 판단한다는 것이다. 이는 유의도가 .05보다 작은 경우에 표본에서 나타난 차이가 모집단에서도 나타난다고 판단하는 것을 의미한다. 여기에서 5%의 유의 수준이라는 것은 모집단에서 같은 수의 표본을 반복해서 추출하여 조사한다고 가정할 때 100번 중에서 그렇지 않은 결과가 나타날 경우가 5번 이하일 때 유의미하다고 받아들인다는 의미이다.

일반적으로 받아들이는 5%의 유의 수준이라는 기준은 절대적인 것이 아니다. 임의로 관례적으로 그렇게 사용할 뿐이다. 경우에 따라서는 연구자가 유의도의 기준을 .01로 할 수도 있고, 필요한 경우에 .1을 유의도의 기준으로 정할 수도 있다. 물론 이렇게 할 때는 그렇게 하는 이유에 대한 타당한 근거를 제시하는 것이 좋다.

분석 결과를 해석함에 있어서 통계적 유의도가 중요하기는 하지만, 결과를 해석할 때 지나치게 유의도에만 의존하는 것은 그리 바람직하지 않다. 예를 들어 유의도가 .049인 것과 .051인 경우에 실제적으로 두 결과에 근본적인 차이가 있다고 보기는 어렵다. 이러한 맥락에서 유의도에 따른 판단은 일차적 기준으로 보는 것이 좋다.

더 나아가 분석하는 변수 간의 관계의 강도를 살펴봐야 한다. 실질적으로 두 변수 간의 관계의 강도가 해석에서 더 중요한 판단 기준이 될 수도 있다. 또한 통계치 중에는 통계적 유의도가 사례 수에 의해서 영향을 받는 경우가 있기 때문에 관계의 강도를 따져보는 것이 중요하다. 예를 들어 교차 분석에서 사용하는 카이자승 값은 사례 수가 많아지면 그 값이 커짐으로 유의도가 낮아지는 대표적인 통계치이다. 따라서 통계 기법마다 유의도를 나타내는 통계치와 관계의 강도를 나타내는 통계치를 파악하여 검토하는 것이 필요하다.

⑧ **가설 검증 여부를 확인하고, 그 결과를 일반화하여 해석한다.**

분석이 끝나면 분석 결과를 토대로 연구모형에서 도출한 모든 가설의 검증 여부를 확인해야 한다. 가설 검증 여부를 확인한다는 것은 해당 가설이 기각되었는지 수용되었는지 확인하는 것을 말한다. 가설 검증의 원리에 대한 좀 더 자세한 내용은 다음 절에서 설명하기로 한다.

뒤에서 설명하겠지만, 연구모형의 가설에 대한 영가설이 기각되면 대립가설, 즉 연구모형의 가설을 수용하게 되고, 영가설이 수용되면 대립가설은 기각된다고 본다. 연구모형에서 설정한 가설이 기각되었다는 것은 모집단에서는 연구모형에서 설정한 바와 같이 독립변수와 종속변수 간에 인과적 관계가 존재하지 않는다는 것을 받아들이는 것을 의미한다.

일반적으로 연구 결과를 제시할 때 수용된 가설에만 관심을 가지고 설명하는 경우가 많다. 그렇지만 때로는 특정 가설의 기각이 가지는 의미에 대한 설명이 필요한 경우도 있다. 예를 들어 일부 사회현상, 교육 또는 범죄, 사회적 차별 등과 같은 현상에서는 유의미한 차이가 나타나는 것보다 차이가 나타나지 않는 것이 오히려 더 사회적으로 큰 의미를 가질 수 있기 때문이다. 따라서 이 경우 가설의 기각이 가지는 함의에 대해 설명하는 것도 연구의 중요한 부분이 될 수 있다.

또한 사회과학의 연구가 경험적인 성격을 가지고 있으며 경험적 자료에 의한 검증이 중요하다고 해도, 특정 이론에서 도출한 가설이 특정 연구에서 한 번 기각되었다고 해서 바로 그 사회과학 이론이 폐기되지는 않는다. 인간현상은 다양성을 가지고 있으며, 사회현상에서 인과성은 개연성, 즉 확률적인 성격을 중심으로 하고 있기 때문에 한두 번의 연구 결과로 이론의 폐기 여부가 정해지지는 않는다. 계속 반복되는 연구를 통해서 확인하는 과정이 진행된다.

앞에서도 몇 차례 강조하였지만, 연구모형의 타당성에 대한 검증여부의 확인, 즉 가설의 수용과 기각이 결정되었다고 해서 연구를 바로 마무리해서는 안 된다. 연구모형의 타당성이 검증된 후 연구의 궁극적인 목적인 연구대상에 대한 설명, 연구모형을 통한 설명이 이루어져야 연구는 완성된다. 최종적으로 연구모형에서 검증된 내용을 토대로 하여 연구대상이 되는 현상에 대해 설명이 이루어져야 한다. 이에 대해서는 뒤에서 좀 더 자세하게 논의하기로 한다.

다. 자료 분석 시 염두에 두어야 할 사항

자료 분석을 수행함에 있어서 경험이 부족한 많은 연구자는 수집한 자료에 대해서 한두 번의 통계 분석으로 분석을 끝내는 경우가 많다. 또한 자신이 통계 분석을 수행할 능력을 갖추지 못하여 다른 사람에게 분석을 부탁하여 그 결과를 사용하는 경우도 있다. 이는 모두 적절한 연구 수행 방식이라고 볼 수 없다.

자료를 통계 분석할 때는 계속되는 반복적 그리고 탐색적 분석 과정을 통해서 최적의 분석 결과를 찾아가는 노력이 필요하다. 조사를 수행하고 수집된 자료를 통계 분석할 때 곧바로 원하는 분석 결과가 나타나는 경우는 별로 없다. 이때 포기하지 않고 계속되는 분석을 통해서 최적의 결과를 찾아가는 노력이 필요하다. 원래 모집단에서 변수 간에 관계가 없기 때문에 통계 분석에서 가설을 검증하지 못하는 결과가 나타날 수도 있지만, 때로는 분석하는 과정이 적절하지 못하기 때문에 최적의 결과를 찾지 못하는 경우도 있음을 염두에 둘 필요가 있다. 이처럼 통계 분석 과정은 최적의 답을 찾아가는 지루한 여정이라고 할 수 있으며 그 과정에서 많은 시간과 노력이 필요한 경우가 많다.

따라서 이 과정에서는 다양한 통계 기법을 사용해서 분석하기도 하고, 변수를 구성하는 과정을 다양하게 변경해서 시도해 보기도 하고, 분석 과정에 포함되는 변수들을 다양하게 바꿔가면서 분석해보는 것이 필요하다. 구체적인 상황은 연구마다 너무 다양한 경우가 발생할 수 있기에 사용할 수 있는 분석 방법들을 일반화해서 기록하는 것은 불가능에 가깝다. 결국 연구자가 수많은 경험을 통해서, 그리고 주변에 분석경험이 많은 사람에게 배움을 통해서 분석 능력을 습득해야 한다.

여기에서 분석에서의 다양한 시도가 연구윤리에서 말하는 자료의 조작과는 다른 것임을 알아야 한다. 연구윤리에 어긋나는 분석은 자료를 고의로 왜곡해서 분석하거나 자료를 조작하는 경우에 해당한다. 즉 의미 있는 결과가 나오지 않은 것을 나온 것처럼 숫자를 조작하거나, 유리한 결과가 나올 것이 예상되는 자료를 선별하여 그것만 분석함으로 원하는 분석 결과를 얻는 것 등이 이에 해당한다. 그렇지만 위에서 설명한 지속적인 분석의 과정은 그것과는 분명하게 다른 것이며, 오히려 자료 분석 과정에서 꼭 필요한 작업이라고 할 수 있다.

❷ 자료 분석의 논리: 가설검증의 원리

연구모형에서 설정한 가설을 검증한다는 것이 어떤 의미를 가지는지 이해하는 것은 연구 결과를 해석하는 데 도움된다. 일반적으로 가설이란 두 현상 간에 인과적 관계가 있음을 가정하는 진술이다. 사회현상에서 인과적 관계가 있다는 것은 개연적인 의미를 가지며, 이는 원인이 되는 현상이 발생하면 결과가 되는 현상이 발생할 가능성이 높아진다는 것을 의미한다. 이를 달리 표현하면 인과관계를 밝힌다는 것은 두 현상 간의 관계가 우연적인 현상이 아니라는 점을 밝히는 것과 같다. 두 현상의 관계가 우연적이라면 하나의 현상의 발생이 다른 현상의 발생과 아무런 관련이 없기 때문이다. 일반적으로 연구모형에서 설정한 가설은 다음에 살펴볼 영가설과 구분하여 대립가설 또는 연구가설이라고 부른다.

① 통계적 가설 검증은 영가설을 중심으로 이루어진다.

통계 분석에서 특정 가설을 검증할 때에는 영가설(null hypothesis)을 상정한다. 일반적으로 영가설은 논리적으로만 구성한 가설인데, 연구모형에서 구성한 가설(대립가설)과 반대되는 것이다. 영가설은 연구모형에서 설정한 가설의 변수 간에 관계가 없음을, 즉 모집단에서 유의미한 관계가 없다는 것을 가정한 가설이다.

이를 예를 들어 보면 다음과 같다.

> • 연구모형에서 구성한 가설(대립가설): 성별에 따라서 범죄를 저지르는 정도에 차이가 있
>   을 것이다.
> • 영가설: 성별에 따라서 범죄를 저지르는 정도에 차이가 없을 것이다.

통계 분석에서는 이 영가설이 옳을 가능성과 틀릴 가능성을 계산하여 영가설을 받아들일
지 여부를 결정한다. 일반적으로 유의 수준을 5%로 상정하여 통계 분석을 수행하는데, 이는
영가설이 틀릴 가능성이 95% 이상일 때 영가설을 기각하고 대립(연구)가설을 받아들인다는
것을 의미한다. 대립가설을 받아들인다는 것은 가설의 설정과 같이 원인과 결과 간에 인과관
계가 있음을 받아들인다는 것이다. 물론 이러한 결정은 언제나 틀릴 가능성이 있다. 따라서
논문을 작성함에 있어서 통계 분석 결과를 제시할 때 유의도를 표시하는 것은 이처럼 받아들
인 가설이 틀릴 확률을 보여주는 것이라 할 수 있다.

② 가설의 인용(수용)과 기각은 확률적인 의미를 가진다.

따라서 연구모형에서 설정한 가설이 인용(수용)되었다는 것은 표본을 통해서 추정한 관계
가 모집단에서 우연적인 아닐 가능성이 매우 높다는 것을 의미하는 것으로 볼 수 있다. 가설
의 검증에서는 100% 옳다는 결론을 내릴 수는 없고 다만 확률적인 결론만이 가능하며 반드시
연구의 결론이 틀릴 수 있는 확률(1종 오류)을 밝혀야 한다.

③ 가설검증의 논리가 적용되기 위해서는 대표성이 중요하다.

가설검증의 논리가 적용될 수 있기 위해서는 표본이 모집단에서 확률적으로 선정되어야
한다는 전제가 필요하다. 만일 연구자가 마음대로 표본을 선정하였다면 위의 논리를 적용할
수 없다. 만약 편의 표집이 이루어졌다면, 즉 연구자가 자기 마음대로 1,000명을 마구잡이로
선정하였다면 위의 논리를 적용해서는 안 된다. 표본의 확률적 대표성을 확보하지 않고 추리
통계의 원리를 적용한 연구가 적지 않은데 엄격하게 이야기하면 이는 심각하게 고려해야 할
문제이다.

③ 연구 결과의 일반화 및 해석

앞서 이 책을 시작하면서 사회현상은 기본적으로 질적인 현상이라고 설명하였다. 사회현
상이란 독특하고 미묘한 특성을 가지는 것으로 기본적으로 질적인 현상인 것이다. 그렇지만
사회현상 간의 관계를 파악하기 위한 수단의 하나로서 양적 연구방법을 사용한다. 양적 연구

방법에서는 변수 간의 관계를 설명하는 연구모형을 구성하고 이를 통해서 가설을 도출하며 도출한 가설을 검증하기 위해서 질적인 특성을 가지는 현상을 숫자로 변환하는 양화의 과정을 거쳐서 자료를 수집하고 분석하는 과정을 거친다. 그렇다면 자료 분석을 통한 일반화와 해석은 양화한 분석 결과를 다시 질적인 것으로 변환하는 작업이라고 볼 수 있다. 즉 양화되어 나타난 분석 결과에 사회적 의미를 부여하고, 학문적 의미와 가치를 부여함으로써 연구대상이 되는 현상을 설명하는 과정인 것이다.

이러한 일반화와 해석의 단계도 사회과학의 영역이나 개별 연구의 목적과 특성에 따라서 너무 다양하기 때문에 일반화된 방법이나 기준을 제시하기 어렵다. 여기에서는 기본적인 중요성과 간단한 기준을 제시하는 방식으로 설명을 이어가기로 한다.

가. 일반화에서 대표성의 중요성

경험적 그리고 과학적 검증에서는 대표성이 중요하다. 대표성이란 우리가 알고 있는 것이 과연 그 현상 전반에도 적용될 수 있는지, 즉 보편적으로 적용될 수 있는가의 문제와 관련된다. 연구자가 자료를 수집하여 조사하고 검증하였는데 그 결과가 사회현상 전반에 적용될 수 없고 자신이 모은 자료에서만 의미가 있는 것이라면 그 연구가 가지는 중요성과 타당성은 현저하게 제한될 수밖에 없기 때문이다.

질적 연구방법에 해당하는 자료수집 방법을 사용하고 이를 분석하는 경우에 특히 이 부분에 유의해야 한다. 연구자가 소수의 사례를 통해서 수집한 자료를 분석한 결과가 전체 집단에도 해당된다고 볼 수 있는지 끊임없이 살펴야 한다. 연구 결과를 제시하면서 발견된 결과를 일반화하려면, 논리적이고 합리적인 근거들을 제시해야 한다. 그래서 질적 연구방법에서는 일반적으로 사례에서 발견한 것을 일반화하는 것에 초점을 두지 않는 경우도 많다.

특정 지식의 형성이나 활용에서 대표성이 중요하다는 점은 일상생활에서도 드러난다. 대표성은 우리의 일반적이고 상식적인 지식에 있어서도 중요한 부분이라고 할 수 있다. 우리는 일반적으로 자신이 직접 경험한 사건이나 주변에 있는 사람들로부터 들은 경험에 의해서 가지게 된 지식을 근거로 일상생활에서의 판단을 내리는 경우가 많다. 이처럼 우리가 알고 있는 지식이나 경험은 우리의 삶에서 중요한 부분을 차지하고 있다.

그런데 그러한 지식이 어느 정도 대표성을 지니고 있는 것일까? 사람들은 어떤 것을 생각할 때 또는 어떤 판단을 내릴 때 자신이 경험하거나 들은 사례들을 일반화하여 생각하는 경향이 있다. 마치 자신이 경험한 것이나 들은 것이 전부인 것처럼 생각하고 판단하는 경향이 있다는 것이다. 이러한 사례들은 우리의 일상생활에서 자주 경험하게 된다.

어떤 병원이 특정 병을 잘 치료한다는 이야기, 어떤 병에는 어떤 음식이나 약이 좋다는 이야기, 어떤 상품은 문제가 있다는 등에 관해서 개인적인 경험을 중심으로 생각하며, 다른 사람들과의 일상적인 대화에서도 그런 내용을 주고받는다. 때로 사람들이 특정 제품을 사용하였을 때 개인적으로 마음에 들지 않을 수 있다. 불량품이 걸렸을 수도 있고, 자신의 취향에 맞지 않을 수도 있고, 특정 기능이 마음에 들지 않을 수도 있다. 그렇지만 자신이 겪은 개인적인 경험을 일반화하여 그 제품은 일반적으로 그렇다는 식으로 생각하게 되고 주변에도 그렇게 이야기하는 경우가 대부분이다. 이 과정에서 자신의 경험이 일반화할 수 있는 대표성이 있는지는 고려하지 않는다.

일상적인 의사소통에서 이루어지는 대화와 토론은 대부분 이런 식이다. 많은 경우에 특수한 경험일 가능성이 높은 것을 경험하고는 그것이 마치 일반적인 것처럼 주장하는 경우를 쉽게 찾아볼 수 있다. 이렇게 전달된 지식은 다른 사람들의 생각과 판단에도 영향을 미치게 된다. 이런 내용이 사람들의 삶에 도움이 되는 경우도 있겠지만, 이러한 지식이나 개인적인 경험은 일반화되어 있지 않을 가능성이 상당히 높다.

여기에서 일상적인 지식과 과학적 지식의 차이를 찾아볼 수 있다. 일상적인 지식에서는 개인의 경험이나 주변 소수 사람의 경험으로도 판단을 내리는데 충분하다. 예를 들어 내가 관심 있는 질병에 대해서 좋은 경험을 한 사람이 있다면 그것을 중심으로 판단을 내리게 된다. 그렇지만 의학 부분에 있어서 과학적 연구는 그렇지 않다. 실제로 특정 요인이 특정 질병에 효과적인가를 검증하기 위해서는 그 효과가 대표성을 가지도록 검증하는 것이 필수적이다. 여기에서 앞서 살펴보았던 가설검증의 원리가 연결된다. 우리가 통계적 추론에서 사용하는 통계적 유의도라고 하는 것은 통상 100번 중에서 95번 정도가 효과가 있을 것이라고 검증하는 것이다. 그저 몇 번 효과가 있었다고 해서 그것이 진짜 효과가 있는 것이라고 일반화할 수는 없다는 의미이다.

이러한 맥락에서 살펴볼 때 연구자가 연구 결과를 일반화하는 것은 참 중요하다고 할 수 있다. 자신의 연구가 모집단에 보편적으로 적용될 수 있음을 보여주는 것이기 때문이다. 연구 결과를 일반화할 때는 일반화가 가지는 의미, 그렇게 할 수 있는 근거에 대해서 설명하고, 자신의 분석 결과에서 나타난 결론을 일반화할 때 어떻게 기술하고 설명할 수 있는지 적어주는 것이 필요하다. 더불어 자신의 일반화가 가질 수 있는 한계 등에 대해서도 명료하게 제시하는 것이 필요하다.

나. 연구 결과 해석의 필요성

앞서 여러 차례 강조하였지만, 자료에 대한 분석이 끝난 후에 분석 결과에 대해서 적절하게 설명하고 해석하는 것은 중요한 의미를 지닌다. 적지 않은 연구에서 가설검증 자체가 마치 연구의 궁극적인 목적처럼 간주하여 가설이 수용 또는 기각되었다는 결론으로 연구를 마치고, 연구모형을 통한 다양한 해석은 생략하는 경우가 있다. 이처럼 사회과학 연구, 특히 표본을 통해 모집단을 추정하는 이른바 양적인 조사(대표적인 예가 아마도 서베이나 실험일 것이다)를 사용한 연구에서 가설 검증 혹은 연구모형의 타당성 검증을 마치 최종 목표처럼 간주하는 것은 적절하지 않다. 가설 검증 혹은 연구모형의 타당성 검토는 연구모형을 통해서 연구대상을 인과적으로 설명하기 위한 중간 단계이지 최종 목적이 될 수 없기 때문이다. 연구를 수행함에 있어서 연구모형의 타당성을 검증한 후에는 그 연구모형을 통해 연구대상을 설명해야 한다. 연구자는 도출한 연구모형이 가진 사회적 의미를 해석하고 설명하며, 연구의 함의에 대해서 설명해야 한다.

어떤 연구가 연구모형의 타당성을 검증하는 것으로 그친다면 연구가 제대로 이루어졌다고 볼 수 없다. 가설 검증 여부를 밝히고 연구 또는 연구 논문을 마무리한다는 것은 특정 독립변수가 종속변수의 원인이라는 사실만 밝히고 끝내는 것과 동일하다. 연구에서 중요한 부분은 특정 독립변수가 종속변수의 원인이 된다는 것이 가지는 의미가 무엇인지, 왜 그런 식의 관계가 나타나는지, 또한 독립변수가 종속변수에 대해서 어떤 방식으로 효과를 미치게 되는지, 검증된 관계에 비추어보았을 때 앞으로 어떤 대책이나 정책 등이 필요한지 등에 대한 내용이 설명되어야 하며, 이러한 설명을 부가하는 것이 바로 연구 결과의 해석에서 이루어져야 한다. 따라서 연구 결과의 해석이란 사회현상 간의 인과관계를 검증하는 연구에서 실제로 모집단에서 인과관계가 존재함을 또는 존재하지 않음을 발견한 후에 그것이 가지는 의미를 다양한 방식으로 기록하고 설명하는 것을 의미한다.

다. 연구 결과 해석에 들어갈 내용

연구모형이 가지는 함의(의미)를 설명해야 한다. 연구모형이 검증된 후에 그런 모형을 통한 설명이 가지는 학문적인 의미와 가치를 설명해야 하며, 그 연구모형이 타당하다고 검증되었다는 것이 왜, 그리고 얼마나 중요한지 설명해야 한다. 또한 연구모형에서 도출한 가설의 수용이 가지는 학문적 의미를 설명해야 한다.

연구 결과를 해석할 때는 연구 결과로 나타난 사실, 즉 연구모형의 검증 결과에 대해 관련된 다양한 이론의 내용을 토대로 그 의미를 설명할 수도 있고, 선행 연구 결과와 비교를 통해서 설명할 수도 있다. 연구자의 분석 결과와 일치하거나 분석 결과를 지지하는 이론이나 선행 연구 결과 등을 소개함으로써 자신의 연구 결과가 가지는 중요성을 강조할 수 있다. 반면에 선행 연구 결과와 다른 결과가 도출되었을 때에는 그 사실을 밝히고 자신의 연구 결과가 가지는 의미가 무엇인지, 그리고 왜 이러한 결과가 도출되었다고 생각하는지 논리적인 이유를 설명하는 것이 필요하다. 이런 설명이 부연될 때 그 연구의 연구 가치가 부각되는 것이라고 할 수 있다.

연구 결과를 설명하는 방법: 비교

검증된 연구모형의 내용을 중심으로 사회현상을 설명하는 것이 해석의 과정이다. 타당성이 검증된 연구모형을 통해서 현상을 설명하고자 할 때 어떻게 해야 하는가? 이 경우에 주로 사용하는 것이 비교의 방법이다. 다양한 비교를 통해 인과적 과정을 설명할 수 있다. '비교를 통해'라는 말은 연구모형의 내용과 다른 현상들을 비교하는 것이다. 비슷한 사회현상과 비교할 수 있고, 외국의 유사한 연구결과와 비교할 수 있고, 과거와 현재의 차이를 비교할 수도 있다. 이러한 비교를 통해서 현재 연구모형을 통해서 얻은 연구 결과가 어떤 의미를 가지는지 제시할 수 있다.

'비교'는 사회과학에서 매우 중요하다. 사회과학 연구에서 다양한 비교가 가능하겠지만 연구 결과를 제시함에 있어서는 기본적으로 연구자가 수행하는 연구와 유사한 선행 연구들과 비교하는 것이 필요하다. 유사한 선행 연구의 결과를 연구자의 연구에서 발견한 다양한 결과와 비교한다. 즉 선행 연구와 비교를 통해 이번 연구의 연구모형을 통해 발견한 다양한 결과를 설명할 때 연구는 완성된다고 볼 수 있다.

연구모형에서 독립변수가 어떤 방식으로 종속변수에 영향을 미치는지에 대한 내용도 기존의 이론이나 선행 연구 결과 등을 통해서 설명할 수 있다면 추가하는 것이 바람직하다. 이론이나 선행 연구에서 도움이 되는 설명을 찾을 수 없다면 연구자가 자신이 생각하는 변수 간의 관계성 형성 이유를 논리적으로 설명할 수도 있을 것이다. 자신의 생각을 논리적으로 기술할 때는 자신의 생각이나 의견임을 밝히는 것이 필요할 것이다.

일반적으로 연구 결과를 해석할 때에 수용된 가설, 즉 인과관계가 유의미하다고 판단된 가설에 대해서만 해석하는 경향이 있다. 그렇지만 때로는 가설의 기각 자체가 의미를 가지는 경우도 있을 수 있다. 이럴 때에는 왜 가설이 기각되었는지, 그리고 두 현상 간에 인과관계가 없다는 것이 무엇을 의미하는지 설명하는 것이 필요하다.

연구자의 연구 결과가 가지는 예상되는 영향력에 대한 설명도 의미가 있다. 이 경우에는 학술적인 측면에서 이 연구 결과가 어떤 영향력과 의미를 가지게 될 것인지, 그리고 가능하다면 정책적인 측면에서는 어떤 효과가 있을 것으로 기대할 수 있는지 제시하는 것이 바람직하다.

이 연구가 가지는 한계에 대한 논의도 필요하다. 현재의 연구가 가지고 있는 한계가 무엇인지 분명하게 밝혀주는 것이 필요하며, 이를 통해서 연구를 접하는 사람들이 연구가 가지는 내용과 결론을 좀 더 분명하게 이해할 수 있게 될 것이다. 물론 이런 한계의 기술에서 너무도 당연한 내용까지 적어줄 필요는 없다. 예를 들어 질적 연구방법을 사용한 연구에서 한계점을 기술하면서 일반화에 제약이 있다는 식으로 막연하게 기술하는 것은 의미가 없다. 이런 부분에 대해서 기술하고자 한다면 연구자가 질적 연구방법을 사용하지만, 일반화의 한계를 극복하기 위해서 노력한 점들, 그렇게 하였음에도 여전히 미흡하다고 생각되는 부분을 구체적으로 적어주는 것이 필요할 것이다. 더불어 앞으로 이루어질 후속 연구를 위한 제안을 추가한다면 연구자 본인뿐만 아니라 다른 연구자를 위해서도 도움이 될 것이다. 연구의 한계와 후속 연구를 위한 제안은 연구 결과의 해석과 관련된 부분이지만 연구 논문의 기록에서는 주로 결론 부분에 기술되는 것이 관행이다.

 대표 사례에서 연구 결과 해석의 예

이 책에서 소개하는 대표 사례의 가설이 검증되었다고 가정하고 연구 결과를 해석할 때 기록될 수 있는 내용을 소개하여 보자. 여러 가설 중에서 첫 번째 가설을 예로 소개한다.

- 이 연구에서 검증된 가족관계 만족도와 행복감의 관계가 다른 이론이나 선행 연구에서는 어떤 결과를 보였는가? 이 연구 결과를 지지한다면 지지하는 내용을, 이 연구 결과와 차이가 있다면 차이가 나는 부분을 적어준다. 물론 차이가 있을 때에는 왜 그런 차이가 있는지 적어주면 좋을 것이다.
- 가족관계 만족도가 행복감을 높이게 되는 이유를 적어주는 것이 필요하다. 이론적 논의에서 가족관계 만족도와 행복감의 관계에 대해서 소개된 내용을 구체적인 발생 기제를 중심으로 가능한 범위에서 설명해주면 좋을 것이다.
- 가족관계 만족도가 행복감을 높인다는 결과가 가지는 의미에 대한 설명이 필요하다. 가족관계 만족도와 행복감의 관계가 왜 중요한지 그 의미를 적어주는 것이다.
- 그 밖에 이 분석 결과가 가지는 예상되는 영향력이나 파급효과, 이 결과를 기반으로 한 예상되는 대책 또는 정책적 대안 등에 대한 내용을 소개하는 것이 필요하다.
- 추가로 결론 부분에는 연구 전체의 한계와 후속 연구를 위한 제안을 기록한다.

제3부

사회과학 연구 논문(보고서)의 작성

제3부에서는 연구방법을 사용하여 연구를 수행한 결과를 학위 논문, 연구 보고서, 학술 논문의 형태로 작성하는 방법에 대해서 살펴볼 것이다. 제12장에서는 서베이 방법을 사용한 다양한 형식의 연구계획서를 작성하는 방법에 대해서, 제13장에서는 최종적인 논문이나 보고서를 작성하는 방법에 대해서 살펴보기로 한다.

제12장
서베이 연구를 위한 연구계획서 작성

제12장에서는 다양한 연구계획서를 작성하는 방법에 대해서 살펴볼 것이다. 그리고 대학원에서 학위 논문을 심사하는 과정을 안내하고, 그에 따라 학위 논문 심사 과정 등에서 연구계획서를 어떻게 준비해야 할지에 대하여 기술할 것이다. 여기서 설명하는 내용은 서베이 연구에 초점을 두고 있어서, 다른 자료수집 방법을 사용하는 경우에 그대로 적용하기 어려운 것도 있다. 그러나 크게 보면 실험법의 경우에도 서베이 연구와 마찬가지로 양적 연구방법에 해당하기 때문에 구체적인 연구방법 부분을 제외하고는 여기서 제시한 연구계획서 작성하는 방법을 준용하여 사용하는 것이 가능할 것이다.

① 연구계획서의 의미와 구성

가. 연구계획서의 의미

사회과학 연구를 하는 이유는 연구자가 사회현상에 대하여 가졌던 문제의식을 해결하기 위한 것이다. 이런 점에서 연구는 공부와 다르다. 공부는 이미 존재하는, 남이 연구한 지식을 이해하고 알아가면서 그 이치를 깨치는 일이다. 따라서 타인이 발견한 지식이나 이론을 잘 정리하는 것은 공부의 결과물을 기록하는 것일 뿐이며 연구 논문은 아니다. 이와 달리 연구는 자신의 문제의식을 발전시켜서 연구주제를 만들고 그것에 대한 자신만의 답을 찾아가는 과정이다. 그러므로 연구 과정은 자신의 연구 문제에 적합한 자료수집 방법을 사용하여 연구 문제에 대한 답을 찾아 결론을 도출하는 과정이다. 이러한 과정을 기록하는 것이 바로 논문이며 연구 보고서가 된다.

자신의 문제의식에 기초하여 하나의 결론에 도달하기까지의 연구 과정에서, 연구자는 다양한 의사 결정을 하면서 연구를 진행한다. 그래서 연구를 수행하는 과정은 복잡하면서도 긴 시간을 필요로 하는 힘든 여정이다. 힘들고 먼 여정에서 길을 잃지 않으면서 한 걸음 한 걸음 나아가는데 도움을 받을 수 있도록 연구 초반에 연구를 어떻게 진행할지 계획을 잘 세우는 것이 필요하다. 이처럼 연구를 어떻게 진행할지에 관한 계획을 세워서 문서화한 것이 바로 연구계획서이다(성태제, 2017: 65).

따라서 연구계획서는 연구를 진행하기 위해 세밀하게 짠 설계도와 같다고 보면 된다. 건물의 설계도를 작성하게 되면 완성된 건물의 모양을 상상할 수 있으며, 건물을 짓는 데 필요한 자재와 공법 등을 중간마다 확인하면서 정확하게 적용할 수 있다. 연구계획서 또한 이와 같은 역할을 한다. 따라서 좋은 연구계획서는 연구자가 특정한 연구 과정을 통해 어떤 연구 결과를 완성할 것인지를 예측하게 할 수 있다.

나. 연구계획서의 특징

연구계획서는 연구자를 위한 것이면서 동시에 연구계획서를 심사하는 사람들에게 보여주기 위한 것이기도 하다. 학위 논문의 경우에 연구계획서는 지도교수와 심사에 참여하는 교수에게, 연구 보고서의 경우에 연구계획서는 연구 예산을 후원하는 단체에 보여주어 그들의 마음을 사로잡는 역할을 하게 된다. 이러한 역할을 위해 연구계획서가 가져야 할 특징을 정리하면 다음과 같다.

① **연구의 진행 흐름을 누구나 쉽게 파악할 수 있게 기술한다.**

연구는 개인의 작업이기도 하지만 공동의 작업인 경우가 많으며, 학위 논문의 경우에도 지도교수와 함께하는 공동의 작업이다. 이 점에서 연구계획서는 연구에 참여하거나, 자문하거나, 지도하는 사람들 모두에게 해당 연구가 어떻게 진행될지를 쉽게 이해할 수 있도록 도와주는 도구 역할을 해야 한다. 따라서 연구계획서는 누구나 이해할 수 있는 표현으로 쉽게 서술하면서 무엇이 어떻게 진행될 것인지에 대한 설명을 타인이 쉽게 파악할 수 있도록 해야 한다.

② **연구의 진행 과정에서 연구자가 언제 무엇을 어떻게 해야 할지를 파악할 수 있게 기술한다.**

여러 사람이 개입하여 연구가 진행되더라도, 궁극적으로 연구는 연구자 개인의 연구 과정이다. 개인 논문의 경우에는 개인 연구자가 연구 진행에서 주된 작업을 해야 하며, 공동 연구의 경우에도 연구 책임자가 연구의 전체적인 진행을 이끌어나가야 한다. 이 과정에서 연구계획서는 무엇을 언제 어떻게 진행해야 하는지를 연구자나 연구책임자가 결정하는 데 도움을 준다. 예를 들어 질문지는 언제 만들어야 하는지, 자료 분석은 어떤 방법으로 할지 등을 결정하는 데에 도움을 준다. 따라서 연구계획서에는 연구 문제, 연구방법과 세부 절차, 연구기간 등이 구체적으로 들어가야 한다. 그렇다고 연구계획서에서 정한 내용을 항상 그대로 지키면서 따라가야 하는 것은 아니다. 연구 진행 과정에서 연구계획서의 내용은 필요에 따라 언제든지 수정될 수 있다.

③ **연구자가 소속한 기관의 IRB에서 요구하는 연구윤리 심의를 위해 연구 절차를 상세하게 기술한다.**

연구를 진행하면서 연구윤리와 관련한 심의를 할 경우에도 연구계획서가 첨부된다. 따라서 연구계획서에서는 연구대상과 자료수집 방법, 자료의 활용과 보관 방법 등도 기록하여 연구윤리 심의에 대비할 수 있도록 해야 한다.

④ **연구의 결과물을 예측할 수 있게 기술한다.**

건축의 설계도를 그릴 때 조감도 등을 제시하면서 이런 모양의 집이 나올 것이라고 알려 주는 것처럼, 연구계획서를 잘 파악하면 그 연구계획서를 통해서 어떤 연구 결과가 나올지를 예측할 수 있게 된다. 따라서 연구계획서에서는 연구를 통해 예측되는 결과 등을 제시할 수 있어야 한다. 이에 따라 잘 작성된 연구계획서에서는 연구 결과의 예측이 가능해야 한다.

다. 연구계획서의 구성

대학에서 석사 과정이나 박사 과정 학생들을 지도하다 보면, 논문 연구계획서에 어떤 내용을 적어야 하는지를 몰라서 좌절하거나 허둥대는 경우를 많이 보게 된다. 종종 단순한 질문만 가지고 지도교수를 찾아가는 경우도 있고, 자신이 공부하면서 감명 깊은 내용을 가지고 이와 비슷한 것을 연구하고 싶다고 막연하게 이야기하는 경우도 있다. 논문계획서에는 무엇이 들어가야 할까?

건물을 짓기 위해서 설계도를 작성할 때에는 구체적으로 건축에 필요한 자재와 공법을 고려하게 된다. 이런 것은 설계도를 만든 후에 생각하는 것이 아니라 설계도를 만들 때 이미 고려하여 결정이 끝난 상태이다. 연구계획서도 마찬가지이다. 연구자들은 자신의 연구 문제가 무엇이며 이를 해결하기 위해서 어떻게 할 것인지를 충분히 고려한 후에 연구계획서를 작성해야 한다.

기본적으로 연구계획서도 특정한 형식이 있고 들어가야 할 내용이 있다. 최소한으로 연구제목, 예상되는 연구목차, 이론적 배경, 연구방법, 예측되는 결과, 향후 진행 일정, 참고문헌 등이 들어가야 한다(민윤기, 2008; 홍성열, 2001). 이 중에 일부는 완성된 상태로, 일부는 계획을 넣게 된다. 이를 정리하면 <표 12-1>과 같다.

표 12-1   연구계획서의 구성

구성 항목	세부 설명
제목	연구 내용, 연구방법, 연구 결과 등을 잘 드러내도록 구성해야 한다.
예상되는 연구목차	연구를 하여 최종적으로 산출될 연구 결과물의 목차를 서술하는 것이 좋다.
Ⅰ. 서론	연구를 하게 된 계기가 된 문제의식, 문제의식에 영향을 준 탐색적 선행 연구들, 자신의 연구목적과 연구 문제를 제시한다.
Ⅱ. 이론적 배경	연구 문제를 해결하기 위해 참고한 이론이나 선행 연구, 관련 연구 결과를 통한 변수 고찰, 이를 바탕으로 연구자가 설정한 가설을 제시한다.
Ⅲ. 연구방법	연구대상, 질문지, 자료수집 방법, 자료 분석 방법 등을 예측하여 제시한다. 다만 질문지의 경우는 어느 정도 완성하여 제시한다.
Ⅳ. 예측되는 결과	연구를 했을 경우 나타날 결과를 예측해서 제시한다.
Ⅴ. 향후 진행 일정	연구의 진행 일정과 그에 따라 구체적으로 할 일 등을 예측하여 제시한다.
참고문헌	연구계획서 작성에 활용한 참고문헌을 제시한다.
부록	질문지를 작성하여 제시할 경우에 첨부한다.

❷ 연구계획서의 주요 내용

가. 연구 제목과 연구목차

연구 제목은 짧은 문구로 연구 전체를 압축하여 보여주는 표현이다. 그래서 연구 제목은 그 자체로 연구계획서를 요약한 것이면서, 연구의 성격을 보여주고, 결과가 어떤 것이 나올지를 예측할 수 있게 해야 한다. 연구 제목을 보고 어떤 연구인지를 즉각적으로 파악하기 어렵다면 연구 제목은 충분히 좋은 상태라고 보기 어렵다. 연구계획서를 제출할 때 연구 제목이 완벽하지 않더라도 향후에 수정할 수 있다는 점에서 문제가 있다고 할 수는 없지만 가능하면 연구계획서에서 연구 제목을 제시할 때 최대한 좋은 상태로 제시하는 것이 좋다. 이와 관련하여 좋은 연구 제목을 만드는 과정을 살펴보자.

① 연구자가 연구하고자 하는 연구목적을 함축한 표현이어야 한다.

연구계획서는 대부분 누군가에게 심사를 받기 위해 작성하는 경우가 많다. 논문 심사를 받으려는 목적으로 작성되기도 하고, 외부 기관에서 연구 지원을 받기 위한 경우도 많다. 이에 따라 연구 제목에서는 연구자가 연구하고자 하는 내용을 충분히 담고 있어서 심사하는 사람들이 보기에도 연구 내용이 충분히 함축되어 있어야 한다. 이에 따라 연구 제목에는 연구자가 설정한 연구대상, 연구 변수 등을 적절하게 제목으로 드러내는 것도 좋다.

팁: 생각더하기

연구 제목에서 연구방법이나 자료수집 방법 드러내기

앞에서 연구방법으로 질적 연구방법과 양적 연구방법이 있다고 배웠으며, 자료수집 방법도 실험, 서베이, 면접, 참여관찰 등의 방법을 사용할 수 있음을 확인하였다. 연구자는 연구계획서를 작성하기 전에 이러한 연구방법이나 자료수집 방법 중에서 자신의 연구에서 무엇을 선택할지를 이미 결정하게 된다.

따라서 연구계획서에서 연구 제목을 정할 때에도 이러한 방법론이 일정 부분 드러나도록 하는 것이 좋다. 연구방법이나 자료수집 방법을 연구 제목에서 확인하게 되면 심사자는 연구자의 전반적인 계획을 연구 제목에서 먼저 파악하고 연구계획을 잘 살펴볼 수 있으며, 이를 바탕으로 심사 등에서 좋은 제안이나 의견을 제시할 수 있다.

연구계획서에서 연구방법이나 자료수집 방법을 드러낼 경우에 어떤 표현이 좋을까? 우선 자료수집 방법을 먼저 생각해보자. 예를 들어 실험의 경우 '~에 관한 실험 연구', '~에 관한 효과 검증 연구' 등이 적절하며, 서베이의 경우에는 '~에 관한 조사 연구', '~의 요인에 대한 연구' 등이 적절하다. 또한 면접의 경우에는 '~에 관한 심층 연구', '면접을 통한 ~ 연구' 등이, 참여관찰의 경우에는 '~현지 조사 연구', '~에 관한 민속지 연구', '~에 관한 참여관찰 연구' 등을 사용할 수 있다.

이렇게 실험, 서베이, 면접, 참여관찰 등의 자료수집 방법이 아니라 크게 양적 연구방법과 질적 연구방법으로 구분하고 이와 관련하여 연구 제목을 잡는 방법을 고려할 수 있다. 예를 들어 연구 제목에 '요인', '효과'가 들어가면 변수 간의 관계를 주로 파악하려는 양적 연구방법을 사용하는 연구임을 알 수 있다. 반면에 연구 제목에 '의미', '문화 기술' 등의 표현이 들어가면 주로 질적 연구방법을 사용하는 연구임을 알 수 있다.

② 자신의 연구 문제와 관련하여 질문과 그에 대한 답을 적어보고 그것을 활용하여 연구 제목을 정할 수 있다.

사실 연구 문제와 그에 대하여 연구자가 가지고 있는 잠정적인 답은 연구의 모든 것을 포괄한다. 따라서 연구 질문과 답을 정리해보면 연구 제목을 정하는 데 크게 도움된다. 이를 위해서는 자신의 연구 문제를 하나의 포괄적인 질문 형태로 서술하고, 그 질문에 대한 자신의 연구 결과를 예측하여 잠정적인 답을 작성해본다. 이때 질문과 답을 잘 조합하는 여러 제목을 진술해보고 그중에서 가장 적합한 것을 연구 제목으로 정하면 된다.

예를 들어 "왜 하층에 속한 청소년들은 범죄를 많이 저지르는가?"라는 질문에 "하층이라고 모두 범죄를 저지르는 것이 아니라 하층이 사회적 성공 기회에 접근하기 어렵기 때문에 범죄를 선택하게 되는 것이다."라고 자신이 연구하여 얻으려고 하는 답을 제시했다고 해보자. 이 경우에 핵심 용어는 '하층', '청소년', '범죄', '사회적 성공 기회', '제한' 등이다. 이를 잘 연결하여 연구 제목을 정하면 어떻게 할 수 있을까?

이 경우에 다음과 같이 제목을 정할 수 있다.

[예1] 하층 청소년의 범죄에 관한 연구
[예2] 하층 청소년의 범죄 원인에 관한 연구
[예3] 하층 청소년의 범죄에 영향을 미치는 요인에 관한 연구
[예4] 성공 기회와 하층 청소년 범죄와의 관련성 연구
[예5] 성공 기회 제한이 하층 청소년의 범죄에 미치는 영향에 관한 연구

위에 제시된 것 중에서 [예1]은 연구 내용을 조금 넓게 고려하여 연구 제목을 정한 것이며, [예5]는 연구 내용을 아주 압축하여 연구 제목을 정한 것이 된다. 이 중에서 [예1]과 [예5]보다는 [예2], [예3], [예4]가 연구 제목으로 더 적절하다.

팁: 생각더하기

학위 논문 연구계획서에서 연구 제목의 수준 문제

학위 논문의 경우에 연구계획서를 먼저 작성하고 그것에 따라 연구를 진행하여 연구 결과까지 완성해나가는 것이 학위 논문이 되는 경우가 많다. 그런데 학위 논문의 경우에는 연구계획서를 심사받은 후에 연구를 진행하면서 원래 계획했던 연구방법의 세부적인 내용이 조정되는 경우가 대부분이다. 따라서 연구계획서를 작성하면서 연구 제목을 매우 구체적으로 제시하기보다는 다소 느슨하게 제시하는 것이 좋다.

예를 들어 다음의 두 경우를 보자.
[예1] 하층 청소년의 범죄에 영향을 미치는 요인에 관한 연구
[예2] 성공 기회 제한이 하층 청소년의 범죄에 미치는 영향에 관한 연구

[예2]의 경우는 종속변수인 '하층 청소년의 범죄'를 설명하는 독립변수로 '사회적 성공 기회의 제한'만 한정하고 있다. 그런데 연구를 수행하는 과정에서 이러한 변수가 일정 부분 조정될 수 있다는 점에서 [예2]보다는 [예1]과 같이 제시하는 것이 학위 논문 연구계획서 제목으로는 더 적합할 것이다.

③ **연구에서 사용하는 변수를 고려하여 연구 제목을 정할 수 있다.**

서베이 방법을 사용하여 연구할 경우에는 연구계획서를 작성하기 전에 연구 변수를 미리 정하게 된다. 따라서 이미 설정된 연구 변수를 활용하여 연구 제목을 잡는 것도 고려할 수 있다. 이 경우에는 주로 종속변수를 제목에서 고려하는 경우가 많다.

예를 들어 교사들의 행복감과 그에 영향을 주는 변수에는 '인간관계, 건강 수준, 종교 여부' 등이 관련이 있을 것으로 연구자가 고려한 경우를 생각해보자. 이 경우에 종속변수는 '행복감', 독립변수는 '인간관계', '건강 수준', '종교 여부'가 해당된다. 이때 종속변수를 고려하여 '교사의 행복감에 영향을 주는 요인에 대한 연구'로 연구 제목을 정할 수 있다. 이렇게 독립변수보다 종속변수를 고려하여 제목을 정하는 것은 종속변수가 연구자가 일차적으로 관심을 가지고 설명하고자 하는 현상이며, 연구 진행 과정에서 독립변수가 조정될 가능성이 있기 때문이다.

④ 연구 제목이 너무 길 때는 부제목을 사용할 수 있다.

종종 연구 제목이 긴 경우가 있는데, 연구 제목이 너무 길게 되면 연구목적을 문장으로 동일하게 표현한 것과 같아서 매력이 떨어질 수 있다. 이렇게 되면 연구계획서를 심사하는 사람들에게는 연구 논문이나 보고서 글을 작성함에 있어서 연구자의 문장 작성 능력에 문제가 있을 수 있다는 의심을 받을 수도 있다. 또한 연구 제목에 동일 표현이 중복되면 연구 제목으로서 문장이 가져야 할 긴장감도 사라지게 된다. 이처럼 연구 제목이 너무 길거나 연구 제목에서 특정 내용이 반복되는 경우에는 그 내용을 연구 제목에서 빼고 부제목으로 제시하는 방법을 사용하는 것이 좋다.

예를 들어 '초등학교 교사와 중학교 교사, 그리고 고등학교 교사의 행복감에 영향을 주는 요인에 관한 연구'와 같은 연구제목을 보자. 이 연구제목에서 초등학교, 중학교, 고등학교 교사라는 것을 조정하여 연구제목을 줄이고, 부제목을 설정할 수 있다. 이에 따라 연구 제목을 다음과 같이 조정할 수 있다. '교사의 행복감에 영향을 주는 요인에 관한 연구: 학교급별 차이를 고려하여'로 수정하거나, '교사의 행복감에 영향을 주는 요인에 관한 연구: 초·중등 교사를 대상으로' 등으로 수정할 수 있다.

이상과 같이 연구 제목을 설정한 후에는 이 연구를 마쳤을 경우에 논문이나 연구 보고서가 어떻게 구성될지에 관하여 예측되는 목차를 제시하는 것이 좋다. 이러한 목차는 다음 장에서 논의될 최종보고서 작성법에서의 내용을 활용하면 된다.

나. 예상되는 연구목차

연구계획서에서 최종 연구 결과물의 연구목차를 예상하여 기록하게 하는 것은 연구자가 자신의 연구 결과물을 어떻게 구성하는지를 보여주는 동시에 연구 문제와 연구방법, 연구 결과 등이 정합적으로 잘 구성되어 있는지를 심사자들이 파악할 수 있게 하기 위해서이다. 따라서 예상되는 연구목차의 구성을 보면 연구에 대한 연구자의 준비상태와 연구를 준비해 온 깊이를 파악할 수 있다.

그래서 예상되는 연구목차에서는 연구에서의 연구 문제, 연구방법 등이 정확하게 드러날 수 있도록 잘 고려하여 작성하여야 한다. 특히 이론적 배경의 세부 목차나 연구방법의 세부 목차, 분석 결과의 세부 목차 등은 유기적으로 잘 연결되어 논리적으로 이해되도록 구성해야 한다.

다. 서론: 문제의식과 연구주제

서론은 연구자가 가진 문제의식을 알리고, 연구자의 연구목적을 명확하게 제시하여 연구자가 어떤 연구를 하고자 하는지를 서술해야 한다. 이를 위해서는 연구자가 가진 문제의식을 서술하고, 그러한 문제의식을 가지게 된 관련 탐색적 연구 읽기에 따른 내용을 소개하면 된다. 그리고 자신이 연구하고자 하는 연구주제가 기존 연구에서는 세부적으로 다루어지지 않았음과 그에 따른 연구의 필요성을 제시해야 한다. 마지막으로 연구자의 연구목적을 한두 문장으로 간단히 제시해야 한다.

여기서는 이와 관련하여 구체적으로 고려할 사항을 정리해보자.

① 첫 문장은 연구주제와 관련된 일반적인 관심에 대해서 서술하는 것이 좋다.

'시작이 반이다.'라는 말이 있다. 이 말은 시작하면 어느 정도 진행된 것이라는 긍정적인 의미이기도 하지만, 시작하는 것이 어렵다는 의미로도 생각할 수 있다. 이를 연구계획서에 적용하면 첫 문장을 기술하는 것으로 이미 반을 한 것으로 볼 수 있지만, 반대로 첫 문장을 어떻게 시작해야 할지 혼란이나 어려움을 겪을 가능성도 크다는 이야기이다.

사실 연구계획서만이 아니라 모든 글에서 첫 문장을 적는 것은 쉽지 않다. 연구계획서에서 첫 문장을 무엇으로 시작해야 할지 몰라서 곤란해하는 사람들이 생각보다 많다. 이 경우에 자신의 연구주제와 관련된 일반적인 사회의 반응이나 경향 등을 표현하면서 시작하면 된다.

 서론의 첫 문장을 구성하는 방법

예를 들어 <교사의 행복감에 영향을 주는 요인에 관한 연구>의 경우를 보자. 이 주제와 관련하여 일반적인 사회의 반응이나 경향을 고려하면 '사람들의 행복감에 대한 관심 증가'가 될 수 있다. 따라서 이를 고려하여 다음과 같이 첫 문장을 서술할 수 있을 것이다.

"최근 우리 사회에서 대다수 사람은 행복한 삶에 대한 관심을 표하고 있다."

② 문제의식을 갖게 된 계기 및 그와 관련한 탐색적 독서의 결과인 연구 내용을 서술하는 것이 좋다.

서론에서 핵심적인 서술 내용은 연구자의 문제의식과 그러한 문제의식을 갖게 한 기존 관련 연구를 제시하는 것이다. 이와 관련하여 연구자는 구체적으로 자신이 이 연구를 통해 해결하고자 하는 문제가 무엇인지를 제시해야 한다. 그리고 그러한 문제의식을 갖게 된 계기를 기존 연구 경향의 탐색적 분석을 통해서 제시할 수 있어야 한다.

서론에서 문제의식에 들어갈 내용

예를 들어 '교사의 행복감에 영향을 주는 요인에 대한 연구'의 경우에는 다음과 같은 내용이 문장으로 서술될 수 있을 것이다.

- 학교 구성원의 행복감에 대한 사회적 관심 증가
- 학생의 행복감에 대한 연구들이 주로 이루어지고, 교사의 행복감과 관련한 연구는 잘 이루어지지 않음
- 학교 구성원의 행복감에 교사의 행복감도 중요하다는 점에서 교사의 행복감과 관련한 연구를 하고자 함

---

③ 기존 이론이나 연구에서 자신의 연구주제가 다루어지지 않았다는 점을 제시하면서 연구자가 행하고자 하는 연구의 필요성을 명시적으로 서술하는 것이 좋다.

연구는 그 자체로 독창적이어야 하기 때문에 연구자의 연구가 기존의 연구들과 차별되는 점을 기술해야 한다. 이를 위해서는 자신의 연구주제와 관련하여 기존 연구들이 어떻게 연구하여 어떤 결과가 나왔는지를 간략하게 정리하여 제시하면서 자신의 연구는 어떤 점에서 다른지를 기술해야 한다. 그러면서 해당 주제와 관련하여 자신이 하고자 하는 연구는 독창적이고 중요하기에 해당 연구가 필요함을 기술해야 한다. 때로 이러한 진술 과정에서 충분한 선행연구의 탐색 없이 우리나라에는 이러한 연구가 거의 없다는 식으로 기술하는 경우도 종종 찾아볼 수 있는데 이는 피해야 한다.

서론에서 연구의 필요성에 들어갈 내용

　이와 관련하여 '교사의 행복감에 영향을 주는 요인에 대한 연구'의 경우에는 다음과 같은 내용의 서술이 가능할 것이다.
- 기존 연구에서 교사의 행복감과 관련하여 나타나는 연구의 경향을 정리함
- 기존 연구에서 교사의 행복감과 관련하여 세부적인 요인에 대한 연구는 거의 없었음
- 이런 점에서 교사의 행복감에 영향을 주는 세부적인 요인을 파악하는 연구를 할 필요가 있음

　④ **연구의 필요성을 제시한 후에 연구자의 연구목적을 한두 문장으로 정리하는 것이 좋다.**
　연구의 목적을 제시하는 문장은 앞으로 진행될 연구를 종합적으로 요약하여 제시하는 것으로 볼 수 있다. 따라서 이 문장만으로도 연구자의 연구계획 전체를 파악할 수 있도록 연구대상, 연구방법 등을 종합하여 서술하는 것이 좋다. 연구목적의 진술에서는 연구자의 연구목적이 잘 드러나도록 구체적인 진술을 해야 한다. 앞에서 기술한 '예상되는 연구목차'를 고려할 때 연구목적과 일관성이 있도록 서술해야 하며, 뒤이어 나올 연구방법, 분석 결과 등의 서술도 연구목적과 일치하도록 유의해야 한다.

서론에서 연구목적에 들어갈 내용

　이와 관련하여 '교사의 행복감에 영향을 주는 요인에 대한 연구'의 경우에는 다음과 같은 내용의 서술이 가능할 것이다. "이 연구의 목적은 학교 교사들을 대상으로 하여 교사들이 느끼는 행복감은 어느 정도이며, 그들이 느끼는 행복감에 영향을 주는 세부 요인이 무엇이며, 이러한 요인의 영향력은 어느 정도인지를 질문지 조사를 통해 파악하는 것이다."

　⑤ **연구의 주요 용어를 정리하는 것이 좋다.**
　연구계획서에 제시되는 주요 용어의 경우는 일상적인 표현과는 달리 연구자가 개념화하여 사용하는 것이기에 용어에 혼란을 일으키지 않도록 명확하게 기술해야 한다. 이를 위해 서론에서 연구와 관련하여 사용하는 기본적인 용어가 무엇인지를 정리하는 것이 좋다. 연구에서 중요하게 다루는 개념을 제시하고 연구자가 연구에서 사용하고자 하는 의미를 중심으로

개념을 제한하여 서술하면 된다. 여기서는 그 개념의 관련 이론 등을 상세하게 서술하는 것이 아니라 개념 자체를 정의만 하는 것으로 생각하면 된다.

라. 이론적 배경

이론적 배경은 자신의 연구 가설을 뒷받침해주는 기존 이론이나 연구들을 정리하는 것이다. 연구계획서에서 자신의 연구와 관련하여 기존 이론이나 연구들을 모두 다 정리하는 것은 불가능하다. 그러나 연구자가 연구계획서를 작성할 때까지 검토한 자신의 가설을 지지해줄 수 있는 이론이나 연구를 소개하면 된다. 특히 자신의 연구에서 가설이나 연구모형을 만들기 위한 과정에서 검토한 기존의 이론이나 경험적 연구 결과들을 논리적으로 잘 조직하여 이론적 배경을 구성해야 하며, 이 과정에서 이론의 단순한 나열에 그치지 않도록 해야 한다. 이와 관련하여 고려할 사항을 정리하면 다음과 같다.

① 변수 간의 인과관계에 대한 이론을 논리적으로 뒷받침할 수 있도록 내용을 서술하는 것이 좋다.

일반적으로 이론적 배경을 기술할 때 세부 내용을 몇 개의 하위 목차로 나누어 기술한다. 그런데 이런 하위 목차는 각기 독립적인 것이 아니라 연구자가 계획한 연구의 종속변수와 독립변수가 어떤 관련성이 있는가를 이해하도록 구성해야 한다. 즉 이론적 배경을 모두 읽었을 경우에 그것 전체가 마치 하나의 스토리처럼 흐름을 가지면서 연구자가 선정한 연구모형을 추론할 수 있도록 서술해야 한다.

 대표사례 적용하기 **이론적 배경에 들어갈 내용**

이와 관련하여 <교사의 행복감에 영향을 주는 요인에 관한 연구>에서는 다음과 같은 흐름을 가지고 기존 이론이나 연구 결과 등을 활용하여 이론적 배경을 서술할 수 있을 것이다.
- 행복감은 무엇이며, 행복감에는 어떤 것이 영향을 미치는가?
- 학교 구성원으로서 교사의 행복감이 왜 중요한가?
- 교사의 행복감에 영향을 주는 요인은 어떤 것이 있는가?
- 교사의 행복감과 관련하여 영향을 주는 각 독립변수와 행복감을 연결해주는 전반적인 이론적 논리는 무엇인가?

② 선행 연구 고찰은 연구자가 계획하고 있는 연구와 똑같은 연구 결과를 찾아서 서술하는 것이 아니라 관련성이 있는 연구를 찾아서 기술하는 것이다.

대학원생이 논문계획서를 작성하면서 자신의 연구와 같은 선행 연구가 없어서 선행 연구를 고찰하기 힘들다는 이야기를 한다. 이는 맞는 말이면서 틀린 말이다. 왜냐하면 서론에서 연구자는 자신의 연구가 기존에 이루어지지 않았던 독창적인 내용을 담고 있는 연구라고 설명을 했기 때문에 사실상 똑같은 연구는 없다. 그러나 자신이 연구주제를 추출하는 과정에서 의존했던 수많은 연구가 있기 때문에 관련 연구가 아예 없다고 보기는 어렵다. 따라서 선행 연구를 고찰하는 내용을 기술할 때에는 자신의 종속변수와 유사한 내용과 관련한 연구, 자신의 독립변수를 추론하거나 독립변수로서의 성립과 관련하여 논리성을 따지는 데 필요한 연구 등을 중심으로 서술하면 된다. 예를 들어 <교사의 행복감에 영향을 주는 요인에 관한 연구>의 경우 교사의 삶의 질을 다룬 연구, 직업인의 행복감에 영향을 주는 연구 등도 고찰할 수 있을 것이다.

③ 기존 연구를 소개하면서 그 결과만을 단순히 병렬적으로 서술하지 않아야 한다.

선행 연구 결과를 소개하면서 누가 어떤 연구를 어떻게 했다는 것만을 병렬적으로 서술해서는 안 된다. 기존 선행 연구를 살펴보면서 그 연구 결과가 연구자가 계획하고 있는 연구 변수들과 관련되는 측면을 서술해야 하며, 이를 통해 연구자 자신의 연구 변수 간의 인과관계를 파악할 수 있도록 해야 한다.

④ 기존 이론이나 선행 연구 고찰에서 재인용이 아니라 원저를 인용하는 것이 좋다.

이론적 논의에서는 대부분 기존 연구자들의 연구 결과물을 인용해야 한다. 이 경우에 해당 연구 결과물이 기록된 원저를 찾아서 서술하는 것이 좋다. 그러나 원저가 너무 오래되어 연구자가 직접 구하기 어렵거나 이해하기 어려운 언어로 되어 있는 경우 등에는 원저자의 글이 아니라 그 글을 인용한 것에서 재인용을 해도 된다. 이 경우에는 재인용임을 표시해야 한다.

⑤ 기존 이론을 인용할 때에는 한 저자의 연구물만 인용하기보다는 여러 저자의 연구물을 인용하는 것이 좋다.

종종 연구계획서를 서술하다 보면 자신이 서술하려고 하는 이론적 배경의 내용과 완전히 일치할 정도로 잘 서술되어 있거나 유사한 내용이 이론적 배경으로 잘 서술되어 있는 책이나 논문을 보게 된다. 이 경우에 연구자는 해당 논문이나 해당 책 하나만 인용하고 싶은 욕구를 느낄 것이다. 그러나 이러한 욕구를 따르는 것은 잘못된 것이며, 하나의 논문이나 책만을 인용하면 좋은 연구 결과를 낼 수 없다. 왜냐하면 연구자가 연구하고자 하는 주제와 관련하여 기존 이론이 탄탄하다면 오로지 연구자가 본 그 책이나 그 논문에서만 그러한 내용을 제시하고 있지 않을 것이기 때문이다. 따라서 연구자가 연구하고자 하는 내용을 서술한 다른 책이나 논문에서 여러 연구자의 주장을 찾아보아야 한다. 다양한 학자들이 그러한 내용을 주장하고 있음을 이론적 배경에서 서술하는 것이 자신의 연구계획을 빛나게 하는 한 측면이 될 것이다.

⑥ 연구계획서이기에 향후 추가로 살펴볼 이론적 논의 내용을 제시하는 것이 좋다.

연구계획서에서는 이론적 배경을 충분히 다 확보한 것이 아니기에 앞으로 연구를 진행하면서 더 살펴볼 이론적 논의나 내용 등을 제시하는 것이 좋다. 연구계획서에서는 실제 연구에 사용할 자신의 연구모형을 충분히 설명할 정도로 이론적 논의를 서술해야 하지만, 분량의 제한으로 다 서술하기 어려운 경우가 많다. 따라서 연구계획서에서 다 고찰하지 못했지만 향후에 고찰할 이론적 논의 내용을 제시하는 것이 좋다.

⑦ 이론적 논의를 바탕으로 연구모형과 가설이 설정되었음을 기술해야 한다.

양적 연구방법을 사용한 논문의 경우 이론적 배경의 제일 마지막 부분에 연구모형과 가설을 기술하게 된다. 그 이유는 연구모형과 가설이 이론적 논의에 의해 최종적으로 설정되었기 때문이다. 이에 따라 이론적 논의의 마지막에 연구모형과 가설을 설정하면 된다. 이때 자신이 논의한 이론적 배경과 연구자가 설정한 관련 변수가 어떻게 연계되는지에 대하여 명확하게 제시해야 한다.

마. 연구방법: 연구대상, 자료수집 방법, 분석 방법

연구방법을 제시하는 부분은 연구자가 향후 연구를 어떻게 진행할 것인지에 대한 계획을 제시하는 내용을 서술하는 것이다. 그런 점에서 보면 이 부분부터가 본격적인 연구자 자신의 연구시작을 설명하는 것이며, 연구계획서의 진정한 내용이라고 볼 수 있다. 여기서는 주로 어떤 내용을 어떻게 담아내야 하는지를 서술하고자 한다.

① 연구대상과 관련한 개략적 계획을 제시해야 한다.

연구대상과 관련하여, 연구자가 연구계획서에서 언급할 것은 연구의 모집단, 표집 방법, 표본에 관한 내용이다. 연구대상이 누구이며, 모집단으로 설정한 집단에서 표본을 얻기 위해 사용할 표집 방법을 정확하게 설명하면 된다. 또한 연구대상이 되는 표본이 어느 정도 규모인지도 안내하는 것이 좋다.

② 자료수집 방법을 제시해야 한다.

서베이 연구에서 조사 도구는 질문지인데, 질문지가 어떻게 구성되는지를 정리한 표 등으로 제시하는 것이 좋다. 만약 질문지를 개략적으로 만들었다면 이를 연구계획서 발표할 때 제시하는 것도 좋다. 다만 이 경우에는 이론적 논의와 가설, 혹은 연구모형 등을 충분히 고려한 상태에서 어느 정도 완성된 것이어야 한다. 더불어 조사도구를 활용하여 우편, 면접 등의 다양한 서베이 방법 중에서 어떤 것을 사용하여 실제로 조사를 실시할 것인지에 대해서도 기술하는 것이 좋다.

이외 다른 자료수집 방법을 사용하는 경우에는 해당 자료수집의 절차 등을 자세히 서술하면 된다. 예를 들어 실험법을 사용할 경우에는 실험의 절차와 사전 및 사후검사지 등을 제시할 수 있다.

③ 연구에서 발생할 수 있는 윤리 문제 해결 방법을 제시하는 것이 좋다.

연구대상이나 자료수집 방법 등에서 나타날 수 있는 연구윤리 문제와 관련하여 소속 기관의 IRB에서 요구하는 절차 등을 어떻게 수용할지를 서술하는 것이 좋다. 소속 기관의 IRB가 없는 경우에 연구자 수준에서 해결할 수 있는 수준으로 연구윤리 문제를 해결하기 위한 노력이나 관련 안내 등을 제시하는 것도 좋다.

④ 분석 방법 제시에서 연구모형과 연계된 통계 방법을 설정하여 제시해야 한다.

자료수집이 끝난 후에 연구자가 계획한 연구모형과 관련하여 어떤 통계 분석 방법을 사용하여 분석할지를 제시할 수 있다. 또한 연구자가 왜 그런 분석 방법을 선택했는지도 같이 설명하는 것이 좋다

바. 예측되는 연구 결과

이 부분은 연구를 마쳤을 때 나타날 결과를 예측하여 서술하는 것이다. 여기서는 개략적으로 연구를 마쳤을 때 어떤 결과를 제시할 것인지를 예견하여 서술하는 것이지, 분석 결과를 예측하여 유의도가 높은 변수가 무엇일지, 통계 결과가 어떻게 나올지 등을 예측하여 서술하는 것은 아니다. 따라서 연구와 관련하여 개략적인 결과를 정리하는 정도로 서술하면 된다. 이 정도의 결과 예측이 가능한 이유는 자신의 연구모형이 충분한 선행 연구 고찰에 따라 설계된 것이기 때문이다.

또한 자신의 연구 결과가 나왔을 때 학계와 사회적으로 미칠 파급 효과를 개략적으로 서술하면 좋다. 학문적으로는 이전의 관련 연구와 달리 어떤 점에서 의미가 있는지를 서술하면 된다. 사회적으로는 연구자가 발견한 내용이 사회의 변화나 정책 도입 등에 미칠 영향을 서술하면 된다.

사. 참고문헌과 부록

연구계획서의 마지막 부분에서는 연구계획서에서 활용한 연구문헌만을 참고문헌으로 정리한다. 또한 질문지를 완성했을 경우에는 부록으로 질문지를 첨부하면 좋다.

③ 학위 논문 심사와 논문 연구계획서

여기서는 학위 논문 심사 과정이 어떻게 진행되고 이 과정에서 논문 연구계획서가 어떻게 작동하는지를 살펴보고자 한다.

가. 논문 심사의 의미

일반적으로 학부를 졸업하기 위해서는 학사학위 논문, 석사 과정을 졸업하기 위해서는 석사학위 논문을, 박사 과정을 졸업하기 위해서는 박사학위 논문을 작성해야 한다. 최근에 학사학위 논문의 경우는 심사하지 않고 지도교수의 지도만으로 그치는 경우가 많지만, 석사학위부터는 논문을 작성한 후에 심사진을 꾸려서 논문 심사를 하는 것이 일반적이다.

일반적으로 대학원에 들어와서 석사학위나 박사학위를 받는다는 것은 더 이상 누군가의 도움을 받지 않고 스스로 문제의식을 가지고 그 문제를 해결해 나가는 연구를 독자적으로 할 수 있는 능력을 가졌다는 것을 증명하는 것이다. 따라서 논문 심사는 기본적으로 예비학위자가 스스로 연구를 수행할 수 있는 능력을 갖추었는지를 확인하는 과정으로 볼 수 있다. 즉 예비학위자가 연구계획서를 제시하고 어떻게 연구를 진행해 가는지를 확인하면서, 그리고 최종적으로 산출해낸 연구 결과인 학위 논문을 보면서 그것을 연구한 연구자의 독자적인 연구 능력을 판단하는 과정이 바로 논문 심사인 것이다.

실제로 논문 심사의 과정은 예비학위자의 연구 과정을 보완해주거나 수정해주면서 조언하는 연구 동반자의 관계를 형성하는 과정이기도 하고, 연구 과정에서 나타나는 잘못된 점을 지적하고 비판하는 평가의 과정이기도 하다. 연구 내용, 예비학위자, 심사진의 성격에 따라 연구 동반자의 특성이 많이 나타나는 경우도 있고, 비판적 평가자의 특성이 많이 나타나는 경우도 있다. 논문 심사의 과정에 관여하는 사람들의 관계 양상이 어떠하든 상관없이 논문 심사가 예비학위자에게 연구자로서 자신의 능력을 성장시켜 주는 과정으로 작용한다는 점은 동일하다.

팁: 생각더하기

학위 논문과 지도교수

대학원에 들어와서 일정 기간이 지나면 지도교수를 정하게 된다. 대학원생이 지도교수를 결정할 때는 대학원생이 공부하고자 하는 연구주제가 지도교수의 전공과 일치 혹은 유사하여 해당 지도교수 아래에서 개별적으로 공부하고 싶다는 의지가 반영되어야 한다. 이에 따라 지도교수를 정할 때에는 대학원생이 지도받고 싶은 교수를 결정하고, 지도교수의 허락을 받아야 가능하다. 이를 대학원생들이 개별적으로 결정하고 지도교수를 만나는 경우도 있지만, 최근 일부 대학의 석사 과정의 경우에는 일정 시기가 지나면 학생들의 의견을 반영하여 일괄 지도교수를 배정하는 경우도 있다. 이런 경우에는 지도교수 배정이 되었으면, 빠른 시간 내에 지도교수의 연구실에 방문하여 자신의 관심 등을 지도교수에게 알리고 향후 논문계획을 정하는 것이 좋다.

대학원을 가는 중요한 목적은 연구자가 되기 위한 것인데, 이 목적은 학위를 받아야 완성되는 것이다. 이 점에서 논문을 작성하는 것은 매우 중요하며, 논문을 작성할 때 지도해주는 지도교수의 역할도 매우 중요하다. 종종 '지도교수를 학문적 삶에서 부모'라고 말하는 사람들이 있다. 이 말은 부모가 아이를 성장시켜서 독자적인 삶을 살 수 있도록 도와주는 것처럼, 예비학위자들이 독자적인 연구자로서 역할을 할 수 있도록 성장시켜주는 역할을 지도교수가 담당하는 상황을 비유한 것이다. 논문을 작성하면서 지도교수와 좋은 학문적 사제 관계를 맺고, 지도교수의 연구방법이나 연구주제를 잘 배워서 좋은 연구자로 성장할 수 있어야 할 것이다.

나. 논문 연구계획서 작성과 관련한 의문과 해결책

논문 심사를 준비할 때 사실상 연구계획서의 작성은 향후 심사에서 매우 중요한 영향을 미치기에 지도교수와 상의하여 작성할 필요가 있다. 이와 관련하여 일반적으로 갖기 쉬운 몇 가지 의문에 대하여 정리하면 다음과 같다.

1) 논문 연구계획서 작성과 관련하여 지도교수와 언제쯤 만나야 하는가?

일단 지도교수 배정이 확정되면 지도교수를 만나야 한다. 보통 대학원에서 지도교수 1명당 몇 명의 학생들이 배정되어 있어서 지도교수가 직접 학생에게 연락하고 논문 연구계획을 설명하기에는 불가능한 상황이다. 따라서 논문을 발표하려는 학생이 지도교수를 만나려고 시도해야 한다.

지도교수와 만날 때 최소한 자신이 연구하고 싶은 연구주제, 연구방법 등에 대해 준비를 하고 만나야 한다. 이를 위해서는 앞의 제5장에서 제시한 탐색적 독서를 바탕으로 연구 문제를 형성하고, 이를 기반으로 연구주제와 연구방법을 어느 정도 결정한 후에 지도교수와 만나야 한다. 지도교수 중에서 연구주제를 학생과 같이 논의하는 경우도 종종 있는데 이런 경우는 지도교수의 다양한 연구에 공동 연구원이나 보조 연구원으로 같이 연구 작업을 행한 경우가 많다. 이런 경우에도 지도교수와 구체적으로 자신의 학위 논문 연구주제를 협의해야 한다.

이런 점을 고려하면 지도교수를 만나는 가장 빠른 시점은 지도교수 배정이 된 학기일 것이고, 아무리 늦더라도 자신이 연구계획서를 발표해야겠다고 생각하는 해당 학기의 초에는 만나야 한다. 지도교수와 만나기 위해서는 자신의 연구계획을 문서로 작성하여 준비해야 한다. 해당 양식은 없으며, 자신과 지도교수가 같은 선배 중에서 가장 최근에 논문 심사를 마친 선배를 만나서 준비 과정을 물어보고 그것을 준용해도 된다.

2) 지도교수와 만나기 위해 무엇을 준비해야 하나?

앞에서도 말했지만, 지도교수와 만나기 위해 필요한 준비물은 지도교수를 만나는 시점과 지도교수의 특성에 따라 달라진다. 그럼에도 연구하고 싶은 주제, 자료수집 방법 등 연구의 핵심적인 부분에 대해서는 스스로 결정을 하고 지도교수를 만나는 것이 좋다. 보통 하나의 주제보다는 몇 개의 연구주제를 정리하여 가져가서 그중에서 어느 것이 좋은지를 질문해 보는 것도 좋다. 그다음부터는 연구계획서를 작성하면서 궁금한 것에 대하여 구체적으로 질문할 내용을 사전에 정리하여 질문하면서 논의하는 것이 좋다.

간혹 지도교수를 찾아가는 것이 바쁜 지도교수를 힘들게 하는 것 같아서 지도교수의 도움을 받지 않고 혼자서 논문 연구계획서를 작성하는 경우가 있다. 그런데 이런 경우에 지도교수가 연구계획서를 읽고서 그 내용이나 구성에서 문제가 있다고 판단하여 지도교수가 논문 지도를 못 하겠다고 선언할 수 있어서, 혼자서 논문 연구계획서를 작성하여 심사를 준비하는 행동은 절대로 해서는 안 된다.

특히 서베이 연구의 경우 질문지 작성이 서베이 연구에서 핵심적이기에 질문지를 작성할 때에 지도교수와 자주 만나서 논의해야 한다. 연구 가설과 그에 따른 질문지 작성, 그리고 자료수집 방법 등에 대해서 지도교수로부터 최종 확정을 받은 후에 자료수집을 실시해야 한다. 분석 방법 등에 대해서도 지도교수와 충분히 상의한 후에 분석하는 것이 좋다.

3) 지도교수와 대면할 시간을 내기 어려운 경우에는 어떻게 해야 하나?

지도교수가 정해지면 지도교수와 대면하여 논문지도를 계속 받는 것이 타당하다. 그러나 직업을 가지고 대학원을 다니는 등 개인적인 사정으로 인해 지도교수의 일정에 맞추어 직접 만나기가 어려운 경우에는 다른 방법을 찾아야 한다. 전화하거나 이메일을 이용하는 것이 가능하다. 그러나 이 방법을 사용할 때에도 사전에 적어도 한두 번 정도는 지도교수를 직접 찾아가서 자신의 개인적인 사정을 이야기한 후에 이메일이나 전화로 논문 지도가 가능한지, 지도교수가 편하게 선택할 수 있는 대안은 무엇이 있는지를 문의해보아야 한다.

4) 지도교수와 논문에 대하여 나눈 이야기를 어떻게 정리해야 하나?

지도교수와 만나서 논문의 진행 과정에서 이야기할 때 자신이 해결하지 못한 내용을 질문하고 지도교수의 조언을 들으면 마치 논문이 쉽게 완성될 것 같은 착각에 빠지게 된다. 그런데 지도교수와의 면담을 마치고 혼자서 그 내용을 생각해보면 지도교수와 나눈 내용이 제대로 떠오르지 않거나 구체적인 내용이 떠오르지 않아서 어려움을 겪기도 한다. 이러한 어려움을 막기 위해서는 지도교수와 만남에서 나눈 대화 내용을 꼼꼼하게 기록하는 것이 도움된다. 그런데 아무리 꼼꼼하게 기록한다고 할지라도 기록은 그 자체로 한계가 있기 때문에 지도교수와 만날 때, 지도교수에게 지도내용을 녹음하려고 하는데 괜찮은지를 사전에 문의한 후 지도교수가 허락하면 논의 과정을 녹음하는 것이 좋다.

그런 후 연구계획서를 작성하거나 수정하면서, 또 논문 심사가 진행되면서 녹음한 내용을 반영한 결과를 지도교수와의 다음 만남에서 제시하면 된다. 즉 이전 만남에서 지도교수와 나눈 대화 내용을 요약 정리하여 보여주면서 지도교수의 의견을 반영하여 이렇게 수정했다는 것을 알리는 것이 좋다. 이렇게 하면 지도교수도 논문지도를 편리하게 할 수 있어서 도움된다. 따라서 지도교수와 만난 시기 및 그때 논의한 내용 등을 기록하여 하나의 파일로 잘 정리해두는 것도 필요하다.

5) 논문 연구계획서의 양은 어느 정도가 적당한가?

연구계획서의 양은 정해진 바가 없다. 앞에서 제시한 것처럼 연구계획서를 작성하면서 들어가야 할 내용을 모두 담는다면 최소한 A4용지로 10매 내외는 될 것이다. 그러나 연구계획서의 양은 정해진 사항이 아니기에 지도교수와 상의하여 준비하는 것이 가장 좋다.

다. 논문 심사의 진행

일반적으로 논문 심사의 경우 논문 연구계획서를 발표하면서 시작되고, 최종 심사에서 논문이 합격되어 통과되는 순간에 완결된다. 논문 심사가 완결되면 독자적 연구자로서 능력이 있음을 확인해주는 석사학위, 박사학위를 수여받게 된다. 이 과정에서 일반적으로 연구계획서 발표와 중간발표, 그리고 직접적인 논문 심사의 과정을 거친다. 연구계획서 발표와 중간발표의 경우에는 같이 공부하고 연구하는 대학원 구성원 전체가 모인 자리에서 심사를 겸하는 발표를 하는 것이 일반적이다. 그러나 본격적인 논문 심사는 해당 주제의 전문가들로 심사진을 꾸린 후에 비공개적으로 2~3회에 걸쳐서 이루어지는 것이 일반적이다.

이제부터는 논문 심사의 진행 과정을 상세하게 살펴보자.

1) 논문 연구계획서 발표

논문 심사의 시작은 지도교수를 정한 이후에 예비학위자가 논문 연구계획서를 발표하는 것에서 시작된다. 따라서 이전에 이미 지도교수와 충분히 논의하여 논문 연구계획서가 작성되어 있어야 한다. 논문 연구계획서가 충분히 작성되어 있어야 한다는 것은 논문 주제, 논문제목, 연구방법 등이 모두 준비가 되어 있어야 한다는 것을 의미한다. 그러므로 논문 연구계획서를 발표하면서 지도교수와 사전에 충분히 협의하지 않았을 경우에 지도교수는 예비학위자의 논문 연구계획서 발표를 미루라고 할 수도 있다.

논문 연구계획서 발표는 학기 중 특정한 날을 정해서 그 학기에 논문 연구계획서 발표를 하고자 하는 예비학위자 전체가 모인 가운데 그들의 순번을 정해서 함께 발표하게 된다. 석사 과정과 박사 과정이 모두 다 있는 경우에는 석사 과정과 박사 과정이 모두 발표하기도 한다. 뿐만 아니라 향후 논문 심사를 준비하는 사람들도 참석하는 경우가 대부분이다.

발표자는 학과의 교수들, 대학원생들이 모두 모인 장소에서 자신의 연구계획에 대하여 몇 십분 이내에 발표를 하게 된다. 발표자가 발표할 연구계획서는 미리 복사하여 다른 사람들이 자료로 참고할 수 있도록 제시하는 것이 일반적이다. 종종 자신의 연구계획서를 요약하여 ppt 등을 활용하여 발표하기도 한다. 예비학위자의 연구계획서 발표가 이루어지면, 그 연구계획서의 문제점이나 의문점에 대하여 그곳에 참여한 교수와 대학원생 모두 질문하거나 비판하거나 조언을 할 수 있으며, 그러한 내용에 대하여 발표자가 답변하는 방식으로 이루어진다.

이 과정에서 주로 이루어지는 질의, 조언, 비판은 주로 다음과 같은 측면에 초점을 두는 것이 일반적이다.

- 연구할만한 연구주제인가?
- 연구자가 해결할만한 연구주제인가?
- 연구자의 연구주제가 기존에 연구되지 않았던 독창적인가?
- 연구주제가 학문적으로 영향력을 가질만한 것인가?
- 예상되는 논문 목차가 적절한가?
- 연구자가 제시한 연구목적 등이 구체적이며, 논리적으로 이해할만한가?
- 이론적 논의와 선행 연구 고찰은 적절하며, 빠진 논의는 없는가?
- 연구 가설이 이론적 배경에 비추어 논리적으로 잘 구성되었는가?
- 변수 간의 관계를 잘 설정한 연구모형인가?
- 연구목적에 비추어 연구방법이나 자료수집 방법이 적합한가?
- 연구목적에 비추어 자료 분석 방법이 적절한가?

질의나 조언, 비판을 받은 발표자는 그에 대하여 답변을 해야 한다. 논문 연구계획서 발표에서 지도교수는 공식적인 발언을 통해 학생을 도와주지 않기 때문에 발표자 스스로 모든 것에 대하여 답변해야 한다. 바로 이 과정에서 예비학위자는 독자적인 연구자로서 자신의 역량을 보여주어야 한다. 특별한 팁은 없지만, 이 경우에 다음과 같은 답변으로 대처하는 것도 좋다.

- 상대방이 궁금해 하는 내용인 경우에는 자신이 연구하면서 이해한 것을 설명을 해주면

된다.

- 상대방이 잘못 이해한 내용인 경우에는 그런 주장도 가능하겠지만 자신이 가진 논거를 바탕으로 자신의 주장이 옳거나 더 타당하다는 것을 제시하면서도, 상대방의 의견에 대해서도 지도교수와 논의하면서 더 살펴보겠다는 답변을 할 수 있다.
- 더 나은 방향으로서의 조언이나 비판을 하는 질문인 경우에는 좋은 의견과 도움을 주신 것에 감사하다는 점과 그에 관하여 지도교수와 상의하여 논문 진행 과정에 반영하겠다는 내용을 담은 답변을 할 수 있다.

이처럼 연구계획서 발표가 이루어진 후에는 실제로 지도교수와 상의하여 해당 의견을 조정하고 계획을 수정한 후에, 연구를 진행해야 한다. 종종 논문 연구계획서 발표 후에 치명적인 문제가 발생하여 아예 논문 주제를 변경해야 하는 경우가 발생하기도 한다. 이는 연구계획서 발표 이전에 지도교수와 연구계획에 대하여 충분히 상의하지 않은 경우가 대부분이다. 따라서 지도교수와의 지속적인 협의 과정을 통해 논문 연구계획서를 작성하고 발표하려는 준비 과정이 무엇보다 중요하다.

2) 논문 중간발표

논문 중간발표는 연구계획서 심사 이후에 진행 상황을 점검하는 과정이라고 볼 수 있다. 중간발표 시에 발표 내용을 어디까지 준비해야 하는지는 논문 심사를 실시하는 대학마다 달라서 통일된 하나의 방법이 존재하지 않는다. 다만 시간적인 측면에서 보면 논문 연구계획서를 발표한 다음 학기에, 연구 진행 과정상으로는 예비학위자의 자료수집이 어느 정도 완료되어 기초적인 분석이 가능한 상황에서 중간발표를 하는 것이 일반적이다. 논문 중간발표의 경우에도 지도교수와 상의한 후에 발표를 진행할 것인지를 결정해야 한다.

발표자는 논문 중간발표를 신청하기 이전에 논문 연구계획서 발표에서 지적받았던 내용을 지도교수와 상의한 후에 수정하고 보완하는 작업을 진행해야 한다. 더불어 이론적 배경에 대한 고찰도 연구계획서 발표 시기에 비하여 더 탄탄하게 진행되어 있어야 한다. 이 과정에서 지도교수와 여러 차례 논문의 진행에 대하여 논의하면서 수정한 내용을 공유하고 있어야 한다.

논문 중간발표 자료도 연구계획서 발표에서와 마찬가지로 발표 내용을 복사하여 다른 사람이 참고할 수 있도록 준비해야 한다. 중간발표를 할 때는 자신의 연구에 관하여 핵심 사항을 중심으로 간단히 설명하고, 연구계획서 발표에서 지적받은 내용을 어떻게 수정하였고, 연구계획서 발표 때와 비교하여 현재 추가로 진행된 사항이 무엇인지, 앞으로 남은 부분을 어떻게 진행할 것인지 등을 중심으로 발표하는 것이 좋다. 중간발표에서도 연구계획서 발표와 마찬가지로 질의응답이 이루어지는 것이 일반적이다. 질의의 내용이나 응답의 방향 또한 앞서 연구계획서 발표와 비슷한 내용이라고 보면 된다.

3) 논문 심사

논문 심사는 기본적으로 연구목적에 따라 자료를 수집하고, 수집된 자료를 분석하여 최종 결론까지 나온 상태를 심사하게 된다. 논문 심사는 연구계획서 및 중간발표에서와 달리 심사진만 있는 공간에서 예비학위자만 참석하여 이루어지는 것이 일반적이다. 이에 따라 연구주제와 관련한 전문가를 심사진으로 구성하여 논문에 대한 전문적인 심사가 이루어지게 되는 것이다.

심사진의 경우 석사학위 논문은 지도교수를 포함하여 3명, 박사학위 논문은 지도교수를 포함하여 5명으로 구성하는 것이 일반적이다. 박사학위 논문의 경우, 5명의 심사진 중에서 3명 정도는 해당 학과의 관련 전공 교수를 심사진으로 구성하지만, 나머지 2명 정도는 해당 학과의 교수 이외의 다른 대학이나 다른 학과의 해당 분야 전문가를 초빙하여 구성하게 된다. 2명의 외부 심사진은 지도교수와 예비학위자가 논의를 통해 제안하여 결정하기도 하지만, 종종 지도교수가 독자적으로 제안하기도 한다.

심사진이 구성된 상태에서 석사학위 논문의 경우는 2회 정도, 박사학위 논문의 경우는 3회 이상의 논문 심사를 하는 것이 일반적이다. 논문 심사의 경우 대학마다 그 방식에서 차이가 있지만, 여기서는 우리나라 다수의 대학에서 일반적으로 사용하는 방식을 기술하려고 한다.

① 논문 심사진이 정해지면 심사 전에 최종 논문을 책자 형태로 제본하여 심사진에게 제출해야 한다.

학위 논문을 제출하기 전에 대학에서 요구하는 모든 행정적 처리(예를 들어 자격 심사 합격 등)가 끝난 상태여야 한다. 이 상태에서 논문 심사가 가능하다고 판단되면 논문 심사진을 결정하게 된다. 논문 심사를 받으려는 예비학위자는 이전의 연구계획서와 중간발표에서 요구받았던 여러 가지 문제를 해결하여, 자료의 분석, 분석에 따른 연구 결론, 참고문헌, 부록까지 들어간 완결된 논문 심사본을 완성해야 한다(논문 작성의 구체적인 내용은 다음 장인 제13장에서 참고하면 된다).

그리고 완결된 논문 형태를 갖춘 논문 심사본을 책자 형태로 제본하여 행정 처리용과 심사진 제출용 등을 위해 행정적으로 정해진 부수를 고려하여 그만큼 제출해야 한다. 일반적으로 논문 심사를 하는 시기가 1학기인 경우에는 4~5월, 2학기인 경우에는 10~11월에 시작하는 것이 일반적이다. 대부분 심사일 기준 최소 20일 이전에 제본된 논문 심사본을 제출하도록 요구하는 경우가 많기 때문에, 자신의 논문 심사가 이루어지는 학기의 일정을 고려하여 논문 심사본을 완성해야 한다.

② 심사진 앞에서 간단히 자신의 논문에 대하여 발표해야 한다.

논문 심사장에는 심사를 담당하는 교수와 예비학위자만 들어간다. 지도교수가 심사진에 들어가 있더라도 심사 과정에서 지도교수는 학생에게 도움을 거의 주지 못하는 경우가 많다. 심사진 교수 중에서 지도교수를 제외한 1명을 위원장으로 정하여, 위원장이 심사 과정을 주도하기 때문이다. 이에 따라 예비학위자 스스로 자신의 연구 역량을 보여줄 수 있도록 자신의 논문과 그에 관련된 모든 지식이나 이론 등을 충분히 인지한 상태에서 심사에 임해야 한다.

심사장에 들어가면 위원장이 5~10분 정도로 논문을 요약하여 설명해줄 것을 요구하는데, 일반적으로 문제의식부터 연구 결론까지 요약하여 설명해야 한다. 간단히 메모해서 그것을 보면서 이야기해도 되지만, 자신의 연구 결과를 발표하는 것이기에 보지 않고 논문 자체를 요약하여 설명할 수 있도록 준비하는 것이 좋다.

③ **요약 발표가 끝나면 심사진은 논문 전체 내용을 질의하거나 조언을 하게 된다.**

질의 응답 과정에서 예비학위자는 충분히 자신의 의견이나 논문 내용에 대하여 소명하는 답변을 하여야 한다. 이 과정에서 답변 등을 제대로 못 하게 되면, 아예 심사가 중단되고 학위를 받는 것이 어려워질 수 있기에 답변 준비를 제대로 하여야 한다. 여기서 이루어지는 문답은 기본적으로 논문에 관한 주요 내용이기에 자신의 연구 과정에 자신감이 있다면 이 과정은 무난히 넘어갈 수 있다. 질의응답 내용을 잘 기록해야 하며, 필요한 경우에 심사 내용을 녹음해도 되는지에 대하여 사전 허락을 받고 녹음하는 것도 좋다.

④ **예비학위자를 내보내고 심사진이 심사 진행 여부를 논의하게 된다.**

질의응답이 끝나면 예비학위자를 심사장 밖으로 내보내고, 논문과 발표자의 연구 능력에 대하여 평가한다. 이를 바탕으로 심사진은 두 가지를 결정한다. 하나는 해당 논문을 이번 학기에 계속 심사할 것인지, 아니면 심사를 미루고 보완하게 할지에 대하여 판단한다. 또한 어떤 부분을 보완하거나 수정해야 할지를 정리한다.

그 후에 예비학위자를 불러서 위원장이 심사 결과에 대하여 통보하고, 그에 따라 다음 심사의 여부가 결정된다. 이 과정에서 심사진은 예비학위자가 제출한 심사본에 해당 질문이나 조언 등을 자세하게 적어서 주는 경우도 있어서 심사진이 심사본에 기록한 경우에는 이를 받아 오는 것이 좋다.

⑤ **만약에 심사를 한 학기 미룬다면 다음 학기에 심사가 진행된다.**

불행하게도 한 학기 심사가 미루어지게 될 수도 있다. 이 경우에는 해당 심사진 그대로 다음 학기에 심사를 진행하는 것이다. 한 학기 동안 예비학위자는 자신의 논문을 보완하면서 2차 심사를 준비해야 한다.

심사가 한 학기 미루어졌다고 자신의 연구 내용이 의미가 없다는 것으로 판단할 필요는 없다. 종종 더 이상 미루어봤자 연구자의 능력으로 논문의 수준이 높아질 가능성이 없다고 심사진이 판단하면 다음 학기로 논문 심사를 미루지 않기 때문이다. 심사가 다음 학기로 미루어졌다는 것은 수정하여 더 좋은 논문을 작성할 기회가 여전히 남았다는 의미이기에 긍정적으로 생각하고 수정하면서 다음 학기에 있을 남은 심사를 기다리는 것이 좋다. 이 과정에서 예비학위자는 지속적으로 지도교수와 논의하면서 논문을 수정하여 다음 심사를 준비해야 한다.

⑥ 만약에 이번 학기에 심사를 계속 진행하기로 했다면 다음 심사를 준비해야 한다.

이렇게 되면 대부분은 좋은 상황이다. 그러나 2차 심사 진행부터의 심사 일정은 고난의 과정이다. 1차 심사가 끝나면 심사진은 2~3주 내외의 시간을 주고, 심사 과정에서 합의된 심사 내용에 따라 수정 사항을 요구하게 된다. 정해진 기간 동안 수정을 한 후에 예비학위자는 수정한 논문을 다시 책자로 제작하고 심사자를 직접 방문하여 논문 수정본을 제출하는 것이 일반적이다. 이 과정에서 수정을 요구받은 사항과 그에 따른 수정 사항과 수정한 해당 페이지 등을 표로 정리하여 심사진에도 따로 제출하는 것도 필요하다. 수정을 요청받고 수정하지 못한 내용에 대해서는 수정하지 못하였음과 수정하지 못한 이유도 밝히는 것이 좋다.

⑦ 해당 학기에 심사가 계속 진행되면 위의 절차가 최종 심사가 이루어질 때까지 진행된다.

최종 심사에 이르기까지 석사학위 논문은 추가로 1~2번 더, 박사학위 논문은 추가로 2~3번 더 진행될 수 있다. 이 과정에서는 앞에서 살펴본 대로 '발표 – 질의응답 – 수정 요구 – 수정 후 제본하여 심사진에게 제출'하는 과정이 반복된다. 이 과정에서 학위예정자는 자신의 논문이 더 정교한 논리 체계를 갖출 수 있도록 수정하고 보완하면서 학위 논문으로 완성해나가야 한다.

⑧ 최종 심사에서 심사위원장으로부터 '축하한다'는 말을 듣게 되면 학위 심사가 완료된 것이다.

논문의 심사가 끝나는 순간은 심사위원장으로부터 '축하한다'는 인사를 듣게 될 때이다. 이 경우에 공식적인 논문 심사는 끝나지만, 예비학위자는 최종 논문을 인쇄하기 전에 오탈자, 인용, 참고문헌, 초록 등 학위 논문의 모든 부분을 꼼꼼하게 살펴보고 최종적으로 수정하여, 대학에서 행정적으로 요청하는 날까지 최종본을 인쇄하여 학위 논문으로 제출하면 된다.

이 과정에서 매우 중요한 절차가 하나 남아 있다. 논문을 최종 수정한 후 인쇄하기 며칠 전에 심사진에게 '인준'을 받아야 하는 과정이다. 이는 논문의 속표지 다음 부분에 있는 논문 인준지에 심사진이 모두 서명하고 날인을 하거나 사인을 하는 것으로, 심사진이 이 논문이 일정한 기준에 따라 심사하여 학위 논문으로 합격하였음을 증명하는 것이다. 이를 받아야 사실상의 논문 심사가 완결되는데, 이를 위해서 예비학위자는 정해진 양식의 인준지를 작성하여 심사진에게 개별 연락한 후 약속을 정하여 심사진 각자로부터 사인이나 날인을 받아야 한다.

이렇게 인준을 완료한 후에 논문을 인쇄하고 제본하게 된다. 논문을 제본한 후 남아 있는 행정 처리를 마쳐야 하며, 지도교수와 심사에 참여한 심사진에게는 자신의 논문을 인쇄한 것을 전달해야 한다. 이것은 심사 과정에서 학문적으로 지도하여 주었음에 대한 감사함을 전달하는 예를 갖추는 것이다. 이렇게 되었을 때 논문 심사는 정말로 끝나게 된다.

제13장
논문 및 최종 보고서(리포트) 작성법

제13장에서는 서베이 연구 결과를 바탕으로 최종리포트나 논문을 작성하는 법을 서술할 것이다. 이를 위하여 논문이라는 글쓰기의 특징, 서술 과정에서 유의할 점 등을 중요하게 다룰 것이다. 여기서 제시하는 내용은 기본적으로 서베이 연구를 중심으로 서술하지만, 다른 자료수집 방법을 사용한 경우에는 자료수집 방법에서만 유의하면서 살펴보면 전반적으로 논문이나 리포트 작성 등에 도움을 받을 수 있을 것이다.

❶ 논문에 대한 기본적 이해

가. 논문은 무엇인가?

1) 논문의 의미

논문(論文)은 어떠한 주제에 대해 연구자가 자신의 학문적 연구 결과나 의견, 주장을 논리에 맞게 그리고 일관성 있고 일정한 형식에 맞추어 체계적으로 쓴 글이다. 영어로는 thesis, dissertation, paper라고 한다. 따라서 이 장에서 다루는 논문은 연구자가 생각할 때 학술적 가치가 있다고 판단되는 내용 중에 기존의 주장과 반복되지 않는 새로운 주장을 하는 것을 논리적인 글로 쓴 것이라고 할 수 있다. 다시 말해 과학적 방법에 의해 연구된 내용을 논리적으로 쓴 글이라고 할 수 있다. 이러한 글쓰기는 학계에서 인정되는 방법과 기준을 충족해야 한다.

논문이 과학적 방법에 의해 연구된 내용을 논리적으로 쓴 글이라고 했을 때 우리가 여기서 초점을 맞추고자 하는 과학적 연구방법은 주로 양적 연구방법을 사용하는 것을 의미한다고 보면 된다. 양적 연구방법을 사용하는 논문은 연구자의 새로운 주장을 가설이나 연구모형의 형태로 제시하고, 그 가설이나 연구모형을 과학적이고 실증적인 방법을 통해 그 진위를 밝혀내는 과정과 검증 결과를 기술하는 것이다.

여기에서 다루는 논문에는 대학에서 학생들이 제출하는 리포트도 포함시키고자 한다. 대학의 리포트가 논문이라고 할 수 있는가에 다른 의견이 있을 수 있지만, 대학생들이 학기 중에 제출하는 리포트도 기본적으로는 위의 논문에 대한 정의 안에 포함되는 글쓰기 작업이라고 판단이 되며, 사실상 학생들에게 기대하는 리포트의 형식과 내용이 논문의 형식과 내용을 필요로 하고 있기 때문에 상대적으로 양이 적지만 논문으로 보는 것이 적절할 것이다.

2) 논문의 형식

논문의 종류에는 석사, 박사 등 학위를 취득하기 위한 학위 논문과 각종 학술지(저널) 또는 학술대회에 발표하는 학술 논문, 연구 보고서, 그리고 출판을 위한 논문 등이 있다. 논문의 구성은 일반적으로 서론, 이론적 논의, 연구모형 및 가설, 자료수집, 분석 및 해석, 결론으로 이루어진다. 사실 이러한 구성은 연구의 시작부터 마지막까지 전체 연구를 구성하는 각 과정에 따라 논리적으로 소개하는 것이라고 보면 된다. 앞으로 상세히 설명할 리포트, 학위 논문, 연구 보고서와 같은 모든 형태의 논문들은 기본적으로 이러한 구성을 갖추고 있다.

학위 논문의 논문 길이는 자유로운 편이나, 심도 있는 연구를 요구하는 박사학위 논문은 학·석사학위 논문에 비해 긴 편이다. 기본적으로 사회과학적 논문의 경우에는 50쪽(부록 포함)을 넘어야 하는 것이 일반적이다. 한편 일반 학술 논문은 보통 학술지나 학술대회에서 게재 안내 시 그 길이를 제한하고 있으며, 이때 쪽수나 단어·글자 수를 명시하여 제한하기도 한다.

나. 논문에서는 무엇을 강조해야 하는가?

여기서는 논문에서 강조해야 하는 것과 관련하여 연구자가 확인할 수 있도록 질문하고 답하는 형식으로 내용을 서술하려고 한다.

1) 나의 논문에서 새로운 주장은 무엇인가?

논문은 위에서 언급한 대로 연구자의 학문적 연구 결과나 의견, 주장을 논리에 맞게 풀어서 일정한 형식에 맞추어 체계적으로 쓴 글이다. 기본적으로 본인의 의견 및 주장을 독자에게 설득하려고 하는 것을 목적으로 하는 글이다. 그렇다면 보통 논문에서 주장하고자 하는 바는 관련 분야의 연구에서 다른 사람들이 이미 주장한 것과는 차별성을 가진 것이어야 한다.

우리가 영화를 보러 가면서 관람할 영화를 고를 경우에, 여러 가지 선택 기준이 있겠지만 그중에서 가장 중요한 요소가 아마도 참신성이나 독창성을 갖춘 새로운 장르나 내용을 포함하고 있는지 여부일 것이다. 논문도 마찬가지이다. 기존 논문에서 다루지 않는 주장이나 내용이 들어 있어서 독자들이 읽고 싶은 마음이 들어야 그 논문의 주요 목적인 독자에 대한 설득이 관철될 수 있다.

따라서 우선 독자들에게 읽고 싶은 마음이 들도록 선행 연구와는 다른 새로운 주장을 해야 한다. 그렇게 하려면 우선 주제가 신선하고 독창적이어야 한다. 이미 많은 사람이 주장한 주제나 내용이 아니라 본인이 새롭게 주장하고자 하는 바가 있어야 한다. 아니면 유사한 주제라도 기존의 주장이나 내용과는 분명한 차별성이 있음을 보여주어야 할 것이다.

2) 논문에서 주장을 논리적으로 전개하는가?

논문에서 주장하는 바가 아무리 신선하고 독창적이라도 그 주장이 설득력을 가지기 위해서는 주장하는 바를 지지할 수 있는 논리와 경험적으로 검증 가능한 자료들이 제시되어야 한다. 즉 본인의 주장이 증거 자료를 통해서 논리적으로 명확히 검증될 수 있어야 한다. 그리고 이러한 경험적 검증이 이 책에서 소개하는 서베이 등과 같은 연구방법을 통해서 이루어지는 것이다.

이 책의 맨 첫 장에서 과학의 두 기둥이 논리적이어야 한다는 것과 경험적이어야 한다는 것임을 설명하였다. 결국 논문은 과학적 방법을 통해 연구한 결과물이기 때문에 당연히 이 두 요소를 포함하고 있어야 할 것이다. 그래서 독자들은 연구자가 논문을 통해 제시한 논리와 경험적 자료를 이해하고 난 후, 연구자의 주장이 과연 설득력이 있는 것인지, 아니면 연구자의 주장이 논리와 경험적 증거와의 정합성이 떨어져서 설득력이 가지지 못한 것인지를 최종적으로 판단하는 경우가 많다. 따라서 논문을 작성하는 과정에서 자신의 연구 결과를 매우 논리적으로 서술하는 것이 중요하다.

3) 논문에서 연구자의 주장이 가지는 사회적 함의는 무엇인가?

연구자는 연구를 통해 학문적 주장을 제시하고자 하지만, 논문에서 단순히 학문적 주장만을 서술하는 것에 그친다면, 학문의 실제성에서 안타까움이 남을 것이다. 사회과학 연구는, 연구자가 연구에서 발견한 결과를 토대로 다양한 사회현상을 개선하는 데 정책적으로 도움을 줄 수 있는 방안을 모색하고 제시한다면 연구의 의미가 훨씬 커질 것이다.

따라서 연구자는 논문에서 얻은 연구 결과가 가지는 사회적 함의가 무엇인가에 대해 심도 있는 고민을 하여 이를 연구 결과와 함께 제시할 필요가 있다. 이를 위해서는 연구 결과를 통해 실질적인 부분에서 정책으로 연결할 수 있는 내용을 찾아내어 서술해야 한다. 결국 연구자의 제안이 실제로 공공정책을 수립하는데 직·간접적인 도움이 된다면 과학적 연구가 실제로 사회에 공헌하는 바가 생기고, 연구자도 보람이 있을 것이다.

이를 위해 연구자는 연구에서 발견한 결과물을 사회 정책적 측면에서 연결해보는 사고가 필요하다. 이런 연습은 사실 사회과학의 기본적 취지와도 연결되는 것이고, 앞에서 개인의 행위를 사회구조와 연결하여 사고하는 '사회학적 상상력'과도 통하는 부분이다. 결국 사회과학 연구의 궁극적 목적은 현상의 원인을 찾아내고 그 원인을 토대로 보다 나은 사회를 만들기 위한 정책적 구상을 마련하는 것이라고 볼 수 있다.

다. 논문에서 다른 사람의 글 인용하기

논문은 보이지 않는 연구공동체의 구성원으로 자신의 연구주제와 관련되어 연구하는 다른 사람들의 선행 연구 결과물에 대한 독서를 기본으로 하기에 자신의 연구 결과를 기록하는 과정에서 다른 사람의 연구 결과물을 인용하였음을 표기해야 한다. 이는 연구윤리를 지키는 일이면서, 동시에 자신의 연구의 논리성을 확보하는 길이기도 하다. 여기서는 리포트, 학위논문, 연구 보고서를 작성할 때 남의 글을 인용하는 방법에 대해 기본적인 사항을 중심으로 살펴보도록 하자.

논문을 작성할 때 항상 자신의 아이디어만을 가지고 글을 쓸 수는 없을 것이다. 때로는 자신의 의견을 더 설득력 있게 주장하기 위해 다른 사람의 아이디어나 글을 인용하는 경우가 생긴다. 이렇게 다른 사람의 글을 인용할 때, 대체로 세 가지 경우로 나눌 수 있다.

첫째는 다른 사람의 글을 연구자가 요약해서 간접적으로 인용하는 경우이고, 둘째는 다른 사람의 글을 직접 인용하는 경우이다. 셋째는 다른 사람의 논문, 저술에 이미 인용된 글의 내용을 재인용해야 하는 경우이다. 각각의 경우에 따라 인용하는 방법은 학회, 학술지 편집지침 등에 따라 조금씩 차이가 있지만 대체로 다음과 같은 방식을 따른다.

1) 다른 사람의 글을 요약해서 간접 인용하는 방법

간접 인용은 인용하는 글을 토씨까지 그대로 가져오는 것이 아니라 해당 연구의 주장이나 주요 결과 등을 자신의 글에 요약하여 기록하는 인용을 말한다. 선행 연구 고찰이나 자신의 분석 결과를 다른 연구 결과 등과 비교할 때에는 해당 연구자의 글을 그대로 가져오기보다는 요약하여 제시하는 경우가 많다.

따라서 간접 인용은 다른 사람의 글을 그대로 옮겨 적는 것이 아니라 그 내용을 이해하고 소화해서 자신의 글로 표현하는 것을 의미한다. 그런데 여기서 중요한 것은 타인의 글을 풀이한다는 생각에서 원저자의 의도를 상실하는 글이 되게 해서는 안 된다는 것이다.

간접 인용을 하면서 타인의 글을 풀이해서 요약할 때, 주의해야 할 사항은 무엇일까? 우선 인용하는 저자의 진술을 원래의 의도를 살려서 요약해야 한다. 또한 원저자의 진술 내용 중에서 중요한 용어를 찾아서 그 용어를 위주로 하여 자신의 글을 만들어내야 한다. 즉 저자가 강조하는 요점에 맞추어서 자신의 문장을 만들도록 노력해야 한다.

그렇다면 간접 인용의 경우에 인용표기를 안 해도 될까? 아니다. 다른 사람의 글을 자신의 표현으로 바꾸었지만 여전히 인용표기는 해야 하고, 글의 출처도 밝혀야 한다. 이 경우에 출처는 저자와 출판연도를 표시하면 된다. 일반적으로 다른 사람의 글을 요약해서 인용할 때는 쪽수까지 밝힐 필요는 없다(물론 친절하게 쪽수까지 제시하는 경우도 있다).

사례보기

간접 인용하는 경우

- 머튼(1938)은 어떤 사회에서는 아노미가 무규범이 아닌 마치 규범처럼 존재할 수 있었다고 주장했다.
- 뒤르켐(1933)은 분업이 고도화될수록 전통 사회의 기계적 연대의 기반이었던 집합감정은 약화되고 집합의식의 역할도 축소된다고 보았다.
- 뒤르켐은 〈사회분업론〉에서 분업의 비정상적 내지는 병리적 형태를 설명하면서 아노미 개념을 설명하였다(Durkheim, 1933).

---

2) 다른 사람의 글을 직접 인용하는 방법

직접 인용은 다른 사람의 글을 인용하면서 자신이 직접 본 내용을 그대로 가져와서 자신의 논문 등에 적는 것을 말한다. 이러한 직접 인용의 경우는 다음과 같은 몇 가지 점을 고려해야 한다.

① 다른 사람의 글을 있는 그대로 직접 인용할 경우는 인용하는 글을 " "(따옴표)로 표시하여야 한다.

② 다른 사람의 글을 자신이 좋아하는 형태로 바꾸어서는 안 되며, 그 글이 누구의 것이라는 것을 명확히 밝혀야 한다.

③ 인용하는 문장에서 " " 안에 있는 글은 원자의 글 표현 그대로 옮겨와야 한다. 저자와 출판연도 그리고 글이 수록된 논문이나 책의 쪽수를 정확히 밝혀야만 한다. 이때 쪽수는 출판연도 뒤에 표기하는 데, 표기하는 방법은 학회나 대학 등의 요구에 따르면 된다. 보통 연도 다음에 ':(콜론)' 표시하고 바로 다음에 기입하거나 ', p.'표기를 한 다음에 기입하는 경우가 대부분이다.

④ 만약 3~4줄 이상의 글을 인용할 경우에는 보통 행을 바꾸고 여백을 둔 후 독립된 문

단으로 구성하고, 인용문단 전체를 본문보다 안쪽으로 들여 쓰는 것이 일반적이다. 이 경우에는 따옴표는 사용하지 않고 출처만 밝혀도 된다.

직접 인용하는 경우

예1] 따옴표를 이용한 직접 인용의 경우

- 머튼은 "일탈은 문화적으로 정의된 열망과 사회적으로 구조화된 수단 사이의 분리로 인한 증상이 될 수 있다."고 보았다(Merton, 1938: 674).
- 뒤르켐에 따르면 "규제의 결여는 기능 간의 통상적인 조화를 불가능하게 한다."(Durkheim, 1933: 368).

예2] 3~4줄 이상의 글을 직접 인용하는 경우

- 사회과 교육 과정(교육부, 2015)에서는 사회과 교육을 통해 길러주고자 하는 인물상을 민주시민으로 규정하고, 이에 대하여 다음과 같이 제시하고 있다.

   사회과에서 육성하고자 하는 민주시민은 사회현상을 이해하고 사회생활을 영위하는 데 필요한 지식의 습득을 바탕으로 인권 존중, 관용과 타협의 정신, 사회 정의의 실현, 공동체 의식, 참여와 책임 의식 등의 민주적 가치와 태도를 함양하고, 나아가 개인적, 사회적 문제를 합리적으로 해결하는 능력을 길러 개인의 발전은 물론, 사회, 국가, 인류의 발전에 기여할 수 있는 자질을 갖춘 사람이다(교육부, 2015: 3).

위에서 제시한 예는 다른 사람의 글을 직접 인용하는 방법의 일반적인 예시이므로 직접 인용 시에 참조하면 된다. 구체적으로는 학회의 지침이나 대학의 학위 규정에 따라 인용과 관련해서는 그 세부 규정이 각기 다르므로 해당 지침과 규정에 따라야 한다.

3) 다른 사람의 글을 재인용하는 방법

재인용이란 2차 문헌에 나온 1차 문헌의 정보를 실제 1차 문헌을 통해 직접 확인하고, 1차 문헌의 내용과 2차 문헌의 언급을 함께 인용하고자 하는 경우에 활용되는 출처표기의 방식을 말한다. 즉 다른 사람이 작성한 논문이나 저술에 이미 인용된 내용을 내가 다시 인용해야 할 경우를 재인용이라고 한다. 예를 들어, 어떤 사람의 논문(이성식, 2015)을 참조하는데, 그 논문에 인용된 다른 사람(김상원, 2007)의 글을 다시 인용한다면 아래와 같이 재인용을 표시해주면 된다.

사례보기

다른 사람의 글을 재인용하는 방법의 예

- 김상원(2007; 이성식, 2015에서 재인용)의 연구에 의하면 …
- … 청소년 비행을 설명하는 요인이다(김상원, 2007; 이성식, 2015에서 재인용).

다른 사람의 글을 재인용하는 방법도 역시 구체적으로는 학회의 지침이나 대학의 학위 규정에 따라 각기 다르므로 해당 지침과 규정에 따라야 한다.

② 학위 논문의 구성과 작성 방법

가. 학위 논문의 구성

1) 학위 논문 작성의 출발점: 연구계획서를 바탕으로 하기

학위 논문은 학위 과정에 있는 사람들에게는 가장 중요한 결과물이다. 학위 논문이 심사 과정에서 통과되어야만 학위를 취득할 수 있기에 그 출발하는 첫걸음부터 잘 디뎌야 한다. 또한 학위 논문은 향후 연구자의 연구 방향을 결정하는 시작점이면서 향후의 학문적 정체성을 보여주는 것이기에, 연구자는 학위 논문을 쓸 때 어떤 주제로 어떤 연구방법론을 적용하여 연구할지를 잘 판단해야 한다.

우선 학위 논문은 연구계획서를 잘 이행하는 작업이라고 보면 된다. 연구계획서는 초록발표를 통해 학과 교수진들에게 제시되었을 것이고, 내용 중에 수정이 필요한 부분에 대해서 학과 교수들로부터 수정요청을 받았을 것이다. 그 내용을 기초로 지도교수와의 상담을 통해 전체적인 학위 논문의 뼈대는 마련이 되었을 것이기 때문에, 최종 수정된 연구계획서에 따라 실질적 내용을 완성해간다고 생각하면 될 것이다.

즉 연구계획서는 설계도와 같은 것이고, 그 설계도대로 건축을 잘하느냐에 따라 학위 논문이라는 건축물이 튼튼하게 완성될 것인지, 아니면 날림공사가 될 것인지 결정이 된다고 보면 된다. 물론 설계도가 불충분해도 공사 과정에서 보완하면 좋은 건축물이 지어질 수도 있지만, 그런 경우는 상당히 드물다. 대부분은 설계도가 좋아야 튼튼한 건물이 세워지는 것처럼,

연구계획서부터 제대로 만들어져야 학위 논문 자체도 좋은 결과물을 얻을 수 있는 것이다.

종종 대학원생들이 학위 논문, 특히 박사학위 논문을 너무 거창한 작업으로 인식하고 평생에 남는 역작을 남겨야 하겠다는 생각을 하는 경우를 가끔 보게 된다. 물론 석사학위 논문, 박사학위 논문은 평생에 한 번 쓰는 것이기 때문에 본인이 가지고 있는 모든 열정과 노력을 다 쏟아 부어야 하는 일임에는 틀림이 없다.

하지만 학위 논문을 쓰고 난 이후에도 학술 논문을 쓰는 것은 학계에 있는 동안, 아니 어쩌면 학자 혹은 연구자로서 평생 해야 할 일이기 때문에 학위 논문 자체에 너무 많은 의미 부여를 하면서 대작(master piece)을 써야겠다는 욕심을 가지는 것보다는 평소 가지고 있던 문제의식 중에 자료수집이 가능한 주제를 가지고 그동안 배웠던 방법론이나 이론적 지식을 토대로 담담하게 하나의 연구를 완성하겠다는 생각으로 시작하는 것이 좋을 것이다.

2) 학위 논문의 기본적 구성

학위 논문의 기본적 구성요소는 약간씩 다를 수 있지만 대체로 유사한 부분을 공유하고 있다. 학위 논문은 연구 결과를 보고하는 형태의 글쓰기 중에서 가장 상세하고 양이 많은 편이라고 할 수 있다. 하지만 근본적인 측면에서는 과학적 방법에 의해 연구된 내용을 논리적으로 쓴 글이라는 측면에서 이 장에서 다루고 있는 리포트, 연구 보고서 등과 기본적으로 동일한 구성 요소를 담고 있다고 보아야 한다.

내용이나 깊이, 상세 설명 등의 측면에서 보면, 연구자는 학위 논문이나 연구 보고서를 작성할 때 가장 전문적이고 상세한 글쓰기를 하게 될 가능성이 높다. 반면에 리포트나 학술지에 발표할 목적으로 하는 연구 논문은 상대적으로 매우 축약된 형태의 짧은 글쓰기라는 점에서 차이가 있다. 이에 따라 학위 논문의 구성요소는 리포트 등과는 달라진다.

학위 논문의 구성요소는 양적 연구방법과 질적 연구방법에 따라 조금 차이가 있다. 여기서는 주로 양적 연구방법을 적용한 논문을 중심으로, 기본적으로 학위 논문이 일반적으로 따르는 형식과 내용을 소개하고자 한다. 학위 논문에는 연구 제목, 목차, 서론, 이론적 배경, 연구방법(연구모형), 분석 결과 및 해석, 요약 및 결론, 참고문헌, 부록 등이 들어가야 한다. 이를 정리하면 <표 13-1>과 같다.

표 13-1　　학위 논문의 구성

구성 항목	세부 설명
제목	연구주제, 연구방법, 변수관계 등이 함축적으로 나타날 수 있도록 구성해야 한다.
목차	연구를 하면서 얻은 연구 결과물의 목차를 제시하면 된다. 보통 논문의 구성항목을 그대로 제시한다.
Ⅰ. 서론	문제의식, 연구목적, 연구주제에 대해 설명한다.
Ⅱ. 이론적 배경	연구를 위해 참고한 이론 및 선행 연구, 관련 연구 결과를 통한 변수 설정, 변수 간의 관계를 바탕으로 연구자가 설정한 가설을 제시한다.
Ⅲ. 연구방법(연구모형)	연구대상, 질문지 작성 과정, 자료수집 방법, 자료 분석 방법 등을 제시한다. 특히 이론적 모형과 측정이나 분석모형을 상세하게 설명한다.
Ⅳ. 분석 결과 및 해석	자료를 분석한 결과를 제시하고 그 결과에 관한 해석을 설명한다.
Ⅴ. 요약 및 결론	연구에서 얻은 결과를 간단하게 정리하고 연구 결과를 통해 연구가 제시할 수 있는 정책적 함의와 기존 연구와의 차별성, 그리고 연구의 한계, 미래 연구에서 행할 과제 등을 결론에서 제시한다.
참고문헌	학위 논문 작성 전반에 활용한 참고문헌을 제시한다.
부록	분석 결과와 관련되어 추가적으로 제시할 분석표 등을 여기에 첨부할 수 있다. 그리고 질문지를 작성하여 제시할 경우에도 여기에 첨부한다.

나. 학위 논문의 작성 방법

1) 제목

제목은 전체 연구 내용을 암시하는 일종의 '문패' 혹은 '간판'의 구실을 하는 것이다. 따라서 전체 연구를 압축하면서 제목을 통해 연구의 내용을 짐작할 수 있을 정도로 함축적인 단어를 통해 표현하면 좋을 것이다. 그러면서 동시에 독자들에게 흥미를 끌 수 있도록 유도할 수 있는 표현을 가미하면 더욱 좋을 것이다. 요즈음은 예전처럼 학위 논문의 제목을 "~에 관한 연구", "~에 관한 고찰" 등과 같은 전형적인 형태로만 달지 않는 경향이 있다. 물론 학위 논문이 학술지 등에 출판을 목적으로 하는 학술 논문이나 학회의 발표 논문에 비해 보수적인 입장을 유지하는 편이라서 아직 이런 형식적 표현을 고집하는 교수들이 있지만 지금은 예전에 비해 제목 표현에서 상당히 유연해진 편이라고 할 수 있다.

2) 목차

목차는 학위 논문의 전체 내용을 일목요연하게 보여주는 것이다. 모든 책자 형태의 연구서는 목차를 담고 있다. 책의 목차만 보고도 그 책자가 담고 있는 내용을 짐작할 수 있다. 마찬가지로 학위 논문의 목차도 그런 구실을 하도록 만들어야 한다. 따라서 목차는 대부분 장 (chapter)의 제목과 그 장의 소제목 정도를 따와서 만든다. 그러므로 장의 제목이나 그 장의 소제목을 달 때에도 그 안의 내용을 대표할 수 있도록 해야 한다.

일반적으로 학위 논문에서는 표 목차, 그림 목차도 들어간다. 필요한 경우 특정 표나 특정 그림을 찾을 때 신속하게 찾을 수 있도록 도움이 되기 위해서다. 따라서 보통 표나 그림의 순서는 특정 장의 번호 숫자를 맨 앞에 단다. 예를 들면 <표 Ⅲ-2>, [그림 Ⅱ-2] 등과 같이, 표나 그림이 속한 장의 번호를 달아 줌으로써 정리도 잘 되고, 나중에 찾기도 쉽게 할 수 있도록 배치한다. 목차마다 시작 페이지도 제시함으로써 중간에 특정 부분을 찾아보고자 할 때 페이지 번호를 찾아가서 볼 수 있도록 편리함을 제공해 주어야 한다.

3) 서론

서론에는 연구 문제 설정, 연구주제와 관련한 문제의식 설명, 연구목적과 취지, 연구주제와 관련한 다양한 이론이나 쟁점 등이 들어갈 수 있다. 서론에서 다루는 연구주제나 문제의식은 독자에게 주는 첫인상이기 때문에 정확하면서도 선명하게 전달하도록 함으로써 독자가 학위 논문에 대해 전반적인 관심을 가지도록 하는 것이 필요하다.

4) 이론적 배경

이론적 배경에서는 연구의 이론적 배경이 되는 이론적 틀을 소개하고, 연구주제와 관련된 기존의 선행 연구들을 검토한다. 그런 와중에 본인의 연구가 가지는 독창성이나 의의를 제시한다. 그리고 연구를 수행하는 데 있어서 핵심적인 변수 설정과 소개, 변수 간의 관계를 바탕으로 연구자가 설정한 가설을 제시한다.

5) 연구방법

연구방법(연구모형)에서는 이론적 틀에 기초하여 논문의 이론적 모형을 제시하고 그에 따라 주요 변수들을 소개하고 경우에 따라 이론적 모형의 변수들을 구체적으로 어떻게 측정할 것인지와 관련된 측정모형을 제시할 수도 있다. 그리고 연구자가 선택한 연구방법에 대해서 설명한다.

여기에는 연구방법에 대한 구체적인 소개와 특정 분석 방법을 선택한 이유 등이 포함된다. 질문지 조사를 한 경우에는 연구대상의 선정 과정, 연구대상에서 모집단과 표본의 정의, 표본의 추출 과정, 조사를 실시한 시기, 지역, 자료수집 기간 등도 소개하고, 연구 상황과 연구대상자의 성격과 함께 관련 기술통계도 여기서 소개할 수 있다. 기술통계는 연구자의 판단에 따라 분석 결과의 맨 앞부분에서 제시할 수도 있다.

6) 분석 결과 및 해석

분석 결과 및 해석에서는 연구모형에 따라 설계된 분석모델을 소개하고 실제로 실시한 조사의 측정, 조작적 정의 등을 다시 소개하며 정리해줌으로써 독자들에게 변수의 측정에 대해 상기시킬 수도 있다. 자료의 소스(source) 소개와 변수별 간단한 기술통계를 알려준다(앞에서도 언급한 것처럼 이 부분은 연구방법의 후반부에서 다룰 수도 있다).

그다음에 자료의 분석 결과를 보고한다. 이때 표나 그림, 측정치의 통계적 유의도 등을 제시하면서 분석 결과에 대한 해석도 함께 제시한다. 이때 다른 학자들이 필요하다고 생각하면 반복(replication) 연구를 할 수 있도록 변수와 측정, 통계적 수치를 상세하게 설명해주어야 한다. 자료 분석과 해석을 학위 논문 안에서 전체적으로 통합할 수 있도록 서술해야 한다.

7) 요약 및 결론

요약 및 결론에는 분석 결과에 대한 요약과 그 결과에 대해 논의하면 된다. 더 나아가서 연구 결과에 기초한 공공정책 제시 혹은 실천적 함의에 대해서 기존 연구 결과와 관련지어 토론하면서 서술하면 좋다. 또한 연구방법론을 포함한 연구의 한계를 지적하며, 개선해야 할 점을 제시할 수도 있다. 그렇게 함으로써 장래의 유사 주제를 연구하는 연구자들에게 같은 주제에 관한 연구의 미래 방향을 제시하는 데 공헌할 수 있다.

8) 참고문헌과 부록

학위 논문은 반드시 참고문헌 또는 각주를 포함해야 한다. 참고문헌이나 각주를 다는 방식이 통일되어 있지는 않은데, 대학교마다 대학원에서 제시하는 지침과 양식이 있으므로 이를 따르면 된다. 그리고 부록에서는 학위 논문의 본론 부분에 담기 어려운 분석표, 연구에서 사용한 질문지 또는 면접 조사표, 표집 방법, 면접원 지침, 그 밖에 연구수행 과정과 직접 관련이 있는 각종 자료를 포함하면 된다.

③ 연구 보고서의 구성과 작성 방법

연구 보고서는 일반적으로 연구 기관이나 연구를 후원한 단체의 연구용역을 수행한 후에 그 연구의 결과를 보고하는 형식의 보고서를 말하는 것이다. 이러한 연구 결과 보고서는 보통 과학적 연구를 수행한 결과를 보고하는 경우가 거의 대부분이다. 따라서 연구 보고서도 학위 논문의 구성과 작성 방법의 원칙을 공유한다고 보면 된다.

가. 연구 보고서 작성 시 고려 사항

보고서 작성자의 입장에서는 연구 보고서를 잘 쓰는 일이 중요하다. 일반적으로 과학적 연구 보고서가 가지고 있는 기본적인 기능이 있는데 이를 고려하면서 연구 보고서를 작성하면 보다 나은 보고서가 될 수 있을 것이다. 구체적으로 다음과 같은 점을 고려하면 더 좋다.

① **연구 보고서는 구체적인 자료를 바탕으로 연구자의 생각을 독자에게 전달할 수 있어야 한다.**

따라서 연구 보고서는 그 구체적인 내용을 명확하게, 그리고 평가를 할 수 있을 정도로 충분히 상세하게 전달해야 한다.

② **독자들이 전문가집단인지 일반적인 독자인지를 구분해야 한다.**

전문가집단이라면 그들이 관련 지식을 이미 가지고 있기 때문에 기존 정보의 소개는 최소한으로 하고 연구 결과에서 얻은 새로운 부분과 그 해석에 더 많은 노력과 시간을 들일 필요가 있다. 일반적인 독자라면 기본적인 지식과 소개에도 많은 부분을 할애해야 하고 어휘도 가급적 쉬운 걸로 골라 써야 한다.

③ **연구 보고서의 형식과 길이는 연구의 목적에 따라 다양하다.**

학술 잡지나 기술 잡지에 실리는 짧은 연구노트 같은 경우에는 4~5쪽 정도로서 간단하고 명료하게 서술해야 한다. 따라서 방법론 부분은 아주 간단하게 소개하는 정도로 쓰고 상당 부분은 생략한다.

④ **많은 경우, 연구 보고서는 연구 조사의 후원자나 후원 기관을 위해 보고서를 쓴다.**

이 경우에는 쪽수가 상당히 늘어나더라도 연구 보고서의 내용 안에 연구목적, 기존 문헌 리뷰, 연구대상과 자료수집 방법, 자료 분석, 결론 등을 상세하게 서술해야 한다.

⑤ **연구 보고서는 해당 분야의 지식체계에 어느 정도 기여할 수 있어야 한다.**

관련 분야의 독자들이 연구 보고서의 내용을 통해 새로운 지식을 습득하는 데 도움이 되어야 한다.

⑥ **연구 보고서는 그 분야의 미래 연구를 자극하고 앞으로의 방향을 제시하는 기능을 수행하는 것이 바람직하다.**

독자들이 연구 보고서를 토대로 연구의 주제를 확대하고 심화하며 발전시키는 방향으로 미래 연구에 대해 구상할 수 있도록 유도해야 한다.

나. 연구 보고서의 구성

연구 보고서의 구성은 보고서 작성자의 기준이나 연구 기관의 지침, 혹은 용역 기관의 요구에 따라 다를 수 있지만 보통 크게 서두 부분, 본문 부분, 기타 부수적 부분으로 나눌 수 있다.

① **서두 부분은 제목, 저자의 이름과 소속, 지위, 서문, 목차, 표나 그림 목차, 초록(abstract) 등이 들어간다.**

② **본문 부분은 서론, 연구방법, 분석 결과, 토론 및 요약과 결론 등이 들어간다.**
   - 서론에는 연구 문제, 연구목적, 이론적 배경, 선행 연구 검토 등이 들어간다.
   - 연구방법에는 연구 설계나 연구대상, 연구모형, 자료수집 방법, 분석 방법 등이 들어간다.
   - 분석 결과에는 분석의 틀, 자료 분석 결과와 해석 등이 들어간다.
   - 토론 및 요약과 결론에는 결과의 요약, 정책적 또는 실천적 함의, 연구 한계와 미래의 연구 방향 제시 등이 들어간다.

③ **기타 부수적 부분에는 참고문헌과 부록 등이 들어간다.**

다. 구체적인 연구 보고서 작성 요령

① 서론에 들어가는 연구 문제 설정, 연구목적과 취지, 이론적 배경, 기존 문헌 검토는 일반적인 학술 논문과 같다. 연구 보고서에서 들어가는 내용 중에 일반 학술 논문과 다르게 서론 부분에서 들어갈 내용으로는 이론적인 것뿐만 아니라 실질적이고 정책적인 부분과 관련해서 지금까지 문제시되어 왔던 쟁점들을 다루는 문헌들도 검토하는 것이 필요하다.

② 연구방법에는 일반 학술 논문과 마찬가지로 연구자가 선택한 연구방법에 대한 설명이 포함되어야 한다. 구체적 연구방법에 대한 소개와 선택 이유, 간단한 연구방법 소개 등이 포함된다. 조사를 실시한 시기, 지역 등도 소개하고, 연구 상황과 연구대상자의 성격과 함께 관련 기술통계도 여기서 소개할 수 있다. 기술통계는 상황에 따라 분석 결과의 맨 앞부분에서 다루기도 한다.

③ 분석 결과에서는 연구모형에 따라 설계된 분석모델을 소개하고 실제로 실시한 조사에서 사용된 조작적 정의와 측정 등을 다시 소개하며 정리해줌으로써 독자들에게 변수의 측정에 대해 상기시킬 수도 있다. 자료의 소스(source) 소개와 변수별 간단한 기술통계를 알려준다. 연구 문제에 대한 대답을 분석 결과에 기초하여 간결하게 보고한다. 이때 표나 그림, 측정치의 통계적 유의도 등을 제시하면서 분석 결과에 대해 해석한다. 양적 자료의 분석인 경우에 독자가 필요하다고 생각하면 언제든지 반복(replication) 연구가 가능하도록 변수와 측정, 통계적 수치를 상세하게 보여주어야 한다.

④ 자료 및 분석과 해석을 연구 보고서 안에서 전체적으로 통합할 수 있도록 서술해야 한

다. 자료를 맥락에 맞지 않게 따로 제시하거나, 분석을 잘못한다거나, 해석을 실제 결과와 동떨어지게 한다면 아무리 연구 설계와 측정을 제대로 했다고 하더라도 잘못된 보고서가 될 수밖에 없다.

⑤ 토론 및 요약과 결론에는 분석 결과에 대한 요약과 그 결과에 대한 토론과 논의를 하게 된다. 여기에서는 결과에 기초한 정책적 혹은 실천적 함의에 대해서 논의하고, 연구방법론을 포함한 연구의 한계를 지적하며, 개선해야 할 점을 제시할 수도 있다. 그렇게 함으로써 장래의 연구자들에 의한 미래 연구의 방향을 제시하는 데 공헌할 수 있다.

⑥ 연구 보고서에는 반드시 참고문헌 또는 각주를 포함하게 되어 있다. 형식은 통일되어 있지는 않지만 대체로 전문학회지나 정기간행물에서 기고자가 따라야 할 지침과 양식이 있으므로 이를 따르면 된다. 끝으로 부록에서는 연구 보고서의 본론 부분에 담기 어려운 표, 연구에서 사용한 질문지 또는 면접 조사표, 표집 방침, 면접원 지침, 그밖에 연구수행 과정과 직접 관련이 있는 각종 자료를 포함하면 된다.

4 리포트의 구성과 작성 방법

넓은 의미에서 리포트란 연구·조사를 실시하고, 이에 근거해 작성된 보고서 일반을 뜻하는 것이다. 그런데 여기서 리포트는 좁은 의미로서 대학교에서 한 학기의 수업이 마무리될 때 교수가 학생들로 하여금 기말 리포트를 과제물로 수행하도록 하는 경우에 제출하게 되는 간단한 형태의 보고서를 말하는 것이다. 주로 학기 말 보고서(term paper)라고 부르는 것을 말한다.

대학에서 요구하는 리포트는 기본적으로 논술의 형식을 포함하는 글이다. 논술이란 본인이 주장하는 바를 논리적으로 서술하는 글이다. 리포트도 학생이 주장하고자 하는 바를 논리적으로 서술하는 글쓰기라고 생각하면 될 것이다. 물론 리포트는 학술 논문이나 연구 보고서처럼 경험적 연구이어야 할 필요는 없다. 하지만 여전히 독자들에게 본인의 주장을 설득하기 위한 글이기 때문에 논리적이고 객관적이어야 한다. 그렇다면 이제부터 좋은 리포트가 갖추어야 할 내용을 살펴보도록 하자.

가. 주제선정 시 유의할 점

주제가 문제의식은 아니라는 점을 명심하자. 문제의식이란 문제 내지 주제라는 보석이 묻혀 있는 광산이라고 보면 된다. 주제를 위해 어떤 광산이 필요한지 탐색하는 것은 필요하지만, 그것만으로는 논문을 쓸 수 없다.

논문의 주제가 되려면 일정한 답을 요구하는 질문의 형태가 될 수 있어야 한다. 논문의 주제는 '문제의식'에서 출발하는 것은 맞지만 '문제의식' 자체가 주제는 아니라는 것이다. 예를 들면 '복지국가'에 대한 관심은 문제의식이지 논문의 주제는 아니고 '복지국가는 국민의 행복증진에 진짜 기여하는 바가 있는가?'는 논문의 주제가 될 수 있다.

나. 리포트가 갖추어야 할 요소

리포트 또한 논문과 같이 논리적인 글이다. 그렇다면 리포트에서 논리적 글쓰기가 갖추고 있어야 할 중요한 요소는 무엇일까?

① 전체 글의 구성이 논리적으로 짜여 있어야 한다.

기본적으로 크게 목차 그리고 서론, 본론, 결론의 세 구성으로 이루어져 있어야 한다. 목차는 전체적으로 글의 구성이 어떻게 이루어져 있는지를 한눈에 보여주는 부분이다. 목차만 읽어도 글의 구성을 한눈에 파악할 수 있도록 논리적으로 구성하도록 해야 한다.

② 글의 구성은 서론, 본론, 결론, 그리고 참고문헌 순으로 기술하는 것이 좋다.

서론에서는 본인이 글을 통해 말하고자 하는 목적이 분명히 드러나야 한다. 이를 위해서는 자신이 쓰는 리포트 내용과 관련하여 무엇을(대상), 어떻게(방법)와 관련된 내용을 간명하게 밝혀야 한다. 본론은 본인이 조사한 내용이나 주장하고자 하는 내용을 구체적으로 전개하는 부분이다. 본론의 내용을 세부적으로 나눈 후에 그 내용에 맞는 적절한 목차하에 논리적으로 서술하여야 할 것이다. 결론에는 본인이 주장했던 본론의 내용을 간단히 요약하고 본인이 얻은 조사 내용이나 주장에서 의미 있는 결과가 무엇인지를 밝힌다. 마지막으로 참고문헌은 리포트에 담긴 내용의 근거를 제시하는 곳이다. 모든 논의에 있어서 논리 전개와 근거 제시가 가장 중요하다. 이를 위해서 다른 연구자의 자료, 견해, 결론 등을 인용할 경우 반드시 그 근거를 밝혀야 한다. 그리고 인용문에 대한 표기, 각주, 참고문헌 등을 작성할 때는 규정된 작성 요령에 따라야 한다.

③ 도서관을 잘 활용하여 본인이 주장하고자 하는 바의 근거가 되는 글을 읽고 그것을 활용하여야 한다.

자료 분석을 통한 본인 주장의 근거를 뒷받침하는 것도 중요하지만, 본인의 주장을 지지하는 이론적 배경이나 논리적 근거가 될 수 있는 다른 참고문헌들을 도서관 자료를 통해 확보하는 것이 중요하다. 이러한 경험적, 논리적 근거들이 본인의 주장을 독자들에게 설득시키는 힘이 되는 것이다. 물론 올바른 도서관 활용은 직접 도서관에서 무조건 책을 찾는 것이 아니라 전자검색을 통해 관련 문헌(논문, 도서 등)을 찾는 것이 우선 이루어져야 할 것이다.

④ 간단명료하게 자신의 주장을 담아야 한다.

글을 잘 쓰는 순서는 말을 잘하는 순서와 같다. 말을 잘하는 사람은 일단 자기가 하고자 하는 말을 간단명료하게 전달할 수 있다. 글도 마찬가지이다. 장황하게 설명하기보다는 간단하면서 명확하게 본인이 주장하고자 하는 바를 표현하면 좋은 글이라고 할 수 있다. 양이 많으면 좋은 리포트일 것으로 생각하는 경우가 있는데, 실제로 교수들은 실질적인 내용이 없이 양만 많은 리포트는 좋아하지 않는다. 핵심적인 내용이 들어가 있으면서 간결한 리포트가 좋은 인상을 준다.

다. 리포트 구성과 작성 방법

1) 리포트 구성요소

리포트도 논문의 형태이기 때문에 논리적 글쓰기의 기본적 요소를 가지기 마련이다. 즉 기본적으로 제목, 목차, 서론, 본론, 결론, 참고문헌으로 나눌 수 있다. 그리고 리포트도 본인의 아이디어만이 있는 것이 아닐 것이기 때문에 다른 사람의 글을 인용하는 경우에는 반드시 각주를 통해 인용하였음을 밝혀야 한다.

리포트는 어떻게 보면 가장 작고 간단한 형태의 논문이기 때문에 앞에서 소개한 학위 논문이나 연구 보고서 작성 방법의 초보적 수준을 밟아간다고 보면 된다. 어쩌면 장차 학위 논문이나 연구 보고서를 쓰기 위한 연습이라고 생각하고 처음부터 리포트를 논리적으로 작성할 수 있는 방법을 터득하는 것이 필요하다.

2) 리포트 작성 방법

리포트를 제출할 때 어떤 학생들은 제목이나 목차도 없이 처음부터 서론이 시작되는 페이지를 첫 페이지로 해서 제출하는 경우가 가끔 있다. 물론 리포트의 내용이 형식보다 중요한 것은 사실이지만 대학에서 리포트 작성은 사실 나중에 직장 생활에서 본인이 작성하게 될 어떤 형태의 보고서를 준비하는 연습 과정이라고 볼 수 있다.

이와 관련하여 다음과 같은 점에 유의하면 좋을 것이다.

① **리포트 겉표지에서도 기본적인 형식을 지킨다.**

리포트 작성에서 내용적인 측면뿐만 아니라 형식적 측면에서도 공식적 문서의 양식을 띨 수 있도록 준비하는 습관을 기를 필요가 있다. 이왕이면 리포트가 깔끔한 외양을 갖추게 하는 것이 평가자에게 좋은 인상을 준다는 측면에서 필요하다고 본다. 따라서 가급적 리포트의 첫 페이지는 리포트 제목과 강좌명, 담당교수, 제출일, 제출자 등의 정보를 포함하는 겉장을 시작 페이지로 하는 것이 좋다.

② 리포트 내용 앞에 목차를 제시하는 것이 좋다.

혹시 리포트가 어느 정도 긴 경우에, 그리고 전체 내용이 여러 장(chapter)으로 구성되어 있다면 목차를 제시하는 것도 독자의 편의를 위해 좋은 방법이 될 수 있다.

③ 서론에서는 리포트의 주제와 관련해서 리포트 작성자의 목적, 취지, 논의 전개 방식 등이 분명히 앞부분에 제시되어야 한다.

보통 주장하는 바의 위치에 따라 두괄식, 미괄식, 양괄식으로 구분하는데, 저자의 기호에 따라 결정하면 되겠지만 보통 서론 부분에 주장하고자 하는 바를 명확히 밝혀주는 것이 독자들(평가자)로 하여금 글의 방향과 주장에 대한 이해를 정확하게 해줄 수 있다. 그리고 결론 부분에 다시 본인의 주장을 환기함으로써 저자의 주장을 확실하고도 강하게 나타낼 수 있다. 만약 기말 리포트라도 경험적 자료를 가지고 분석한 연구라면 서론에서 연구방법론, 자료수집 방법, 가설 설정 등에 관해 소개해야 한다.

④ 본론에서는 본격적으로 저자가 주장하고자 하는 바를 논리적으로 설명하면서 독자를 설득하기 위한 구체적인 논의를 전개해야 한다.

설득력이 높은 글이 되기 위해서는 중간에 본인의 주장을 납득시키기 위한 예를 들어 설명하는 것도 좋은 방법 중의 하나이다. 그리고 경험적 자료를 분석하는 리포트라면 본론에서 자료의 분석 결과를 제시하고 그 분석 결과에 따른 해석도 본론에서 다루어야 할 것이다. 필요하다면 간단하게나마 핵심적인 논쟁 부분에 대한 토론도 이 부분에서 할 수 있을 것이다.

⑤ 결론에서는 저자의 주장에 대해 요점을 정리하면서 최종적으로 다시금 주장의 핵심 내용을 환기하면서 독자에게 저자 본인의 주장을 확실하게 밝히는 것이 좋다.

결론에서는 앞에서 하지 않았던 새로운 내용의 이야기는 가능하면 하지 말고 앞에서 논의한 내용을 토대로 요약, 정리하면서 본인의 주장에 힘을 실어주면서 간단명료하게 끝맺음을 해주는 것이 낫다.

제4부

실험법

제4부에서는 양적 연구방법의 하나인 실험법에 대해서 살펴보기로 한다. 앞서 논의한 바와 같이 본서는 주로 양적 연구방법 중에서 가장 많이 활용되는 서베이 방법을 중심으로 기술하고 있지만, 실험법도 심리학이나 사회복지, 교육학, 의학 등의 학문 분야에서 중요하게 사용되는 양적 연구방법이기 때문에 실험의 기본적인 원리와 유형에 대해서 별도로 소개한다.

제14장
실험설계의 원리와 이해

제14장에서는 실험법과 관련한 이론적 논의를 주로 살펴볼 것이다. 즉 실험법의 의미와 자료수집을 위해 기본적으로 알아야 할 주요 지식과 개념, 그리고 타당성과 관련한 논의를 주로 살펴볼 것이다.

1 실험설계의 의의

가. 실험법의 기본

실험법은 일반적으로 실험실과 같은 통제된 상황에서 실행되는 것으로 연구자가 관심을 가지는 특정 요인(독립변수)을 연구대상자(피험자)에게 처치(적용)한 후에 나타나는 결과(종속변수)를 관찰하는 연구방법이다. 실험법은 다음과 같은 특징을 가진다.

① 실험법은 사회현상 간의 인과관계를 검증하는데 가장 적합한 연구방법이다. 실험법의 장단점에 대한 간단한 설명은 제2장의 다양한 자료수집 방법의 개관 중에서 실험법 부분에 기술되어 있으니 참고하기 바란다.

② 실험법은 앞서 언급한 바와 같이 인과관계를 검증할 수 있는 연구방법이다. 따라서 실험법에 의해서 인과관계를 검증하기 위해서는 인과성의 기준을 충족하는 것이 필요하다. 인과성의 3가지 기준에 대해서는 제2장 1에 기술되어 있으니 참고하기 바란다.

③ 실험법은 상대적으로 잘 정의된 개념과 명제를 가진 구체적인 주제의 연구에 적합하다. 실험법은 인과관계의 검증에 중점을 두기 때문에 독립변수와 종속변수의 관계가 구체적으로 진술된 연구에 적절하다. 또한 실험은 기술적인 목적의 연구보다는 설명

적 목적을 가진 연구에 더 적합하다.

④ 다른 연구방법과 달리 실험법은 한 번에 하나의 독립변수와 하나의 종속변수 간의 관계를 검증할 수 있다. 하나의 실험에서 독립변수가 복수가 되는 경우에는 종속변수의 변화가 어떤 독립변수로 인한 것인지 특정할 수 없기 때문이다. 따라서 특정한 하나의 요인이 종속변수에 가져오는 효과를 검증하는 연구 문제가 실험에 적합하다.

나. 전형적인 실험설계

일반적으로 가장 전형적인 실험설계[22]는 다음과 같은 단계를 거친다.

① 실험의 대상이 되는 피험자를 선정한다.

② 무작위로 실험집단과 통제집단으로 구분한다.

③ 피험자에 대해서 사전검사를 수행한다.

④ 실험집단에만 독립변수를 처치하여 그 변수의 효과가 발생하도록 한다.

⑤ 실험집단과 통제집단의 종속변수의 차이를 비교하여 독립변수의 효과를 검증한다(사후검사).

표 14-1 전형적인 실험설계

실험집단		통제집단
실험 전 종속변수 측정(o1)	사전검사	실험 전 종속변수 측정(o2)
독립변수 처치(X)		처치 없음
실험 후 종속변수 측정(o3)	사후검사	실험 후 종속변수 측정(o4)

이제는 이러한 실험의 단계에 따라서 실험법의 원리와 주요 개념, 방법들에 대해서 좀 더 자세하게 살펴보기로 하겠다.

1) 실험의 대상이 되는 피험자를 선정한다.

실험 연구로 도출된 결론을 일반화하기 위해서는 실험에 참여하는 대상자들이 대표성을 가질 수 있도록 선정하는 것이 필요하다. 실험 결과를 일반화하게 될 대상인 모집단의 특성을 대표할 수 있는 사람들을 선정해서 실험에 참여하도록 하는 것이 가장 이상적이다.

---

22) 이 장에서 설명하는 전형적인 실험설계란 제15장의 실험의 유형 가운데 진실험설계 중에서 사전－사후검사 통제집단 설계에 해당한다고 볼 수 있다.

그렇지만 실험에 참여할 피험자를 구하는 것은 쉬운 일이 아니다. 실험에 참여하는 피험자들은 서베이 방법에서 질문지에 응답하는 것보다 훨씬 적극적으로 그리고 오랜 시간과 노력을 들여서 연구에 참여해야 하기 때문이다. 일부 실험에서는 신문광고 등을 통해서 공개적으로 피험자들을 모집하기도 한다. 그렇지만 많은 실험에서는 상대적으로 구하기 쉬운 사람들을 대상으로 피험자를 모집하게 된다. 피험자들은 대가 없이 실험에 참여하기도 하지만, 때로는 일정한 돈을 받고 실험에 참여하기도 한다.

이러한 방식으로 피험자를 모집하는 경우에 실험 결과를 일반화하는 것이 가능한가의 문제가 제기될 수 있다. 모집된 피험자가 대표성을 가지지 못하기 때문이다. 그렇지만 실험 방법은 특정 현상의 모습을 기술하는 것에 초점을 맞추는 것이 아니라 현상 간의 인과관계를 설명하는 데 초점을 맞추고 있기 때문에 상대적으로 이러한 일반화에서 좀 더 자유로울 수 있다. 선정된 피험자들에 대한 조사를 통해서 전체 모집단의 모습을 추리하는 것이 목적이라면 선정된 표본이 모집단에 대하여 대표성을 가지는 것이 매우 중요하지만, 인과적 설명이 목적일 경우에는 그 중요성이 상대적으로 줄어든다고 볼 수 있기 때문이다. 뒤에서 자세하게 살펴보겠지만, 실험에서는 통제집단을 비교집단으로 사용하기 때문에 독립변수 외에 다른 모든 요인의 효과가 제거되며 이로 인해서 독립변수의 효과는 상대적으로 일반화의 가능성이 높아진다.

이런 맥락에서 실험 연구에서는 선정된 피험자가 모집단을 얼마나 잘 대표하는가의 문제보다는 선정된 피험자를 실험집단과 통제집단에 유사하게 배정하는 문제가 더 중요하게 고려된다. 이 문제에 대해서는 다음 단계에서 설명하도록 한다.

2) 무작위로 실험집단과 통제집단으로 구분한다.

전형적인 실험설계에서는 독립변수를 처치하는 실험집단뿐만 아니라 처치하지 않는 통제집단도 관찰한다. 통제집단을 관찰하는 이유에 대해서는 다음의 5번째 단계에서 설명하기로 한다.

일반적으로는 실험 시 하나의 실험집단만 구성하지만 때로 두 개 이상의 실험집단을 구성하는 것이 필요한 연구도 있다. 독립변수가 하나의 속성의 존재 여부만 따지는 것이 아니라 여러 속성의 영향을 보고 싶은 경우가 이에 해당한다. 예를 들어 특정 약물의 효과에 대하여 실험하면서 동일 성분을 가지는 먹는 약과 주사제의 효과를 비교한다고 가정하자. 이때 비교집단이 되는 통제집단 외에 2개의 실험집단을 구성하여 하나의 집단에는 먹는 약을, 다른 집단에는 주사제를 처방하는 식으로 실험을 설계할 수도 있고, 필요한 경우에는 3개의 실험집단을 구성하여 2개의 집단에는 각각 먹는 약과 주사제를 처방하고, 하나의 실험집단에는 먹는 약과 주사제 모두 처방하여 효과를 비교할 수도 있다.

실험에 참여할 전체 피험자들이 선정되고 나면, 연구자는 실험집단과 통제집단에 피험자를 배정해야 한다. 이 단계에서 가장 신경 써야 하는 부분은 실험집단과 통제집단의 유사성이다. 실험집단이 실험자극에 노출되기 전에는 실험집단과 통제집단이 동일한 모습을 가져야 한다. 만약 동일하게 하는 것이 불가능하다면 실험집단과 통제집단이 가능한 한 유사하도록 해야 한다. 이를 위해서 사용하는 것이 무작위화의 논리이다.

전체 피험자를 실험집단과 통제집단에 무작위로 배정하기 위해서 여러 가지 방법을 사용할 수 있다. 여기서는 무작위 표집과 짝 맞추기, 그리고 이를 같이 활용하는 방법을 설명하고자 한다.

① 무작위 표집하기

예를 들어 연구자는 전체 피험자에게 일련번호를 부여하고 난수표를 사용하여 번호를 선정하는 방식으로 무작위화를 실시할 수 있다. 아니면 주머니 안에 숫자가 기록된 공을 넣고 하나씩 뽑게 한 다음 홀수번호를 실험집단에, 짝수번호를 통제집단에 배정할 수도 있다. 이러한 방식을 사용했을 때 전체 피험자집단 중에서 무작위로 실험집단에 배정된 절반의 피험자가 무작위로 통제집단에 배정된 나머지 절반의 피험자와 상당히 유사할 것으로 기대할 수 있다. 물론 이 경우에도 피험자의 수가 지나치게 적다면 문제가 될 수 있지만, 어느 정도 수의 피험자가 확보된다면 신뢰할 수 있다.

② 짝 맞추기

짝 맞추기(matching)는 실험설계와 관련성이 큰 것으로 생각되는 변수, 즉 독립변수와 종속변수의 관계 자체에 영향을 미칠 것으로 생각되는 변수(주로 배경변수들)들을 선정한 후에, 선정된 변수들을 교차한 각 범주마다 똑같은 특성을 지니는 피험자를 실험집단과 통제집단에 1명씩 동일하게 배정하는 것이다. 예를 들어 실험과 관련성이 높은 변수가 연령, 성별, 교육정도라고 가정하자. 이때 실험집단에 '고졸 학력'의 '40대' '여성'을 한 명 배정한다면 통제집단에도 동일하게 '고졸 학력'의 '40대' '여성'을 한 명 배정하는 식으로 실험집단과 통제집단을 구성한다. 이렇게 구성하였을 때에는 적어도 실험과 관련성이 높은 변수에 대해서는 두 집단을 동일하게 만들 수 있다. 이 방법을 사용할 경우 어떤 요인들이 해당 실험과 관련성이 높은 변수인지는 선행 연구 등을 참고하여 연구자가 정해야 한다. 즉 실험의 성격과 목적에 따라서 연구자가 결정해야 한다.

③ 짝 맞추기와 무작위 표집을 함께 활용하기

경우에 따라서는 연구자들이 짝 맞추기와 무작위 표집을 함께 사용할 수도 있다. 먼저 짝 맞추기를 위해서 선정한 변수에 따라서 집단들의 층을 구성한 후에 해당 층 안에서는 무작위적으로 피험자를 선정해서 배정하는 방식으로 실험집단과 통제집단을 구성할 수 있다.

3) 사전검사를 수행한다.

전형적인 실험설계에서는 실험 전에 모든 피험자를 대상으로 종속변수를 측정하는 사전검사를 실시하고, 독립변수를 처치한 후에 종속변수를 다시 측정하는 사후검사를 실시한다. 사전검사는 실험을 시행하기 전, 즉 독립변수를 처치하기 전에는 실험집단과 통제집단이 종속변수에서 통계적으로 유의미한 차이가 없음을 밝히기 위해서 실시하는 것이다. 독립변수를 처치하기 전에는 실험집단과 통제집단 간에 종속변수에서 차이가 없지만, 독립변수를 처치한 후에는 두 집단 간에 종속변수에서 차이가 나타난다는 사실을 통해서 독립변수의 효과를 검증한다.

다음 절에서 언급하겠지만 때로는 사전검사를 실시하는 행위 자체가 실험 결과에 영향을 미치는 경우가 발생할 수 있다. 피험자들이 연구목적 등에 대해서 알게 됨으로써 사후검사에 영향을 미치는 것이다. 측정하려는 종속변수가 피험자가 특정 대상에 대하여 가지는 윤리적으로 부정적인 평가 등과 같은 경우, 예를 들어 특정 편견에 대한 측정 등과 같은 것인 경우에는 사전검사가 실험에 큰 영향을 미칠 수 있다. 이러한 상황이 발생할 가능성이 있는 경우에는 이를 고려하여 실험설계를 수정하는 것이 필요하다. 통제집단을 설정하는 것은 이러한 영향을 배제하는 방법이기도 하다.

4) 실험집단에만 독립변수를 처치하여 그 변수의 효과가 발생하도록 한다.

실험설계에서 독립변수는 원인이 되며 종속변수는 결과가 된다. 독립변수의 영향으로 인해 종속변수에 나타난 변화를 독립변수의 효과라고 한다. 이 단계에서 독립변수의 처치는 실험집단에 대해서 실시한다. 반면 통제집단에 대해서는 독립변수와 관련된 아무런 조치를 취하지 않는다.

실험에서 독립변수와 종속변수를 사용하기 위해서는 변수에 대한 조작적 정의가 적절하게 이루어져야 한다. 일반적으로 실험이 시작되기 전에 독립변수와 종속변수에 대한 조작적 정의가 이루어져야 하며, 이러한 조작적 정의는 구체적이고 표준화된 측정과 관찰이 가능하도록 해야 한다.

실험설계에서 독립변수는 전형적으로 실험자극의 형태를 취하며, 기본적으로 이분법적 특성을 가진다. 즉 해당 속성이 '있다' 또는 '없다'의 경우로 구분된다. 전형적인 실험설계에서는 독립변수에 해당하는 자극이 있는 경우(실험집단)와 없는 경우(통제집단)로 구분된다. 연구자는 자극이 있을 때(실험집단) 일어난 변화와 자극이 없을 때(통제집단) 일어난 변화를 비교한다. 물론 독립변수의 이분법적 속성 이외의 독립변수의 정도 차이를 알아볼 수 있는 실험설계가 불가능한 것은 아니다. 그렇지만 이는 기본적인 실험설계의 범위를 벗어나는 것으로 추가적인 계획이 필요하다.

5) 사후검사를 실시하여 실험집단과 통제집단의 종속변수의 차이를 비교하여 독립변수의 효과를
   검증한다.

마지막 단계는 실험집단과 통제집단에 대해서 사후검사를 시행함으로써 종속변수에 차이가 나타나는지 검사하는 것이다. 사전검사에서 실험집단과 통제집단 간에 종속변수에서 차이가 존재하지 않았기 때문에 사후검사에서 두 집단 간에 차이가 나타난다면 그 차이는 독립변수로 인한 것으로 볼 수 있다. 이와 같은 방식으로 실험은 연구자가 관심을 가지는 독립변수와 종속변수 간의 인과관계를 검증하게 된다.

그런데 여기에서 실험할 때 통제집단이 필요한 이유가 무엇인가라는 질문에 답할 필요가 있다. 다시 말해 '실험집단에서 독립변수를 시행하기 전의 조사 결과(o1)와 시행한 후의 조사 결과(o3)를 비교해서 변화가 나타났을 때 그것만으로도 독립변수의 효과가 있다고 할 수 있지 않을까? 그렇다면 굳이 통제집단은 왜 필요할까?'에 대한 답이 필요하다.

그 답은 종속변수의 변화에 영향을 줄 수 있는 제3의 요인을 통제하기 위한 것이라고 할 수 있다. 연구에서 종속변수에 영향을 줄 수 있는 요인들은 수없이 많다. 즉 실험에서 고려하는 독립변수뿐만 아니라 다른 어떤 요인들도 종속변수의 변화에 영향을 미칠 수 있다. 만약 이러한 제3의 요인이 종속변수에 미치는 영향을 통제할 수 없는 경우에는 독립변수를 처치하여 종속변수에 변화가 나타났다고 하더라도 종속변수의 변화가 독립변수로 인한 것인지 아니면 제3의 변수에 의한 것인지 구분할 수 없다. 즉 제3의 변수의 영향이 모두 통제되어야만 종속변수의 변화는 독립변수로 인한 것이라는 결론을 내릴 수 있다.

여기에서 통제집단의 존재가 바로 제3의 변수의 영향을 통제하는 역할을 수행한다. 통제집단이 있음으로 해서 수많은 제3의 변수 혹은 요인을 일시에 통제할 수 있다. 통제집단은 실험 자체의 효과뿐만 아니라 실험이 진행되는 동안 실험실 밖에서 일어나는 사건의 효과도 통제할 수 있다. 앞서 살펴본 바와 같이 실험설계상 실험집단과 통제집단은 동일한 특성을 가지는 집단으로 구성되기 때문에 독립변수를 처치하기 전에는 두 집단 간에 종속변수의 값이 동일할 뿐만 아니라(o1=o2) 다른 요인들도 동일한 것으로 간주된다. 이처럼 실험집단과 통제집단은 독립변수를 처치하기 전에는 동일한 특성을 가지며, 실험 후에는 독립변수를 처치했는가 하지 않았는가의 차이만 두 집단 간에 존재한다. 따라서 사후검사에서 두 집단 간에 종속변수에서 차이가 존재한다면 그것은 오로지 독립변수에 의한 것으로 간주할 수 있다.

이를 다음과 같이 설명할 수 있다. 독립변수가 처치된 실험집단의 사후검사 결과(o3)는 독립변수(X)와 독립변수 이외의 다양한 요인(α)의 영향을 받은 것이다. 즉 o3=X+α이다. 반면 통제집단의 사후검사 결과(o4)는 독립변수 이외의 다양한 요인(α)의 영향만 받은 것이다. 즉 o4=α이다. 따라서 o3-o4=(X+α)-α=X이다. 사후검사에서 실험집단과 통제집단의

차이는 독립변수로 인한 것이다. 이처럼 통제집단은 독립변수를 제외한 수많은 요인의 영향을 그 내용과 관계없이 상쇄시켜서 제거하는 역할을 담당함으로써 순수한 독립변수의 효과만 알 수 있게 한다. 이러한 추론이 의미가 있기 위해서는 실험집단과 통제집단의 특성이 차이가 없다는 전제가 반드시 있어야 한다. 이를 위해서는 실험대상자를 두 집단으로 나눌 때 무작위화를 통해서 두 집단이 동일해지도록 나누어야 하며, 사전검사를 통해서 종속변수가 차이가 없음을 확인할 필요가 있다(김준호 · 노성호, 2012: 59−62).

다. 실험설계가 인과성의 기준을 충족하는 근거

전형적인 실험설계가 독립변수와 종속변수 간의 인과관계를 분명하게 검증할 수 있기 위해서는 사회과학 연구와 관련하여 앞서 언급한 인과성의 3가지 기준을 충족해야 한다. 여기에서는 실험설계가 어떻게 그러한 요건을 충족하는지 살펴보기로 하겠다.

첫 번째 요건인 상관관계가 있어야 한다는 것은 인과관계가 있음을 검증하기 위한 가장 기본적인 요건이기 때문에 여기에서 다시 언급할 필요도 없다. 상관관계가 없다면 인과관계 역시 당연히 있을 수 없기 때문이다. 실험 결과 실험집단에서 사전검사와 사후검사 결과 간에 차이가 나타났다면 기본적으로 상관관계는 존재한다고 볼 수 있다. 여기에서 필요한 것은 상관관계가 존재할 때 그것을 인과관계로 볼 수 있는 근거를 따지는 것이다.

두 번째 요건인 시간적 순서도 실험에서는 큰 문제가 되지 않는다. 전형적인 실험설계의 경우에 독립변수를 시행한 후에 일정한 시간이 지난 후에 사후검사를 시행하기 때문에 독립변수의 시행과 그로 인한 효과 간에는 시간적 선후관계가 분명하다. 물론 실험의 종류에 따라서는 독립변수와 종속변수 간에 시간적 선후관계가 애매한 경우도 존재할 수 있는데, 이는 다음 절에서 다시 다루기로 한다.

세 번째 요건인 허위관계가 아니어야 한다는 점에 대한 근거는 앞서 살펴본 전형적 실험설계의 5번째 단계에서 설명한 실험에서 통제집단이 필요한 이유와 동일하다고 할 수 있다. 앞서 실험설계에서 통제집단을 관찰하는 이유는 종속변수에 영향을 미칠 수 있는 제3의 요인의 영향력을 제거하기 위함이라고 하였다. 즉 실험집단과 통제집단을 설정하고 실험을 하였을 때 실험집단에서 나타난 종속변수의 변화는 제3의 변수의 영향이 통제된 독립변수만의 효과라고 할 수 있다. 따라서 실험 방법은 인과관계의 3가지 기준 중 허위관계가 아니어야 한다는 점을 충족한다.

종합적으로 살펴보면 실험 결과 실험집단의 사전검사와 사후검사 간에 차이가 존재한다면 이는 독립변수와 종속변수 간에 상관관계가 있기 때문이라고 할 수 있고, 시간적 순서와 허위관계가 아니라는 요건을 충족하기 때문에 이러한 상관관계는 인과관계라고 할 수 있다.

이에 따라 독립변수는 종속변수의 원인이라고 이야기할 수 있는 것이다.

② 실험 연구에서 타당도의 문제

　　제4장에서 살펴본 바와 같이 타당도란 척도가 원래 측정하고자 한 대상을 실제로 측정한 정도를 의미한다고 할 수 있다. 실험법에서 인과적 설명을 할 때도 타당도라는 개념을 사용하기는 하지만, 척도 구성에서 말하는 타당도 개념과는 맥락에서 차이가 있다. 실험법에서 타당도의 개념은 내적 타당도와 외적 타당도로 구분된다. 내적 타당도란 수행한 실험설계의 내용과 연구 결과에서 독립변수와 종속변수 간의 인과관계가 정확하게 일치하는 정도를 의미한다. 그리고 외적 타당도란 실험의 결과를 모집단, 즉 일상적 세계로 일반화할 수 있는 정도를 의미한다.

가. 내적 타당도

　　실험이 의미가 있기 위해서는 통제된 실험을 통해서 나타난 종속변수의 변화는 오직 독립변수로 인해서 나타난 것이어야 한다. 그렇지 않은 경우에는 두 현상 간의 인과관계 검증이라는 실험의 기본적인 목적을 달성할 수 없게 된다. 이처럼 내려진 연구의 결론, 즉 인과관계의 검증이 실제로 수행된 실험의 내용과 일치하는지의 정도를 내적 타당도라고 한다. 다시 말해 내적 타당도를 살펴본다는 것은 실험에서 나타난 종속변수의 변화가 실험설계의 의도와는 달리 독립변수가 아니라 다른 요인에 의한 것일 가능성을 따져보는 것이라 할 수 있다.

　　때로 실험에서 나타난 결과가 실험에서 의도한 독립변수의 결과인지 여부가 분명하지 않은 경우가 있다. 즉 독립변수가 아니라 다른 요인에 의해서 결과가 설명될 수 있는 경우를 내적 비타당도라고 이야기한다. 이러한 내적 비타당도는 실험 자체를 위협하는 요소이기 때문에 주의 깊게 고려할 필요가 있다.

나. 내적 타당도를 저해하는 요인

　　쿡과 캠벨(Cook and Campbell, 1979)은 내적 타당도를 저해하는 요인으로 다음과 같은 12개를 소개하였다.

① **외부의 우연한 사건: 실험 과정에서 발생할 수 있는 외부적인 우연한 사건(history)이 실험결과의 타당도에 영향을 줄 수 있다.**

여기에서 우연한 사건이란 독립변수의 처치와 외부에서 발생한 사건이 시간적으로 일치함으로써 실험 결과에 영향을 미칠 수 있는 사건을 말한다. 예를 들어 영어듣기능력을 향상시킬 수 있는 새로운 학습 방법에 대해서 실험을 한다고 가정해보자. 이때 독립변수는 새로운 학습 방법이고, 종속변수는 영어듣기능력이다. 그렇지만 실험하는 과정에 학교 교실의 스피커를 개선하였다면 영어듣기능력의 향상은 새로운 학습 방법이 아니라 스피커의 개선으로 인한 것으로 볼 수도 있기 때문에 내적 타당도를 위협한다. 이런 경우도 있다. 학생들에게 다른 수업과 비교하여 토론수업이 학생들의 정치 참여 의식을 향상시키는지를 파악하려고 하는 경우를 보자. 4주에 걸쳐 실험이 진행되는데 이 기간 동안에 평화적인 정치 참여 행위가 나타나고 이것이 언론에 보도되면서 사회구성원 전반에서 정치 참여 의식이 증가하게 되었다. 이 경우에는 실험설계에서 종속변인으로 고려했던 정치 참여 의식이 외부의 우연한 사건에 의해 영향을 받았기에 명확한 실험 효과라고 보기가 어렵게 된다.

② **성숙: 성숙(maturation) 또는 시간의 경과가 실험 결과의 타당도에 영향을 미칠 수 있다.**

사람은 지속적으로 성장하고 변화한다. 실험의 기간이 길수록 이러한 성장과 변화가 실험 결과에 영향을 미칠 가능성이 높아진다. 예를 들어 초등학생을 대상으로 학습능력을 높일 수 있는 새로운 학습법에 대한 실험을 한다고 가정해보자. 실험 기간이 긴 경우에는 새로운 학습법이 아니라 성장이 빠른 초등학생들의 변화가 학습능력 상승의 원인이라고 할 수 있기에 내적 타당도를 위협할 수 있다.

뿐만 아니라 단순한 시간의 경과 자체도 실험에 영향을 미칠 수 있다. 범죄피해자의 심리적 안정을 위한 새로운 상담 기법을 개발하여 실험한다고 가정해보자. 실험이 진행되는 과정에서 새로운 상담 기법과 관계없이 범죄피해를 당한 후에 일정한 시간이 경과하면 범죄의 충격이 조금이라도 완화되어 심리적 안정의 정도가 높아질 수 있기 때문에 내적 타당도가 위협을 받을 수 있다.

③ **검사의 반복: 반복적인 검사 자체가 실험 결과의 타당도에 영향을 미칠 수 있다.**

전형적인 실험설계에서는 사전검사와 사후검사를 시행한다. 이처럼 반복적으로 검사하는 과정 자체가 피험자들의 행동에 영향을 주어 실험 결과가 영향을 받을 수 있다. 피험자가 연구의 목적이나 의도를 파악하게 된다면 그 자체만으로 사후검사의 측정에 영향을 미칠 수 있다. 피험자들이 연구자들의 의도에 맞춰서 원하는 답을 제시할 가능성이 높기 때문이다. 특히 측정하고자 하는 종속변수가 윤리적으로 부정적인 평가에 대한 것이라면 피험자들이 더욱 민감하게 반응할 수 있다. 자신들을 덜 부정적으로 보이고자 의도적으로 응답을 왜곡할 수 있기 때문이다.

또한 질문지나 시험지 등을 사용해서 사전검사와 사후검사를 할 때 동일한 측정도구를 가지고 조사한다면 이전의 문제를 기억하고 있는 피험자들에 의해서 사후검사의 응답이 영향을 받을 가능성이 높다.

④ **측정도구의 차이: 사전검사와 사후검사에서 측정도구가 다를 경우에 실험 결과의 타당도에 영향을 미칠 수 있다.**

종속변수의 측정은 해당 변수의 조작적 정의와 관련된다. 일반적으로 사전검사와 사후검사에 동일한 측정도구를 사용하여 측정하는 경우가 많지만 때로는 다른 측정도구를 사용하여 측정하는 경우도 있다. 이 경우에 두 측정이 유사하다고 확신할 수 있는 근거가 필요하다. 그렇지 않다면 실험 결과의 타당도에 영향을 받을 수 있기 때문이다.

동일한 조건에서 이루어진 측정이 아닐 경우에 사전검사와 사후검사의 결과를 동일선상에 놓고 비교하는 것이 적절한지에 대한 의문이 제기될 수 있다. 예를 들어 두 검사에서 같은 주제를 측정하는 것이기는 하지만 다른 질문지를 사용하여 측정한 경우가 이에 해당할 수 있다. 시험을 치르는 경우라면 사전검사와 사후검사의 시험의 난이도가 달라지는 경우도 여기에 해당한다. 면접이나 행동관찰을 통해서 종속변수의 변화를 측정한다고 했을 경우에는 사전검사와 사후검사에 참여한 연구진(면접자 또는 관찰자)이 다른 경우에도 측정기준의 동일성에 의문이 제기될 수 있다.

⑤ **통계적 회귀: 극단적인 상태의 피험자에게서 나타나는 통계적 회귀가 실험 결과의 타당도에 영향을 미칠 수 있다.**

통계적 회귀란 특정 검사에서 매우 높은 점수나 매우 낮은 점수를 얻었을 경우에 다음 검사에서는 그들의 점수가 평균을 향해 옮겨갈 가능성이 높다는 것을 의미한다. 첫 검사에서 매우 높은 점수를 기록한 사람은 다음 측정 시에 평균으로 가까이 이동해 처음보다 낮은 점수를 기록하게 되고, 첫 검사에서 매우 낮은 점수를 기록한 사람은 다음 측정 시에 처음보다 높은 점수를 기록하는 현상을 말한다.

어떤 실험의 경우에는 종속변수의 값이 매우 높거나 매우 낮은 상태에 있는, 즉 극단적인 종속변수의 값을 가지는 사람들을 대상으로 실시되는 경우가 있다. 사회복지나 상담, 의학 등의 경우에는 복지서비스, 상담 기법, 치료법 등의 효과성을 평가하기 위해서 적절한 대상을 선택하여 실험하는 경우가 있다. 이 경우 이러한 대상을 선발하기 위해서 시험, 검사 등과 같은 여러 가지 절차를 거쳐서, 해당 기준을 충족하는 사람들을 선발할 수 있다.

문제는 이러한 극단적인 점수를 받은 사람 중에 우연히 해당 검사에서 특별하게 나쁜 점수를 받았을 가능성이 있으며, 이들은 특별한 처치를 하지 않더라도 통계적 회귀에 의해서 다음 검사에서 점수가 좋아질 가능성이 상당히 높다. 실험에서 이러한 사례가 발생한다면 그 실험의 타당도가 위협을 받게 된다.

따라서 극단적인 상태에 있는 사람들을 피험자로 선택하여 실험해야 하는 경우에는 이러한 통계적 회귀에 의한 종속변수의 변화 가능성을 항상 염두에 두어야 하고 이러한 변화를 독립변수의 효과로 오인하지 않도록 조심해야 한다.

통계적 회귀: 평균으로의 회귀

통계적 회귀는 일상생활에서도 쉽게 관찰 가능한 사례이다. 대입 수험생의 경우를 예를 들어보자. 입시를 치르기 전에 수험생들은 여러 번 반복해서 모의고사를 치른다. 이러한 모의고사 점수를 통해서 자신의 실력을 가늠할 때 어떤 것을 기준으로 할 것인가? 일반적으로 여러 모의고사 점수들의 평균을 자신의 실력으로 보는 것이 적합하다. 그렇지만 본인이나 가족들은 가장 좋은 점수를 실력으로 받아들이는 경우가 많다. 이러한 기대가 결국 더 큰 실망을 가져올 가능성이 많음에도 말이다. 같은 맥락에서 마지막 모의고사에서 이전과는 달리 매우 높은 점수를 받았다면 상승 분위기를 타고 있다고 판단하고 본 시험에서는 더 높은 점수를 받을 것이라고 기대하게 된다. 그렇지만 통계적 회귀를 고려하게 되면 본 시험에서는 직전 모의고사보다 낮은 성적이 나올 가능성이 훨씬 높다.

⑥ **선정편향**: 실험집단과 통제집단을 배정할 때 선정편향(selection bias)이 있다면 실험 결과의 타당도에 영향을 미칠 수 있다.

실험의 기본적인 전제 조건 중의 하나가 실험집단과 통제집단은 유사하게 구성되어야 한다는 것이다. 실험을 시작하는 단계에서 실험집단과 통제집단이 유사하지 않다면 독립변수를 처치하고 그 두 집단을 비교하는 것은 아무런 의미가 없다.

예를 들어 피험자의 실험집단과 통제집단 배정이 특정 프로그램에 자발적으로 참여한 사람과 그렇지 않은 사람들로 구분되거나, 특정 서비스를 받기로 한 사람과 거절한 사람들로 구분되는 경우에는 이런 위험성이 상당히 높다. 자발적으로 참여한 사람들과 그렇지 않은 사람들을 비교할 때 동기화 정도에서 차이가 있을 뿐만 아니라 이후의 노력과 참여 정도에서 차이가 있을 수밖에 없다. 이 경우 종속변수의 변화가 독립변수의 효과인지 실험집단과 통제집단에 참여한 사람들의 특성의 차이로 인함인지 구분하기 어렵다.

⑦ **시간적 순서의 불분명**: 독립변수와 종속변수의 시간적 순서가 불분명한 경우에 실험 결과의 해석에 문제가 있을 수 있다.

앞서 인과성의 요건 중의 하나가 시간적 선후관계가 분명해야 한다는 것이며, 전형적인 실험설계는 그러한 요건을 충족하기 때문에 실험을 통해서 인과관계를 검증할 수 있다고 하였다. 그렇지만 경우에 따라서는 실험에서 독립변수와 종속변수의 시간적 순서가 명확하지 않은 경우가 발생할 수 있다.

예를 들어 알코올 중독 치료 프로그램의 효과에 대해서 실험하였는데, 프로그램을 끝까지 이수한 사람들이 중도에 탈락한 사람들보다 알코올 중독의 치료 비율이 높다고 가정해보자. 이때 치료 프로그램이 알코올 중독의 치료에 효과가 있는 것으로 해석하는 것이 옳은지 아니면 알코올 중독을 치료할 의지가 강하여 치료가 잘 되는 사람들이 끝까지 프로그램을 이수한 것으로 보는 것이 옳은지 분명하지 않다.

⑧ 측정편향: 연구자의 측정편향이 실험 결과의 해석에 영향을 미칠 수 있다.

실험에서 측정절차가 편향되어 있다면 실험의 결론의 신뢰성에 영향을 받을 수 있다. 예를 들어 실험의 결과가 연구자에게 큰 부나 명예를 가져올 수 있는 실험을 연구자가 주관한다고 했을 때 해당 연구자와 실험에 참여한 사람들은 측정편향에 취약하게 될 가능성이 높다. 따라서 이러한 실험에서 얻은 결과는 타당도가 위협받게 된다. 이러한 측정편향은 연구자가 편견을 가지고 있는 경우에도 해당할 수 있다. 연구자나 연구보조자가 피험자의 신분을 알게 됨으로써 이러한 편견이 생길 가능성도 있다.

이러한 경우를 방지하기 위해서 눈가림 실험을 시도하기도 한다. 실험자와 피험자 모두 누가 실험집단이고 누가 통제집단이 모르게 실험설계를 하는 것이다. 이를 통해서 평가자의 잠재적인 편향을 통제할 수 있다.

⑨ 피험자 상실: 피험자의 상실이나 실험대상의 소멸이 실험 결과의 타당도에 영향을 미칠 수 있다.

실험에 참여한 피험자들이 실험이 끝나기 전에 탈락함으로 인해서 통계 분석과 결과의 도출에 영향을 받을 수 있다. 전형적인 실험설계에서 피험자들이 상실되면 통계 분석에서 결측값이 발생하기 때문에 분석에서 영향을 받는다. 만약 탈락한 피험자가 실험집단에 속해 있고, 실험의 내용이나 독립변수의 처치에 반발해서 탈락한 경우라면 문제가 더 커진다. 이 경우에는 피험자의 탈락이 단순히 결측값이 발생하는 것을 넘어 실험의 결과를 왜곡시킬 수 있기 때문에 타당도를 심각하게 위협할 수 있다. 따라서 연구자는 항상 피험자의 상실을 최소화할 수 있도록 신경 써야 한다.

⑩ 독립변수 처치의 확산 또는 모방: 독립변수 처치의 확산 또는 모방이 실험 결과의 타당도에 영향을 미칠 수 있다.

실험 과정에서 실험집단과 통제집단이 서로 소통할 수 있는 경우에 실험집단에 소속된 피험자가 독립변수의 처치 내용에 대해서 통제집단에게 전달할 수 있다. 예를 들어 독립변수가 영화나 동영상을 시청하고 그 효과를 평가하는 것인 경우를 보자. 이때 실험집단 구성원이 통제집단 구성원에게 자신들이 시청한 영화나 동영상의 내용을 이야기해주는 것은 통제집단을 오염시키는 결과를 가져올 수 있다.

또한 피험자 간의 소통이 아니더라도 특정한 개입이나 서비스의 효과를 검증하고자 하는 실험에서 실험 기간이 길 경우에도 이런 문제가 생길 수 있다. 즉 특정한 개입이나 서비스가 전체적으로 확산되게 된다면 자연스럽게 통제집단이 그것의 영향을 받게 될 가능성이 있기 때문이다.

⑪ **보상경쟁**: 보상(compensation)이나 보상경쟁이 실험 결과의 타당도에 영향을 미칠 수 있다.

특정 교육 프로그램이나 치료 프로그램, 그리고 상담 프로그램의 효과를 실험하는 경우, 특히 그러한 프로그램이 피험자의 생활에 도움이 되는 실험을 하는 경우에 통제집단은 아무런 혜택을 받지 못하는 경우가 발생한다. 이 경우 그것을 알게 된 통제집단의 피험자가 특정한 보상을 요구할 수 있으며, 통제집단에 대해서 일상적인 개입을 넘어서는 향상된 서비스를 제공할 수 있다. 이 경우에는 통제집단은 왜곡되어 실험의 의미가 반감된다.

또한 독립변수의 처치를 받지 못하는 통제집단의 피험자들이 더 열심히 노력해서 받지 못한 자극에 대해서 보상을 받으려고 시도할 수 있다. 새로운 교육 프로그램에 대한 실험에서 통제집단에 속한 학생이 더 열심히 공부해서 좋은 점수를 받으려고 하는 경우 등이 이에 해당할 수 있다. 그 경우 통제집단의 성격이 왜곡되고 실험 결과의 타당성은 위협을 받는다.

⑫ **통제집단의 사기저하**: 통제집단의 사기저하가 실험 결과의 타당도에 영향을 미칠 수 있다.

독립변수의 처치, 특히 유익하다고 판단되는 독립변수의 처치를 받지 못하는 통제집단에 속한 피험자들이 그로 인해 분노하거나 사기가 저하됨으로 인해서 포기하게 될 때 실험 결과의 타당성이 영향을 받는다. 예를 들어 우수한 학습프로그램의 실험에서 그 혜택을 받지 못하는 통제집단의 학생들이 공부하는 것 자체를 포기하고 놀게 됨으로써 결과의 측정에서 더 낮은 점수를 받게 되는 경우가 발생할 수 있다.

다. 외적 타당도

실험의 결과가 내적 타당도가 높아서 인과적 설명에 문제가 없다고 해도 그 결과를 모집단에 적용하여 일반화할 수 있는가 하는 새로운 문제가 남는다. 즉 실험을 통해 얻은 결과를 실험 조건을 넘어서서 일반화할 수 있는가의 가능성이 외적 타당도와 관련된다.

외적 타당도에 영향을 미치는 주요 요인은 연구 표본, 상황, 과정의 대표성이다. 특정 실험을 시행하였을 때 특정 지역에서 선정된 피험자는 그 지역의 재정적, 행정적 특성의 영향을 받게 된다. 이때 실험에서 독립변수와 종속변수의 인과적 관계를 설명하는 내적 타당도에는 아무런 문제가 없다. 그렇지만 특정 지역에서 실험한 결과를 그 지역과는 재정적, 행정적 상황이 전혀 다른 지역에 적용하는 것이 항상 적절하다고 할 수는 없다. 결국 두 지역의 모습이 얼마나 유사한가에 따라서 일반화의 가능성은 달라질 수 있을 것이다. 따라서 실험을 설계할 때 그 실험이 대표하고자 의도한 대상, 즉 모집단을 구체적으로 설정한다면 이러한 설정에 맞춰서 실험의 결과를 일반화하는데 큰 문제가 없을 것이다.

또한 실험상황과 실험 자극 간에 상호작용이 있는 경우에도 실험 결과를 일반화하는 데 위협을 받을 수 있다. 일반적으로 실험을 시작하면서 피험자들을 대상으로 사전검사를 수행하게 된다. 그렇게 되면 실험집단의 피험자들은 실험의 주제에 대해서 민감해져 있을 가능성이 높다. 따라서 독립변수를 처치할 때 더 민감하게 받아들일 가능성이 높아지는 것이다. 이러한 실험설계에서 의도한 결과가 나타났다고 해서 이런 결과를 일반화할 수 있는지에 대해서 더 생각해볼 필요가 있다. 독립변수의 처치, 즉 실험자극이라는 것이 사전검사에 의해서 민감해진 실험집단에 더 큰 효과를 보일 수도 있기 때문이다. 즉 이러한 실험자극이 일상적인 생활 가운데서도 동일한 효과를 나타낼 것이라고 장담하기는 어렵다. 이러한 요인들을 방지하기 위해서 솔로몬 4집단 설계 등의 실험설계가 개발되었다. 실험설계의 구체적인 내용은 다음 장에서 자세히 살펴보기로 하자.

제15장
실험법의 실제

실험법은 세부적으로 그 종류가 매우 다양하다. 크게 보면 실험 상황과 실험설계에 따라 실험의 종류를 구분할 수 있다. 우선 실험 상황에 따라서는 실험실 실험, 현장 실험, 자연 실험으로 나눌 수 있다. 또한 실험설계에 따라서는 진실험설계, 유사실험설계, 전실험설계로 나눌 수 있으며, 이 안에는 각기 또 다른 실험설계가 다양하게 존재한다. 제15장에서는 우선 실험 상황에 따른 종류, 실험설계에 따른 종류를 크게 살펴보고, 그 후 구체적으로 실험설계에 도움을 받을 수 있도록 진실험설계, 유사실험설계, 전실험설계의 세부적인 실험설계를 살펴보려고 한다.

1 실험 상황에 따른 종류

가. 실험실 실험

실험실 실험(laboratory experiment)은 실험법에서 강조하는 엄격한 통제를 위해 연구자가 설계한 실험실에서 실험이 이루어지는 것을 말한다. 실험실은 외생변수의 조건을 통제하여 연구자가 설정한 독립변수에 의한 종속변수의 변화를 관찰할 수 있는 상태를 만들기 위한 공간이다. 즉 실험실은 연구자가 자신의 연구 설계에 따라 최적의 조건에서 실험하기 위하여 다양한 조건을 통제하여 만든 인공적인 공간이다.

실험실 실험은 실험의 외부 조건을 통제하고자 실험실을 만들어 실험하는데, 그렇다고 실험에서 강조하는 엄격한 실험설계를 통해 실험하는 것만 해당하는 것은 아니다. 즉 모든 실험실 실험이 실험집단과 통제집단이 있고, 사전검사를 하는 형태로 설계되는 것은 아니다. 제3장 연구윤리 논의에서 살펴본 밀그램의 복종 실험이나 짐바르도의 루시퍼 효과 실험처럼 실험집단만을 가지고 실험하는 경우도 있다.

그럼에도 실험실 실험은 연구에서 사용하는 독립변수와 종속변수 이외의 변수를 통제하기가 쉽다는 점에서, 변수 간의 엄격한 인과성을 파악하는 데 유용하다. 이런 점에서 실험실 실험은 다음과 같은 연구와 관련하여 사용할 때 그 장점을 드러낼 수 있다(차배근·차경욱, 2013: 602). 첫째, 이론적 가설이 실제로 인과성을 갖는지를 명확하게 파악하는 연구를 하고자 할 때 유용하다. 둘째, 실험에 영향을 주는 변수가 다양하게 나타나는 경우에 그중에서 직접적인 영향력을 갖는 것이 무엇인지를 정확하게 파악하기 위한 연구를 하고자 할 때 유용하다.

반면에 일상생활과는 다른 실험실 공간에서 실험이 이루어진다는 점에서 몇 가지 문제가 있다. 첫째, 실험 결과를 일상생활에 그대로 적용하기 어려운 점이 있다. 다양한 변수가 통제된 실험실이라는 상황에서 일어난 결과가 일상생활에서 그대로 나타날 것으로 보기 어렵기 때문이다. 둘째, 인간을 대상으로 하는 실험의 경우에 실험실 실험은 실험처치(자극)를 하기 위해 연구대상에게 강제력을 행사하는 경우가 발생할 수 있는데, 이로 인해 연구윤리 측면에서 문제가 될 수 있는 상황에 노출될 위험성이 있다.

나. 현장 실험

현장 실험(field experiment)은 실험실을 인공적으로 만들지 않고 연구대상자가 생활하는 일상의 공간 즉, 실제 상황에서 실험하는 것을 말한다. 현장 실험은 현지 실험이나 실제 상황 실험으로도 불린다.

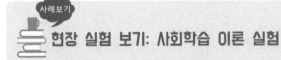

사례보기

현장 실험 보기: 사회학습 이론 실험

캐나다 출신의 교육심리학자인 반두라(A. Bandura, 1977)는 인간의 행동은 다른 사람의 행동이나 상황을 관찰하고 그에 따라 모방한 결과로 학습이 이루어진다는 사회학습 이론을 주장하였다. 그는 이러한 주장을 실험을 통해 검증하였다. 그의 주장은 초기 아동이나 유아 등을 대상으로 실험하여 검증하는 것이기에 실험실 실험을 할 수 없는 상황이었다. 이에 반두라 등 연구팀은 스탠포드 대학교 부설 보육학교의 교장과 수석 교사들의 도움을 빌려서 보육학교에서 실험을 진행하였다.

성별을 고려하여 3~6살의 아동들을 24명씩 3집단으로 나누었다. 이 과정에서 보육학교의 도움과 사전 관찰 등을 바탕으로 3집단에 속한 모든 아동의 공격성이 동일하도록 조정하였다. 3집단을 각각 다른 놀이방에 데리고 들어가서는 그곳에서 놀도록 하였다. 놀이방에는 다양한 놀이용품(스티커와 포스터, 도장 놀이용 도장, 손가락 인형 놀이용 손가락 인형, 사람 키 높이의 보브 인형)이 주어져 있다.

첫 번째 놀이방의 경우에는 그냥 아동들끼리 놀게 하였다. 두 번째 놀이방의 경우에는 어떤 성인이 들어가서 보브 인형의 머리를 때리고, 코를 꼬집고, 심지어 발로 공중으로 차는 공격적인 행동과 함께 공격적인 언어를 사용하면서 노는 모습을 보여주었다. 세 번째 놀이방에서는 어떤 성인이 들어가서 손가락 인형을 가지고 조용히 노는 모습을 보여주었다. 그런 후에 각 놀이방에서 실험대상들이 노는 모습을 관찰하였다. 폭력적인 놀이를 하는 모습을 관찰한 두 번째 놀이방에 있던 아동들은 다른 놀이방에 있던 아동들과 달리 매우 폭력적이고 공격적으로 보브 인형을 공격하며 공격적 언어를 사용하는 것을 관찰하였다.

위에서 제시한 사례에서 나온 공간인 보육학교는 실험을 위해 가상적으로 만든 공간이 아니라 연구대상이 일상적으로 경험하는 실제 공간이다. 아동이 연구대상이며, 실험처치에 해당하는 독립변수는 공격적 행위 모델과 그렇지 않은 모델의 제시이고, 종속변수는 폭력성의 학습이다. 사전검사가 명확하게 드러나지는 않지만, 사전에 학생들의 폭력성을 파악한 것을 통해 동질적인 집단을 구성하려고 노력하였음을 알 수 있다. 사후검사는 아동들이 각각의 놀이방에서 모델을 관찰한 후 공격성을 드러내는 놀이를 하는지를 관찰하면서 폭력성의 학습 여부를 파악하는 것이다. 또한 첫 번째 놀이방에 있는 아동들은 통제집단이고, 두 번째와 세 번째 놀이방에 들어간 아동이 실험집단이 된다.

위의 연구 사례는 실험실에서가 아니라 아동들이 생활하는 공간에서 이루어진 실험이다. 이 경우에 사실상 아동들의 상황 통제가 어려워서, 아동들이 드러낸 공격성이 공격적인 모델을 보고 따라한 것인지 그 놀이방에서 아동들의 습관적 행동인지를 정확하게 파악하기 어렵다는 문제가 있다. 그러나 현장 실험에서도 무작위로 실험집단과 통제집단을 구성하고 사전-사후검사를 하는 등 실험에서 강조하는 조건을 갖추게 되면 중요한 인과적 발견을 위한 연구를 진행할 수 있다.

현장 실험은 연구자가 실험하는 공간이 인공적으로 만든 실험실이 아니라 일상생활 공간이라는 점에서 이에 따른 장단점이 나타난다. 우선 실험실에서의 실험과 달리 실제 상황에서의 실험 결과를 현실적으로 반영하기가 쉬워서 실험 결과를 현실 사회에 일반화하는 데에 유리하다. 반면에 현장 실험은 다양한 외생변수를 통제하기 어려운 단점이 있다. 이에 따라 변수의 통제가 제대로 되지 않았을 때 정확하게 독립변수의 효과인지를 검증하기 어려운 경우가 있으며, 실험 전과 실험 후에 연구자의 관찰이 정확한 것인지에 대해 의심을 받을 수도 있다.

다. 자연 실험[23]

자연 실험(nature experiment)은 실험처치를 연구자가 직접 하는 것이 아니라 자연스럽게 이루어진 상황에서 관찰하여 실험과 같은 효과를 거두는 실험을 말한다. 자연 실험을 하는 이유는 실험 처치가 어렵거나 윤리적인 이유로 인해서 실험에서 독립변수를 연구자가 통제하는 것이 불가능한 경우가 있기 때문이다. 이 경우에 연구자는 자신이 독립변수를 통제하거나 조작하지는 않았지만, 실제로 자신이 의도한 독립변수가 자연적으로 나타나서 그러한 상황이나 환경이 발생한 것을 관찰하게 되는 상황에서 자연 실험을 할 수 있다.

> **사례보기**
>
> ## 자연 실험 보기: 장거리 군 파견이 군인의 가족생활에 미치는 효과
>
> 앵그리스트와 존슨(Angrist and Johnson, 2000)이 행한 자연 실험 연구를 보자(Adler, E. S. & R. Clark, 2011: 204에서 재인용). 이들은 미국 국방부의 협조를 얻어 1991년 걸프전이 일어났을 때 걸프만 등에 배치된 군인들의 결혼과 가족생활에 대한 연구를 실시했다. 그리고 그 당시 이곳에 배치받지 않고 자국 내에 있었던 장병들을 비교집단으로 설정하였다.
> 사전검사는 없었으며, 사후검사의 일종으로 가족과 결혼에 대한 질문지 조사가 진행되었고, 연구대상의 가족 및 결혼생활 관련 공식적인 자료도 국방부로부터 얻었다. 연구 결과에 따르면 여군의 경우, 가족과 떨어져 군 파견 기간이 1달이 증가하는 만큼 이혼율도 1%가 증가하는 것으로 나타났다.

이 연구에서 가족과 분리되어 장거리 군 파견을 하는 것이 독립변수이고 이혼율이 종속변수이다. 실험집단은 걸프만에 파견된 군인들이며, 비교집단은 미국 내에서 복무 중인 군인이다. 이 연구는 실험실 실험이나 현장 실험이 아닌데, 그 이유는 독립변수인 '장거리 군 파견'이라는 상황을 만들어 낸 것이 연구자가 실험처치로 직접 구성한 것이 아니라 걸프전에서 자연스럽게 나타난 상황을 활용한 것이다. 바로 이러한 점에서 자연 실험은 실험실 실험이나 현장 실험과는 다르다.

종종 자연 실험에 대하여, 자연적으로 일어난 경험에 대하여 사후검사만 실시한 것을 보고 질문지법과 같은 것으로 오해하는 경우가 있다. 그러나 자연 실험은 질문지 조사와 달리 자연스럽게 일어난 상황에서의 경험을 실험처치(자극)가 자연적으로 이루어진 것으로 보고 사후검사를 통해 종속변수의 효과를 살펴본다는 점에서 질문지법과는 차이가 있다.

자연 실험은 위와 같은 특성으로 인해 실험을 진행하는 과정에서 많은 단점이 나타난다.

---

23) 일부 연구방법론 책에서는 아예 자연 실험도 현장 실험의 범주에 넣어서 설명하는 경우도 있다.

우선 연구자가 직접 실험처치를 하지 못하기에 우연히 그런 상황을 찾으려고 노력해야 해서 연구의 시기를 정확하게 잡기가 어렵다. 또한 비교집단의 설정이 어려운 경우가 많아서 엄격한 실험 통제에서 어려움을 겪기도 한다. 더불어 외생변수의 통제에서도 어려움을 경험할 수 있다.

2 실험설계에 따른 종류

실험법은 연구대상에 대하여 인위적인 자극, 즉 실험처치라는 독립변수를 적용할 때 나타나는 효과인 종속변수의 변화를 파악하기 위한 자료수집 방법이다. 이를 위해서는 실험집단과 통제집단의 구성, 그리고 사전검사와 사후검사의 조합 등을 통한 실험 이외의 조건 통제와 실험 결과의 비교 등을 연구 설계에서 중요하게 고려한다. 실험집단과 통제집단, 사전검사와 사후검사의 조합에 따라 여러 가지 실험설계가 가능해진다. 실험설계의 종류에 따라 크게 '진실험설계', '유사실험설계', '전실험설계'로 구분하며, 그 안에 다시 세부적으로 다양한 실험설계가 존재한다.

가. 진실험설계

진실험설계(true experiment design)는 실험설계에서 무작위 표집을 통해 실험집단과 통제집단을 구성하고 외생변수를 엄격하게 통제하여 실험의 타당도를 높여주는 실험설계를 말한다. 참실험설계라고도 불린다. 기본적으로 진실험설계에서는 다음의 세 가지 조건이 갖추어져야 한다. 첫째, 실험집단과 통제집단을 무작위 표집으로 선정하여 집단 구성을 정확하게 해야 한다. 둘째, 연구자에 의한 실험처치(자극)가 이루어져야 하고 이것이 종속변수에 미치는 영향에 대하여 실험집단과 비교집단 간 비교가 가능해야 한다. 셋째, 실험의 전체적인 진행에서 타당도를 위협하는 것에 대하여 수준 높은 통제가 이루어져야 한다.

나. 유사실험설계

유사실험설계(quasi-experimental design)는 진실험설계와 닮게(유사하게) 실험설계를 하지만, 진실험설계가 행하는 엄격한 실험 통제의 수준에는 미치지 못하는 실험설계라고 볼 수 있다. 즉 진실험설계를 구성할 수 없는 상태임에도, 실험을 통해 독립변수와 종속변수의 인과성을 살피고자 할 때에 사용하는 유용한 실험설계가 유사실험설계이다. 준실험설계 또는 의사실험설계라고도 불린다.

일반적으로 진실험설계를 통해서 실험하기 어려운 연구주제는 대부분 연구윤리에 문제가 발생하거나 완벽한 변수의 통제 자체가 현실적으로 어려운 경우에 해당하는 주제를 다루는 경우이다. 예를 들어 특정 수업 방법의 적용에 따른 학습효과를 파악하고자 할 때 연구대상인 학생들에게 실험을 위해 모든 조건을 통제하는 것은 어렵다. 대표적으로 실험집단과 통제집단을 무작위로 표집하여 동일하게 집단을 구성하는 것이 가장 어려우며, 일반적으로 존재하는 학습의 학생을 그대로 활용하는 경우가 많다. 이처럼 유사실험설계에서는 진실험설계와 달리 실험집단과 통제집단 구성에서 '무선화(무작위)의 결여(lack of randomization)'가 일어나는 것이 가장 일반적인 문제이다.

또한 유사실험설계에서는 통제집단 대신 비교집단을 설정하여 실험설계를 하는 경우도 있고, 실험집단만 구성하여 실험을 하는 경우도 있다. 통제집단이 엄밀하게 실험 처치를 하지 않는 집단이라면 비교집단은 연구자가 실험집단에 행하는 실험 처치 이외의 다른 처치를 하는 집단으로 볼 수 있다.

그럼에도 유사실험설계에서도 진실험설계와 유사한 엄격성을 갖추기 위해서 확률 표집 등을 통해서 실험집단과 비교집단을 구성하는 등의 노력을 해야 한다. 또한 실험집단만 설정했을 경우에는 실험집단의 사전 및 사후검사를 통해 종속변수의 점수를 비교하는 등의 노력을 고려하는 설계를 구성하게 된다.

다. 전실험설계

전실험설계(pre-experiment design)는 앞에서 설명한 진실험설계에서의 엄격한 통제나 유사실험설계에서의 일정 수준 이상의 통제를 위해 노력하는 것이 불가능할 경우에 주로 사용하는 실험설계이다. 이에 따라 전실험설계는 원시적 실험설계라고도 한다. 이 실험설계에서는 실험 상황에 대한 통제가 거의 이루어지지 않기 때문에 여러 가지 면에서 외생변수의 작용을 막기 어렵다는 한계가 있다. 이에 따라 과학적인 연구를 위한 연구 설계로서는 많은 한계가 있다. 그럼에도 전실험설계는 주로 프로그램의 개발이나 프로그램의 적용에 따른 효과를 파악하는 연구에서 종종 사용된다.

③ 진실험설계의 실제

여기서는 진실험설계(참실험설계, true experiment design)에 해당하는 실험설계 중에서 연구자들에 의해 많이 활용되는 '사전－사후검사 통제집단 설계', '단일 통제집단 설계', '솔로몬 4집단 설계'를 위주로 설명할 것이다.

가. 사전-사후검사 통제집단 설계

1) 실험설계의 기본 이해

사전－사후검사 통제집단 설계(pretest－posttest control group design)는 실험집단과 통제집단, 사전검사와 사후검사를 고려하여 실험설계를 하는 것이다. 이는 실험법의 내적 타당도를 위협하는 다양한 요건(성숙 효과, 역사 등)을 통제할 수 있는 실험설계이다. 반면에 사전검사가 실험처치와 사후검사에 미칠 수 있는 영향력이 문제가 될 수 있다. 그럼에도 실제 실험설계를 구성할 때 연구자들이 가장 많이 사용하는 일반적인 방법이 사전－사후검사 통제집단 실험설계이다. 사전－사후검사 통제집단 설계의 진행 과정을 그림으로 표현하면 다음의 [그림 15－1]과 같다.

그림 15-1 사전-사후검사 통제집단 설계

집단	시간의 흐름(→)		
	사전검사(O)	독립변수 처지(자극)(X)	사후검사(O)
실험집단	종속변수의 측정(o1)	X	종속변수의 측정(o3)
통제집단	종속변수의 측정(o2)	－	종속변수의 측정(o4)

이 실험설계는 기본적으로 사전검사를 통해 두 집단이 종속변수에 있어서 동일한 상태임을 파악하고, 연구자가 종속변수에 영향을 줄 것이라고 가정한 독립변수를 인위적인 자극으로 조작하여 실험집단에 대해서만 처치해 보는 것이 중요하다. 그 후에 사후검사를 실험집단과 통제집단에서 동일하게 실시하여 독립변수의 처치에 따라 통제집단과 실험집단 간에 사후검사에서 차이가 있는지를 살펴본다. 따라서 사전－사후검사 통제집단 실험설계에서 실험집단과 통제집단의 유일한 차이는 독립변수를 처치하느냐의 여부이다.

이때 사후검사에서 실험집단과 통제집단의 차이가 통계적으로 유의미한 상태라면 인위적인 자극을 준 독립변수가 의미 있게 종속변수에 영향을 미쳤다고 연구자는 판단할 수 있다. 반면에 사후검사에서 실험집단과 통제집단의 차이가 통계적으로 유의미한 상태가 나타나지 않았다면 독립변수의 영향력은 없다고 볼 수 있다.

2) 실험설계의 조건

① 독립변수 외에 어떠한 조건도 작동하지 않도록 연구대상에게 미칠 수 있는 외생변수의 영향력이 완전히 통제되어야 한다. 엄격하게 통제된 실험설계를 통해 가능한 외생변수의 발생을 줄이도록 노력해야 한다.

② 사전검사, 실험처치(자극), 사후검사가 순차적으로 이루어져야 한다. 이 경우에 사전검사를 통해 실험집단과 통제집단 모두 종속변수에서 동일한 상태라는 것이 가정되어야 하고, 오로지 실험처치(자극)에서만 차이가 있음을 가정할 수 있어야 한다.

③ 사전 및 사후검사는 측정지 이외에 관찰 등 다양한 방법의 사용이 가능하다. 검사는 대부분 측정할 수 있는 검사지를 많이 사용하지만, 직접적인 행위의 횟수 등을 관찰하여 기록해도 된다. 사전-사후검사는 특별한 경우가 없는 한 동일한 것을 사용한다.

통제집단의 설정 이유와 실험집단의 개수 문제

실험설계에서는 기본적으로 통제집단을 설정하는 것을 강조한다. 통제집단을 설정하는 이유는 기본적으로 실험에서 독립변수를 인위적 자극으로 제시한 후 종속변수의 효과를 비교할 수 있는 집단을 구성하려는 것이다. 더불어 다른 모든 조건은 동일하면서 오로지 실험 처치만 달리하는 통제집단을 구성하면 실험집단에서 나타나는 실험 처치에 따른 독립변수의 효과가 외생변수에 의한 효과가 아님을 증명할 수 있기 때문이다.

이에 따라 통제집단을 설정하여 독립변수를 적용하기 전에 실험집단과 통제집단을 대상으로 사전검사를 통해 두 집단의 종속변수가 동일한 상태임을 파악한다. 이러한 점에서 통제집단의 설정은 실험에서의 내적 타당도를 확보하는 데 있어서 매우 중요하다. 그리고 통제집단의 설정에 따라 실험 효과를 살펴보기 위해서는 실험집단에서의 사전-사후검사 결과를 비교하는 것이 아니라, 실험집단과 통제집단의 사전검사 비교, 실험집단과 통제집단의 사후검사 비교를 통계적으로 하게 된다.

또한 실험에서 실험집단은 하나가 아니라 여러 개를 설정해도 된다. 연구자가 실험설계를 하면서 독립변수로 제시하는 실험처치(자극)를 여러 개로 달리하게 되면 그에 따라 실험집단이 여러 개 설정되는 것이다. 예를 들어 A라는 수업 방법, B라는 수업 방법, C라는 수업 방법이 학생들의 학업성취에 미치는 영향을 살펴보려면 이들 3개의 수업 방법 모두를 실험집단으로 각기 구성해도 된다.

3) 실험의 진행과 결과 분석

① 실험집단과 통제집단을 정한다. 이때 연구자는 무작위로 대상을 추출하여 동일한 두 집단을 구성하여 두 집단이 동일한 특성을 가짐을 가정할 수 있도록 한다.

② 종속변수를 관찰할 수 있는 사전검사를 하고 사전검사 결과를 양화하여 두 집단의 사전검사의 점수가 유의미하게 차이가 나지 않음을 확인하여 두 집단이 종속변수와 관련하여 동질적임을 확인한다.

③ 통제집단에는 아무런 실험처치(자극)를 가하지 않으며, 실험집단에 대하여 연구자가 독립변수로 정한 것을 조작적 정의한 것에 따라 실험처치(자극)를 가한다.

④ 실험집단을 대상으로 실험처치를 한다. 이때 실험처치는 연구자가 설정한 독립변수를 명확하게 보여주는 것이어야 하며, 이론적인 논의에 의해 추출된 것이어야 한다. 예를 들어 '사회모방학습'이 독립변수라면 이론적 논의에 비추어 '사회모방학습'은 어떤 것인지, 그것을 인위적 자극으로 주기 위해서는 어떻게 구성해야 하는지 등에 대한 충분한 이론적 검토를 통해 조작적으로 정의하고 그 내용을 실험 처치로 구성해야 한다.

⑤ 실험처치(자극)가 끝난 후 사전검사와 동일한 내용의 사후검사를 실험집단과 통제집단 모두에 실시하여 사전검사와 마찬가지로 양화하여 점수를 구한다.

⑥ 기본적으로 사전검사 점수에서 두 집단이 동질적이었다면, 실험집단과 통제집단의 사후검사 점수만 통계적으로 비교하여 두 집단의 점수의 차이가 통계적으로 유의미한지를 살펴본다. 이때 사후검사에서 실험집단의 점수가 통제집단의 점수에 비하여 의미 있는 점수 차이가 나고, 두 집단의 점수 차이가 통계적으로 유의미하다면 실험처치인 독립변수의 영향력이 있음을 확인하게 된다. 그러나 유의미하지 않다면 실험처치(자극)인 독립변수의 영향력이 없음을 확인하게 된다.

⑦ 만약 사전검사에서 실험집단과 통제집단의 점수가 통계적으로 유의미하게 동질적이지 않았다면, 두 집단의 사전검사 점수의 영향력을 보정하여 독립변수의 효과를 살펴보는 통계 방법을 고려해야 한다. 대표적으로 사전검사 점수를 공분산(공변량)으로 처리하여 집단 간 평균을 비교하는 통계 분석을 하거나, 회귀 분석을 하는 등의 통계 분석 방법을 찾아보아야 한다.

나. 사후검사 통제집단 설계

1) 실험설계의 기본 이해

사후검사 통제집단 설계(posttest-only control group design)는 사전검사를 하지 않는다는 점만 제외하고는 사전−사후검사 통제집단 설계와 동일하다. 사전검사를 하지 않는 사후검사 통제집단 설계가 가능한 이유는 다음과 같다. 실험에서 아예 사전검사를 하는 것이 불가능한 경우이거나, 사전검사를 했을 경우에 사전검사로 인해 실험에 미칠 영향력이 존재하는 실험 주제인 경우이다. 즉 사후검사 통제집단 설계는 사전검사가 외생변수로 작용할 가능성이 있는 경우에 한하여 가능한 설계라고 볼 수 있다.

예를 들어 '특정 영상물의 시청이 친사회적 행동에 미치는 영향'을 검증하는 실험의 경우를 보자. 이 경우에 연구자가 사전검사를 통해서 종속변수인 친사회적 행동을 측정하게 되면 연구대상은 사전검사를 하면서 실험 처치의 의도를 읽을 수 있고, 이것이 사후검사에 반영될 수 있다. 이렇게 되면 실험 처치에 따른 효과를 정확하게 구하기가 어려워진다.

따라서 사후검사 통제집단 설계는 이처럼 사전검사로 인해 실험이 왜곡될 경우나 사전검사가 불가능한 경우에 사용 가능하다. 그런데 사전검사를 하지 않음으로 인해서 사후검사 통제집단 설계의 경우에는 사전−사후검사 통제집단 설계에 비해 종속변수에서 나타나는 효과가 오로지 독립변수의 효과인지를 파악하기 어려운 문제가 나타날 수 있다. 이러한 문제를 일정 부분 해결하기 위해서는 앞에서 살펴본 사전−사후검사 통제집단 설계와 마찬가지로 무작위 표집을 통해 실험집단과 통제집단을 동질적으로 구성한 후에 실험해야 한다. 사후검사 통제집단 설계의 진행 과정을 그림으로 표현하면 다음의 [그림 15−2]와 같다.

그림 15−2 사후검사 통제집단 설계

집단	시간의 흐름(→)		
	사전검사(O)	독립변수 처치(자극)(X)	사후검사(O)
실험집단	−	X	종속변수의 측정(o1)
통제집단	−	−	종속변수의 측정(o2)

2) 실험의 진행과 결과 분석

기본적으로 실험의 진행은 사전검사를 실시하는 것만 제외하고는 모두 사전−사후검사 통제집단 설계와 같이 진행된다고 보면 된다. 즉 사전검사만 하지 않았을 뿐이며, 무작위 표집에 따른 실험집단과 통제집단의 동질적 구성, 사후검사의 실시, 실험의 진행 과정 등은 모두 사전−사후검사 통제집단 설계와 같이 진행하면 된다.

자료의 분석은 사전검사가 없기에 사전검사 간 비교를 통해 동질집단임을 파악하는 것은 불가능하다. 따라서 실험집단과 통제집단의 사후검사 점수의 비교를 위한 분석만 이루어진다. 실험집단과 통제집단의 사후검사 점수를 비교하여 실험집단의 점수가 더 유의미하게 나타났으면 실험처치(자극)인 독립변수의 효과가 통계적으로 유의미한 것으로 볼 수 있다. 그러나 두 집단의 사후점수를 비교했을 때 유의미한 차이가 나타나지 않으면 독립변수의 효과가 없는 것으로 보아야 한다.

다. 솔로몬 4집단 설계

1) 실험설계의 기본 이해

솔로몬 4집단 설계(the solomon four-group design)는 Solomon(1949)이 고안한 것이기에 그의 이름을 따라 붙인 것으로, 실험설계에서 내적 타당도의 문제를 해결하기 위해 사용할 수 있는 매우 엄격한 실험설계를 말한다. 앞에서 살펴본 사전-사후검사 통제집단 설계의 경우에는 사전검사를 사용하여 측정할 경우에 사전검사가 사후검사에 미치는 영향이라는 문제가 발생할 수 있다. 반면에 사후 통제집단 설계를 할 경우에는 사전검사를 하지 않아서 두 집단 간의 사후검사 차이가 인과적인지를 명확하게 설명하기 어려운 점이 있다.

이에 사전검사를 한 실험집단과 통제집단, 그리고 사전검사를 하지 않은 실험집단과 통제집단을 설정하여 실험설계의 내적 타당도 및 외적 타당도를 위협하는 조건을 상당 부분 통제하면서도 실험의 효과를 명확하게 파악하기 위해 사용하는 것이 솔로몬 4집단 설계이다. 따라서 솔로몬 4집단 설계는 앞에서 살펴본 사전-사후검사 통제집단 설계와 사후 통제집단 설계를 합한 것이라고 볼 수 있다.

다만 사후검사 통제집단 설계에서의 실험집단이 여기서는 통제집단이 된다. 이로 인해 솔로몬 4집단 설계에서는 통제집단이 3개나 된다. 기본적으로 무작위 표집을 통해 4개의 동질적인 집단을 구성해야 하기에 실험설계 자체가 복잡하고, 이에 따라 집단 구성에서도 많은 노력과 비용이 필요하기에 현실적으로 적용하기가 쉽지 않은 실험설계이다. 솔로몬 4집단 설계의 진행 과정을 그림으로 표현하면 다음의 [그림 15-3]과 같다.

그림 15-3 솔로몬 4집단 설계

집단	시간의 흐름(→)		
	사전검사(O)	독립변수 처치(자극)(X)	사후검사(O)
실험집단	종속변수의 측정(o1)	X	종속변수의 측정(o3)
통제집단1	종속변수의 측정(o2)	–	종속변수의 측정(o4)
통제집단2 (사전검사 없는 실험집단[24])		X	종속변수의 측정(o5)
통제집단3 (사전검사 없는 통제집단)		–	종속변수의 측정(o6)

2) 실험의 진행과 결과 분석

위에서 이야기했듯이 기본적으로 솔로몬 4집단 설계는 사전－사후 통제집단 설계와 사후 통제집단 설계를 하나로 합한 실험설계로 볼 수 있다. 이에 따라 두 가지 실험설계를 동시에 적용하는 것으로 보면 된다. 그러나 솔로몬 4집단 설계의 경우에 집단이 여러 개로, 실험설계에 따른 진행과 분석에서 유의해야 할 점이 있다. 구체적으로 살펴보면 다음과 같다(차배근·차경욱, 2013).

① 실험집단과 통제집단을 구성한다. 무작위 표집을 통해 동일한 특성을 갖는 4개의 집단을 구성한다. 그 후 각 집단을 실험집단, 통제집단1, 통제집단2(사전검사 없는 실험집단), 통제집단3(사전검사 없는 통제집단)으로 구분한다.

② 사전검사를 실시한다. 다만 통제집단2와 통제집단3에 대해서는 사전검사를 하지 않고, 실험집단과 통제집단1에 대해서만 사전검사를 실시한다.

③ 실험집단과 통제집단2(사전검사 없는 실험집단)에는 실험처치(자극)를 하고, 통제집단1과 통제집단3(사전검사 없는 통제집단)에 대해서는 실험처치(자극)를 하지 않는다.

④ 실험처치(자극)가 이루어진 후 4개 집단 각각에 사후검사를 실시한다.

⑤ 실험집단과 통제집단1에서의 사전검사 점수를 비교하여 두 집단이 동질적임을 확인한다.

⑥ 우선 실험집단의 사전검사 점수와 사후검사 점수에서 통계적으로 유의미한 변화가 있는지를 확인한다.

⑦ 실험집단의 사후검사 점수를 통제집단1의 사후검사 점수와 비교하여 통계적으로 유의미한 차이가 있는지를 확인한다.

---

24) 솔로몬 실험설계와 관련하여 일부 연구방법론 책에서는 실험처치(자극)를 하는 집단에 대해서는 둘 다 실험집단으로, 실험처치(자극)를 하지 않는 집단에 대해서는 둘 다 통제집단으로 규정하는 경우도 있다. 그러나 실험설계와 분석 과정에 비추어 보면 사전검사 없는 실험집단을 통제집단으로 보는 것이 더 적절할 것이다.

⑧ 통제집단2(사전검사 없는 실험집단)의 사후검사 점수를 통제집단3(사전검사 없는 통제집단)의 사후검사 점수와 비교하여 통계적으로 유의미한 차이가 있는지를 확인한다.

⑨ 통제집단2(사전검사 없는 실험집단)의 사후검사 점수를 통제집단1의 사후검사 점수와 비교하여 통계적으로 유의미한 차이가 있는지를 확인한다.

이상에서 ⑥~⑨의 결과가 다 통계적으로 유의미하다면 독립변수가 종속변수에 영향력이 있다고 가설을 검증할 수 있으며, 종속변수에 대한 독립변수의 영향력이 유의미하다고 판단할 수 있다.

④ 유사실험설계의 실제

유사실험설계(준실험설계 또는 의사실험설계, quasi-experimental design) 또한 구체적인 실험설계 방법은 여러 가지가 있다. 그중에서 사회과학 연구에서 많이 사용하는 비동등 통제집단 설계, 단순 틈새 시계열 설계 두 가지를 살펴보려고 한다.

가. 비동등 통제집단 설계

1) 실험설계의 기본 이해

앞에서 살펴본 진실험설계 중 사전-사후검사 통제집단 설계에서는 실험집단과 통제집단 구성에서 무작위 표집 방법을 통해서 동일한 특성을 갖는 집단으로 구성해야 하는데, 때로 이것이 어려운 상황이 존재하며, 이러한 경우에 비동등 통제집단 설계(nonequivalent control group design)를 하게 된다. 따라서 비동등 통제집단 설계는 대체로 무작위 표집 이외의 표집을 통해 유사한 두 집단을 정하고, 한 집단을 실험집단으로 다른 집단을 통제집단으로 정하여 실험을 하는 설계를 말한다. 유사실험설계 중에서 실험의 타당도를 일정 수준 확보하려고 노력하였지만, 무작위 표집을 통한 집단 구성이 어려워서 유사실험설계를 해야 하는 상황에서는 비동등 통제집단 설계가 일반적으로 많이 활용된다.

또한 통제집단에 독립변수인 실험처치(자극)를 전혀 하지 않는 진실험설계에서와 달리, 비동등 통제집단 설계에서는 통제집단에 대안적인 처치(예를 들어 수업 연구에서는 전통적인 설명식 수업 등)를 하거나 의학 실험에서의 위약을 처치하는 것과 같은 실험처치를 하는 경우도 있다. 이럴 경우에는 통제집단이라고 부르기보다는 비교집단으로 부르기도 한다. 비동등 통제집단 설계의 진행 과정을 그림으로 나타내면 다음의 [그림 15-4]와 같다.

그림 15-4 비동등 통제집단 설계

집단	시간의 흐름(→)		
	사전검사(O)	독립변수 처치(자극)(X)	사후검사(O)
실험집단	종속변수의 측정(o1)	X	종속변수의 측정(o3)
통제집단 (비교집단)	종속변수의 측정(o2)	−/ X'	종속변수의 측정(o4)

2) 실험의 진행과 결과 분석

① 실험집단과 통제집단을 선정한다. 이 경우에도 연구자는 집단 구성원의 성별 등의 다양한 특성을 고려하여 두 집단 구성원의 특성을 유사하게 구성하려고 최대한 노력해야 한다.

② 종속변수를 관찰할 수 있는 사전검사를 하고 사전검사 결과를 양화하여 두 집단의 사전검사 점수가 유의미하게 차이가 나지 않음을 확인하여 두 집단이 종속변수와 관련하여 동질적임을 확인한다. 그러나 두 집단의 사전점수가 같아서 동질적이라고 가정할지라도, 진실험설계에서와 달리 두 집단이 다른 특성에서 동질적이라는 것을 보장해주는 것은 아니라는 점을 항상 염두에 두어야 한다.

③ 이후의 방법은 앞에서 살펴본 진실험설계의 사전−사후검사 통제집단 실험설계와 같이 진행하면 된다. 분석의 방법도 마찬가지이다.

나. 단순 틈새 시계열 설계

1) 실험설계의 기본 이해

단순 틈새 시계열 설계(simple interrupted time−series design)는 단일집단을 대상으로 실험집단을 구성하여 실험을 하는 연구 설계이다. 즉 통제집단을 따로 설정하지 않으며, 그 대신 실험집단에 대하여 사전검사와 사후검사를 각각 여러 차례에 걸쳐 실시한다. 따라서 이 실험설계에서는 실험집단을 대상으로 사전검사와 사후검사를 여러 차례에 걸쳐 관찰 혹은 측정하는 것이 매우 중요하다. 단순 틈입 시계열 설계라고 불리기도 하는데, 그냥 시계열 설계(time−series design)라고 하는 경우도 있다.

실험설계에서 통제집단 없이 실험집단만을 구성하지만, 기본적으로 사전검사와 사후검사를 여러 차례 시행하는 과정을 통해 실험에서의 타당도를 유지하려고 한다는 점에서 향후 설명할 전실험설계와는 차이가 있다. 그럼에도 시계열 설계의 경우에는 비교집단 없이 실험집단만을 대상으로 실험하는 것이기에 내적 타당도에서 위협을 받는 경우가 많다. 단순 틈새 시계열 설계의 진행 과정을 그림으로 표현하면 다음의 [그림 15 – 5]와 같다.

그림 15-5 단순 틈새 시계열 설계

집단	시간의 흐름(→)									
	사전검사(O)				독립변수 처치(자극)(X)	사후검사(O)			
실험집단	o1	o2	o3	o4	X	o5	o6	o7	o8

단순 틈새 시계열 설계의 경우에도 연구자가 직접 실험처치(자극)를 하는 경우가 많지만, 연구자가 직접 실험처치(자극)를 하지 않는 자연 실험에서의 실험설계도 가능하다. 즉 특정 정책의 도입이나 특정 사건의 발생에 따른 변화를 파악하는 경우에 자연 실험을 하는 형태로 단순 틈새 시계열 실험설계를 활용하는 것이 가능하다.

예를 들어 '특정 스타의 자살 사건이 사람들의 자살 유발에 미치는 영향'을 파악하는 경우를 보자. 이 경우에 연구자는 특정 스타의 자살이 있기 전의 몇 달 동안의 자살 사건의 월평균건수를 구할 수 있을 것이고, 특정 스타의 자살이 발생한 이후 몇 달 동안의 자살 사건의 월평균건수를 구할 수 있을 것이다. 이를 바탕으로 '특정 스타의 자살'이라는 사건 전후에 여러 차례의 관찰 결과를 비교하여 특정 스타의 자살이 사람들의 자살 유발에 미치는 효과를 파악할 수 있을 것이다. 이때 '특정 스타의 자살'은 독립변수가 되고, 월평균 자살 건수가 종속변수가 된다.

또한 자연 실험 요소를 고려한 정책 도입의 효과를 파악하는 단순 틈새 시계열 설계도 가능하다. 이와 관련하여 연구 사례를 구체적으로 살펴보면 다음과 같다.

담뱃값 인상 정책이 담배 판매에 미치는 영향

담뱃값 인상이라는 정책 도입이 담배 판매에 미치는 영향을 살펴보는 연구를 살펴보자. 이 경우에는 담뱃값 인상 정책 도입이 독립변수이고, 종속변수인 담배 판매를 조작적 정의하여 월평균 담배 판매 개수로 정할 수 있다. 실험처치(자극)는 연구자가 직접적으로 하는 것이 아니라 정부가 담뱃값 인상 정책을 도입하는 상황이 되는 것이다.

정책 도입이 예고되고, 사전 4개월 동안 담배 판매 개수에서 변화가 없는지를 1개월 단위로 4차례에 걸쳐서 파악할 수 있다. 그러다가 담뱃값 인상이 이루어지고 나서 4개월에 걸쳐 매달 담배 판매개수에서 변화가 없는지를 4차례에 걸쳐 파악하면 된다. 이러한 분석 결과에 따라 여러 차례의 사전검사 점수에 비해 여러 차례의 사후검사 점수에서 담배 판매개수가 일정하게 줄어드는 양상이 나타나면 정책의 효과가 있다고 할 수 있을 것이다.

2) 실험의 진행과 결과 분석

단순 틈새 시계열 설계에서는 여러 번의 사전검사와 여러 번의 사후검사를 한다. 이는 실험처치에 따른 효과가 우연에 의한 것이 아니라 실험처치에 의한 결과임을 파악하기 위해서이다. 이에 대한 기본적인 절차를 정리하면 다음과 같다.

① 실험집단을 선정한다. 통제집단이 없기에 연구자가 구체적으로 연구하고자 하는 대상을 직접 설정하면 된다. 그럼에도 연구대상의 특성을 고려하여 무작위로 실험집단을 구성하는 것이 좋다.

② 실험집단을 대상으로 사전검사를 여러 차례에 걸쳐 실시한다. 단순 틈새 시계열 실험 설계에서 연구자가 직접 실험처치를 할 경우에, 연구자는 사전검사를 여러 번 하면서 실험처치(자극)를 할 수 있는 시기를 찾을 수 있다. 즉 사전검사를 지속하면서 사전검사의 점수(집단인 경우는 평균값), 즉 여러 차례의 사전검사에서 값의 변화가 없어서 안정적이라고 여길 때를 찾는 것이다.

③ 사전검사 점수가 안정적이라면 실험처치(자극)를 하게 된다.

④ 실험처치(자극) 후에 나타나는 변화에 대하여 사후검사를 일정한 주기에 따라 여러 차례 관찰 혹은 측정하여 그 변화량을 파악한다. 이 경우에도 최소한 4회 이상은 하는 것이 좋다.

⑤ 실험 결과를 분석한다. 이 경우에 사전검사 값과 사후검사 값의 변화량을 살펴본다. 실험처치(자극) 이전의 사전점수와 비교하여 사후점수의 변화량을 비율 등으로 표현하여 어느 정도 증감하였는지를 파악할 수 있도록 제시하는 경우가 많다. 또한 몇 차례에 걸친 사후검사의 점수가 일정한 수준을 유지해야 한다. 이 조건이 맞아야 실험처치가 유

의미하다고 판단할 수 있다. 실험 결과에 대해서는 대부분 사전검사의 횟수별 점수, 실험 처치 직후부터 사후검사의 횟수별 점수를 그래프로 그려서 표시하여 나타내기도 한다.

3) 단일 사례 대상 시계열 설계의 세부 유형

대부분 특정 서비스나 프로그램을 제공하고 그에 따른 집단의 변화를 고려할 때, 단순 틈새 시계열 설계가 많이 활용된다. 그런데 종종 집단이 아니라 단일 사례를 대상으로 특정 서비스나 프로그램을 적용하는 실험에서도 단순 틈새 시계열 설계가 많이 활용된다. 이 경우에는 실험대상이 집단이 아니라 1명이나 한 가족과 같이 단일 사례를 대상으로 하는 경우이다. 대표적으로 사회복지학에서는 한 가족이나 한 사람을 실험대상으로 하거나, 특수교육학에서 한 학생을 실험 대상으로 하는 경우가 있다.

이때에도 기본적으로 앞에서 살펴본 [그림 15-5]와 같은 실험설계를 사용하지만, 단일 사례를 대상으로 하는 경우에 타당도를 높이기 위해서 실험설계를 조금 더 다양하게 고려하기도 한다. 또한 사용하는 용어 등에서 몇 가지 고려할 사항이 있다. 이를 설명하면 다음과 같다.

첫째, 기초선(baseline) 단계 또는 '기저선 단계'라는 표현을 사용한다. 기초선 단계는 사전검사를 시작하여 여러 번 관찰하면서 종속변수의 값이 안정적이라고 여겨지는 시점까지를 말한다. 즉 관찰을 시작하여 실험처치를 할 수 있는 상황에 도달하기까지의 상황을 말한다. 기초선 단계에서는 여러 번의 사전 관찰이나 검사 측정이 일어난다. 많은 경우에는 5~10회까지 해야 하는 경우도 있지만, 사전 관찰이나 검사에서 점수가 안정적으로 나타난다면 3~5회만 해도 된다.

둘째, 실험처치(자극) 이후의 시기를 '개입 단계'라고 표현한다. 이 단계는 한 번의 실험 처치 이후부터 여러 차례를 사후 관찰이나 검사를 하는 경우도 있지만, 실험처치가 지속되면서 그때마다 사후 관찰이나 검사를 하는 경우도 있다.

셋째, 단일 사례 시계열 설계에서는 A, B라는 표현을 사용한다. 여기서 알파벳 'A'라고 표기하는 것은 일반적으로 기초선 단계를 말한다. 그리고 일반적으로 알파벳 'B'라고 표기하는 것은 실험처치 이후에 이루어지는 사후 관찰 시기인 개입 단계를 말한다. 이에 따라 단일 사례 대상 시계열 설계에서는 A와 B의 결합에 따라 몇 가지 실험설계를 구성할 수 있다. 여기서는 AB(기본 단일) 설계와 ABAB(반전) 설계만 살펴볼 것이다.

가) AB(기본 단일) 설계

말 그대로 실험대상을 지속적으로 관찰하여 종속변수와 관련한 값이 안정적이라고 판단되는 기초선 단계(A)를 형성하게 되면, 독립변수인 실험처치를 하여 개입 단계(B)를 관찰하면서 종속변수의 값이 변하는지를 지켜보게 된다.

나) ABAB(반전) 설계

말 그대로 기초선 단계(A)를 형성하게 되면 실험처치를 하고 이후 개입 단계(B)에서 사후

관찰을 여러 번 반복하였다가 중단하고, 다시 기초선 단계(A)가 되는 것을 관찰하였다가 다시 실험처치를 하고 개입 단계(B)에서 종속변수의 변화를 관찰하는 방법이다. 이는 AB(기본 단일) 설계에서와 달리, 두 번째 AB를 통해서 첫 번째 개입 단계(B)에서 나타난 효과가 우연히 발생한 것이 아니라 실험처치에 의한 것임을 확인할 수 있다. 이를 위해서는 두 번째 A상태에서는 첫 번째 A상태와 같아지는 반전이 일어나야 하고, 두 번째 B상태에서는 첫 번째 B상태와 같은 변화가 일어나야 유의미한 실험 효과가 있다고 판단할 수 있다.

⑤ 전실험설계의 실제

원시실험설계라고도 불리는 전실험설계(pre−experiment design)와 관련해서는 단일 회기 단일 사례 연구, 비노출집단 비교, 그리고 단일 집단 사전사후 설계만을 살펴볼 것이다.

가. 단일 회기 단일 사례 연구

단일 회기 단일 사례 연구(one−shot case study)는 단발 사례 연구라고도 하고, 1회 사례 조사라고도 한다. 말 그대로 실험집단에 대하여 사전검사 없이 독립변수의 처치를 한번 수행하고, 그에 따라 종속변수의 영향을 파악하기 위하여 사후검사를 하는 연구를 말한다. 이에 따라 내적 타당도와 외적 타당도 전반에 심각한 문제가 있어서 독립변수와 종속변수 간의 인과관계를 증명하기 어려운 경우가 대부분이다.

이런 설계는 연구대상에게 특정 프로그램을 교육한 후에 반응을 파악하는 경우에 많이 사용한다. 예를 들어 특정 집단에 대하여 '성폭력 예방 교육 프로그램'을 적용한 후에 바로 사후검사로 '해당 교육 프로그램에 대한 만족도와 이해도'를 조사하여 그 결과를 바탕으로 학습효과를 파악할 수 있을 것이다. 이때 프로그램을 적용한 것이 독립변수의 처치이고 만족도와 이해도 조사 결과가 종속변수가 된다. 단일 회기 단일 사례 연구의 진행 과정을 그림으로 표현하면 다음의 [그림 15−6]과 같다.

그림 15−6 단일 회기 단일 사례 연구

집단	시간의 흐름(→)		
	사전검사(O)	독립변수 처치(자극)(X)	사후검사(O)
실험집단	−	X	종속변수의 측정(o1)

나. 비노출집단 비교

비노출집단 비교(static‒group comparison)는 정태적 집단 비교라고도 불린다. 두 집단을 선정한 후 이는 한 집단(실험집단)에게는 실험처치를 하고 다른 집단에게는 그에 해당하는 처치를 하지 않는데, 이때 실험처치를 하지 않는 집단은 통제집단이 아니라 비노출집단 혹은 정태적 집단이 된다. 그리고 두 집단에 모두 사후검사를 실시하여 이 점수를 비교하는 것이다.

이 설계는 기본적으로 실험집단의 사후검사 점수를 비교할 집단으로 비노출집단(정태적 집단)을 구성함으로써 실험의 요건으로 중요하게 다루는 통제집단을 갖추려고 노력하는 것이다. 그러나 무작위 표집에 의한 엄격한 통제집단을 구성하지 않았기에 집단 구성에서 타당도 문제가 발생하게 되기에, 이를 통제집단이라고 지칭하지 않고 비노출집단(정태적 집단)이라고 하는 것이다. 이러한 실험설계를 했을 경우에는 실험집단과 비노출집단의 사후검사의 평균 점수를 비교하여 통계적인 유의도를 구하면 된다. 그럼에도 집단 구성의 문제로 사후검사의 점수 차이가 독립변수의 처치에 따른 차이인지, 원래 두 집단의 특성의 차이에 의한 것인지 파악하기 어렵다는 한계가 있다.

이 또한 프로그램 적용의 효과를 구할 때 사용하는 경우가 많다. 예를 들어 어떤 초등학교에서 학생 전체를 대상으로 6개월간 '폭력의 문제점을 알리는 교육 프로그램'을 적용한 다음 그 효과를 파악하고자 하는 경우를 보자. 해당 학교 학생들에게 프로그램을 적용한 후에 사후검사로 '문제해결을 폭력적으로 하는 정도에 관한 검사'를 실시하면서 그 옆에 있는 초등학교 학생 전체를 대상으로 비노출집단을 설정하여 동일한 사후검사를 실시할 수 있다. 그리고 두 집단의 사후검사 점수를 비교하여 '폭력의 문제점을 알리는 교육 프로그램'이 문제해결에서 폭력성을 줄이는 데에 효과적인지 여부를 파악할 수 있다. 비노출집단 비교의 진행 과정을 그림으로 표현하면 다음의 [그림 15‒7]과 같다.

그림 15‒7 비노출집단 비교

집단	시간의 흐름(→)		
	사전검사(O)	독립변수 처치(자극)(X)	사후검사(O)
실험집단	‒	X	종속변수의 측정(o_1)
비노출집단	‒	‒	종속변수의 측정(o_2)

다. 단일집단 사전-사후검사 설계

단일집단 사전-사후검사 설계(one-group pretest-posttest design)는 통제집단 없이 즉, 한 집단만을 연구대상으로 정하고 그 집단에 사전검사, 실험처치(자극), 사후검사를 실시하는 실험설계를 말한다. 즉 하나의 집단을 대상으로 사전검사를 실시하고, 실험처치를 한 후에 사후검사를 구하여 사전검사 점수와 사후검사 점수를 비교하여 통계적 유의도를 구하는 것을 말한다. 그러나 사전 및 사후검사 결과를 비교할 통제집단이 없다는 점에서 단일집단 사전-사후검사 설계도 내적 타당도에 많은 문제가 있다. 하지만 앞에서 살펴본 단일 회기 단일 사례 연구나 비노출집단 비교에 비해서 실험에서 요구하는 통제 조건을 일정 수준으로는 지키려고 노력한 것으로 볼 수 있다.

이 경우에도 특정 프로그램의 효과를 구하는 데 사용할 수 있다. 예를 들어 특정 집단에 대하여 사전검사에서 '문제해결을 폭력적으로 하는 정도에 관한 검사'를 실시하고, '폭력의 문제점을 알리는 교육 프로그램'을 적용한 후 다시 사후검사로 '문제해결을 폭력적으로 하는 정도에 관한 검사'를 실시하는 것이다. 그리고 사전검사와 사후검사 점수를 비교하여 점수가 낮아졌을 경우에 '폭력의 문제점을 알리는 교육 프로그램의 효과'를 파악할 수 있다. 단일집단 사전-사후검사 설계의 진행 과정을 그림으로 표현하면 다음의 [그림 15-8]과 같다.

그림 15-8 단일집단 사전-사후검사 설계

집단	시간의 흐름(→)		
	사전검사(O)	독립변수 처치(자극)(X)	사후검사(O)
실험집단	종속변수의 측정(o1)	X	종속변수의 측정(o2)

참고문헌

교육부, 연구윤리 확보를 위한 지침(2015.11.3. 일부개정), 국가법령정보센터.

김구, 2014, 사회과학연구조사 방법론의 이해(양적 연구와 질적 연구의 접근), 비앤엠북스.

김응렬, 2001, 사회조사 방법론의 이해, 고려대학교 출판부.

김준호·노성호, 2012, 사회과학을 위한 통계와 분석, 도서출판 그린.

김준호 외 공저, 2018, 청소년비행론, 청목출판사.

김청송, 2009, 청소년심리학의 이론과 쟁점, 학지사.

민윤기, 2008, 사회과학 연구방법과 결과 해석, 시그마프레스.

박정식·윤영선·박래수, 2010, 현대통계학, 다산출판사.

손병덕·신연희·양혜원·이상무·장신재, 2010, 사회복지조사 방법론: 이해와 실천, 학지사.

서울대학교 생명윤리위원회 사이트(http://irb.snu.ac.kr/03_guide/guide01.html, 검색일: 2017.12.26.).

서울대학교 연구윤리지침(2010.7.16. 개정).

이창희 외, 2010, 사회복지조사론, 창지사.

차배근·차경욱, 2013, 사회과학 연구방법론, 서울대출판부.

채서일, 2005, 사회과학 조사 방법론, 비앤엠북스.

최준식, 2015, 무의식에서 나를 찾다, 시공사.

한국청소년정책연구원, 2015, [아동·청소년인권실태조사]를 위한 질문지.

홍성열, 2001, 사회과학도를 위한 연구방법론, 시그마프레스.

홍성욱·이상욱·장대익·이중원, 2007, 과학으로 생각한다, 동아시아.

Adler, E. S. and R. Clark, 2011, An Invitation to Social Research: How It's Don. Belmont, CA: Wadsworth CENGAGE Learning.

Agnew, R., 2001, "Building on the Foundation of General Strain Theory," Journal of Research in Crime and Delinquency 38: 126 – 156.

Babbie, E., 2013, The Practice of Social Research(13th), 고성호 등 역, 2014, 사회조사 방법론 13판, CENGAGE Learning.

Bandura, A., 1977, Social Learning Theory, Englewood Cliffs, NJ: Prentice—Hall.

Bernard, T. J., J. B. Snipes and A. L. Gerould, 2010, Vold's Theoretical Criminology, 이순래 외 역, 2012, Vold의 이론범죄학, 도서출판 그린.

Bird, K. & Sherwin, 2005, American Prometheus: The Triumph and Tragedy of J. Robert Oppenheimer. Random House, 최형섭 역, 2010, 아메리칸 프로메테우스: 로버트 오펜하이머 평전, 사이언스 북스.

Campbell, D., and J. Stanley, 1963, Experimental and Quasi—Experimental Designs for Research, Chicago: Rand McNally.

Cloward, R. A and L. E. Ohlin, 1960, Delinquency and Opportunity: A Theory of Delinquent Gangs. Glencoe: The Free Press.

Cook, T. D., and D. T. Campbell, 1979, Quasi—Experimentation: Design and Analysis Issues for Field Settings, Chicago: Rand McNally.

Frankfort—Nachmias, C. & D. Nachmias, 1996, Research Methods in the Social Sciences (5th), New York: St. Martin's Press.

Glaser, D., 1956, "Criminal Theories and Behavioral Images," American Journal of Sociology 61: 433—444.

Gottfredson, M. and T. Hirschi, 1990, A General Theory of Crime, Stanford: Stanford University Press.

Hagan, J., 1989, Structural Criminology, New Brunswick, NJ: Rutgers University Press.

Hirschi, T., 1969, Causes of Delinquency, CA: University of California Press.

Hirschi T. and M. Hindelang. 1977, "Intelligence and Delinquency: A Revisionist Review," American Sociological Review 42: 471—586.

Merton, R. K., 1968, Social Theory and Social Structure, New York: The Free Press.

Milgram, S., 2004, Obedience to authority: an experimental view, Perennial. 정태연 역, 2009, 권위에 대한 복종, 에코리브르.

Mills, C. W., 1970,. The Sociological Imagination, Harmondsworth: Penguin.

Rubin, A. & E. R. Babbie, 2008, Research Methods for Social Work, 김기덕 · 김용석 · 유태균 외 역, 2010, 사회복지조사 방법론, CENGAGE LEARNING.

Sutherland, E. H., 1939, Principles of Criminology, Philadelphia: Lippincott.

Sutherland, E. H., 1949, White Collar Crime, New York: Holt, Rinehart & Winston.

Turner, J. H. ed., 1989, Theory Building in Sociology: Assessing Theoretical Cumulation, Newbury Park, CA: Sage.

Wallace, W., 1971, The Logic of Science in Sociology, New York: Aldine deGruyter.

Walliman, N., 2006, Social Research Method, London: SAGE Publication Ltd.

찾아보기

공저자약력

노성호 교수

고려대학교 사회학과 졸업
고려대학교 대학원 사회학 박사
한국형사정책연구원 청소년범죄연구실장
現 전주대학교 사회과학대학 경찰학과 교수

[저서]

한국의 청소년비행화에 관한 연구(박사논문), 1993
청소년비행론(공저), 청목출판사, 2009
피해자학(공저), 도서출판 그린, 2012
사회과학을 위한 통계와 분석: SPSS와 R을 중심으로(공저), 도서출판 그린, 2012
R을 사용한 사회과학 통계 분석(공저), 박영사, 2016

[연구논문]

보호소년의 입소 후 성격, 행동과 퇴소 후 생활의 변화에 영향을 미치는 요인(2017)
자기통제력과 범죄기회를 통한 사이버불링의 분석(2015)
자기통제력의 차원성 검증 및 비행에 대한 하위차원간의 상호작용 효과의 검증(2014)
범죄피해, 범죄의 두려움과 청소년의 삶의 질(2013)

구정화 교수

서울대학교 사범대학 사회교육학과 졸업
서울대학교 대학원 사회과교육학 박사
서울 증산중학교 교사
한국청소년정책연구원 연구원
공주교육대학교 교수
現 경인교육대학교 사회과교육과 교수

[저서]

사회과 동위개념의 효과적인 학습방법 연구(박사논문), 1995
초등사회과교육(공저), 교육과학사, 2012
청소년을 위한 사회학에세이, 해냄출판사, 2012
학교 토론수업의 이해와 실천, 교육과학사, 2012
청소년을 위한 인권에세이, 해냄출판사, 2015
다문화교육의 이해와 실천(공저), 정민사, 2018

[연구논문]

학생인권 보장 인식에 영향을 주는 학교환경 분석(2017)
고등학생의 청소년 노동권리 인지 및 침해 경험(2017)
일상의 인권 경험이 초등학생의 인권인식에 미치는 영향(2016)
공동체의식과 다문화 수용성에 대한 초등학교 5, 6학년의 차이 연구(2015)
초등 교사에 나타나는 편견과 그에 영향을 주는 관련 변인 연구(2013)

김상원 교수

동국대학교 사회학과 졸업
미국 University of Oklahoma 사회학 박사
미국 Harvard University 박사후 연구원(Post Doctoral Research Fellow)
現 동의대학교 인문사회과학대학 경찰행정학과 교수

[저서]

Anomie, Social institutions and Crime(박사논문), 2003
범죄학: 이론과 유형(공역), 센게이지러닝, 2008
현대사회와 범죄(공저), 청목출판사, 2010
범죄예방론(공역), 도서출판 그린, 2011
STATA를 활용한 사회과학 자료분석(공저), 피엔씨미디어, 2014

[연구논문]

지역의 사회지원과 정치참여(2017)
사회자본이 노인의 자살률에 미치는 영향(2015)
환경자원의 감소와 폭력(2014)
사회적 자본과 범죄(2012)

수정판
사회과학 연구방법론

초판발행	2018년 8월 17일
수정판발행	2020년 1월 25일
중판발행	2024년 8월 20일

공저자	노성호 · 구정화 · 김상원
펴낸이	안종만 · 안상준

편 집	조보나
기획/마케팅	이영조
표지디자인	박현정
제 작	고철민 · 조영환

펴낸곳	(주) **박영사**
	서울특별시 금천구 가산디지털2로 53, 210호(가산동, 한라시그마밸리)
	등록 1959. 3. 11. 제300–1959–1호(倫)
전 화	02)733–6771
f a x	02)736–4818
e–mail	pys@pybook.co.kr
homepage	www.pybook.co.kr
ISBN	979-11-303-0896-8 (93300)

* 파본은 구입하신 곳에서 교환해 드립니다. 본서의 무단복제행위를 금합니다.

정 가   20,000원